本书出版由
"中央高校建设世界一流大学学科和特色发展引导专项资金"
独家资助

人类学前沿书系

微信民族志

自媒体时代的知识生产与文化实践

赵旭东 刘谦 主编
罗士泂 朱鸿辉 副主编

中国社会科学出版社

图书在版编目(CIP)数据

微信民族志：自媒体时代的知识生产与文化实践 / 赵旭东，刘谦主编. —北京：中国社会科学出版社，2017.12（2018.7 重印）
ISBN 978-7-5203-1117-5

Ⅰ.①微⋯　Ⅱ.①赵⋯②刘⋯　Ⅲ.①互联网络—传播媒介—研究—中国　Ⅳ.①G206.2

中国版本图书馆 CIP 数据核字（2017）第 237042 号

出 版 人	赵剑英
责任编辑	王莎莎
责任校对	赵雪姣
责任印制	张雪娇

出　　版	中国社会科学出版社
社　　址	北京鼓楼西大街甲 158 号
邮　　编	100720
网　　址	http://www.csspw.cn
发 行 部	010-84083685
门 市 部	010-84029450
经　　销	新华书店及其他书店
印　　刷	北京君升印刷有限公司
装　　订	廊坊市广阳区广增装订厂
版　　次	2017 年 12 月第 1 版
印　　次	2018 年 7 月第 2 次印刷
开　　本	710×1000　1/16
印　　张	22
插　　页	2
字　　数	361 千字
定　　价	98.00 元

凡购买中国社会科学出版社图书，如有质量问题请与本社营销中心联系调换
电话：010-84083683
版权所有　侵权必究

《人类学前沿书系》
编辑委员会

主　任：赵旭东
副主任：刘　谦
委　员：（按姓氏笔画为序）

丁　宏　　方李莉　　王建民　　王莎莎　　王铭铭
包智明　　田　阡　　田　敏　　石奕龙　　刘正爱
刘　壮　　刘夏蓓　　刘　谦　　庄孔韶　　朱晓阳
色　音　　闫　钟　　阮云星　　何　明　　张小军
张先清　　张有春　　张江华　　张应强　　张佩国
张　慧　　李晓明　　李　静　　杨正文　　杨志强
纳日碧力戈　陈　刚　　周大鸣　　周永明　　和少英
巫　达　　罗红光　　罗康隆　　范　可　　赵旭东
徐杰舜　　徐新建　　徐黎丽　　秦红增　　袁同凯
高丙中　　高志英　　高登荣　　麻国庆　　黄剑波
富晓星　　彭文斌　　彭兆荣　　景　军　　蒋　彬
谭　宏　　潘天舒

人类学的文化自信
——"人类学前沿书系"总序[*]

赵旭东[**]

中国当下正经历着一场极为重要的变革,这场变革必将触及文化形态的一种新的重组、再生与转化,即基于一种面向世界秩序新格局的文化转型已经悄然发生并影响我们的新思维。对于此种转型而言,其所带来的也必将是一种观念层次的大扭转。而这种大扭转会实实在在地影响并体现于我们的现实生活之中,谁都难以真正避开。由此,我们的审美情趣、交流媒介以及理想价值等的文化因素,都会在这样的一种文化转型的语境之中见到一种自身变化的诸多痕迹。而人类学家于细微之处的意义把握的能力,使得此一变化的过程有可能真正被记录下来,留下有着明显时代特色的民族志作品。

近代以来,西方世界在其不断向外扩张其所谓现代启蒙观念的同时,也确实发现了不同于西方自身现代诸特征的另类的文化传统,乃至于"原始的"人类社会的诸多所谓"异文化"或者"他者"的存在,由此而在一种现代科学的对于自然世界的无限探索的意义上发明了人类学这门学科,即一门以他者文化实地考察为核心的对于西方以外世界的风俗习惯、社会生活、生计消费、土地利用、语言文字以及宗教信仰等人类文化存在的一种整体性的描述记录。在此种指向他者文化的观念的驱使之下,

---

[*] 本文的写作得到教育部人文社会科学重点研究基地重大项目《乡村社会重建与治理创新研究》(项目批准号:16JJD840015)的经费支持。

[**] 赵旭东,中国人民大学人类学研究所教授,所长,博士生导师,中国人民大学社会学理论与方法研究中心兼职研究员;电子邮件:zhaoxudong@ruc.edu.cn;邮编100872

西方人类学家通过走出自己的国土借助一种独具特色的实地田野研究的方法，通过一种专门的民族志田野记录的手段，为那个时代留存下来一份在世界不同区域仍旧活着的诸多文化形态的民族志，由此而奠定了后来人类学学科在西方学术界中的地位。凡是遭遇文化的文化问题，向人类学家咨询成一种基本的思维倾向，就像有精神疾病之人要向心理学家咨询一样。

可以肯定地说，西方对西方以外世界的探险史，同时也必然是对世界文化差异性存在的发现史。或许再没有比此种文化上的发现更能让人激动人心的了。西方也恰因为此而有了一种真正意义上的文化自信，即他们自信自己对于世界的文化分布有了一种真正的把握。他们也曾经为这样一种自信而规划了世界文化秩序的新格局，所有今天在文化领域流行并实践着的新概念都跟这种文化上的规划之间密切地联系在一起。比如，文化多样性、文化遗产、文化保护、文化的本真性、非物质文化遗产，等等。这其中又无一项不是跟西方对其自身以外世界的文化发现之间紧密地联系在一起的。由此而助长了我们对于世界新格局的一种想象，可想而知，还有什么比此种想象更让人平添更多的文化上的自信呢？

但很显然，西方在一种主客对立的世界观上是走过了头的。非此即彼、非白即黑的二元结构的现代思维在处理文化的问题上也仍旧是如此的，在西方既有的文化分析中，强调传统与现代对立、原始与先进对立、神话与现实对立、大传统与小传统对立，等等，但很可惜，文化的存在并非是那样的有一种结构化的存在。由此所造成的结果便是，不同的文化在被"发现"的同时，也使得文化被客体化而成为博物馆中的一件被按照现代人的理解而摆放在那里的展品而已，比如，强调不同时期的佛造像，但它们原本都是有各自存在的环境的，这种摆放所能告诉观者的不过是一种现代人的历史观念而已。表面上的强调一种文化的本真性，但实际却真正忽视了任何的文化的表达都必然是与其存在和发生的实际场景之间有机地联系在一起的。但越来越多形式的物质文化的博物馆化，无疑是在使得文化的诸多要素被从其成长的真实空间之中抽离出去，成为一种自说自话、缺乏历史脉络的文化空间的自我营造。很显然，可以设想，这样的空间营造与真实的文化存在空间相比是缺乏一种有活力的生命力的。

可以说，这个转型的时代正蓬勃生长出来各种各样新的文化形态，难以用既有的人类学方法去加以完全地描述和表现，对于新的民族志方法的渴望，再没有比今天这个时代来得更为急迫。普通的民众，只要你手中有一部智能手机，并有无线覆盖的网络，那他完全就可以借助各种新媒体的公共性平台而展示自身对文化理解的表达，实现一种自媒体的社会与文化的功能。所有这些新的现象都值得人类学家，特别是中国的人类学家去加以关注、观察以及详尽地描记，否则，缺失了这份描记，我们对于这个时代的理解也便会有失之偏颇的风险。

一个伟大的时代必然会伴随有伟大的作品而成长，人类学在这一点上自然也不例外。仅仅停留在理论上的思考和空洞的争论，真不如面对一个真实的世界而去做一种人类学的深描，为这个时代留下一份真实观察、真实思考之后的一种真实记录。人类学家试图将一种差异性的文化存在呈现给世人，借此也是在为这些本不在场的世人提供另一种看待世界的理解。世界进而让自己也有另一种生活空间想象的可能，并借此可以去包容他者的文化，为文化的多样性的存在制造出更为适当的氛围，在此方面，人类学显然有更多的空间可以去发挥其核心的作用。

在一般世人的眼中，人类学家的脚步也许被看成是一直在孤独地走向"落后"和"原始"，但人类学家所能够破解此种大众刻板印象上深度误解的最为强有力的途径便是在一种思考上的走在前沿。在很多人被现代性的分离技术所肢解之时，人类学家会告诉你基于一种互惠观念的社会往来的交融性本质。在很多人空谈生态环保观念之时，人类学家会告诉你真实生活世界之中一种未曾受到现代性浸染的社会之中人们的生计形态以及这种形态的可持续。因此，也许人类学家在一般人看来是刻意在向"后"行走，但实际上却是借助现代之前的探寻来提出一种对整个人类而言的"现代之后"的理解和思考。

人类学既是一门国际性的学科，同时更是一种对于人所创造的全部文化的一种兼容并蓄姿态的养成。它并不主张只有精英文化才是文化，而是强调眼光向下的一种对于大众文化的关切。它并不以为文化必然就是一种"识文断字"的这一种形式，对于曾经广泛存在着的无文字社会的长期且扎实的田野研究，使得人类学家借此而增添了我们对于无文字社会文化存在的自信心。可能再也没有比人类学这门学科对于诸多差异性文化形态的包容更为宽泛和开放了。恰因如此，文化绝不是国际政治学家眼中的那种跟另一种文化之间的对立和冲突，文化也因为人类学家的参与其中而有了一种多样性表达的可能。

　　人类学从其创立之初便一以贯之所坚持下来的文化整体性原则，使得人类学家们有着一种非同一般人的对于多样性文化存在的宽容并欣赏之心。在这个世界之中，很显然万事万物都是彼此相互联系在一起的，这尽管对每个人而言可能是一种常识，但却并不是为每一个人在任何的时候都能够在一种实际的文化实践中去予以贯彻和执行的，在这一点上，同样可能没有哪一个学科有比人类学在这一原则上贯彻得更为彻底了。由此，人类学去看人和人的世界就不仅是经济、政治，乃至于社会等这样单一的向度，人类学家更为强调的乃是以人类属性的综合整体来看待世界的构成。由此，人类学里面的人是丰富、多样和饱满的，他们不再是一种单向度的人。

　　人类学并不会否认文化的可变性，甚至很多时候还会特别去关注到文化形态的一种前后改变。可想而知，让今天之人有与孔夫子时代的人一样的思维，这从人类学的观察视角而言是一种极为荒谬的事情，实际也是不大可能的。在这一点上，人类学家会更为承认一种与时俱进的文化发展观，因此人类学家应当会花更多精力去研究一种文化的变迁以及内含有更大转变意义的文化转型。就今日正在出现的带有世界性意义的文化转型而言，人类学在原有学科知识框架上如何去关注就在每一个人身边发生的富有文化意义上的转型，显然就是一件有着非常重要的现实意义的事情。对此人类学应该有自己的一种前沿人类学的思考，这种人类学从来也不曾给自己设立一种划分彼此的藩篱界限。在这一点上，人类学家的思维所强调的乃是一种有意识的或者有一种自觉的进入到其他的领域，不论这些领域是旧有的还是全新出现的。这些领域都可能因为有人类学家的跨界参与而生发出一种新的活力，产生出前沿的人类学分支学科。人类学因此理应成为引领一种思想潮流的一门综合性学科。

　　在中国，以汉语作表述空间的学术场域之中，人类学作为一门学科，其在近三十几年的时间里得到了一种突飞猛进的发展，随着越来越多的学校开设人类学专业方向的本科生、研究生教育，中国的人类学已经不再是以前人们印象中的那种令人极为陌生的学科，特别是在我们的发展路径迈向一种后发展的时代之时，如何去发展出一种真正意义上的文化自信，人类学家无疑是应该走在前列的，因为人类学的实地研究可以通过对当地文化的把握而提供这种自信。在这方面,中国的人类学家更是有一种责任,这种责任可以使得社会从一种单纯的经济人的向度中转化出来,由此而成为富有整体性的文化人的综合向度。人类学以差异文化的存在为核心,并试图提供给我们一种并非与大多数人思考相一致的另一种的文化价值的思考,人类学由此而获得了其在社会科学诸多领域中独有的地位和位置,也由此而有了一种文化上的自觉和自信。

2017 年 9 月 7 日晨写于京西南书房

微信民族志的成长
——记"二十一世纪人类学讲坛（第三届）"会议（代序）

刘 谦 赵旭东

2016年10月15日，由中国人民大学人类学研究所主办，联合中国人民大学国家发展与战略研究院、中国人民大学社会学理论与方法研究中心、《探索与争鸣》杂志社等多家单位共同参与的"二十一世纪人类学讲坛（第三届）"在北京香山首农会议中心举行。本次讲坛的主题是"微信民族志、自媒体时代的知识生产与文化实践"。以微信为代表的自媒体的出现，无疑已成为当下国人不可回避的文化实践。正如中国人民大学人类学研究所所长赵旭东教授在本系列丛书的总序中所言，从某种意义上讲，人类学就是去发现新的文化类型的冒险之旅，因为人类依赖于文化而生存，而人们对文化的创造也从未停歇。人类学应当以"勇往力行之意"去回应时代脉搏，对涌现的新的文化模式给以收集、关注和解说。

在21世纪的第二个十年里，在微信推出的第七个年头上，"二十一世纪人类学讲坛（第三届）"将议题聚焦于微信、自媒体这一当前社会标志性技术对中国社会生活的影响。人类学研究者，正面临着社会科学研究与自媒体相遇所经历的新的知识生产过程。发端于通信技术革新的微信产品，以其强大的即时数据传送功能，为广大移动终端用户提供了发声、展示、观看、互动的平台，强化了人们基于网络的时时共享和跨越空间的连接方式。在全民微信的时代，人们一方面可以感受到多声道格局扁平化所蕴含的话语力量；另一方面，线下互动及其投射出的社会结构依然可以在微信空间得以再现。而知识的生产，甚至消费，在这一历史洪流中，从信息处理到多元解读，乃至即时呈现与相互激发都发生了与传统知识生产过程不同的路径与阐释体系。关注微信促动下人与人产生关联的新格局，以及由此波及的自我认知、社会结构变迁和当代知识生产的时代特征等，成为本次会议的热议主题。

本议题一经提出，就获得了各界学人的热情关注。会议当天本应秋高气爽的北京，却是雾霾当空，然而与会者的热情却大有驱散阴霾的气势。来自北京大学、中国人民大学、中央民族大学、中国社会科学院、中国艺术研究院、中山大学、复旦大学、天津大学、上海大学、吉林大学、贵州大学、广西民族大学、南京师范大学、中南民族大学等三十余所高校、科研单位的专家学者，以及来自《民族研究》《世界民族》《中国社会科学报》等学术媒体等各界同人，共计一百余人参与了此次会议。

来自不同专业背景的学者们通过自媒体的技术手段，投入极大的精力，怀着饱满的热情在借助新的人群互动形式做一种人类学互惠意义的敞开式交流。学者们以及所有对人类学的理念怀有偏好的同仁们，在微信群中时时互动，借此交流信息、分享感受、品评作品，形成了中国社会中人类学知识生产的新格局。可以这样说，中国社会中自媒体通信方式的普及以及随之而来的一种文化书写的新形式的微信民族志的出现，使原有文化秩序中时空意义发生转变的同时，也在重新塑造着以研究异文化为己任的人类学学科自身的成长、转型与发展。

正如赵旭东教授在开坛致辞中提出，如今田野资料来源多样化，如何把材料拼成崭新的人类学图景，是我们今天要讨论的问题。刘少杰教授也指出，人类学同社会学相比更注重的是文化与田野。可见，此次会议彰显了人类学敢于探索前沿问题的胆识与魄力。庄孔韶教授则回忆了中国人民大学人类学研究所成立之初的情景，其过程也是与网络、通信现代化息息相关，并对现阶段网络研究从哲学到技术层面的探讨进路提出建议。

本论文集在五十余篇参会论文基础上，共选录了二十一篇优秀论文纳入本集。这些论文议题广泛、研究新锐，具有较强的反思性。其中很多文章已被《探索与争鸣》《思想战线》《广西民族大学学报》（社会科学版）《社会学评论》《新闻与传播研究》等具有广泛影响力的学术期刊正式发表。微信民族志时代悄然来临似乎已成为作者们的共识。在此基础上，作者们就微信民族志方法论意义及其面临的挑战，互联网与微信对当今人们的互动模式，社区动力机制的影响，以及网络暴力、快手软件等热点网络事件进行理论分析。其中有相当比例的文章来自年轻教师、正在就读的博士和硕士研究生。他们不仅与互联网在青春岁月中共舞，作为学者和未来的学者，也努力对这一重要社会现象进行理论性反思。可以说，他们的作品为微信民族志研究注入了新鲜的血液和活力。从这个角度讲，论文集无论从研究内容到作者群体，还是从主要议题到研究角度，都在相当程度上反映了本次会议的精神实质。在论文集的最终呈现方式上，按照文章主旨领域分为三个篇章：微信民族志之认识论反思、微信民族志之社会发展影响、微信民族志之日常生活实践。

"认识论反思"篇，直击"微信民族志"主题，主要讨论以微信为代表的互联网技术，在人们正在经历的文化转型时代中，对世界的体察、对学科的担当、对民族志方法的认识与实践所产生的深刻影响。赵旭东认为基于互联网的微信书写使得人们的基础生活开始遭遇到频频颠覆，比如，平面化世界日益突显、时空碎片化、去中心化等，从而倒逼着社会结构的种种转型。以往团体性生活的基本模式和人类共同体的世界共同体的场景想象发生了改变。这种状况预示着微信民族志时代的来临，它是基于文化转型而有的一种觉悟。方李莉则认为，虚拟空间的出现引导人类学研究境界的变换：人类学正在经历从对人的身体研究到对人的"灵"和"慧"的研究；从对社会生态的研究到对社会心态的研究；从对社会组织之间的互动研究到由人的情感世界构成的象征体系之间的互动研究等方面的转型过程。唐魁玉、邵力则以大学和学界微信朋友圈为民族志研究对象案例，尝试对当下微生活的现代性和后现代性意义及其社会记忆功能进行分析。陈学金将微信技术视为新的整合技术，并表征和助推了整个社会的文化转型——一种对个体、技术和理性的极其推崇的现代性意识，同时，必须关注微信生活与盛会生活其他方面的密切关联。王美芬、陈浩、田佳等学者则聚焦在对微信时代背景下，面对海量的信息、即时的传播、多声道的互构，如何确立微信民族志的学术合法性和知识话语体系提出思考。

"社会发展影响"篇，收集了七篇从社会聚合、社区动员、网络公共参与等中观层面讨论微信及其社会影响的重要论文。这些论文或基于田野工作，或基于案例研究，对近来以互联网、微信为重要载体的社会现象进行分析，并特别对在这一宏观背景下如何理解社群、公私分野、网络中的身份与亚文化等，提出见解。牛耀宏在甘肃陇南 F 村田野调查中发现，"为村"公共平台成为承载村民们自由发表意见的网络公共空间，重构了当代农村的公共生活的内容与形式，使乡村社区公共生活得到复兴与认同建构。刘忠魏抓住 2016 年 7 月 19 至 20 日 XT 遭遇特大暴雨并引发灾害的"话题事件"，在即时参与当地"源生事件"的网络观察中，解析"围堵—围观"引发的结构的"突破"与"吸纳"，形成"纠缠"与"交融"的结构性"聚合"，并在"分离"与"抑制"中"恢复"结构常态的社会过程。辛允星、李洁则以近年三起典型的网络暴力事件为案例，对网络暴力通常经历的曝光、升级、平息三个阶段进行描摹，并分析认为，随着中国改革开放进程的发展，社会现代化步伐不断加快，传统的熟人社会形态正在变得支离破碎，而现代公共社会空间却没有得到较好的培育。人们通过在网络上集体攻击与自己并无任何交集的陌生人，来宣泄对不符合个人价值观念和社会主流道德规范行为的不满和愤恨。若要使网络不蜕变为一个发泄不满的非理性空间，需要呼唤"交换评论与批评的理性场所"和具有建设性意义的公共空间。在网络与社群兴起方面，姬广绪在回顾互联网人类学理论起点、发展历程基础上，指出当今国人基本的两重身份："社会人"和"网络人"，并在两种身份间穿梭互构，以趣缘为纽带所形成的同质化的个体借助虚拟的网络所形成的"群"与现代所倡导的涂尔干式的有机团结的"社会"共存。娄芸鹤则关注网络实践对线下实践的真实影响。她认为在由"新社群"们所建构的网络生态环境下，群与群之间、群与各行各业之间跨界融合所催生出更多的新需求、新模式、新产品和新科技，推动现实社会中的各行各业也在此环境下不断优化组合、创新重构，从而再产生出更多的人类物质文化新成果的动态发展过程。吴震东的文章更聚焦到网络亚文化内部，认为网络亚文化带着先天的风格化、个性化因子在微动力的作用下呈现出流动性与连续性，与主流文化并置。这让享有共同文化经验的人群成为"文化共同体"的平台成为可能。叶韦明从研究方法上提出了更多建议，认为由于线上社区可以由核心行动导向、社区成员关系的强度、消费或制造取向、社区的建构导向四个维度进行分类，因此，可以通过绘制线上社区"地图"的方式，描绘线上社区的分类、人群的特征。

"日常生活实践"篇则侧重对普罗大众正在日常生活中亲身经历的朋

友圈、微信红包、"玩梗"、粉丝文化等诸多生动实践进行解读，体现了人类学将司空见惯的社会生活通过陌生化处理，给以文化自觉反思的学科意识。刘谦、陈香茗通过对大学生和新生代农民工两个群体微信社交中的差异揭示，进一步指出种种差异不仅仅是人和技术互动的结果，更是以互联网为媒介，在教育背景、生活方式、社会交往等方面鸿沟的再加强。而两个群体正在经历的不同生命时间的节奏与步伐，也为理解他们微信社交差异产生的机制提供一个解说的视角。付来友对日益普及的微信红包进行了饶有趣味的人类学研究。他认为微信红包是一种礼物形式，同时又与金钱相连。在传统上，金钱既具有富贵的象征，更具有流通的功能，但同时，也正是因为它的流动性，会带来禁忌与不确定性。而微信包装下的礼金，既祛除了物"脏"的隐喻，在随机分配的金额中，将金钱多少的风险和表达亲疏关系的掂算与礼金送出者剥离。微信红包正是给人们在带来文化上的便利中，大获全胜。张倩怡、陆烨则对青少年群体中流行的"玩梗"、粉丝团活动进行了研究。张倩怡以 ACG 文化中的"梗"为样本，选择百度贴吧、豆瓣、新浪微博、知乎等社交网站中的 ACG 文化集中区，对"玩梗"实践进行网络田野考察。她将"梗"定义为一种依存于 ACG 文化群体内部知识，并在一定程度上影响该群体日常交流的网络"亚文类"。在使用中，"梗"常被从初始语境中抽离出来，人为地挪用到其他语境中进行改写或再创造，并经由交流双方共有的背景知识或经历，对其所指幽默或隐喻修辞达成某种默契的再认。陆烨以"加油男孩"（TFBOYS）粉丝群体为例进行分析，为如何理解粉丝看似略带疯狂的追星活动中，如何在污名与匿名间穿行，并追寻价值与意义提供了一份解读。她认为在自媒体的掩护下，粉丝与粉丝之间可能是熟悉的陌生人。当日常陪伴的人无法理解你的爱好和情感时，朋友、家人之间也可能是熟悉的陌生人。所以污名和匿名的背后实际上是一场社会认同与自我认同的较量。杨宸就"快手"APP 进行了案例研究。快手 APP，以其独特的"移动短视频社交应用"的媒介性质进行运作，通过扩大了的网络主体将日常生活片段引入其视觉呈现体系，"生产"出了一个"非现代""欠发达"的"地方性"共同体世界。在和农村勾连起来的同时，也加剧着对农村的污名化。要打破这一困境，有必要丰富网络媒介与网络主体的运作与互动。张洁则从 2016 年三个月的朋友圈互动中总结出热点话题，比如明星婚礼、女排精神等，将微信自媒体作为当下社会热点和文化表征进行理解。孙信茹将焦点汇聚在一群普米族乡村年轻人的微信实践中。她发现，借助微信使用，个体在生活空间与网络虚拟空间之间自由转换。乡村青年的个体意识与族群信念得以交织融合，并实现了村落内部和村落外部更为紧密和多元的互动。

中国人民大学人类学研究所自 2012 年 4 月举办首届"二十一世纪人类学论坛"以来，协同国内外人类学及相关学科机构，共同打造这一人类学者相互交流的平台，以期倡导中国人类学的新趋向、新问题、新模式。"二十一世纪人类学讲坛（第三届）——微信民族志、自媒体时代的知识生产与文化实践"作为其中具有历史刻度的一环，以本论文集的方式得以凝结与展现。祝愿"二十一世纪人类学讲坛"交流平台，成为"迈向人类学的中国时代"的视野与步伐！

目 录

【微信民族志之认识论反思】

微信民族志时代的来临
　　——人类学家对于文化转型的觉悟 ………………… 赵旭东（3）
人类正在彼岸中注视自己
　　——论自媒体时代人类学的学科自觉 ……………… 方李莉（25）
微信民族志、微生活及其生活史意义
　　——兼论微社会人类学研究应处理好的
　　几个关系 …………………………………… 唐魁玉　邵　力（39）
微信技术与文化：一种社会人类学的分析 ……………… 陈学金（54）
微信民族志的实验与实践 ………………………………… 陈　炼（66）
微信的即时性与民族志写作 ……………………… 王美芬　陈　浩（77）
"写文化"与微信民族志关系初探 ………………………… 田　佳（86）

【微信民族志之社会发展影响】

移动传播时代：村民网络公共参与对乡村社区认同的建构
　　——基于甘肃陇南F村的田野调查 ………………… 牛耀红（99）
界面与纠缠：XT水灾的微信民族志构想 ……………… 刘忠魏（116）
网络暴力的形成机制研究 ………………………… 辛允星　李　洁（141）
从"社会"到"群"：互联网时代人际交往方式变迁
　　研究 ……………………………………………… 姬广绪（156）
人类学视野下"新社群——微信群"研究 ……………… 娄芸鹤（170）

身份、仪式与亚文化表述
——微时代与人类学视野下的网络亚文化研究及其反思 …………………………………………… 吴震东（185）
拼图：用网络民族志研究线上社区和人群 ……………… 叶韦明（197）

【微信民族志之日常生活实践】

微信中的生命时间：对大学生和新生代农民工群体
　数字鸿沟研究的一个维度 ……………… 刘　谦　陈香茗（213）
线下到线上：微信红包与礼物规则的转化 ……………… 付来友（233）
"梗"与"玩梗"：ACG亚文化群体的口头文类及实践 …… 张倩怡（247）
自媒体时代粉丝文化的网络民族志研究
　——以"加油男孩"（TFBOYS）网络粉丝群体为例 …… 陆　烨（264）
如何"生产""快手世界"
　——从快手APP看网络媒介与网络主体的运作 ………… 杨　宸（286）
自媒体时代的社会文化转向
　——基于微信"朋友圈"热点话题浅析 ………………… 张　洁（300）
微信的"书写"与"勾连"
　——对一个普米族村民微信群的考察 ………………… 孙信茹（311）

【微信民族志之认识论反思】

微信民族志时代的来临
——人类学家对于文化转型的觉悟*
赵旭东

任何一个可以被称为"时代"的时代，它都会为一种技术与工具的特征所浸染，并以此技术和工具去命名这个时代，以体现其所以被标志为一个时代的特征。诸如我们读世界史所耳熟能详的石器时代、铁器时代、工业化时代，乃至今天的互联网时代。对当今世界而言，互联网的出现无疑是一场悄悄来临的革命。它对于我们这几代人而言，从最初的好奇，视之为神器和奢侈品，而逐渐开始深度地影响到我们日常生活的方方面面，其自身也成为一种谁都无法真正脱离开的廉价的方便在手的生活必需品而在我们的生活中快速流转，比如智能手机的普及。在这个意义上，每一个拥有智能手机之人都在日益面对一个全部在互联网之中生活的图景，这将使得我们所有人可能在未来全部会被吸纳到互联网的控制之中，似乎无一人可以真正从中逃出来。这恐怕就是我们所谓的在当下中国乃至世界的场景之中微信民族志书写时代的来临的真实意义本身，以文化及日常生活为研究重心的人类学家需要对此做出反应，这种反应实实在在地来自他们对这些技术于他们生活的社会文化影响的一种自我觉知或觉悟。

---

* 本文原刊于《探索与争鸣》2017 年第 5 期。

本研究写作受国家社会科学基金项目重点项目：《文化转型背景下乡土社会秩序的变迁与重建研究》（15ASH012）资助。

微信民族志时代与知识的转向

毋庸置疑，今天人们从对互联网的一种最初陌生、好奇到追捧，已经转换到了似乎不得已而为之地要全身心拥抱、钟情于互联网行业中的各种程序发明，使之迅速膨胀地应用到我们日常交往的生活之中。而微信便是在此一过程中经由中国人之手而被发展出来，进而直接影响到社会关系中的每一个人的生活。由此而使得一种人跟人之间面对面的相互联系转化成为一个彻彻底底的虚拟空间，人们在其中更为便利地获取、交流和分享信息。它使得我们原本极大程度地受到时空限制的信息交流和关系往来，变成一种实时在线的没有可能遗忘和丢失的关系，只要你愿意，你就可以和任何一个你心仪的朋友做一种虚拟时空下的对话交流，分享彼此的观念。由此一种原本不可能的现实生活转变成为一种可能性的虚拟生活。

当有数以亿计的乃至更多的人都借助微信的界面去呈现自我、剖析自我、理解自我、表达自我之时，一种社会性的力量便会逐渐地酝酿形成，人们在这个相比其他互联网媒介更为方便易得的空间之中发表出自己的意见、主张乃至随心所欲的吐槽评论以及把这些看法瞬间地转发出去，形成一个又一个微信刷屏的热点话题，而制造和转发微信之人有可能因此而成为"网红"，这里的"网红"并不意味着好坏的价值判断，也不一定就是社会和文化中要去梳理的榜样人物，他或她的存在和表达只是在于吸引最多人的注意，引起大家的关注，他或她可以短暂存在，也可以很长时间地停留，但不可能永久存在于人们注意力的视野之中，因为一个不断制造出"网红"的网络在下一个时间段又会制造出新的"网红"，使后者盖过前者，最后使之消失。在微信的时代里，"网红"的模式成为制造社会新闻的最为基本的模式，它使得社会的核心价值难于一以贯之地得到维护，秩序构建因此而成为一种动态的更新。

一种来自最为普通人力量的对社会与文化价值的重新界定，对于曾经不可撼动的社会共识、通则规范以及伦理价值，也在通过这个微信的空间，借助每个人都可以发声的契机而加以修正、更改甚至于推翻，一个个特殊的案例在逼迫着共识性价值的改变。轰动一时的网红"凤姐""犀利哥"，都堪称这种极端案例的典范。在一个为网络和微信所左右的世界之中，极端案例的报道和呈现成为一种新常态。可以发声的"每个人"往往来自原来不能够发声的底层小人物群体之中，他们的声音和表达成为一种新的影响力，成为一种特殊的力量。这种来自底层的力量甚至可能在特定的时候会超过其他任何的时代而在聚集着无限的力量，并发挥着自己独特的影响力。当越来越多的人开始并时刻关注于掌上寸许虚拟空间里所发生的全世界范围内的事件和观点的评述之时，我们便可以肯定地说，世界的文化在发生着一种方向性的转型。对中国而言，由微信群所带动的生活方式的变革必将是一个借助微信书写的新途径而构成一个大众表达的微信民族志时代的来临，对中国的人类学而言，这一点似乎更是如此，且从研究的角度上来看，更为紧迫和及时。

在那个人人越来越熟悉，且有深刻感知的虚拟空间之中，真实地发生了让向来以"异"文化为研究对象的人类学家也为之震惊的故事。人类学家曾经的那些研究对象似乎也在其中运用微信这种人人可以沟通的技术在改变自己的姿态、生活以及命运，很显然，原来相对闭锁的乡村，微信群的建立使这种状况彻底发生了改变。与此同时，我们也注意到了人类学的田野也有一部分开始从线下转换到了线上，转换到了语音和视频聊天之上，尽管线下的田野还仍旧坚固地存在着，但无疑我们是再也不能去忽视这种微信空间所提供表达的那种田野工作的机会和可能。

对人类学而言，民族志不过是一个相对宽泛的概念，它指的是一个对我们实际并不熟悉的人群生活的描述，前提是你要对这个开始并不熟悉的陌生社会渐渐熟悉到真正能够理解那里人的生活。但有所不同的是，曾经的古典民族志强调的是我们必须要有到现场的参与观察，而今天基于手机微信界面的参与观察则可能成为另外一种形式的民族志，这种民族志在整体特征上可谓是碎片化的而非完整且有系统的，它是微信群中瞬间的一瞥而非长期的田野观察，还有它是一种体现过程的体验而非结构性的规范呈现，由此感悟性的散点式民族志书写成为一种必需。

这些特征也使得一种人类学的知识生产的模式在发生着一种转向，这种转向的核心便是传统或者古典意义上的系统人类学知识的初步瓦解，由此发声者不是一个，书写者更不是一个；民族志不一定出自专业的人类学家，但专业的人类学家却必须熟悉那些同样在写民族志的人的存在。由此，人类学家将不再是凭借独自一人而去搜集民族志资料的对一个地方人群有似全知全能的上帝一般的系统完整的民族志书写的作者，或者是对某一个地方唯一性的、权威性的，当然也是终极性的撰述报道人。他或她实际上成为一个真正的文化访客，用类似新闻记者的方式即时编辑并报道出来对某个地方的某些人群的观感和觉悟，但他们不同于新闻记者的是，他们有着一种经过严格专业训练的人类学的视角。他们的这一视角让人可以切实地感受到曾经的人类学的理论竟然可以在这一瞬间的微信呈现中找寻到某种田野之中的契合。在未来的微信民族志的实践之中，一种体验的和感受的民族志将会更为发达，而所有这些感受将成为一种共享的知识，启发研究者从更为宽阔和有持续反馈的语境中去重新审视自己的观感、探究和发现。人类学的知识也变成研究者与报道人同在的一个田野书写的构造空间。

微信时代的总体特征

如果说微信是一种媒介技术，那它的来临和普及必然会对社会中人的生活造成一种直接的影响，这种影响无疑是正在发生之中，即便是这样，我们已经感受到了它的存在对于我们生活和观念上的诸多影响，如果细细追踪和回顾，可以从以下十个方面去总结。

微信时代来临的第一个特征便是人们基础生活开始遭遇频频的颠覆。因为互联网介入人的生活是一种人际交往生活中最为基本的沟通方式的改变，故它将会以一种逐渐对实际生活的替代以至逐渐对它的依赖的方式而使我们原本日常的生活遭遇频繁的颠覆。从支付宝、网贷、滴滴打车、专车服务到最近的导游员网上预约和评价，乃至洗车、理发、宠物护理等，我们生活里最为实在的面对面的交往模式，在被一种微信互联网所逐渐虚拟化的空间所取代。而在此潜移默化过程之中，我们行为与价值的信念会遭遇一种无情的改变，自我表达更为倾向于发自于内心而远离此前惯常的道德说教，比如"洪荒之力"这个网络词语在2016年夏季的走红。[1] 除此之外，我们会更多地与陌生人去约会来完成

---

[1] 2015年播出的仙侠玄幻剧《花千骨》中的一句"我已控制不住体内的洪荒之力"台词，又经过2016年8月8日巴西里约奥运会上女子100米仰泳季军获得者傅园慧答记者问时的"我已经用了洪荒之力"这句话加上搞怪的表情而使之极度发酵，迅速成为"网红"，那句话和那个表情也一时间盖过其他的新闻而传遍中国乃至世界。

某项社会中的工作，诸如快递接送人员、滴滴快车、专车服务之类网上预约的司机师傅。总之和熟人或者亲人见面机会减少的同时，与陌生人约会和见面的机会在不断地增加，具有多重含义的"约吧"成为一个网络走红的新概念。

第二个特征便是一种现实社会生活的功能紧迫性的改变在倒逼着社会结构的种种转型。制度结构乃至于社会结构相比人的行为的灵动性而言，总有一段迟缓的落差存在。当微信扫码支付已经在小贩的手里普及开来之时，作为制度形态的银行体系自然会随之而发生一种带有颠覆性的革命，因为再顽固的制度也难于去阻挡现实生活的那些改变以及个体的一种带有偏好性的选择，特别是在这样一个越来越注重个人意愿的时代里。这一定会倒逼着一种制度上的重大的扭转。由此又进而强化了一种生活方式转变的能力。自微信交流平台出现以来，我们的种种刚性的制度日益受此现实处境改变的逼迫而引起的彻底性的扭转还少吗？城市出租车的管理制度面对"滴滴打车"所出现的危机便是一个极好的案例，未来的公司化管理下的出租车将有可能出现无法维持的局面，人们也许会更多地依赖于方便支付和出行的"滴滴打车"而不是街头拉客的出租车。[①] 而其不同于一种革命时代的变革的，不是因为现实的无动于衷而引发的制度性的变革而是因为现实本身的躁动和嬗变所引发的不得不去跟随的一种变革。

第三个特征便是一个网络式平面化世界的日益突显。可以这样说，微信最重要的特征便是全球范围内的彼此互联的真正实现。电子邮件也许是这种互联世界得以形成的最为初级的形式，但即时推送信息的微信平台真正实现了彼此之间同时虚拟在场的联系和交流。世界的任何阻隔似乎在此一平台上都得到了一种削平，世界在变得越来越平面化。[②] 其所带来的结果就是社会地方性组织的衰败和失落。人们开始以各种复古的形式在试图

[①] "滴滴打车"在 2015 年 9 月 9 日已经更名为"滴滴出行"。"滴滴出行"是涵盖了出租车、专车、快车、顺风车、代驾及大巴等多项业务在内的一站式出行平台。在 2016 年 8 月 30 日，滴滴出行携手应用宝为开学季返校学生送出价值 500 万元的滴滴打车券，其在年轻人心目中的影响和实际使用已经超过了对于各大出租车公司的依赖。参阅 http://baike.baidu.com/。

[②] Thomas L. Friedman, *Hot, Flat and Crowded: Why We Need a Green Revolution and How It Can Renew America*, New York: Farrar, Strauss and Giroux, 2008.

去重建这种地方性的组织，甚至微信群的建立都属于这一重建的一部分。但很显然，社会组织的松散化无疑是这个时代的特征，人们似乎无须进入任何的组织之中就能实现融入社会生活的社会化的目标。人们不再是团体性的或者差序性的相互联系起来的模式关系，而凡属于这方面的实践活动都得到了一种推翻和倒转。取而代之的则是一种互惠、互联与共享的价值模式。凡是试图遮蔽、隐藏以及自我保护和强调积累而不交流分享的行为，在此新的模式之下都会自我瓦解，难以有真正的发展拓殖，反之，敞开、表现以及分享便是这个微信新时代的核心特征，因为就本质意义而言，这个微信所构建的平台就是因为前面的社会的种种闭塞、限制和不能够真正开放而发明和设计出来的。这是一种技术性的而非政治意义上的革命，基于这样一场革命，欲求在被平面化的网络所带动而得到了无限放大。一种潜在人心底层的力比多的能量在此一空间中得到了瞬时的爆发而非抑制。人们在此过程中创造着越来越多的从来没有之物和事件，比如为单身汉自嘲而创办的全民狂欢的"双十一"①，随之各种类似形式的网络节日相继被创造了出来。人们可以在网上一掷千金，却毫无节制之思，欢天喜地地等待着快递小哥的到来，这些几乎成为新一代人消费和生活的一种基本模式。人们因此再无山水阻隔、道路难行的自然观念，这一切在新生代的眼中都是可以通过越来越便捷的全球快递服务而予以快速地解决，在他们的眼中，一切皆有可能，其中唯一不可能的便是阻断或者停止他们手中的在网络和微信上的一次接一次的点击和浏览。

而微信时代的第四个特征便是信息的网络搜索而非百科全书式的知识储备成为一种知识生产的常态。之前试图将知识通过个体记忆的方式而存于大脑之中的知识存储的方式在可以包括云计算在内的无限量存储信息的互联网方面败下阵来。互联网对人的记忆能力的取代和提取真正的外在化使人自身不再是一个纯粹知识的拥有者而是转换为新知识的创造者和持有者，所有经典的知识积累和准备都不过是为了创造和占有而准备的。显然

---

① 指用来进行网络促销的节日，具体就是每年的11月11日，俗称"光棍节"或者"网络狂欢节"。最初是在2009年由网络淘宝（天猫）商城发起并举办，成为中国电子商务的盛事，2014年的"双十一"，阿里巴巴一天交易额571亿元，而到了2015年的"双十一"天猫的全天交易额达到了912.71亿元。参阅 http：//baike.baidu.com/。

之前多少年，对一位研究者而言，案头一本大百科全书的便览和查阅的知识汲取方式在越来越多地被一种网络搜索关键词的方式而取代，其方便之处和知识容量的浩瀚无穷绝非传统的《大英百科全书》这样的工具书所能真正比拟。由此自印刷术发明以来而逐渐建构起来的图书馆藏书模式为之而有一个巨变。当越来越多的纸质知识载体开始为数字化的媒介所取代之后，售卖图书的书店越来越多地转化为一种共同交流和休闲的空间，真正阅读和查阅的可能并非是纸上的文字，而是时时更新却又内容无比巨大的数字存储空间，借助的不是书本，而是计算机、手机上可以看到的电子书或者 PDF 文档。所有知识越来越多地转化成一种暂时性的知识存储，因为在不停变换信息的微信朋友圈中，一种不断滚动的知识更新和传播正在发生，并不断会有一种带有创新的知识、设计和形式呈现在人们的面前。不能再用既有的过于单一化的真善美的原则去衡量这些知识、设计和形式，而只可能归结到一个新字上去，新代表了一切，否则便不能吸引眼球，引起注意，最终淹没在无穷无尽不断翻新的网络知识存储与更新的海洋之中。

微信时代来临的第五个特征是移动互联致使一种时空碎片化。时空自身原本是一个连续体，本无所谓区隔、划分与碎片化的存在，但人的活动及其文化上的作为，使得一种连续体的时空有了相对而言的种种切分。可以说，传统时代做的是一种循环的时空分化，它的基础便是自然世界周而复始的运转，人使自己有了年、月、日以及上、下、左、右以及内、外的时空划分，这种划分对人的生活而言不过是一种意义的映射，且相对而言是固定化了的，因为自然本身也是这样动中有静，错落有致，而非完全的变化无常，无规则可循。即便有一些超出常规的状态存在，人们也会通过自我调适的做法而使之归于一种正常的状态，比如通过闰月的做法而使得一年又一年的时间上的计算差别不会太大，通过风水的观念而使得某种突兀的空间得到一些改变和调整。这基本上算是传统时代的循环社会的时空观，农业社会如此，游牧社会如此，即便是行为散漫的狩猎采集社会亦不过如此。但现代世界的兴起，情形则大为不同，这主要体现在一种时空的分离上面，即时间和空间必须相互绑定在一起的生活场景在此时逐渐相互脱离，通过刻度时间、远距离传输技术以及数码光纤通信技术的不断升级和日益普及，人们可以在依赖于时间和依赖于空间之间做一种彻底的分离，时间和空间的因素在此得到了一种区分。如果排除掉时差的原因，原则上我们可以和在八点十分这个刻度上的地球任何一个角落中的人们进行电话、视频和微信的联系，技术的意义上已经不存在障碍，但随着刻度分秒时间成为我们今天不可或缺的依赖，时空对人而言的碎片化生存逐渐成为一种常态。所谓的时空的碎片化就是指在场的生活被不在场的存在所把握，而我们所做的便是时时刻刻需要对这种不在场的观念做出一种行为上的回应。可以想象在一个相对封闭的时空坐落之下，人的时空安排也是相对固定的，今天和昨天的生活之间不会有太大的改变，人生的轨迹也是可以通过时空的线索去清晰把握的，但在一个彼此并不在场便可以知道和了解对方的彼此虚拟联系的微信互联网的时代，时间和空间都在一点点地被微信"绑架"，时空本身也一点点地被撕扯成了大大小小的碎片。首先是旅行对时空的撕扯，循环社会并没有真正意义上的旅行，人们分成不同的人群，占据一片空间，经营自己的独特的日常生活。但现代社会，旅行开始成为人们生活中的一部分，为着各种目的而开展的旅行，使得一个人的生活在时空的意义上碎片化了。随着交通通信的发达，一个人早晨在家里吃早餐，中午到香港看海吃午餐，而傍晚在巴厘岛感受异国情调的种种时空转换，这已经不再是一种电影中的蒙太奇，而是成为针对某一个人而言的再具体不过的生活现实。在此过程中，人实际上已经不再依赖于具体而言的时空坐落的坐标系，而是准确无误的刻度时间，以及总是充满新意的空间存在。本该像曾经的过去一样，中午十二点在百年老宅中与父母日复一日的午餐，经过一种旅行的时空转换而到了维多利亚港湾的游艇上，而从来也不会错过的家庭晚餐，却在夜晚来临之时变换到了巴厘岛街头的餐厅之中，窗外所呈现的则可能是原来似乎只有对异文化感兴趣的人类学家才能真正呈现给我们的作为地方性知识的斗鸡表演的那一幕。而所有这些，似乎都是基于越来越多的普通人有能力在全球旅行所造成的。[①] 另外一个撕扯时空的整体存在而使之碎片化的要素就是时时在线互动的微信技术的普及。

[①] 联合国世界旅游组织最新发布的《世界旅游晴雨表》指出，2014年共有5000余万游客（过夜游客）出国旅行。2015年国际游客人数相比2014年增长了4.4%，达到了11.84亿人次。2015年是国际旅游人数连续增长的第六年。自经济危机结束之后的2010年开始，国际旅游人数都是以年均大于4%的速度增长。参阅 http://www.pinchain.com/article/64161。

无线网络的无处不在催生了微信技术的普及，以及一个对人类学家而言更具意义的微信民族志书写时代的来临。每个人都在借助智能手机的屏幕阅读、书写和传输着自己和他人的用符号表征所呈现出来的即时性的感受、觉知和反思，这些书写本身便是碎片化的，同时也跟周围环境和时间的早和晚没有任何关系，它可以随时随地通过微信来传播、接收与回应，这种行为无意中使得一个人自己的时间和空间就此而被撕扯成了一种碎片化的难于有路径可循的存在。而另外一种撕扯时空的力量就是对于时间和空间不断且任意被打扰成为一种日常生活的常态。在一个面对面交流的时代，人与人之间无所谓真正意义的打扰，更无所谓骚扰，寒暄揖让、插科打诨、嬉笑怒骂都是人际互动中时常会碰到的社会现象，而这在一个并不以面对面交流为主的强调虚拟空间交流的微信时代中却可能变成一种严重的骚扰，但这种骚扰却又无处不在，四处涌动，可以在任何的时间和空间向另外的任何的时间和空间进行微信的发送和接收，这显然已经是不存在任何技术上的障碍。人的生活也因此而处在一种碎片化的断裂状态，我们必须对来自不确定时空的突发事件做出一种必要和积极的反应，否则一天的生活是难于真正持续下去的，微信通过打碎我们的时间和空间的安排而重新控制了我们的生活。

微信时代来临的第六个特征是一种去中心化生活空间的形成。网络社会的核心特征是无法找到一种社会网络中心的存在，中心不过是一个联结的节点。随着网络的普及，越来越多的去中心化生活空间开始形成。平面化空间的形成促成了产品和货物乃至生活必需品的全球流动，与此同时，人员的流动也在全球这个平面上做了一种朝向生活空间均质化的运动，从一种结构化的中心与边缘的结构关系转换成为中心与边缘可以任意穿行和摆动的流动以及动态的关系。中心在此意义上只具有一种象征性的意义，人们以此为中心却在所谓的边缘安排自己完全中心化了的生活方式，衣食住行的中心化因此而从中心蔓延到了周边的世界之中，人们为此而熟悉并按照中心生活的样子对此加以模仿和复制，形成自己的生活状态，这些要去努力模仿的生活大部分是跟微信讯息的快速传播直接相关的，人们从那里了解了一切，并形成了一种反省性的意识和能力。平面化以及虚拟化的生活可以出现的社会基础在于各类知识作为讯息日益侵入我们的生活之中去，今天可以说再没有什么知识是真正难于明白易懂的，再没有什么知识是需要人们逐字逐句去阅读和记忆的，人们把反反复复揉了又揉的知识分解包装，类似小步子教学以及幼儿园一般将极为难懂的知识转化为童话般的易懂、新鲜且带有感官刺激的资讯和图解，传到你的头脑之中，转换成你的行为反应，然后就消失得无影无踪，淹没在知识信息的浩瀚海洋之中，当你需要之时，再通过各种的搜索引擎而将其加以找寻到。

芸芸大众在虚拟网络上的互动交流，讯息制造使得他们已经不再有要么默默无闻，要么就是揭竿而起的乌合之众那样的极端化的行为反应，他们借助网络平台在彰显着自己对于生命、生活、价值、道理、公平和正义的自我理解、选择和评判，形成一种自然主义意义上的道德判断。仅仅2016年这不到一年的时间里，一起接着一起的网络、微信推动的关乎普通人公共生活的事件，诸如涉及公安执法系统的雷洋案，涉及大学教育与薪酬体系的兰州交通大学女教师身患绝症后被学校开除的案件[①]，以及刚刚过去的王宝强离婚案[②]，凡此种种网络新闻和事件，都曾经吸引了世界范围内数以亿计人的眼球，并制造和生产了数以千万计的网络上的吐槽和评论，实实在在地影响到了政策和相关权力机构的制度安排和变革，至少也对其产生了一种触动和警示。可以这样说，今天的网民或者微信群不再单单是一个大家都用以娱乐共享的平台，而且是形成一种民众共同体意识的平台，尽管此种民众共同体是被彼此虚拟的在场而被想象出来的。但想象的力量有时可能要比实际的发生来得更为具有力量，它往往成为人们获得权利的一种新模式，这不是直接获得而是间接获取，即每一个人借此而形成了一种自我反思性地去看待社会的思维习惯，凡遭遇一种自认为不公平之事便上网公开发布，通过微信朋友圈而大量地将其转发出去，并期待着一种旁观者的评判或者热议。"网红"在这个意义上便是一种力量，它同时也是一种人们心里所想之共同意识的外在投射，它由此制

---

① 2016年8月，"兰州交通大学博文学院英语教师刘伶利因患癌症被学校开除，法院判决开除决定无效，学校未履行"一事，引发了社会广泛关注。参阅http://www.bbaqw.com/wz/35518.htm。

② 2016年8月14日凌晨，著名影星王宝强在微博发布了一份离婚声明，要求与妻子解除婚姻关系。15日上午9时许，王宝强本人在律师的陪同下来到北京市朝阳区人民法院，起诉其妻马蓉并要求离婚。朝阳区法院经审查符合立案条件，已正式受理此案。这一消息在网络上引起轩然大波，各种关于婚姻的看法吸引着人们关注、吐槽和评论。参阅http://baike.baidu.com/。

造了新的群体认同和多中心的流行文化,当一个社会有近乎百万甚至更多的"网红"存在之时,一个权威中心自我构建的神话自然也就不复存在了。①

微信时代来临的第七个特征便是一种金融驱动消费的时代的到来。可以说,互联网金融绝非单单是一个金融的问题,更为重要的还在于它是一个社会文化的问题。就社会而言,它从来不是由上而下推行开来的,而是由互联网的底层先在而逐渐去倒逼上层结构的转型和上层予以合理应对合作共谋的产物。它的存在赋予人们以生活上的方便的同时,更为重要的则是赋予人们以自由做主进行交易支付的权利,人们无须拥有国家中央银行发行的人民币现金,无须花时间到银行的营业厅等候,无须在商场交款台前的排队等待,无须刷各大银行认可的信用卡,无须和社会中人有一种直接的面对面的交流,人们只需要点击支付的按钮或者扫一下微信支付码便可以成功地完成一次交易,并且可以在无线网络覆盖下的任何时间和空间中完成此项原来可能受到货币、信用卡支付的限制,如果没有一些国家政策层面人为的硬性限制,这种金融系统的彻底被微信交易所取代在互联网金融的技术上已经不再是一个问题,这种变化不过是在六年的时间里便发生并波及数以亿计的人口而已。② 由此一种金融管理的旧有模式在发生着转变,互联网金融的即时、方便和快捷在影响着人们自身消费模式的选

---

① "网红"是由网络制造出来的一个概念,它指的是个体或群体快速在网络上吸引到了更多人的关注。在这个意义上谁都可能成为网红,谁也都可能不再是网红。据说 2016 年 11 月 20 日在深圳有一场"网红春晚"的举行。《齐鲁晚报》10 月 1 日的评论这样写道:"在'网红元年'还没有到来的从前,我一直老套地以为,要想在网上红起来,起码要有点文艺功底,有点表演能力或者写作才能,能够靠某方面的才华和特长来引起网友关注达到'吸粉'的目的。但我很快地发现我的想法太 low 了,原因是如今成为网红的门槛很低,只要你有表达的欲望,只要你给自己设置不太高的底线,甚至无底线地配合大众内容消费观,再加上一些团队的推动,想不成为网红都难。所以,据统计,中国目前的网红人数已经突破百万。"参阅 http://finance.qq.com/a/20160930/046720.htm。

② 微信里流传的一个用来祝贺国庆节的段子多少可以映射出来这种社会的变化:"六年前出去吃饭、购物基本都是付现金;三年前出去吃饭、购物基本都是刷卡;而现在出去吃饭、购物付款都是扫一扫。这说明什么?这说明了出门捡到钱的概率几乎为零。不干活谁也救不了你!除了努力你别无他法!用别人的车子赚钱,滴滴做到了!用别人的厨艺赚钱,美团做到了!用别人的产品赚钱,淘宝做到了!用别人的飞机赚钱,携程做到了!用别人的女人赚钱,KTV 做到了!用别人的老婆赚钱,宋喆做到了!整合资源,世界都是你的。预祝大家十一快乐!"

择，人们无须再考虑作为现金的钱币的携带和储存，随时随地微信支付使得人们并不再是完完全全考虑到口袋里究竟有多少现金，而是支付宝中有多少钱的数字存量。总之，金融支付模式的新转变在刺激人们的新购买欲望，影响着人们对于网上无限丰富商品的全身心投入的消费追求。

微信时代来临的第八个特征便是微信群上的点击互动、分享鼓励成为一种团体性生活的基本模式，转而成为一种日常的需要，尽管彼此之间并非真实而是虚拟的在场。这是可以涵盖更大范围的社会团结模式的社会网络的构建，曾经相互分离开来的个人借助此一新媒体的平台而重新虚拟地在一起，彼此之间互动交流，相互分享鼓励彼此的知识、经验和认同。对这个空间中的每一个人而言，这种模式是需要一种反思力的，其不同于旧有现实团结的模式之处就在于，那一模式可以是无言的仪式性的狂欢或者集体欢腾，而今天在虚拟存在的互联网微信的平台之上，在通过一种有来有往、你一言我一语的对话交流而把更大范围的人群联结在一起的同时，人们也在反思性地创造出自己独特的群体在一起共存的方式，这是借助将各自观点看法直接在微信朋友圈中的呈现而实现的，朋友圈中彼此毫不客气地争论吐槽，乃至彼此的谩骂和相互的攻击。再没有什么东西可以阻止人们的自由形式地表达，只是每个人不会随意地去表达，当微信的媒介空间给了人们以充足的自由表达之时，人们对此也回报了深度的尊敬。人在这个意义上终究是人而非禽兽。相比传统时代的更多使用肢体语言的互动模式，微信时代的来临使得人们会更多地使用手指的点击、眼睛的注视以及大脑的思考。很显然，人们尽管在不停地点击计算机和手机，但每一次的点击却又不是随随便便做出的，今天每一个使用微信和网络之人都为此而投入了大量的即时性反应的反思性的思考力，而该如何去书写微信、发送照片、去表达自己的看法、去到人海茫茫的朋友圈中真正恰如其分地呈现自我，所有这些都在重新向每一个有微信的存在者、使用者提出了"存在何为"的严肃性问题的思考。人们也在此过程之中，体会到彼此互联、相互鼓励分享的乐趣。一个新的社会互动团结的新范式也因此而在成长之中。这实际上与一种虚拟空间的群的生活方式之间是紧密地联系在一起的，后者成为微信时代来临的第九个特征。

最后，作为人类共同体的世界共同体的场景想象，在今天的微信时代变得更为突出和真实了，这成为微信时代来临的第十个特征。这种特征保证了人在这个地球上生存的共同价值的追求和实现的可能。在这个过程之中，一种无边界的交流在一种迅速而骚动的氛围中开始得到了涌现，一种无边界的世界想象的共同体在人们的观念下得到了一种认可，但与此同时，一种反向的运动也必然会存在，那就是新的边界的设立以及对于各种无边界、无底线交流的恐惧和审查。民族主义在今天不再是简单的爱国主义或者以民族构建为中心的一种自我认同，更为重要的是，它已经演变成为国际意义上的以及全人类意义上的对于自我边界存在的肯定和强化。文化的相对性观念又被重新捡拾起来而纳入新的我族认同的边界设定和监视之上。换言之，一种无边界的交往和互联互通已经在全世界范围内展开，而与此同时，各种既有的族群边界阻隔的重新建构被转化成为一种文化利益和存在权利上的新主张而在符号化地支配着人们对新的领地、权利和支配的认可、认同以及实施。一种"袪除"还是"守卫"的族群以及文化边界保卫战将成为未来世界共同体想象政治中的一个核心途径和姿态。

微信、交往与群学

对一个社会而言，随着微信自媒体的普及和方便易得，其所带来的变革就更为巨大。它让社会成员之间联系的网络更为虚拟化且相互的联系和沟通在不断地得到加强。它的力量虽不外显，实际却无处不在，影响至深。借助由无限次的点击和复制的方式所轻易构建的几乎是零成本的而且多得不可胜数的微信群，一种对于虚拟化群体生活有所偏好的建群行为无意之中虚拟化地满足了文化里对于"群"的亲和力，但与此同时，社会开始借助一个一个的维信群分化为多元存在状态的可能性也在不断地加强。而作为一体的社会主流价值在被微信群所忽视而搁置一旁，并做一种有选择的遗忘，忽视其真实的存在以及在价值上的引导。这种局面也无形之中造就了社会多样性选择的增加。与此同时，生活的不确定性风险也因此而得到了提升，人的安全感意识无法再得到单一性制度的保障。

微信作为一个虚拟互动的交流平台，就文化的意义上而言，它可以使得受到现代性生活方式的影响而日益分散开来的个体能够重新凝聚起来。因此，尽管众多的微信群的存在看起来是复制现代社会的自我分化的模式，但由于这些微信群之间通过个人的无边界或者跨界的交流而使得微信群之间相互联系在一起。①尽管这种"在一起"是虚拟化了的，但正像互联网世界的虚拟性逻辑一样，它却又是实实在在地对人的思想、观念和行为造成着一种实际的影响。换言之，微信又使大家在一起。

社会学最初流传到中国来曾经被严复翻译为"群学"，章太炎从日语借用社会学这个翻译彻底取代群学而为社会学，但在一定意义上，"群学"这个概念似乎更为适合去描述当下的使用微信的群体，他们相互建群，在群里聊天，晒各种图片，分享各自的经验，名副其实为一种群的关系，研究这样的群体的社会与文化生活很自然便是一种群学，可能是最原始和要素性的群学。如果曾经被忘记的严复的这个社会学的"群学"翻译是个时代的误会，那今天经过一种穿越，群学的真正意义又回到了我们的虚拟的真实生活之中来。②换言之，社会学在向最初"群学"这一译名做着一种奇妙的回归。很显然，当微信群而非实际的社会组织真正能够把更多的人方便即时地联系起来的时代里，注意到微信群的生长形态和运行机制便是一种所谓新的互联网群学真正要去关注的。在此意义上，互联网的普及乃是人类文化意义上的一次向着人本身的存在状态的回归，人在用最为当下的技术在重新肯定一种人本真的群居性的生活，只是人们不再是以真实的身体存在和接触来做此肯定，这种群居可以说是以一种近乎复魅的方式使人一步步地退缩到了不能分离开来的彼此之间的联系中来。

就一种最为直观的观察而言，作为一种人际传播的新媒介，微信存在的最为重大的意义便是其开启了一个人与人之间彼此交往方式的新时代。就像之前的石器时代、青铜时代、铁器时代以及工业化时代一样，不妨称之为微信时代。这个时代的出现使得之前人们面对面的交往改为了微信中的借助语言、言语以及图片的对话式交往，而以前借助纸笔的

---

① 赵旭东：《人类学与文化转型——对分离技术的逃避与"在一起"哲学的回归》，《广西民族大学学报》（哲学社会科学版）2014年第2期，第32—48页。

② "社会学"（sociology）这个西方的概念在汉语的语境之中最初曾被中国现代思想启蒙者之一的严复翻译成"群学"，后来的翻译接受了1902年章太炎借助日本人岸本能武太的翻译，而将sociology译作"社会学"，并为大众所接受，在1904—1905年间，"群学"这个翻译基本不用，而"社会学"这个翻译则广为中国学者接受。但在今天微信畅行天下的时代里，"群学"这一概念似乎更为适合今天社会的实际运行状况，真正印证了《战国策·齐策三》中"物以类聚，人以群分"的论断。

书写和传播则改为在微信中的书写和传播,以前所必须要求的一种时空坐落明确的人群聚集改为微信群的共同时间却不一定在场的线上聚集。同时,线上的聚集又使得人们可以在一瞬间转化为线下的行动,由此微信群成为一种集体行动的新的动力来源,这一点显然不可小觑。诸如借助兴趣和爱好所组织起来的跨地域的像 FB 这样的微信群体①,此外还有 2016 年年初的雷洋案便是由微信群的聚集、转发以及抗议而形成的一种虚拟的力量并进而影响到线下的社会反应以及政府决策,这样的案例在今天可谓不胜枚举。②

此外,知识作为一种消费品借助微信的平台而在微信群中做一种瞬间激增式的大众消费成为可能。借助微信,人们可以在任何时间、任何地点以及任何场合,只要网络畅通的地方,都可以尽情地消费这些种类繁多的知识、讯息和观念,学科的界限在一点点地被打破。就社会的意义而言,微信是一个虚拟化的时空结合的场域,同时它还是知识汇聚与交流的场域,通过复制和传播技术的成型,微信成为我们接受各种知识讯息的一个大平台,而人的工作便只是从中做出一种自己的瞬时选择而已。它因此而去掉了国家的边界、语言的边界、学科的边界乃至于文化的边界,所有这些存在的前提都是因为它们基于某种的边界而存在。边界如果不存在,而信息又变得海量并且唾手可得,那人们只是从中去做一符合自己偏好的选择而已,而不再会依赖上述那些基于现代性的分离和隔离为前提的界限划分来做自己的束缚手脚的选择。一种多学科知识和信息的交融和汇总必然会成为未来百科全书式知识生产的总特征,微信民族志必然离不开这样一个大的知识生产的时代背景。

---

① FB 含义就是"腐败分子"中"腐败"两个字拼音首字母的缩写,包括因攀岩、郊游、赛车、游泳、打球、滑雪、卡拉 OK、摄影比赛以及航模表演等而组织起来的微信、微博联络的群体。比如成都的某个 FB 车队与重庆的某个 FB 车队通过微信群联合起来,命名为新的"成渝联合 FB 车队",然后驱车去宜宾市郊外几十公里的"西部大峡谷温泉"一起做户外活动,并拍摄了大量的照片、视频发布到微信群、微博等网络新媒体上。参阅 http://www.google-cn.net/。

② 作为中国人民大学环境学院 2009 级硕士研究生的雷洋,在 2016 年 5 月 7 日晚离家后身亡,北京市昌平区警方通报称,警方在调查足疗店过程中,将"涉嫌嫖娼"的雷某控制并带回审查,此间雷某突然身体不适,经抢救无效身亡。而人大校友会声称其中执法程序有漏洞,一时引起网民在微信中的热议。

还有，微信民族志的出现使得我们重新回到了一种人类学意义的互惠逻辑占据支配地位的时代。人类学的诸多早期研究让我们注意到了作为初民社会人群内部与外部关系基础的一种互惠关系的存在。这种互惠可谓是带有人类社会的普遍性的，到目前为止，尚未见到一个人群可以单单靠自己的孤立存在而持久地存活下来，人需要彼此交流互助的互惠作为日常生活可能发生的基础，这一点显然已经成为人类学家之间的一种共识，他们从被称为前现代的社会中敏锐地发现了这种作为共性而存在的互惠的逻辑及其文化的表达。[1] 而现代性的出现所做的完完全全是要去打破这种关系，进而要去证明自身的资本逻辑的合理性。在现代社会，人把世界的一切都邀请到了自己的身边和眼前，然后教训它们说，"我是你们的主人"，"我的意志不可怀疑"，由此每一个人都成为他者存在的主人，并不肯真正让度出自己的一丁点儿的存在，他们强调财富的积累、强调私人财产权、强调以他人存在为陷阱的极端个体主义，由此而在社会技术的层面发展出来了各种分离技术，以适应这种个体主义的出现以及在文化表现上的汹涌浩荡。[2] 但微信的出现似乎使得这一切遭到了一种阻断，当没有什么是不可以在微信朋友圈中加以分享的时候，一种互惠的逻辑在资本昌盛的时代却出人意料地得到了死灰复燃般的复活，并渐趋成为一种在广大的底层社会不断蔓延的趋势，人们尽可能地把所有东西都在微信中呈现分享，包括知识、讯息、情感、体验乃至金钱（红包）之类。

实际上，微信的存在首先打破了一种等级和阶层的严格划分，社会学家再难为微信群进行一种抽样后的阶层分析。在这些实际生活的群体之中，人们在其中的身份等级会有所分化，但在微信群中却难分彼此，有了分别也便不是微信群意义上的群了。其次是它的分享逻辑使得所有的人都会受益，它的给予是面向全部的存在者，只要在群中就可以彼此联系相互分享，给予者成为夸富宴的实践者，它做了一种对于全部微信群中之人的社区整体性的呈现和全部出让，更为重要者，这种奢侈性的全部给予可以时时发生、处处发生，不再受到一种时空以及年度周期的局限，即夸富宴

---

[1] 赵旭东：《从文野之别到圆融共通——三种文明互动形式下中国人类学的使命》，《西北民族研究》2015年第2期，第44—61页。

[2] 赵旭东：《个体自觉、问题意识与本土人类学构建》，《青海民族研究》2014年第4期，第7—15页。

可以天天发生，由此而带来了一个虚拟狂欢时代，微信民族志就是一种对这个虚拟狂欢时代的种种现象的描摹和呈现。当每个个人欣喜若狂地在微信上发布各种消息之时，那也必然是一个有着更多朋友圈的人在投以关注和共同狂欢的时刻。这是一个只要是有人敢提问，就一定有人敢举手回答的时代；只要有人敢晒图，就一定有人敢吐槽的时代。微信让书写变成不再是一种工作的或者职业的一部分，而是转化升腾为一种彻彻底底的自我表达、自我愉悦以及自我实现的新空间，人们从中既发现了自我，也同时发现了他者的存在。

时至今日，微信作为一种革命性的技术在深度地影响着我们的现实生活，包括我们真实生活中存在的个人、社会与文化生活。它一方面在卓有成效地使得现代性的分离技术失灵，另一方面也在深度影响着真实生活向一种虚拟化生活的转变。在今天，即便是人们相互不在一起，即便是彼此相互分离，我们仍旧有一种社会团结的存在，仍旧可以有"在一起"的社会场景的涌现，这种场景往往可能是全球性或者世界性的，就像村落中的节日聚会，世界成了一个地球村。只是它们都属于是虚拟化的存在，即便原本是现实的，但却仍旧还是有一种驱动力加足马力地在使之虚拟化，而只有这样做之后才被认为是更为方便务实。

因此，自互联网进入我们的生活当中去，特别是智能手机匹配上微信技术所制造出来的朋友圈的交流模式之后，还有就是网络购物借助手机终端而实现消费方式的变革之后，各种形式实体店的倒闭关张就成为一种难于避免的趋势，由此而影响到了我们实际生活之中的社会与文化的诸多方面。这其中无一人可以由此而逃避出去，不受到这一技术的影响。故不论有何种的抵抗，结果都是一样，那就是对于诸多传统行业的取代或者覆盖，因此可称微信替代我们生活的这个时代是一场真正意义的革命，这可谓是一场生活政治场域中的革命，它由此而造就了知识生产和共享方式的变革，也带来了一种文化实践内涵的改变。

不可否认，人是一种有着强烈沟通能力和沟通意愿的动物，曾经的自然阻隔，包括山川、江河、海洋、湖泊等，都曾经使得这种沟通的欲望难于真正的实现。但今日借助互联网的微信普及，这些曾经的阻隔均已不复存在，只要有无线信号覆盖之地，人们即便是躲在深山老林之中依旧可以与外部世界之间有直接的联通，当然更多意义上是虚拟性的。人们因此而面临一种新的人群重组，即原初意义上的相互依存的同质性很强的村落或城市社区中的群体因为人口迁移、城市化浪潮以及全球范围内的移民和旅行而发生着一种频繁往复的离散性重构，而微信的存在和普及，却又使得这种重构变得易于实现，通过微信交流以及建立微信群的方式，人们之间减少了彼此的分离感，且因为智能手机的存在而变得容易实现和满足。也许在原有的聚落联系被部分或者彻底打破以及阻断的同时，新的群的联系则通过微信而得以加强。当所有的事物都通过微信这种联结技术而得以数字化地勾连在一起，同时当所有的事务都通过数字化的手段而予以呈现在网络或手机屏幕上并借助它而得以实现日常的运作之时，一种知识的学习、储存、传承、获取以及理解的方式都必然在发生着一种彻彻底底的改变，这些改变也必然会酝酿一场文化意义上的转型。

而这种转变的核心就在于承载和传播信息的媒介物的改变，在这一点上，无疑"媒介即信息"（the medium is the message），麦克卢汉并没有错。[1] 从传统纸质媒介物逐渐转换到数字化媒介物上来之后，知识独占变得几乎不大可能，而与之相反的倒是作为公器的知识的共享则成为一种可能和必须，且更为易于实现。照相、存储、提取技术的数码化以及光纤传输使得一种基于知识共享的知识创造变得易于获得。这无形之中也强力扭转着现实社会之中各种形态的此前并非依赖于网络和微信的那些部门开始有了一种新的运作模式，诸如银行、政府与互联网的合作。而运行模式的改变自然也影响到了嵌入于其中人们日常生活之中的文化实践的形貌。

在微信以及微信群中，人们可以去晒自己的一切。而在微信群中的任何一个人都可以借此了解此人的种种虚拟化的呈现，但它却是一种真实发生的生活，没有谁会因为你的不在场就会去盛赞你的清高，也没有人会因为你不会、不愿，甚至不屑使用微信便会高看上你一眼，世界被微信存在所扭转的结果便是谁都在微信之中，谁都无法离开微信而生活。由此而形成一个虚拟化了的相互依赖的分享空间，之后才可能有其他形式的个人的

---

[1] Marshall McLuhan, *Understanding Media: The Extension of Man*, London: Routledge & Kegan Paul, 1964, p. 7. 亦可参阅［美］吉登斯、萨顿《社会学》（第七版）（上、下册），赵旭东等译，北京大学出版社 2015 年版，第 731 页。

存在。换言之，一种新形式的微信库拉圈正在形成之中，即在微信群中先要有一种类似马林诺夫斯基所说的"库拉伙伴"的关系的存在，之后才可能真正有其他形式的交换的发生。微信因此而复活了原始交换的道德意识，增进了彼此交往的频率，只是这些都是虚拟性的，但却又是真实存在并发生着的，谁都不可对此予以小视。

朋友圈与人类共同性的表达

微信在使得人和人之间的关系发生着一种极大的改变。不仅你可以在一个个不同的微信群中见到你所熟悉的人，同时你也可以看到只有一面之交的朋友，本来他或她可能无缘与你熟悉，但因为微信群的虚拟在场，你和他或她之间也便有了经一面之交和永久相交的一种互动联系的可能，甚至在微信群里，你可以多次甚至不厌其烦地去打扰存在的对方，逐渐由一种开始实际的陌生而转变为后来虚拟的熟悉。原本并不认识的朋友，因为某种机缘见了面，加了微信，通过添加好友的方式而成为朋友圈中的一员。

朋友圈尽管是一种有界限的存在，但它本身却又是无限开放的，它可以通过一种朋友的朋友拉人进入的方式而改变朋友关系的格局和网络的范围。朋友圈只有一种分享和互动往来的功用，却无领导和被支配的关系，更没有权威意识的建构，大家在微信群里便是平起平坐的，任何教训人或者高于群中他人地位之上的表达都可能会遭到群内之人的"群"起而攻之。因此，微信民族志的书写说到底便是当下平民共同体生活的一种白描，它真实记录且可以保持一种时间追溯的延续性。每一个人都有一个以自己为中心的朋友圈的网络，他不需要先确定某一个中心，然后再去看自己或他人的边缘地位是否存在。而且更为重要的便是，每个人自己就是一个中心，同时也便意味着，在这个微信朋友圈制造下的世界中实际并没有所谓真正的中心可言。这个中心或许只在每一个参与者的心中。既有的面对面交流方式的核心是在于一种交往的实践无须太多意义上的反思，说了便是说了，做了也便是做了，大多都会依赖习俗的惯例和常识便可加以解决。但微信的书写往往在这种无反思性的行动之上附加上来一种思虑，借此需要考虑的则是话怎么说、字怎么写，由此而使得微信群中有一良性积极的反应产生，并获得点赞和评论的正向强化。

　　微信以及由此而建构起来的无以计数的朋友圈是一种全媒体的存在形式，并且更为重要的是，它被真正掌握在了一个个的个人的手中，即由一个具有主体性的人所掌控，由其来发布、收起和转发。在此意义上，很多原来由社会机构负责的事务开始转而由每个个人在自己私密的空间以及随意性的时间安排中得以完成，吃饭、床上、地铁里、厕所中以及餐桌上看微信、刷朋友圈已经成为一种很多人的新的习以为常的行为。在此意义上，人在时间和空间上的安排都在朝着一种碎片化的方向上去发展。人们曾经的时空分配可谓是单一性的，注意力也必然是单一性的，人们只有在工作或劳作之余才有可能分散自己的注意力于休闲的生活之中。但今日在人手一部的智能化手机上的频繁的无以计数的大数据意义的点击触碰已经使得我们无法分辨清楚究竟哪些内容是属于工作的一部分，哪些又是属于休闲娱乐的一部分了，这个界限在微信普及的时代被彻底地打破掉了。一种新的生活处境在日益凸显出来，即曾经的工作时间被微信所占据，曾经的空闲时间亦被微信所侵扰，并彼此相互交织在一起，难以做一种分辨。

　　但毫无疑问，每个人自己能够驾驭的时间和空间的自主性在此过程中无形地增长了许多。人在变成自己时空的主人的同时，亦实现了一种开放共享空间的拓展，人及人所构建的群体不再是存在于某个角落的孤立的存在，而是与遥远的他者都共处于一个虚拟时空下的存在。人也不再是相对意义上的个体的存在，而是成为一般人类意义上的一分子，即一种文化相对意义上而言的文化边界的模糊不清甚至失去了自我的边界，人们之间开始更多地透明分享彼此共同性的而非差异性的经验，诸如衣食住行和思想观念。人类学真正开始转变成为有关人类整体的学问，而非猎奇心态下的对于文化相对性观念支配下的对于特殊人群的特殊思考的片面甚至是过度的强调。在此意义之下，人回到了他本该有的位置上去，人在一起开始讨论、关注以及分享人和人性的问题并彼此分享所提供的可能解答。恐怕再没有比这一点对人类学而言更为重要的了，原来我们是把人依据在世界各地所看到的样貌形态的不同而区分为不同的类别，然后再分出一种高低上下，结果西方早期的殖民者和民族学家为此犯下了种族主义的错误，但今天再去看这些有着差异性的人群，似乎真正缺少了彼此之间的那种想象出来的差别，因为他们人人都有了一部智能手机，人人都在得意和不自觉地狂刷寸许见方的屏幕以及发送微信，这其中夹带了文字、图片和声音，所有这些都促使我们不能不去看他们差异性之外的那些共同性及其影响，人的共同性存在的问题重新又回到了人类学家的眼前并被期待着给出准确的解答。而显然，微信的广泛普及和使用便是其中最为突出的当下人类共同性的表达之一。

在中国，微信作为一个交流的平台，它的无线网络联结的程序技术能力，使得人们生活的世界不论是在范围上还是在深度上都为之一变。可以想象一下，当一个人每天有着不止数十个微信群地参与其中之后，他或她对于生活的理解也就一定会是大不一样的。特别是在这样一种快速传播的技术在一瞬间传遍由中心而至边缘的中国乃至世界的广大区域之时。一位送女儿出国读书的母亲可以与女儿分享她在法国巴黎街头自由市场的场景，这对于没有互联网和微信的过去而言显然是不可思议的。技术的均质化普及所带来的文化落差是今天的研究者特别要予以关注的。很多民族地区在越来越多地受到这种全球化技术的影响，那里的文化形态以及价值选择也在随同全球城市语境的变化而发生着改变。而所有这些无疑都是由微信所带来的一种极端负面的影响，正像当年西方殖民者进入西方世界以外的土著人群体中所带来的种种破坏一样，这是今天的人类学特别要去加以警示的。

很显然，技术与文化之间的不同步或者说二者之间先与后的巨大落差的社会影响力，也并非是今天的研究者才会注意到的，美国社会学家奥格朋于1922年撰写的《社会变迁》一书中所提出来的"文化滞后论"，至少在距离今天半个多世纪以前的1933年就被费孝通注意到，并与王同惠一起将此书翻译到汉语世界中来，只是在今天的中国，犹如照镜子一般得到了与在西方世界所发生的一样的应验。换言之，在今天，人类学再一次遭遇了或者面对着一个巨变着的中国乃至巨变着的世界。所有在差不多一个世纪以前便出现的现代化的两难即使在今天仍旧是无解的。微信的存在尽管已经远离了现代性的分离技术的左右，但它从本质上而言仍旧是一门技术，也会同样遭遇到技术对于生活世界的入侵与文化体系的自保之间的两难。既有的文化在微信面前恐怕在其未转化出来新的文化形态之前就可能已经在面临着一种死亡的厄运了。因此，在一种微信民族志的知识生产的时代来临之时，我们显然是不能够把这一点完完全全地忽略掉而去尽享微信所带来的种种非正常状态的狂欢,可是机遇伴随着风险会同时存在。一种清醒的思考者的角色在今天不仅需要而且变得更为重要,否则一种失去方向的崩溃随时都可能会发生在我们生活的世界之中。就文化的意义上而言,微信又在使得相互分离开来的社会虚拟般的凝聚在了一起,这曾经是一种社会团结所渴求的一种局面,但被现代的技术所一点点地瓦解掉了。不过微信的出现又似乎是使得这种分离的技术失灵而难于发挥其实际的作用。这是微信所能提供给我们社会重建的机遇之所在。

但也要清醒的是,微信既是一个交往的平台,同时也是作为一个虚拟的广场而出现在虚拟的人群之中。在里面的每一位成员既是观众又是表演者,观众可以鼓掌、叫好,亦可随心所欲地吐槽、说闲话,而表演者则可以自设中心擂台,搭建表演场所,吸引围观群众,甚至可以因为吸收粉丝人群的数目众多而成为网络热捧的"吸粉""涨粉"的"网红"。它最为重要的一个特征便是无须一种专门的社会的组织,零成本地进入和退出,但它又无形之中构成了一种庞大的靠网络而组织起来的社会团体,只不过是一种在性质上虚拟化的而其成员又不在现场的团体组织,这基本类似一个自由市场,但却没有时空的限制,形成一种网络平台资源的自由获取共同分享的机制。这同时在打破既有的层层思想的审查上算是一个突破性的改变,控制和筛查这些自由市场的声音,使之形成某一种或某几种的声音变得不再可能。

人类正在彼岸中注视自己
——论自媒体时代人类学的学科自觉[*]
方李莉[**]

一 人类学研究中的未来意识

本篇论文的写作，缘起于参加由中国人民大学人类学研究所主办的"微信民族志、自媒体时代的知识生产与文化实践"研讨会上的发言。

这次会议对于人类学的学者来说是极富挑战性的，因为自媒体时代正在解构许多传统人类学的概念，召开这样的会议实际上也是在定义许多人类学的新概念。就连此次会议题目中的"知识生产"这样传统的人类学的概念都在面临挑战，因为网络时代也就是自媒体时代，不再是知识生产的不足，而是知识生产的过度，人类已经进入了一个知识爆炸的时代。因此，笔者认为，这不再是一个知识贫乏，需要生产知识的时代，而是一个知识爆炸，需要在众多的知识的基础上进行遴选，并生产创造力和想象力的时代。正因为如此，笔者在这篇论文的写作过程中可能会有一些出格，可能会超出一般人类学的常识，会加上一点创造性和想象力来讨论自媒体时代，人类学研究将会遇到的一些新的值得讨论的问题。

此篇论文的题目是《人类正在彼岸中注视自己——论自媒体时代人类学的学科自觉》，这个正标题几乎不像是学术论文，好在还有一个副标题，让读者知道此篇文章所要讨论的学术问题何在。"彼岸"的概念来自宗教世界，从传统宗教的角度来讲，那是一个远离凡间俗世的天国，是神

---

[*] 本文原刊于《探索与争鸣》2017年第5期。
[**] 方李莉，女，中国艺术研究院艺术人类学所所长，研究员，博士生导师。

的国度，是一个人的身体无法进入，只有灵魂才能进入的地方。从科学的角度来讲，那是一个根本不存在的，人类想象的神话空间。总之，人类从来没有想到过，在地球上，在我们的尘世中，会出现一个只有灵魂能进去，人的身体进不去的空间。

但现在网络时代的来临，让我们有了这样一个空间，这是一个可以让语言、文字、图片和影像进入，但人的身体无法进入的虚拟空间。当然，这是一个由科学技术造成的，并不是神造的空间。但是是很难讲，难道我们真的认为没有神吗？这当然是瞎说的（好像只有没有文化的人才会迷信，相信有神）。从唯物主义的角度来看，这样的空间仍然是人类物质空间的某种投射，并没有什么神奇的地方。

但是我们就不可以想象人类有三维、四维空间，就不能有第五空间吗？古人认为的"彼岸"我们没有进入过，但当我们在虚拟世界中来重新注视和反思人类世界的时候，我们会有什么样的新思考？自古以来人类的文化都是在相互交流中发展的，不同交流方式的出现，所带来的都会是一场人类文化上的和思想上的革命。"早在遥远的新石器时代，随着语言的产生，远古的先民们便通过相互的交谈、信息和物品的交换，使各个群体之间开始了相互的影响和交往。"[1] "但在最近的160年间，随着电报技术的发明使用，世界性网络开始迅速电子化，从而使得人类交往的内容越来越多，速度越来越快。时至今日，尽管人们使用的相互交往方式有着巨大的不同，但是每一个人都处于一个巨大的全球性网络之中。"[2] 今天我们不仅进入了一个全球性的网络中，还进入了一个可以随时相互交流的虚拟空间。

在这样一个场合下，人类的知识，人类对于世界的看法，包括整个知识结构、社会结构会不会来一个全新的重组呢？而在这样的过程中，人类学的研究将扮演一个什么样的角色？我们人类学可以做些什么样的工作？这是值得我们思考的。

在大家的观念中，人类学的主要的任务是要寻找人类文化的起点，从

---

[1] ［美］约翰·R.麦克尼尔（J. R. McNeill）、威廉·H.麦克尼尔（W. H. McNeill）：《人类之网——鸟瞰世界历史》，王晋新、宋保军等译，北京大学出版社2011年版，第3页。

[2] 同上。

而思考人类文化的未来走向。因为科学技术是可以一往无前的不断创新的，但人文学科总是要回到人类文化原点去重新审视我们人类是从哪来，然后又将要到哪去，尽管人类学也有对于人类未来走向的思考，但总体来说，思考文化的原点较多，思考未来发展的部分相对较少，这和人类学的研究主要是缘起于对欧洲以外的一些地区的原住民的考察有关。这些研究对于了解人类最原初的文化动机，社会的运转模式非常有帮助。但后来随着社会的剧烈变迁，许多原住民地区的生活也发生了迅速的改变，人类学又开始把目光转向了对不同文明社会的研究，尤其关注文化变迁的问题，但总体来说，还是关注当下较多，对于未来的讨论较少。

随着互联网、新能源、工业4.0、3D打印技术等让人目不暇接的新的科学技术的出现，人类社会发展的速度越来越快，有可能我们的身体已经到了另外一个新的时代，我们的思想和观念还停留在原来的时代，导致我们的思想观念和社会发展的速度不能同步，为了能够同步，我们必须要把研究的眼光转向未来。这样的现象就好像我们在黑夜中开车上了高速公路，必须要开远光灯，而且要目视远方，我们才可以清楚地看到我们前面的景物，不至于遇到危险。所以当今的人类社会就好像开车进入了高速公路，我们各个学科都要注视远方，面向未来而思考问题，在黑暗看不清楚时，不仅要注视前方，还必须要开远光灯，在未来的人类社会中，只有能够注视远方的学科，才能成为引领社会发展的学科，笔者希望人类学能够成为这一重要的学科之一。

未来并不是被动地在等待着人们进入，而是人们可以通过自己的努力去改变和创建的，在这样的努力和创建的过程中人类学不能缺席。因为未来社会的高科技发展需要注入人文关怀，也需要有人类学的思考。所以，费孝通先生认为，人类学的功能不仅在于"回顾与展望"或者"解释"，还在于"参与和创新"[1]。这个创新的立足点在什么地方？这是很值得思考的。费孝通先生有一个"三维一刻"的理论，即"三维直线的时间序列（昔、今、后）融成了多维的一刻"，也就是说，我们研究的现在往往联系着过去和未来，过去、未来和现在的一刻，形成了三维一刻。我们首

---

[1] 费孝通：《创建一个和而不同的全球社会》，载费孝通著、方李莉编《全球化与文化自觉——费孝通晚年文集》，外语教学与研究出版社2013年版，第13页。

先要认识所面临的这"一刻"与人类的过去和未来有什么样的关系，而且我们的此刻正在面临一个什么样的世界，我们一定要搞清楚这个世界正在发生哪些巨大的变化，才能有目的地回溯过去和展望未来。

从这个角度来讲，我们应该首先意识到，我们当前正在面临第四次工业革命的开端。第四次工业革命始于这个世纪之交，是在数字革命的基础上发展起来的，其特点是：同过去相比，互联网变得无所不在，移动性大幅度提高，与此同时，人工智能和机器学习也开始崭露锋芒。这些技术之间的融合，以及它们横跨物理、数字和生物几大领域的互动，决定了第四次工业革命与前几次革命有着本质上的不同。其必然会引起一场文化上即人类认知上的变革。[①] 因为人类以前是靠自己认知世界的，但现在的人类不仅是靠自己认知世界，还有机器和人一起互动。以前我们写一本书，要等到变成铅字出版以后才能交给读者，而且读者有什么想法我们不能立即知道。但自从有了互联网，我们所写的文章和一些观点，放到虚拟空间马上就能有所反馈，同时还能及时讨论互动。面对这样的变革，人类社会是否会发生一场新的文化和思想上的革命？

费先生曾在书中说："我的一位印度朋友哈克萨在书中写道，哥白尼揭示了地球围绕着太阳转这个事实，使人类对自己的空间定位有了新的看法，从而引起人类思想上的很大的改变，引发了欧洲的文艺复兴。他接着又说，现在人类做到了在太空中行走，已经跳出了以太阳为中心的学说了，这就使人类活动的空间更大了。他预言又将发生一场大的变化，但这个变化是什么样子，他看不出来。"[②] 费孝通先生觉得他的话很有意思，他认为，关于人类在太空中定位的问题，是一个值得思考的大变化，这个大的变化将会促使人们文化观念的大变革。

所以，他接着说："我讲这段话的意思是想告诉你们这辈人，脑筋一定要灵活一些，要跟得上时代的变化，这是一个变化很大、很快的时代。什么是脑筋灵活？什么是能跟得上时代的变化？以我自己的体会来说就是思想要搭得起来，思想要立体化，不能局限在一个平面上想问题，现在我

[①] ［德］克劳斯·施瓦布：《第四次工业革命转型的力量》，中信出版社2016年版，第5页。
[②] 费孝通：《参与超越　神游冥想》，载《费孝通全集（第十六卷）》，内蒙古人民出版社2010年版，第394页。

们的脑子里要有四维、五维空间。一个思想'飞'不起来的人，他思考问题的关系都是平面的，立不起来。"①

在讲完这话以后的不久，费孝通先生又在一次会议上讲道"也许若干年后，（人类）会迎来一个文艺复兴的高潮"②，他之所以这样讲，是因为他认为，世界已经发生了巨大的变化了，任何一个社会发生大的文明转型时，必定来场文艺复兴。历史上，当人类社会从农业文明转向工业社会的时候，曾经出现过欧洲的文艺复兴，可以说，没有欧洲的文艺复兴，就不会有人类的现代社会和工业化社会的产生。当时费孝通先生已经意识到了这一变化，所以提出来告诫我们要有这样的前瞻性，而中国的学者们要有这样的文化自觉性。

今天，当我们已经目睹了第四次工业革命来临时，而且已经清楚地意识到这与以往我们经历过的前三次工业文明已经发生了本质的变化时，我们还不能领会当初费先生所呼唤的文艺复兴的到来吗？笔者似乎已经看到了这一新的文明的曙光，笔者认为，这一新的文明就是以高科技为基础的绿色文明。现在人们只是在不同的场合提到它，但还没有真正地形成一个完整的理论，也还没有覆盖到社会的每一个方面，那是因为每一次新的文明来临之前，都必然要有一场新的文艺复兴，也就是新的思想革命，以产生一套全新的价值观及对世界的新的看法。而且任何一次新的思想革命和文艺复兴都是重新认识人自身和自己的文化开始的，即要重新返回到我们出发的原点去重新认识人类的未来，这正是人类学的特长和人类学可以做的思考。这一思考就是站在今天一方面回溯过去，找到新的一场文艺复兴的起点，另一方面是站在今天展望未来，增强自身对人类的未来发展的判断力。

二 人类学研究的学科自觉

面对未来的社会发展，应该有一个人类学的学科自觉，其首先是要认识人类学研究的初心是什么？人类学最早产生的目的是什么？简单的回答

---

① 费孝通：《参与超越 神游冥想》，载《费孝通全集（第十六卷）》，内蒙古人民出版社2010年版，第394页。

② 同上书，第437页。

应该是：人类学产生的初心就是研究人，从研究生物人到研究文化的人，研究社会的人。正是这样的研究，让人类学在学术界获得了极高的声誉，产生了许多跨学科的、具有普适性价值理论的学术成果。但是，以往人类学的这类成果大都是建立在对原始部落研究的基础上的，很多的理论总结都是来自部落民族志的研究。当然也有研究复杂文明和当代社会的优秀的人类学民族志，但相比较而言，研究工业化社会还是社会学更有效，还是社会学的影响力更大。在研究工业化社会的过程中，社会学的问卷调查，还有其定性定量的分析，好像比人类学的参与生活，观察生活的田野考察更有优势。为什么会这样？笔者认为，因为在标准化、规模化和集约化的大工业时代，个体的面目是镶嵌在社会整体运转的大机器中的，这样的研究适合社会学，但并不一定能发挥人类学参与观察的特长。而在新的一轮的文艺复兴来临时，当我们再次认识人何谓人的时候，而且体会到，面对社会的结构越来越开放，人类的个体力量越来越强大，个人所穿越社会活动空间越来越灵活时，学术界从关注社会的整体研究，开始转向追踪个体研究，或小型的群体研究时；当科学越来越多地统领世界，人类需要更多的人文关怀，需要更多地对其情感世界进行理解时，人类学这门学科似乎有了更多的优势，似乎更能焕发出新的生机，并获得重新发展的机会。

费孝通先生说"其实人是最难研究的对象，因为他有'灵'、有'慧'"。因此，"人类在这个世界上，不是凭着一些感觉生活，我们还要靠 symbolic，社会生活是一种 symbolic interaction。symbolic interaction 不单单是一种感觉的东西，我们要从这里找出我们需要的东西。前人是怎么做的呢？他们往往用文学的形式表达这种感觉——用诗的感觉来表达"[①]。symbolic 就是象征，也可以称为符号，symbolic interaction 可以称为象征符号的互动。人类的这种象征符号的互动往往是通过艺术的手段来进行的，艺术和科学的不同之处，就在于其中包括了人的感觉系统和人的情感和情绪的部分，也就是费孝通先生讲的"灵"与"慧"。传统的人类学研究过人的体质、人的社会组织、人的亲属关系、人的宗教信仰、人的经济互换等，但对于关乎人类心灵深处的情感部分、认知部分，关注得较少，但这

[①] 费孝通：《参与超越 神游冥想》，载《费孝通全集（第十六卷）》，内蒙古人民出版社 2010 年版，第 397 页。

恰恰是人类学最有可能关注,也最需要关注的问题。当然,有关这一问题,从20世纪六七十年代就有所改变,解释人类学、象征人类学、艺术人类学、感觉人类学等分支学科的出现,就是力图解决这一类的问题(笔者之所以从事艺术人类学的研究,也是希望能从中找到相关研究的突破口)。

但是,当在人类社会中出现了一个网络化的虚拟世界,人们可以从虚拟的另一个世界来观望自己,塑造自己,就像在镜子里可以看得见自己灵魂的时候,人类学将如何来应对这一新的文化现象,其将如何让人类学的研究得到再次的突破或发生一次巨大的转型,这是值得思考的。笔者认为,这一转型的重要目标,就是从对人的行为的研究到对人的心态的研究,也就是费先生晚年以后关注到的心态问题。笔者认为当年他老人家走在了时代的前面,因为当时并没有互联网,也没有自媒体,不知道还有虚拟空间,在那样的时代能感受到心态的问题,无疑是超前的。

笔者认为,虚拟空间的出现,使人类学正在经历从对人的身体研究到对人的"灵"和"慧"的研究;从对社会生态的研究到对社会心态的研究;从对社会组织之间的互动研究到由人的情感世界构成的象征体系之间的互动研究等方面的转型过程,认识这样的转型过程就是在提高学科的自觉意识。

当在网络上出现微信、Facebook、微博等这样的一些自媒体的虚拟空间时,人类的世界开始发生了许多根本性的变化。人类不仅生活在一个实体的空间,还生活在一个虚拟的空间,人们可以随时在网络上发布自己的想法和各种信息,当人们在网络上发布自己的想法和许多信息的时候,并不是对着空气在发布,而是对着挂在网络上的各种群体在发布。这些个人和群体在网络上互动的同时,不仅扩大了知识的再生产能力,同时,这些在网络上长期积累下来的个人的信息、看法、图片、影像,形成了完整的个人资料,也形成了完整的个人形象。这一形象既是实体中的人,又不完全是实体中的人,因为这是由个人的言行和图像所塑造的,有自然无意识的部分,也有有意而为之的部分。尽管如此,却可以为人类学研究不同个人和群体的心态及人格行为提供极其重要的研究文本,其本身就构成了许多不同群体和个人的民族志材料,人类学者的任务就是如何解释和分析这些材料。

而且在虚拟空间中也有社会结构,有群体化的朋友圈,还有"大V"和粉丝。当人类从这样一个类似彼岸的世界中重新认识自己时,会有什么样的新的理论的出现?以前对于"我"的认识,有"本我"、"自我"还有"超我",但是现在又出现了一个虚拟的"我",这个虚拟"我"是"我",又不是"我"。是"我",是因为所有文字、图片、影像,包括语音都是我发的,但是不完全是"我",是因为"我"不能够真正代表实体世界中的我,因为虚拟空间的"我",只是"我"思想的一部分。但是在网络上的所有人,都是通过这个"我",来认识"我"和理解"我"的。而且,网络是群体的象征,由此产生的群组织——分布式系统,将"自我"撒布在整个网络,以至于没有一部分能说"我就是我"[1],因为在不同的朋友圈这个"我"的表现会有不一样的特征。而这些无数个不同的"我"的思维聚集在一起,却可以形成无数个不同的社会空间,人于是有了多重性的进入不同空间的自我体验,并由此产生一种社会的意识流,我们怎么去认识这样的一些意识流,可能是未来的人类学需要去讨论的。

笔者在这里,将虚拟世界称为人类的"彼岸"是一种夸张的想法,但夸张的语言更有刺激和更能引起大家的关注。之所以将其称为"彼岸",是因为当前人类灵魂的确开始在一个虚拟的世界中流动,这是一个只有人的灵魂和精神世界通过语言、文字、图片、视频等象征符号在其中的交流,因而其成为一个灵魂的栖居地。人们在这样的世界中展示自己,表演自己。而当人类学进入这一空间的研究,就不再是在一个实体物理空间中所做社会组织和结构的研究,而是一种深入灵魂世界中所做的有关心灵组织和心灵结构的研究,是一种由外向内的研究。

随着人类社会的发展,人类从原始部落的人到现代社会的人,已经经历了从手持弓箭,到手握枪支,再到手敲键盘,并已经掌握核武器这样的变化。甚至有人认为,人类已经从原始人进化到了上帝般的人,因为现在的人几乎在做上帝做的工作:以前认为人不可能创造生命,现在试管婴儿出来了,克隆的动物出来了;据说,未来人的器官可以用3D打印制造出来,器官坏了可以随时置换,所以,人类正在幻想永生。于是我们发现,

---

[1] [美]凯文·凯利:《失控——全人类最终的结局与命运》,张行舟等译,电子工业出版社2016年版,第40页。

彼岸天国并不在天上，而是在地上。以色列的学者尤瓦尔·赫拉利最近写了一本《人类简史》，副标题是"从动物到上帝"。所以，在这样的时代，我们需要对人何谓人重新做定义，要重新认识人在世界的定位，这非常重要，而这样的工作应该由人类学者们来研究完成。

第二个转型就是在我们需要重新思考人何谓人时，仅仅是像以往那样从事人的群体研究是不够的，应该转向对于人的个体的研究。在当今世界作为个体的人越来越强大，越来越有力量，真正成为一个大写的人时，对其生命轨迹的研究非常重要。正如在《工业4.0》这部书中写道："人类本身才是我们今后所要关注的焦点，出现在这场转变首位的就是日益增长的个体的作用。"①

第三个转型就是未来的社会是一个组织结构空前灵活多变的开放系统，而个人或群体越来越难以成为固定的某一个系统的生活成员，因此，对于社会和人的流动的研究将会成为一种重要的研究目标。今后的人一生可能会多次改变自己的职业以及谋生方式，并且灵活地穿梭在不同的社会空间甚至地理空间里面。以前的人一辈子只从事一种职业，有的一辈子只研究人类学，今后的下一代可能不这样，今天做人类学研究，明天又不知道做什么了。今后的人可能会不断地换职业，不断地跳槽，从一个国家到另外一个国家去工作也变得很容易了。所以人类学将面临一个挑战，那就是传统人类学者所面对的相对固定和静态的社区正在解体，今后很难找到一个群体是永远固定的，一个社区是永远稳定的。在不同的社区，移民已成为常态，今天他来了，明天我走了。所以，今后跟踪个体的研究，或通过关注个体连带着关注与个体相关的群体的研究，也许能成为一个新的研究趋势。

笔者认为，一方面是社会的需要让人类学的研究开始关注个体的研究，同时网络中的微信圈的出现，也为人类学家们研究个体带来了便利，同时也将改变人类学的许多传统的研究方法与视角。包括网络中的微信圈等自媒体和网络互动模式的出现，将会改变人们对田野认识。传统的人类学把田野看成科学研究的实验室，把社会看成有规律运转的机器。但从格

---

① ［德］阿尔冯斯·伯特霍夫、恩斯特·安德雷亚斯·哈特曼主编：《工业4.0》，刘欣译，机械工业出版社2015年版，第143页。

尔兹开始，人类学家改变了这种看法，他们开始把社会看成人们表演的剧场，格尔兹认为"文化，因其作为被表演的文本而成为公共的"①。美国人类学家奥特纳还提出了关键剧本的概念，她认为，每一文化不仅包含着象征的群集，不仅包含着对宇宙的宏大设想（"意识形态"）的群集，还包括了用于展演（具有文化典型意义的）关系和情境的既定图式②。如果我们把社会看成一场场正在上演的、有脚本的、可以想象、可以创造的戏剧，那么，我们可不可以理解，人们每天在微信上晒的各种信息，也有某种在表演，在扮演某种角色的因素，网络的出现加强这种表演感，使其成为人们塑造各种虚拟角色的舞台和剧场。我们对于网络中的人的认识，往往是通过文字、图片、视频等这些以往被我们认为是象征符号来认识的，也是通过这些各种的象征符号来互动的，因而如何分析和辨认这些符号和人的人格行为关系就变得日益重要起来。就像格尔兹所讲的，人类学分析的目标就是使得这些符号变得可以阐释。③ 而我们今天要转向虚拟空间的研究，就不仅是对象征符号的阐释，还应该包括人格行为和心理状态的分析，因为微信发布的跟踪研究，可以有效地帮助我们做这一方面的民族志的研究。

　　格尔兹曾说，人是悬挂在由他们自己编织的意义之网上的动物。④ 现在不幸被他一语言中了。当前社会中的许多人，的确只要有时间就挂在网上，网络生活已经成为许多人生活的一个重要部分，就连没有多少文化的普通民众都开始上网，进入朋友圈，因为其起点很低，不需要认识很多字，可以直接发图片、用语音聊天、转发文章等。最重要的是朋友圈可以是各种群组的，家人、老乡、同学、闺蜜等，在网络上加强了各种亲密关系的联络，而且把许多在远方难以见面的亲朋好友连接在一起，随时可以交流发图片和发视频。社会不再是冰冷的无情的机器，开始成为一个温暖的有机体，通过虚拟空间让不同的群体进入各种的社会的和生活的体验，并将其置于文化范畴内，将各种经验相互结合，形成新的价值观和时空

---

① Clifford Geertz, *The Interpretation of Cultures*, New York：Basic, 1973, pp. 9 – 10.

② Sherry Ortner, *High Religion：A Cultural and Political History of Sherpa Buddhism*, Princeton, N. J.：Princeton University Press, 1989.

③ Clifford Geertz, *The Interpretation of Cultures*, New York：Basic, 1989, pp. 9 – 10.

④ Ibid., p. 5.

观。总之，这是一个与以往完全不一样的文化场域，其为人类学的研究提供了新的要求，也提供了可以焕发新的生命的可能性。当然，同时也带来了许多新的不可确定性，因为网络群到处都是，无论你以何种方式进入，都毫无阻碍。网络是结构最简单的系统，其实根本谈不上什么结构，它能够无限地重组，也可以不改变其基本形状而向任何方向发展，它其实是完全没有外形的东西。① 因此，当我们在网络世界做研究的时候，许多传统人类学的研究经验会顿时无效，因为这里的空间结构是如此多元和相互融通，其不仅是存在于虚拟空间中，甚至会影响到实体空间中群体结构的重组。这是一个需要不断学习、不断拓展创造力的时代，人类学需要去迎接这样的学科挑战。

三　人类学的中国化问题

最后要讲的是，在人类进入互联网及微信时代以后的人类学中国化的问题，自从人类学从西方传入中国，我们就在追求人类学的中国化，但怎么才叫人类学中国化？把外国人的理论搬过来，解释我们中国的田野材料，笔者认为，这不是人类学的中国化。人类学的中国化，第一，是要创造中国自己原创性的理论，敢提出西方人类学界还没有提出的一些理论范式，包括自媒体的出现，这是一个新的现象，在这一领域的研究，我们和西方人类学是站在同一条起跑线上，可以参考的现成理论很少，我们是否有能力产生一些相关的新的定义和新的理论，包括新的研究方法。第二，是否有可能用原有的人类学的理论去发掘本国的学术资源，并在此基础上建立人类学中国化的理论贡献给世界的学术界？笔者认为，是有可能的，这种可能性在于：历史上，所有的文艺复兴都是回到人类出发的原点去重新思考。欧洲的文艺复兴是对轴心时代的古希腊文明的重新思考，而由古希腊的城邦文明、海洋文明，发展出工业文明，创造出了一个不同于以往的全新的文明社会的。但在人类的轴心时代不仅是有古希腊文明，还有中国的先秦文明。笔者认为，工业第四次革命将会带来一个新的文明的产

---

① ［美］凯文·凯利：《失控——全人类最终的结局与命运》，张行舟等译，电子工业出版社 2016 年版，第 41 页。

生,这一新的文明有可能是生态文明,因为如果人类的未来不能朝着一个生态文明发展,人类的前途必将是暗淡的,甚至是不可持续的。目前中国可能是世界上提生态文明建设最多的国家,但相关的有深度的研究专著并不多,即使有也还是限于一种传统的认识,将其看成人们在改造客观物质世界的同时,不断克服改造过程中的负面效应,积极改善和优化人与自然的关系,建设有序的生态运行机制和良好的生态环境所取得的物质、精神、制度方面成果的总和①。但笔者提出的生态文明是一种在高科技的基础上发展的绿色文化,其特征是:重建人与自然,人与人,人与社会的和谐关系,将保护自然生态,重建人文生态,构建世界和平放在第一位。笔者认为,唯有如此,人类社会方可持续下去。

而我们要实现这样的愿望,首先要有一场类似欧洲在工业革命前的文艺复兴,如果说欧洲的文艺复兴是从对人的重新认识开始,我们今天还可以返回轴心时代开始重新认识人谓何人。但今天我们所返回的轴心时代的文明是中国的先秦文明。因为中国是世界上最发达的农业文明国家,其在农业文明的基础上产生了很多的人与自然相处的智慧,人与人相处的智慧,而这些哲学思想产生的源头在先秦时代。生态文明的基础是绿色文明,而绿色文明的基础是农业文明。正如西方工业文明的基础是商业文明,那正是古希腊海洋文明的发展特点。绿色文明的基础应该是生态农业,这正是发明了二十四节气的中华乡土文明的特点。

先秦时期将人与天地比喻成三才,将人的地位放大到与天地平行,并提出了"天地人和"的理念。在这一理念中要描述的就是人与天地的和谐相处,当今社会所有的问题都是因为天、地、人之间关系的失和,因此,我们必须重建天、地、人之间的和谐关系,这样的理念对我们的今天甚至是未来的发展是很有启发的。作为个体的人来说,中国没有在上帝面前人人平等的个人主义,更没有建立在物质权益基础上的个人主义,但是也有中国式的个体主义,比如"修身、齐家、治国、平天下""修己以敬""修己以安百姓""先天下之忧而忧,后天下之乐而乐",在这里所讨论的都是作为个体的修养,其是把个体的生活的价值放在人际关系中而并

---

① http://amuseum.cdstm.cn/AMuseum/renyushengtaihuanjing/docc/wenmingbrow.asp－id=1525&classid=59.html.

非完全的自我。理解不同的个体研究，尤其是挖掘中国式的个体研究是人类学的中国化可以探讨的方向之一。微信的使用在中国非常普及，因此，微信民族志是研究中国人的国民性和人格行为的重要手段之一。

　　费孝通先生在晚年很关心有关"心态"的研究。随着全球化、网络化的发展，地球正在变成一个地球村，因此，人类结成一个命运的共同体，是一个必然的趋势。费孝通先生关心心态的研究，就是源于其关心未来的人与人，国与国之间如何相处的问题。所以，他认为"人与地球的关系。这是生态问题"①。"生态和心态有什么区别呢？我们常说共存共荣，共存是生态，共荣是心态。"② 有关人类社会的共同进步，有关心态问题的研究非常重要，但是如何研究，谁来研究？他说："目前，文艺界正在接触这个问题，作家们用小说的体裁来表现人们的心态，但还没有上升到科学化的程度。"③ 所以，如何上升到科学化的程度，这是我们中国人类学家值得思考的问题。费孝通先生还说："弗洛伊德做出了尝试，但他却从'病态'来研究人的心态，这是从反面来探索的路子。"④ 中国的孔夫子从正面入手研究过心态，孔子的生活背景是在中国的战国时代。而费先生认为，现在世界正在进入一个全球性的战国时代，是一个更大规模的战国时代，因此，"二十一世纪是一个危险的世纪！"⑤ "这个时代在呼唤着新的孔子，一个比孔子心怀更开阔的大手笔。"⑥ 新一届美国总统的竞选让我们看到了当年费孝通先生的预见性非常准确，现在世界的潮流仍然是全球化，但是各国对于全球化似乎发生了剧烈的反弹。民粹主义的思想在逐步抬头，包括美国，本来是全球化的引领者，如今也在走向关门主义，民族主义。但互联网、物联网、跨国公司等已经让人类不可能回头，只管自己的利益而置天下利益不顾，甚至会为了本国的利益发动战争，这不是世界的发展的方向和总趋势，因为在人类已掌握核武器的今天，战争的结果就是人类的毁灭。因此，中国的先秦思想，包括孔子的思想到今天

---

① 费孝通：《孔林片思》，载《费孝通文集（第十二卷）》，群言出版社2001年版。
② 同上。
③ 同上。
④ 同上。
⑤ 同上。
⑥ 同上。

非常重要。费孝通先生所说的"各美其美,美人之美,美美与共,天下大同"里面的"天下大同"的思想就来自中国先秦的"天下观",这是一个世界主义的理想。中国古人讲究"天下一家""四海之内皆兄弟""天下大同""和而不同"等,这些观点都有助于消除种族歧视,民粹主义。笔者认为,一方面是社会的转型和高科技的发展将推动人类学研究方式的更新,另一方面是在社会转型和高科技发展下,带来人类的认知变化的过程中,中国的人类学者是否有能力像费孝通先生所期待的那样,通过"文化自觉"产生一场中国式的文艺复兴,从而产生一种新的孔子思想,为世界建立一种新的处理人与人的关系,国与国的关系的世界新秩序?当然,也许这会很困难,但我们可以追随费孝通先生的思想,将其认定为我们的发展的目标与方向。

四 结 语

由中国人民大学人类学研究所举办的这场有关微信民族志的讨论非常有意义。笔者认为,这是一场从对人的物理空间的研究迈向虚拟空间研究的讨论,也包含了从对社会组织和象征符号等文化体系的研究,迈向了对人的精神结构和人格行为等方面的研究。同时,还是一场从对人的外部世界的关注转向内部空间的关注的讨论。也许会产生一场具有革命性转折意义的人类学大讨论,在这场讨论中,为我们提出了一个新的命题,即在已经将数字化与物理学、生物学结合在一起,而形成的一个新的人工环境和心理环境的条件下,人类学这门学科能有什么样的新作为?在研究上能有什么新突破?是否能为这门学科产生一些什么样的新定义?而且这一新定义如果是由中国人首先提出来的,那么中国人类学的中国化就向前迈开了巨大的步伐。另外,当我们极目远望时,如果还能看到新的科学技术将带来的新的文明产生时,中国的人类学能有何为?那么中国的人类学发展就有了新的价值,这个价值就是在高科技发展的基础上,促进中华文明的再次复兴,并能形成如费孝通先生所期待的,产生新的孔子思想的土壤,从而建立人类共存共荣的新的世界秩序,以促进世界的和平发展。

微信民族志、微生活及其生活史意义

——兼论微社会人类学研究应处理好的几个关系

唐魁玉　邵　力[*]

众所周知，为了追求"好的生活"和避免"坏的生活"，都需要我们对包括微生活在内的日常生活实践做出个人和社会的学术话语建构。这是一个既具有"多样的快乐"又具有"丰富的痛苦"的时代，无论作为一个微信圈里的"生活者"还是社会人类学的研究者、描述者和诠释者，我们都必须理性地面对微信自媒体时代的种种机遇和挑战，从而做出明智的生活选择和承担起应有的学术责任。本文将讨论与微信民族志、微生活方式相关的四个问题：一是微信圈与微信民族志的界定；二是微信民族志文本特征的描述—分析；三是微生活的兴起、微社会人类学研究的现代性和后现代性意义及其生活史意义；四是推进微信民族志、网络社会人类学研究，应处理好现代性与后现代性文化、网络田野与现实田野工作、个体与社会、经验与体验、写作与读解、他者与互动等的若干关系问题。

一　微信朋友圈与微信民族志概念的界定及方法论选择

(一) 民族志视域下的微信朋友圈

随着互联网，特别是移动互联网的迅速普及和长足发展，我们的生

---

[*] 唐魁玉，哈尔滨工业大学社会学教授、博士生导师，管理学博士，兼任中国社会学学会理事、中国网络社会学学会副会长和中国社会生活方式研究会副会长，主要从事网络社会学、生活方式和虚拟社会人类学研究；邵力，哈尔滨工业大学社会学系副教授，博士研究生，从事网络社会学和社会语言学研究。

活越来越跟一种被称作微信圈的"人工物"紧密地结合了起来。与此同时，它也进入了网络社会人类学和网络民族志、微信民族志、数字民族志的视野。这是一个全新的学术领域，也是一个充满趣味性的生活空间。微信朋友圈日益成为一种新的交往方式，它使人们之间的沟通和交流更加方便、快捷，因此朋友圈成为实现用户网络互动的必不可少的因素。① 从民族志的视野看，微信圈和我们在它上边所留下的记录、参与性观察的种种感受，都是非常有价值的移动空间的第一手资料。借此不仅可以使我们大开眼界，更可以更新我们对传统人类学和民族志的知识观念。

（二）微信民族志概念的界定

为了理解民族志语词，我们首先引用一段著名人类学家、民俗学家高丙中教授在《汉译人类学名著丛书》总序中的话："民族志的基本含义是指对异民族的社会、文化现象的记述，希罗多德对埃及人家庭生活的描述，旅行者、探险家的游击，那些最早与土著打交道的商人和布道的传教士以及殖民时代帝国官员们关于土著人的报告，都被归入民族志这个广义的文体。这些大杂烩的内容可以归入一个文体，主要基于两大因素：一是它们的风格上的异域情调或新异感，二是它们表征着一个有着内在一致性的精神的群体（族群）。"②

由此说来，我们可以将民族志分成现实空间的民族志和网络空间中的民族志两种。③ 从一定意义上说，网络民族志可以看成主体民族志和当代民族志的一种新趋向。④ 互联网民族志无疑扩展了人类学研究新领域。⑤

---

① 唐魁玉、唐金杰：《微信朋友圈的人际互动分析——兼论微生活方式的兴起及治理》，《江苏行政学院学报》2016年第1期，第122—130页。

② 高丙中：《汉译人类学名著丛书》"总序"，商务印书馆2014年版，第1—2页。

③ 唐魁玉：《虚拟社会人类学导论》，哈尔滨工业大学出版社2015年版，第20—23页。

④ 刘海涛：《主体民族志与当代民族志的走向》，《广西民族大学学报》（哲学社会科学版）2016年第4期。

⑤ 刘秀秀：《互联网民族志调查扩展人类学新领域》，《中国社会科学报》2013年11月15日。

身体的在场与不在场，成为一个关键问题。[①]

所谓微信民族志，就是指基于移动互联网的网络现实空间或微信社群的田野工作的文本及参与观察记录。与上面高丙中的表述相对照，这里微信民族志的内涵和外延已经发生了变化，不再是对土著人日常生活的记录，而代之以几乎关于一切网人或微友的个体或群体生活的记录。它既表征了移动空间的网络社区，又代表了某种网络生活世界的"新异感"。换言之，微信民族志也实现或部分地实现了马林诺夫斯基的"科学民族志"主张和涂尔干关于社会事实的描述或解释理想。

（三）微信民族志方法的选择

在一些人类学家看来，网络民族志是被改造过的、全新的民族志方法，是指在网络环境中进行的、针对网络及利用网络开展的民族志研究方法。张娜认为，我们可以借助这种民族志、数字民族志、赛博民族志、虚拟民族志（即网络民族志）方法来收集网络民族志、感受和生活资料，从而使其成为一种探究和阐释互联网及相关社会文化现象的社会人类学方法。[②] 对虚拟民族志（即网络民族志）从方法论上有较大推进作用的是卜玉梅，她将这种田野工作方法跟伦理品质结合了起来。[③] 比如，在我们的同妻社群生活研究过程中，由于同妻问题比较敏感，在现实空间中难以进行，所以我们尝试选择网络民族志方法会收到良好的研究效果。

网络空间的同妻日常生活之所以具有独特的社会人类学研究价值，就是因为它作为一种理想的性别关系互动行为体现了虚拟世界人类族群"在线生存状态的意蕴"[④]。同妻社群在线生活的"中国体验"，就是这个弱势人群借助在线机会实现的交往形式和生活体验。种种迹象表明，它是一种创造性的网络生存方式，是同妻日常生活自由度扩大和生存跃进的一

[①] 任珏：《身体的在场：网络民族志的性别反身性》，《新闻大学》2014年第2期，第63—70页。

[②] 张娜：《虚拟民族志方法在中国的实践与反思》，《中山大学学报》（社会科学版）2015年第4期，第143—150页。

[③] 卜玉梅：《虚拟民族志：田野、方法与伦理》，《社会学研究》2012年第6期，第217—236页。

[④] 何明升、白淑英等：《虚拟世界与现实社会》，社会科学文献出版社2011年版，第3—8页。

个极好的网络田野展现途径。

在网络空间中选择民族志方法进行人类学研究,在某种意义上具有天然(内在性)的机遇和与理想型的匹配(适合性)。尽管一直存在着来自传统人类学家的现实导向的虚拟民族志声音的质疑,但还是一点点地得到了公认或方法论默许。这一切概因于在网络空间做田野观察时,发生了时间、空间和他者等因素的变化所致。我们相信,随着网络民族志方法的运用、反思和改进,会得到更多的人类学家的方法论上的认同,从而成为有助于了解网络现实空间"真实"情况的、专家和一般田野调查人员都喜闻乐见的一种方法论选择。① 这是因为"虚拟空间"并非虚构空间,它具有网络社会本体的多种可能性。②

二 微信民族志文本特征及描述分析

(一) 微信文本获得的原则

在微信民族志方法的文本收集中区别于在网络民族志研究中提出的资料"好像是地上的树叶或是桌上的文件一样四处散开",而收集资料的"工作就是简单地把它们聚集到一起,然后收集起来"③。微信的私密性使得文本呈现的田野有明确的群内界限,网络上四处散开的资料在微信群的文本收集中是不存在的。微信民族志研究者需要"受到邀请"或"被拉进"的情况下才能够成为群体中的一员,才能获得该群的第一手资料。同时,研究者还要在群中的要经常参与交流,保证群成员的身份,所谓在"参与互动中"完成微信的线上田野工作(working-in-the-field)。

研究者在获得文本材料时,应该保证文本的原样。基于微信的多媒体特征,微信群的互动文本也包含如文字、语音、图片、表情、视频、转发链接等多种类型。这些类型的文本需要研究者原样保存,其中语音的互动

---

① 陈庆德、郑宇:《民族志文本与"真实"叙事》,《社会学研究》2006年第1期,第140—153页。
② [美] R. M. 赛恩斯伯里:《虚构与虚构主义》,万美文译,华夏出版社2015年版,第205页。
③ [美] 罗伯特·V. 库兹涅特:《如何研究网络人群和社区:网络民族志方法实践指导》,叶韦明译,重庆大学出版社2016年版,第114页。

内容和话题是核心的文本，但是语气、语调等也是语言表达的一部分内容，也需要真实记录下来。所以，在微信群的文本收集过程中，需要研究者认真细致地将文本保持原样记录下来。

对微信群的类型选择，虽然微信聊天具有极强的私密性，但就微信群的类型可以按群体关系类别划分，包括一般化类型和个性化类型。一般化类型是指个体在成长中普遍拥有的一般社会化过程所包含的群体关系，如同学关系类型、同事关系类型、家族关系类型等。个性化类型是指个体根据自身的兴趣爱好形成的特殊群体关系类型，如购物群体类型、旅游群体类型、摄影群体类型等。

本研究选择几个一般化类型的微信群（同学群、同事群和家庭群各一个）为案例，通过微信田野工作，收集各群的互动文本，分析和比较文本的内容、语法、语义和语境特征，揭示微信民族志文本言语的片段性和人际互动特征，为深入的微信民族志研究打下实践基础。

微信民族志文本内容的片段化，即在较短的时间间隔内谈论一个话题，过后不提及的现象。从这三个群的成员交流的内容看，同学群谈论的内容比较广泛，涉及时事、往事、同学关系、旅游等话题；同事群一般都是单位工作的通知、涉及集体利益的事件讨论、幽默小故事等以工作为主兼顾休闲；家族群通常谈论的话题是家庭发生的事件、某个家庭成员感兴趣的话题等以家庭和家庭成员为核心的内容。在对某个话题进行讨论通常会集中在较短的时间内，多人进行频繁的讨论之后该话题通常会被搁置，很少有群成员在一段时间后继续回归该话题的原点，除非该话题的内容有了新的进展。

（二）微信文本特征

研究收集的文本经过语法、语义和语境分析，发现微信民族志文有以下语言特征。

1. 语法特征

从语言学来看，有以下两个语法特征。当然，这只是通常微信语境下的语法征候。

（1）语句较短。在对这三个群收集的文本语句的观察和比较发现，微信群交流的语句通常较短，即使是通过语音表达的语句也不长，在语音中群成员会刻意放慢说话的速度，一段语音一般也只表达一个意思。在同事群中的通知类型的内容很完整，也有各种文件贴出，在成员的回应中通常使用"收到""好""哦"等表示知道了的词语，有时也使用各种表情表示"知道了""太累了""好烦""高兴"等情绪。家庭群成员的交流通常选用直观的图片，简短的问句和回答，如"啥呀？""晚餐！"或是年长者们集中用语音交流，就像在打电话，有时也会看到十几分钟或几十分钟的视频或语音交流。一般情况下，文本交流的语句较短，甚至有些只是关键词汇，对方能够理解即可。

（2）句子结构不完整。在微信群的文本中呈现出大量的句子结构不完整的语句，常见的现象是主语缺省、短语成句。如"今天同机关退休的姐妹们去攀登了一次。确实累，但经受住了体力的考验！""有课，下午再说！""谁家的狗？又新买了一只？"以上例子都省略了主语"我"，由于明确的微信成员关系，互相之间的交流是以个体"我"为中心的，所以这里省略主语并不影响交流。"新疆天山大峡谷 绿水青山盘山道 红山极顶鸟瞰乌市 新疆特色小锅抓饭"这四句诗是在同学群中对多张旅游照片的解释，简单明了。

2. 语义特征

语义表达具有鲜明的群成员的身份特征，成员们共同的经历或原有现实生活工作中的身份使得不同类型微信群的成员拥有共有记忆或知识，这使他们在交流时经常会使用原有的语义表达方式。

同学群中的交流：

    XZG："这个 SLP´是在胡说八道，靠口水赚不知真相的人的钱，老梁早评论过。"
    YYLX："不可以人云亦云！@xzg，我以为是有些恶搞！"
    LJL："SLP一文早有转过，所言国家方向，方向是明确的。精英和上层安全感，不知用意何在？老百姓希望感（敢）说的太大又暗含很多东西。在另外两个群对其是批评态势。"

以上这三个同学都从不同的角度评论对 SLP 的一段发言进行了评论，语言犀利，意义清晰，表述有理有力。群主 LJL 更是兼顾优点与缺点，并且在两人讨论之后发言全面点评，有群主之风范。

同事群中的交流：

LMS："各位，中午下班前交表。"LIP："［一头雾水表情］???"LMS："就是××日我转发的文件里的附件。"LMS：｛截图｝。LIP：……

同事群中 LMS 按工作程序要求简单地表达了工作要求，每位同事对号入座，LIP 不知道状况（也许没完成），发表情求同情，但 LMS 迅速应对并截图，LIP 无话可说。从语义上看，LIP 希望获得宽容，但 LMS 很严谨，表达工作任务的要求语言简洁，表示不能拖延。可见，现实工作中的身份决定了交流是语言的选择和对言辞意义的理解。

家庭群中的交流：

LSYJ：｛发了几张家养宠物狗剪毛前和剪毛后的照片｝。LSYJ："判若两狗吧［憨笑表情］。"DF："@ LSYJ 一个老太太看到说是腊肠。"XXBB："咋整的，越来越丑。"SLL："我还以为有（又）买了一条"。XMDX："我咋觉得很好看呢。"

家庭成员的交流直来直去，喜好尽言，一件宠物狗的小事能使成员们参与交流，文本简单明确表达每个人的看法，大家只是参与"刷存在"而已。

由此可见，不同类型微信群成员身份将原有的同事关系、同学关系和家庭关系带入群中，在融合建群过程中形成的个体在群中的身份，可谓是双重身份的呈现。在了解言语的意义时必须将这层背景考虑到，才能对语义有正确的理解。

3. 语境特征

在对微信群交流文本的内容穿梭在现实和网络空间之间，在他们的交流中能够明显地观察到，每个成员的现实带入。还是以老同学群的语境表达为例吧。

  XZG："老班长当年可是大美女……" YYLX："现在也很好呀。"
  XZG："群主，出来评一下。"
  LJL："对，群主权威。"

上述参与交流的同学，把过去和现在、群主和班长并列在了同一语境中，形成了微信交流中时空的延展。

（三）微信人际互动特征

  美国语言学大师雅各布森说过，语言既是个体的又是社会的。[①] 所谓微信社群的人际互动规律，就是微信个体化或社会化语言特征的反映。微信语言和微信言语都存在时间和空间因素，这一点必须予以注意。对三个类型的微信群交流文本的语言研究，揭示在微信平台的群内个体的互动具有以下特征。（1）互动语言的非正式性。在微信群的人际互动中，个体在交流时通常使用口语化的非正式语言。无论是文字交流还是语音的交流，都犹如面对面的聊天，即使是同事群个体间的围绕工作的交流，也会出现很多表情、图片等非正式的符号，来表达意义和交流者的情绪。（2）互动风格的个体性。在互动语言的使用上也呈现出鲜明的个体性。从头像、昵称等，个人信息就带有鲜明的性格特征。有自己的照片、孩子的照片、母子大头贴、家里的宠物、风景照、动画头像等作为自己的头衔，还有的经常换头像显示个性。昵称就更是多样，尤其在家庭群中，人数相对较少，关系亲密，所以不需要改昵称。在同事群和同学群一般成员都会被群主要求改昵称为实名，一是由于一般这两类群人数较多，二是便于群主了解加入的成员情况。从人际互动的语言使用风格上也极具个性化。如有人喜欢发链接、有人喜欢语音、有人喜欢表情包；有人言必点名交流、有人言语激烈甚至愤而退群等。微信群的成员交流风格各异，总是体现出成员的个性。（3）互动内容的话题性。活跃的微信群往往话题极多，每天都可以从工作和生活中挖掘出谈资。讨论从健康饮食到自己的拿手菜，从

[①] ［美］罗曼·雅各布森：《雅各布森文集》，钱军译，商务印书馆2012年版，第17页。

旅游到同学聚会,从家庭装修到生活情趣,从工资到放假等。研究表明,虽然是不同类型的群,只要是一段较集中的交流出现,必然有一个鲜明的话题,这个话题具有对某几个成员的吸引力,使得他们在20分钟(根据对几个案例的观察发现)之内聚集讨论。(4)互动过程的黏着性。在微信群的交流中,互动的过程依赖语境和互动者的关系。互动过程不是凭空架起来的,是需要成员间的沟通。有效的沟通是基于元信息的传递,元信息传递过程形成了互动双方对信息的理解,正确地理解信息需要明确语境和互动者的关系。因此,元信息的意义的理解是黏着在语境和关系基础之上的。连贯的互动也是基于对元信息的正确理解。

三 微社会人类学研究的多重意义

(一)微生活方式的兴起与社会记忆

每一个人都是一个当下时代的"生活者"。在生活型社会里,微信朋友圈中的人际互动实际上代表了一种新的生活方式,即微生活。所谓微生活方式是指一种新的交流方式、交往方式、传播方式,用户主要借助微博、微信等网络平台来实现人与人之间的交流与沟通。这种新的生活方式的兴起主要表现为表达方式、社交方式以及信息传播方式发生变化。

毫无疑问,微信作为一种民族志的诗学与政治学的"写文化",它既具有真实性又具有自反性[1];可以"放大"虚拟社会事实,也可以"深描"虚拟社会事实[2]。网络社群生活并不能自动存在,时间久了也会遗失,就如同我们人类的其他生活一样。过去了,就可能永远离我们而去。比如,随着微博、QQ群和人人网的式微,曾经一度红火的那些虚拟社区生活就可能个体化或整体化消失,从而失去集体虚拟空间记忆。因此,我们提倡以微信民族志的方式记录和保存微生活的社会记忆。不管怎么说,这都是一个极具社会人类学想象和意义的

---

[1] [美]詹姆斯·克利福德、乔治·E.马库斯:《写文化——民族志的诗学与政治学》,高丙中等译,商务印书馆2014年版,第43—48页。

[2] 田家丙:《民族志书写的自反性与真实性》,《西北民族大学学报》(哲学社会科学版)2010年第4期,第79—86页。

事情。

（二）微社会人类学研究的现代性意义

在微生活与微信民族志的前提下，为什么要提微生活社会人类学（简称"微社会人类学"）研究的意义？这看来像是一个无须回答的命题，但其中包含着两个问题：一个是微生活社会何以何能？另一个是微社会人类学研究的价值何以存在？为了节约篇幅，我们只想简单地谈一下第一个问题。简言之，我们之所以在本文中主要使用"微生活社会人类学"这一表述，就是因为我们认为，微生活社会人类学比之微生活方式研究（类似于文化人类学界的文化研究）更具有学科的收敛性和分支学科特征，这在生活方式经验研究和理论研究日趋被分化、被解构的今天十分必要。因为"生活论"是针对生活经验或日常生活实践而言的，不是从学科角度来表征的命题。我们要说明的是，不论是生活方式论域或本身的学术积累，还是有关生活的社会学相关学术积累，都已使生活社会学这一学科呼之欲出了。同样，微生活社会人类学研究的意义或价值也客观的存在了。这一点从当代所有生活者和生活研究者的日常生活、学理生活中均不难看出。正如社会学大师阿尔弗雷德·舒茨在《社会世界的意义构成》一书的导言中所指出："外在世界的现象不仅对你我有意义，对B和C有意义，而且对每个生活于其中的人来说都有意义，我们都活在这个世界，外在世界（生活世界）只有一个，它对我们所有人而言都是事先给定的。"[①] 按照他的观点，既然我们自己体验在人类生活世界中，意义就被建构成一个互为主体的现象，从而实现了对社会行动进行诠释性的理解。在此，我们将微生活社会人类学的意义分为现代性意义和后现代性意义，并加以简略地分析。

首先，要说明一点，我们所谓的微生活社会人类学的现代性意义和后现代性意义两者之间并非完全是纵向的、历史性的关系。尽管通常人们所理解的现代性在西方经典作家的论述中可以上溯到两三百年以前的启蒙时代，但生活社会人类学研究的意义毕竟是一个当下社会的学术价值问题。

---

① ［奥］阿尔弗雷德·舒茨：《社会世界的意义构成》，游淙祺译，商务印书馆2012年版，第38页。

反之，我们也无意于将微生活社会人类学研究的"当代意义"①或"现时代意义"②等同于后现代主义话语的意义。事实上，这两者之间也是无法混同的。

其次，我们所谓微生活社会人类学的现代性意义主要推向的是全球化背景下的现代性语境问题的研究价值。毫无疑问，全球化是我们所处的这个时代最显著的特征③。正如德国当代著名社会学家乌尔里希·贝克所说："全球化指的是在经济、信息、生态、技术、跨国文化冲突与市民社会的各种不同范畴内可以感觉到的、人们的日常行动，日益失去了国界的限制。按照这种理解，全球化指的是空间距离的死亡。人们被投入往往是很不希望，很不理解的跨国生活形式中。根据安东尼·吉登斯的解释，这是超越空间距离的世界。"④不仅如此，全球化还意味着与地方化相对的一种普适性或普遍性特质。当然，在英国社会学大师吉登斯看来，"全球化不是一个单一的过程，而是各种过程的复合，这些过程经常相互矛盾，产生冲突，不和谐以及有着新的分层形式"⑤。由此可见，微生活社会人类学研究的现代性意义也体现在普遍意义和特殊意义、同质化与异质化关系之中。所谓生活的现代性意义大约可以表述为：它是一种基于新启蒙主义、普遍主义和特殊主义以及个体主义的生活研究意义。并且，它还是合法化和理性化、公共领域和私人领域生活理论建构的一种"现代性后果"。这种现代性意义无时不在信任和风险的现代社会环境中呈现，而与前现代的亲缘关系性、宗教关系性等传统社会特质迥然有别。

最后，微生活社会人类学研究的现代性意义还体现在对生活方式的主体性和虚拟社群性的持续建构之中。我们曾几何时对现代化过程中形成或选择的生活模式的研究或解释，总是必须要指向主体性和虚拟社群性"生活者"上的。否则，微生活社会人类学研究的意义就显露不出"生活

---

① 王雅林：《生活方式研究的理论定位与当代意义——兼论马克思关于生活方式论述的当代价值》，《社会科学研究》2004年第2期，第95—101页。
② 王雅林：《生活方式研究的现时代意义——生活方式研究在我国开展30年的经验与启示》，《社会学评论》2013年第1期，第22—25页。
③ 张世鹏：《什么是全球化？》，《欧洲》2000年第1期，第13—16页。
④ 吴晓明、邹诗鹏：《全球化背景下的现代性问题》，重庆出版社2009年版，第82—85页。
⑤ [英]安东尼·吉登斯：《现代性的后果》，田禾译，译林出版社2000年版，第88—89页。

的意义"。与对生活事件"为什么如此"问题的回答不同,对追寻生活意义的人如何回答"生活本质"的意义就显得尤为重要。① 因此,从生活社会人类学的意义方面看,我们所能解释和建构的一切,都必须围绕着人们(不同主体的生活者)所考察的微生活经验(包括关于时间和空间、自我与他人、生活的各种可能和危险的经验)②、微生活观念和微生活行动的不同目标。否则,现代性意义就无从谈起。

总之,这种现代性意义在于"好社会""好生活"体系的建构,及其微生活社会学概念的确立上。

(三) 微社会人类学研究的后现代性意义

如果我们承认微生活社会人类学的现代性意义存在的话,那么,不妨也承认或部分地承认微生活人类后现代性意义的存在是真实的。关于后现代性问题,德里达的后现代性学说是最有影响的。然而,无论怎样都不应否认这种根植于当代社会中的后现代性及其"社会想象"的存在。

应该说,一切社会理论(包括微生活方式或微生活社会人类学理论)的提出和系统化都是从特定语境下的"社会想象"和"社会事实"中来的。加拿大哲学家、社群主义的主将查尔斯·泰勒就曾经指出:"社会想象是使人们的实践和广泛认同的合法性成为可能的一种共识。"③ 如此说来,我们宁愿相信生活社会学的后现代意义在于它使当代人的日常生活实践在某种意义上获得了社会认同和取得了社群共识。所谓后现代性意义是以后现代主义文化和社会理论为工具考察当代社会生活的意义。后现代主义认为,当代社会存在着分散化、解构化、边缘化、碎片化和反理性化等生活特性。美国社会学家瑞泽尔在《后现代社会理论》一书中,将后现代性看成是与现代性相对的文化特征④。英国社会学家费瑟斯通则将后现代概念描述为个人和伦理的终结,认为后现代性的日常生活呈现出"虚

---

① [美] A. J. 艾耶尔、袁晖:《生活是有意义的吗?》,《哲学译丛》2000 年第 1 期,第 71—72 页。
② [美] 马歇尔·伯曼:《一切坚固的东西都烟消云散了——现代性体验》,徐大建等译,商务印书馆 2003 年版,第 15 页。
③ [加] 查尔斯·泰勒:《现代社会想象》,林曼红译,译林出版社 2014 年版,第 18 页。
④ [美] 瑞泽尔:《后现代社会理论》,谢立中译,华夏出版社 2003 年版,第 8 页。

无状态",以及个人在面对全球化趋势时感受到的理论的无能为力[①]。

针对微生活社会人类学的现代性意义关注理性化、全球化、中心化和大叙事等微生活逻辑或特征;其后现代性生活社会人类学意义,倾向于解释或论证当代生活方式中显现出来的非理性化、个体化、碎片化、边缘化和小叙事等相对主义人类生活样貌。后现代主义语境下的微生活社会人类学虽然不能全部改写当代人类生活世界的整体征候,但至少也为解读和重构当代网络生活世界或在线日常生活实践提供了某种异样的可能性。

(四)微社会人类学研究的生活史意义

微社会是一个我们观察和透视当代虚拟社会生活的一个概念。尽管我们无论如何都不能单靠运用微信民族志这一方法,就能解决网络社会甚至微信社群生活中的一切事情,但是,我们可以做到的是:尽可能地通过微社会人类学来记录我们的生活史的一个侧面。也就是说,我们的研究目标有助于我们将生活中的第一手信息或为新生活体验、经验保存下来,从而适度关照和引导以后的虚拟现实生活。

四 微社会人类学研究应处理好的几个关系

如果我们将推进微生活社会人类学研究看成一种"微生活建设"的话,那么,我们必须处理好许多重要社会关系才能达到预期的学术目标。所谓"微生活建设",就是要对我们人类生存其间的微信社群生活进行"建设"。对微生活的建设或自我管理、自我控制(包括福柯所说的自我技术),也需要有复杂一点的思维方式。如此说来,以至于我们简直分辨不出生活控制和生活治理的主客体关系到底是怎样的。作为微生活的"感性本体",它每每建构起复杂的虚拟交往关系,而且通过追求微生活价值等问题来实现公共理性所要求的社会和谐目标。如果某种微生活是"不可持续的",那就意味着它的崩溃也会随之而来。从一定意义上说,人类所选择的生活方式大多走向丰富和复杂,但走向崩溃也不是不可能

---

① [英]迈克·费瑟斯通:《消费文化与后现代主义》,刘精明译,译林出版社2000年版,第10页。

的。为了避免微社会生活的"崩溃"和推进微生活社会人类学研究,我们应处理好现代性与后现代性文化、网络田野工作与现实田野工作、个体与社会、微生活生产与微文化生产、经验与体验、写作与读解六种关系:

第一,应处理好现代性与后现代性文化的关系。处理好了现代性和后现代性文化的关系,也就处理好了微生活社会人类学的时代问题,也就可以更好地把握住时代精神。在中国语境下认清了生活方式的社会属性和时代精神气质[1],无疑有助于我们有针对性地对各种微生活社会问题进行恰如其分的诊断、分析和解决。在这一微信"小世界"里,可以看到一个未来"预知社会"的征候。[2]

第二,应处理好网络田野工作与现实田野工作的关系。谁都知道,当今人类生活领域的学术研究不可避免地受到信息化、网络化技术背景的影响和制约,虽不能说所有的生活社会人类学概念、研究范式都有被改写的可能与必要,但充分考虑到这一时代条件中的作用却似乎是没错的。反之,如果处理不好网络田野工作和现实田野工作这个关系,漠视网络民族志对微生活研究的直接或潜在作用,那就无助于对微信生活者重新进行"日常生活的启蒙"[3]。这不啻为一个微信技术世界中的民俗化过程。

第三,应处理好个体与社会的关系。说起来这是一个更重要的生活社会学问题,因为一切生活方式研究都可以说是在个体与社会的关系框架中讨论的问题。离开了这个问题,势必就会脱离生活者的主体和生活条件的客体背景,从而失去生活研究的本真意义。我们知道,在中国很有名气的匈牙利女社会学家、哲学家赫勒的日常生活研究,自始至终都扣在社会化基础上。[4] 这样做的结果,既可以遵从社会的普遍性生活属性,也可以凸显生活的个性化和"自为性"特征。

第四,应处理好微生活生产与微文化生产的关系。马克思主义的生产

---

[1] 唐魁玉:《网络文化与网民核心价值观》,《学术月刊》2012年第11期,第17—25页。
[2] [英]菲利普·鲍尔:《预知社会》,暴永宁译,当代中国出版社2010年版,第282—198页。
[3] [德]赫尔曼·鲍辛格等:《日常生活的启蒙者》,吴秀杰译,广西师范大学出版社2014年版,第158—163页。
[4] 李霞:《个性化的日常生活如何可能——赫勒日常生活理论研究》,人民出版社2011年版,第48—58页。

方式理论所昭示的"生活的生产"或"生活/生产"互构思想中,显示了这个问题的全部深刻内涵。① 在现实中国微生活社会人类学研究语境下,突出微生活生产与微文化生产的互构关系,也可以一扫生活方式或生活社会人类学研究的一些偏颇状况,增强生活社会人类学的学术影响和解释力。

第五,应处理好经验与体验的关系。我们在充分尊重微信生活经验②、微信生活现象和微信生活体验的基础上来运用微信民族志和方法,可以从人类学的深描层面上深化微生活社会人类学和"网络化后果"的研究。③

第六,应处理好写作与读解的关系。这个问题显然与上面几个问题有所关联,只不过落脚点不同而已。就是说,我们在运用网络民族志方法对微信圈生活进行分析时,必须把微信这种自媒体文化的写作特征和对方的读解过程考虑进去④,否则,我们就无法真正了解微信民族志的对象,从而脱离开传播者和受传者之间的互动本质。从本质上说,这既反映了微生活的主体与他者之间的互动规律,同时也反映了微生活话语交流的主格与宾格关系特质。总之,我们要学会运用微信民族志,"在总体上理解自身"⑤。

综上所述,本文以微社会人类学为主题初步探讨了六个问题。笔者认为,随着时间的推移和社会的需要,微生活社会人类学这门旨在研究和分析人类微生活方式规律的社会人类学学问一定会得到更快更好的发展,研究范式和理论框架也会越来越成熟和完善。与此同时,随着移动互联网和物联网时代的来临,过去"虚拟社会""虚拟民族志"等概念也将越来越"实体化",从而被"网络社会""网络民族志"等话语方式所替代。

---

① 唐魁玉等:《论生产与生活和谐互动的社会理论基础》,《马克思主义研究》2008年第12期,第75—80页。

② 唐魁玉:《网络化的后果》,社会科学文献出版社2011年版,第297—303页。

③ 张颐武:《"四跨"与"三改":"微生活"新论》,《探索与争鸣》2014年第7期,第25—26页。

④ 唐魁玉、王德新:《微信作为一种生活方式》,《哈尔滨工业大学学报》(社会科学版)2016年第5期,第46—51页。

⑤ [法]伊曼努尔·列维纳斯:《总体与无限——论外在性》,朱刚译,北京大学出版社2016年版,第6—8页。

微信技术与文化：一种社会人类学的分析[*]

陈学金[**]

2016年8月9日，美国纽约时报官方网站发布了一个5分45秒的名为"中国如何改变你的网络"（How China Is Changing Your Internet）的视频。该视频用一种"先抑后扬"的手法呈现了微信技术的创新及其对中国人社会生活的重大影响。该视频认为，以微信技术的广泛应用为标志，中国的社交网络行业已从模仿阶段发展到引领世界潮流的阶段，一些美国企业开始反过来竞相学习中国微信的创意。在最后，它还不忘提醒观众：如此全面而庞大的数据完全被一家公司掌握，会不会产生一个奥威尔式的世界（Orwellian World）？纽约时报的另类分析视角为我们全面观察与反思微信技术及其对中国人社会生活的影响提供了某些线索与借鉴。本文拟从社会人类学的视角，借助斯宾塞的理论，对微信的定位、微信与社会和文化之间关系、微信空间等问题展开论述，以期达到抛砖引玉之目的。

一 "超级—应用"与身体外的器官

微信，是指腾讯公司于2011年推出的一款为智能终端提供即时通信服务的应用程序，其运行和使用必须依靠手机、计算机或iPad等物理介质。微信技术自其诞生以来，由于其强大的整合性，将过去飞信、QQ用

---

[*] 本文原刊于《思想战线》2017年第2期。
[**] 陈学金，北京市社会科学院社会学研究所助理研究员，研究方向为社会文化人类学、教育人类学。

户逐步吸引到这个平台上，截至2016年第二季度，其全球用户已经超过8亿。《纽约时报》认为，微信的强大不是因为它能为你做很多事，而是因为所有的功能都集中在一个应用平台中。微信是名副其实的"超级—应用"（Super—App），具有即时沟通、视频聊天、获取与分享信息、支付、转账、群组讨论、游戏、娱乐、购物、销售、理财等众多功能，它就像一把瑞士军刀，能帮你把一切事情办妥。对于微信来说，似乎应验了一句话——只有你没想到的，没有它做不到的。因此，也就不难理解为什么如此多的人热捧微信了。

实际上，根据结构—功能主义的理论，某一事物存在的合理性可以用其有用性或功能来解释。这种结构—功能式的分析，至少可以从个体与个体、个体与群体、商家与顾客、国家与社会等多个层面展开，并且能轻易得出这样的结论：微信技术的创造与普遍应用是最广泛意义上的需求与需求的对接过程，是全社会（至少是社会中的大多数）合谋的结果。

人类从没有如此大规模地将同一件东西奉为掌上明珠，每天都要花大量时间与其亲密接触，以至可以断言：由于微信等社交工具的出现，手机俨然已经成为人类身体外的器官——人们经常将其放在身边，拿在手上，置于眼前。器官对于任何个体来说都是不可或缺的，将微信比喻为器官，其意义不言而喻——它对人们如此重要，以至人们须臾不能离开它。若有人怀疑对这个器官的依赖程度，仅需问一句——"你敢不敢卸载你的微信？"

微信平台的最大意义或许在于使信息能够突破时空的限制，只要在能接入网络的地方，一种虚拟的面对面的沟通机制便可以瞬间建立。借助于微信，每个个体都似乎变成了通了电的"魔幻球"，他（她）的社交脉络通向四面八方。在此意义上，此种技术已经打破不同行业、不同领域的社会团体、个体的封闭性。人们经常在点赞朋友圈时惊奇地发现自己与另一个人竟然同时认识第三个人，并慨叹"这个世界真的好小"。其实，微信的启动界面已经很好地展示了微信诞生的背景及结果——一个孤独与隔绝的个体借助于微信技术，整个地球瞬间呈现在眼前。可以说，微信诞生于社会个体化的时代，却扮演着将人们社会生活一体化的角色。

二 社会分化与微信的整合

20世纪上半叶的人类学家常常探讨初民社会的经济、法律、宗教、习俗、信仰等文化因素是如何整合在一起的。在人类学家眼中,初民社会的"文化整合"一方面改变人们的思想、目标、宗教信仰、行为规范和心理情感,另一方面也是形成新的文化模式的过程。当前的人类学者会发现,微信技术已然成为一种效率极高的社会与文化的整合方式。借助斯宾塞的社会有机体和社会进化的理论阐释这个问题将会非常清晰。

作为现代社会学与人类学的重要奠基人,斯宾塞(Herbert Spencer,1820—1903)认识到,人类社会的发展趋势在于从小型的、简单的、同质的群体逐步向大型的、复杂的、分化的群体发展。构成整体社会的各个部分是不断分化的,由此功能亦不断专门化,这种发展趋势并非是线性的,而是"分叉,再分叉"①。斯宾塞认为,社会的成长与结构的分化必然伴随着整合的过程,因为没有整合,重组就不可能发生。但是,斯宾塞并未将生长、分化与整合看作一种必然的过程,相反,整合更大的社会群体实际上困难重重。②斯宾塞认为,集中权威、建立彼此依赖的关系可以促进社会整合,当然有些时候,也要借助于战争和征服。但是,可以肯定的是,生活在一个多世纪之前的社会理论家还不会特别注意和重视信息通道的建设问题,今天的社会分化与复杂程度也远非他们那时可以想象的。简要回顾一下人类的社会分工与职业演变历史与当前的社会现状,"枝权社会"的发展趋势非常明显③,与此同时,社会整合的需要亦在一步步加强。

实际上,生活在当代的人们越来越像电影《摩登时代》里卓别林先生饰演的技术工人,每刻都在一个工位上坚守,偶尔能得到放松,却不知道这个世界其他的人在过着怎样的生活。社会分工越细密,社会的分疏化

---

① [美] 埃尔曼·R. 瑟维斯:《人类学百年争论(1860—1960)》,贺志雄等译,云南大学出版社1997年版,第288—289页。

② [美] 乔纳森·特纳、勒奥纳德·毕福勒、查尔斯·鲍尔斯:《社会学理论的兴起(第5版)》,侯钧生等译,天津人民出版社2006年版,第63—74页。

③ 赵旭东:《枝权社会与乡土社会的文化转型》,《民俗研究》2015年第4期。

的程度越深，人群的分离与陌生化成为一种势不可挡的发展趋势。而人本是群居的动物，有理解他者、"在一起"获取人生意义的需要。① 微信技术作为一种人的创造，像其他社交媒介一样，实质上创造了一种虚拟的"共在的空间"，满足了人群在不断分化、不断疏离之后的种种需要。

同时，斯宾塞继承了孔德（August Comte, 1798—1857）的分析思路，将社会视作一种"超有机体"，认为社会是由个体组成的团体组成，社会有机体的元素是每一个个体。斯宾塞在论述社会有机体与生物有机体的差异时指出，生物有机体是凝固的整体，而社会各个部分则是分离的、分散的、互不往来的，不过，它们仍然通过情感、语言和有知识者的口头和书面语言的中介来相互影响。② 事实上，个体之间除了性与暴力等极少数的情况外，直接的连续不断的肉身接触是非常稀少的，人类所有个体通过语言及其他符号整合在一起的。③ 在斯宾塞的论述中，语言、文字等符号构成了社会"超有机体"的联结工具。

人类社会最初始的手段是面对面的言语交流，之后刻符、文字、纸质媒介以及印刷术的发明才使得沟通交流逐步超越时间与空间的限制，并制造出一种"想象的共同体"意识。④ 20世纪末，伴随着计算机与网络技术的突飞猛进，人类社会正式进入信息时代。费孝通曾深刻指出了信息社会的本质特征："所谓'信息社会'，包含着人与人在'信息'间关系的根本变化。以电子产品为媒体，来传播和沟通信息、逐步改组工业生产、商业贸易，甚至组织政府的治理工作和全部社会生产，带来了对传统人文世界的猛烈冲击。"⑤ 从本质上说，微信技术建立起一种四通八达的信息通道，凭借这些信息通道，使个体与社会团

---

① 赵旭东：《在一起：一种文化转型人类学的新视野》，《云南民族大学学报》（哲学社会科学版）2013年第3期。

② ［美］埃尔曼·R. 瑟维斯：《人类学百年争论（1860—1960）》，贺志雄等译，云南大学出版社1997年版，第290页。

③ ［英］杰西·洛佩兹、约翰·斯科特：《社会结构》，崔春喜译，吉林人民出版社2005年版，第17—18页。

④ ［美］本尼迪克特·安德森：《想象的共同体：民族主义的起源与散布》，吴叡人译，上海人民出版社2003年版。

⑤ 费孝通：《对文化的历史性和社会性的思考》载《费孝通全集（第十七卷）》，内蒙古人民出版社2009年版，第516页。

体快速获取信息、传递信息、交换信息、基于信息的快速行动成为可能。

若将斯宾塞的社会分化与超有机体的思想结合起来,便可以更加清晰地看到以微信为代表的信息技术在当今社会中所扮演的重要角色。每个个体增加一个"身体外的器官",个体之间、个体与群体之间的联结通道也就更加便捷、畅通,信息传递的形式也更为丰富,包括语音、文字、图片、表情符号、视频、地理位置、货币符号、链接信息,等等。在这个意义上,社会超有机体也越来越成为一种事实。

斯宾塞当初在描述社会有机体时,可能还没有预料到信息通道的发达会使全球联为一体。在这方面,费孝通先生是有预见性的。20世纪80年代末,费孝通先生提出"全球性大社会"的概念①,如果这种说法在当时还带有某种预测成分的话,那么当前先进的信息通信技术似乎已经为全球社会提供了可靠的技术支撑。随着中国国力和综合影响力的持续增进,越来越多的外国人成为中国微信的用户。当然,微信技术整合社会有机体的过程,也必然带着社会组织的重构、分化以及权力的转移。同时,社会整合的达成,在一定意义上也是社会控制的达成。微信技术对人的需要既是一种迎合也是一种支配与控制,这一过程并不需要强制与命令,它来自社会机构、商家与个体需要之间的契合关系,来自个体具有能动性的实践,以及由微信空间所带来的衍生性的文化需要。

三 微信技术与文化变迁

微信技术与人的结合,已经并正在建构了一种"微信文化",它是由一系列与微信技术有关的人的思想观念、思维模式、行为模式、情感方式的集合。它是由意义、价值观念、约定的理解方式、可认知的和潜意识的心理结构构成的系统。隐藏在行为、社会关系、符号中的模型、规范、规则、价值标准是微信文化的核心要素。

对"微信文化"的分析可从唯实论和唯名论两种路径来分析。依循

---

① 费孝通:《从小培养二十一世纪的人》,载《费孝通全集(第十三卷)》,内蒙古人民出版社2009年版,第254页。

唯实论的路径，微信及其使用早已经成为人类社会现实的一部分。无论是在拥挤的地铁上，还是在偏僻的山村，人们利用微信搁置此在的时空，借用人类学家赵旭东的话语，微信就是一种"分离性的技术"①，隔断眼下的人与物，造成一个个独立性的、分离性的、看似冷漠的个体。而同时，人们利用它又可以想象或制造出另一个彼在的时空，能够轻松地过一种"在别处"的生活。人们利用微信分享信息、交流情感、推销宣传、售卖物品，人们经常活在一种相互看不见的空间中，但这就是一种现实的生活。依循唯名论的路径，微信文化不过是人的文化的一种表征，微信技术只是一种工具而已。人们通过微信的交流与互动具有虚拟性的特征，活动主体也具有隐匿性甚至欺骗性的特征。使用微信不过是人们日常生活中的一两个情景而已，它却远远不是生活的全部。

对于一种由技术引领而形成的文化，使用一种模式论的文化定义或许最为恰当。② 美国人类学家克虏伯（A. L. Kroeber）和克拉克洪（Clyde Kluckhohn）认为："文化由外显的和内隐的行为模式构成，它通过符号来获得和传递。它构成了某一人群独特的成就，包括其在器物上的体现。文化的核心要素由传统（即历史上获得的并经过选择而传承下来的）思想，特别是其中所附的价值观构成。文化系统一方面是行为的产物，另一方面又是下一步行动的条件因素。"③ 他们还认为："文化既非行为，也非对全部具体、完整行为之调查。文化部分存在于行为规范或标准中。还有一部分文化存在于那些证明被选择的行为方式合理性的思想观念中。最后，每一种文化都包含关于选择与秩序（'最一般的因素'）的一般原则，依照这些规则，不同地区的行为模式可化约为简洁的通则。"④ 借鉴克虏伯和克拉克洪的文化定义，至少可以追问：微信技术在其广泛的用户当中，引

---

① 赵旭东：《家庭、教育与分离的技术——文化转型人类学的一种视角》，《民族教育研究》2014年第4期。

② 在笔者看来，人类学对文化的定义可以分为三个取向：一是博厄斯学派的模式论的文化观念；二是结构论的文化观念，以拉德克里夫—布朗、列维—斯特劳斯等人为代表；三是以格尔茨为代表的强调意义的文化观念。

③ A. L. Kroeber & Clyde Kluckhohn, *Culture: A Critical Review of Concepts and Definitions*, Papers of the Peabody Museum of American Archaeology and Ethnology, Harvard University, Cambridge, Massachusetts, 1952, p. 181.

④ Ibid., p. 189.

起了哪些具有一致性或普遍性的行为模式，这种行为模式背后的信念或价值逻辑为何？

毫无疑问，微信技术极大地增加了人们获取与交换信息的能力，它在城市的各个系统（医院、社保、公共交通、气象、环保、水电燃气、民政、银行、娱乐、餐饮等）、服务商与个人之间建立起便捷的通道，并在很大程度上改变了行动者的行动策略与行动方式。由微信技术引起的人们生活与行为方式的转变范围广泛且多种多样，譬如，人们开始不再去营业厅缴纳各种费用；在家里就可以订阅各种报刊；在不愿意出门的时候轻轻点击几下，喜欢的外卖就会被送到家门口；喜欢享受自由工作的人们可以开个微店，在家里就能成为一名微商；足不出户就可以知道当前的交通状况，以便选择更合适的出行时间与方式。

微信在转变人们行为方式的同时，也在转变着人们的思想和价值观念。当一位年过七旬的老奶奶用视频和她的妹妹兴奋地聊天时，她一方面会感受到亲情的愉悦，另一方面也会感叹科技的力量，省去了她很多打电话的费用。微信的便利性，让中国的年长一代服服帖帖地向他们的子代或孙代虚心学习。这足以见证中国快速的社会文化变迁，同时这绝对也是玛格丽特·米德（Margaret Mead）经典意义上的"后喻时代"[①]。

下面是一位"80后"女教师在朋友圈的分享：

> 刚接到供暖公司电话，告知我今年供暖费要交了。然后问我，你有微信吗？可以微信转过来。我惊讶，啊！采暖费也可以微信？算了，我还是现场交吧！就在家门口，另外，我还需要拿发票。对方说，好啊！我们周末也上班呦！
>
> 我觉得社会发展太快了，这样的感觉让我觉得自己正在落伍。怎么办？互联网真是彻彻底底改变了我们的生活！没奢望自己能成为领跑者，但也不想成为那个被推着走的人啊！（2016年10月11日，KH的朋友圈）

---

① ［美］玛格丽特·米德：《文化与承诺：一项有关代沟问题的研究》，周晓虹、周怡译，河北人民出版社1987年版。

信息技术的迅猛发展不仅迫使上了年纪的人不得不向年青一代学习，而且给三十多岁的年轻人带来了压力——要么选择落伍，要么紧跟技术升级的步伐、不断尝试新的技术。

就整体而言，微信技术既表征着又助推了当前中国的"文化转型"。这种转型体现在中国正处于一种全社会被技术和理性高度支配的时代。这种对技术与理性的推崇与中国的日益崛起与强大是同步的，它是一种彻底的现代性的思想意识——相信科学技术对经济社会发展的巨大推动力，相信不断的进步和超越，相信"新的"比"旧的"好。这种现代性的意识还包括对个人主体性的重视。人们利用微信可以轻易建立起群聊，进群或退群、关注或退订公众号信息，也可以通过设置允许或不允许特定的人观看自己的朋友圈。个体的主体性意识在人们使用微信的日常实践中得以强化。

如果把人类群体历时性地传承文化和共时性地传播文化的过程都称为教育[①]，那么，微信公众号发布信息、浏览朋友圈、信息转发等行为正在形成一种新的非正式的教育形式。这种教育形式弥补了社会教育的不足，在一定程度上也可以满足个体化的学习需求。当然，对于在校学习的儿童与青少年来说，从这种渠道获取的信息也可能与正式学校教育中的内容不一致，甚至冲突。

微信技术利用朋友圈、群聊以及商家的推介，可以使个体轻易冲破所在族群、社区、团体的限制而获取外面世界的信息，这也意味着个体进行社会比较的范围大幅扩大，加之大多数人倾向于"晒幸福""报喜不报忧"，因此在原有社区内形成的心理均衡感会被轻易打破，在不知不觉或潜意识当中会形成一种比较感、失衡感和竞争感，这构成了大众情感或社会情绪的基础。

同时，微信技术也在无形中改变着人们的情感方式，甚至给人带来忧虑。几十年前，当人们在使用和适应电灯、电话、电冰箱或电视机时，想必没有像现在使用微信这样既觉得便利，又有一种隐隐的不安。以前的这些技术，毕竟不能一直"黏"在人的身边，而微信技术由于其载体的小

---

① 巴战龙：《学校教育·地方知识·现代性——一项家乡人类学的研究》，民族出版社2010年版，第23页。

巧与便利性，很容易使人产生一种"恋机情结"①，或是一种时时刻刻的被裹挟感②，一旦手机未在身旁，就会陷入一种可能错失重要信息的忧虑，这使人不得不经常怀疑是不是失去了主体性而成为一种技术的支配物。虽然微信技术已经在很大程度上影响或改变了人们工作、生活、休闲、消费等诸多方面的文化模式，但微信技术发挥影响必须以人为中介，因此也可以说，无论是积极的还是消极的影响，都是人们选择和调适的结果。

如果说，微信技术正在引领人们形成一种微信文化，并引领人类社会的文化变迁，那么必须清醒地认识到微信技术是某一特殊人群的发明和创造。作为"技术决定论"的代表人物，美国文化社会学家威廉·奥格本（William Fielding Ogburn，1886—1959）早在 20 世纪 20 年代初就断言，现代社会变迁的根源主要是物质文化，物质文化的变迁迫使文化的其他部分也跟着发生变迁，物质文化的飞速发展使文化越来越难以适应，因而出现了文化滞后、社会失调的现象。③ 毫无疑问，信息技术引领的当代社会正是如此。像当代其他的科技发明与创新一样，微信技术是在全球性的竞争条件下，在雄厚的金融资本、专门的研发团队、专业的营销战略下发展起来的，当然他们也以追求回馈和利润为目的。这就是说，时下的以技术为先导的文化变迁实际上是掌握在少数人手中，而这部分人的组织化和专业化程度是以往任何一个社会所不具备的。因此，他们会通过技术手段搜集用户资料及生活工作偏好，向用户推送广告从而引导用户的消费倾向和消费心理。这或许也是很多人担心产生"奥威尔式的世界"的原因之一。

使用微信就意味着成为这种技术的使用者和"消费者"，很多人处在奥格本所说的适应文化的调适期之中。对于微信技术可能带给人们的负面影响，人们的顾虑是正常的——这正说明，很多人正处于一种文化调适的过程中。因为人才是文化的主体，技术会依照人的意愿和偏好加以改进或

---

① 赵旭东：《家庭、教育与分离的技术——文化转型人类学的一种视角》，《民族教育研究》2014 年第 4 期。

② 孙玮：《微信：中国人的"在世存有"》，《学术月刊》2015 年第 12 期。

③ ［美］William F. Ogburn：《社会变迁》，费孝通译，载费孝通《费孝通全集（第十八卷）》，内蒙古人民出版社 2009 年版，第 89—90 页。

修正。微信技术作为一类信息传播、交换和应用的程序，其最终可能像电报、留声机、电话、电视、电饭煲、电冰箱等一样完全融入我们的生活中去，当然也有一种被其他更高端技术替代的潜在危险。

四　微信空间："剧场"+"去中心化"

在微信技术的众多功能中，群聊和朋友圈恐怕是人们最经常使用的两个功能。如果说以微信为中心能够构成一种文化，那么对群聊与朋友圈的分析就显得格外重要了。事实上，微信的群组聊天功能，引来一场大规模的"寻人"和"拉人入群"的活动。以往那些分散的、缺少直接联系、游移着的个体，以血缘、亲缘、地缘、业缘、趣缘、学缘、族缘的名义，主动或被动地加入不同类别的微信群组，虽然很多情况下在经历短暂的亲热的客套之后便会落入沉寂，但是联结的纽带已经建立，伴随其中的人的身份与多元认同已经建立。因此，对于微信文化，不仅可以从宏观的全社会的文化模式变迁来理解，而且可从具体的、微观的层面来观察。微信文化的微观层面表现于群组聊天以及与朋友圈有关的互动中。

一位刚上小学一年级的孩子，由于没有使用一个英文名字而遭到老师批评，回家后在父母面前委屈地哭诉了很长时间。她的父亲看不过去了，在一年级5班的微信群发了一条长长的消息，并@了孩子的英语老师：

> @celia　曹加奇的英文名字Alina。但从幼儿园时就不太爱用，孩子属于慢热，今天是什么情况我不太清楚，但是孩子回来哭了一晚上，在××学院我也是老师，我不知道在教育孩子的问题上是鼓励为主还是让她先体验所谓的肯定？这是我们小学的教育理念吗？还是说老师通过这种形式才能树立威信？还是做给家长看的？咱们今天在这个群里公开说说这个问题，我看您好像也是有孩子的人了，同样的问题不知道作为母亲您怎么想？

片刻之间，群内就充满了火药味儿。9分钟之后，英语老师就在微信群中回复这位家长："@曹加奇爸爸您好！请您单独加我私信，我们好好聊一下。"

紧接着，班主任曹老师也@这位父亲说："@曹加奇爸爸 我很理解您看到孩子这样，心里很着急，但如果您不知道经过是什么，请您跟英语老师私聊沟通，这样才更有助于问题的解决。咱们群里之前发过这方面的群公告，谢谢！"

二十分钟之后，小女孩父亲在群中同时@两位老师，并发了一条消息："@曹老师@celia 已解决，感谢各位老师，烦请今后多关注鼓励她！"一场潜在的争端就这样在幕后被化解了。①

原本在微信群里的台前对话，被训练有素的教师巧妙地将公开群聊引入一对一的幕后私聊。其实，无论多人甚至几百人的群聊，还是一对一的私聊，其实仍旧存在一个台前与幕后的问题。自身定位、想象性地预演、表演、冲突、调解、隐匿、场景转换、延迟性回应，所有的互动理论概念似乎都是适用的。②

从一种现实主义和对应论的观点来看，微信空间的互动只是人类社会现实空间的复制或延展。群主与群成员的构成、互动方式、讨论主题、互动频率等，皆是现实社会中的人们互动的真实表征。微信空间有主角、配角，有沉默的看客，有主导价值观和非主流，有权威、次序与规矩，有话题变换，有加入、退出、封锁与再加入的机制。当然，不同的微信群具有不同的组织规则和公共议题，也并非纯粹的随心所欲和畅所欲言。

但是，微信群聊技术的确创造了一种哈贝马斯意义上的"公共空间"，而且这种公共空间在理论上是"去中心化的"，即没有哪一个参与主体能够完全主宰群组的讨论主题、讨论进度、言说方式。主角与主题的经常变换可以成为一种常态，这也是对过去传统权力格局和话语霸权的一种逆袭和消解。任何一个看似天衣无缝的论点，都可能遭到他者的质疑与解构。但是，正如英国人类学家丹尼尔·米勒（Daniel Miller）的研究团队研究所发现的那样，"网上平等并不意味着离线平等"③。简而言之，微信技术创造了一种超越时空的交互主体性的活动空间。微信空间的文化与

---

① 此案例来源于2016年9月15日笔者对某小学班级微信群聊的观察和记录。
② [美]乔纳森·H.特纳：《社会学理论的结构（第7版）》，邱泽奇、张茂元等译，华夏出版社2006年版。
③ Daniel Miller: *Why We Post? Social Media Through The Eyes of The World*，参见https：//www.ucl.ac.uk/why-we-post/discoveries，2016年9月15日。

真实的社会文化存在着高度的一致性。微信空间文化表现为何种样态，则取决于群组的性质。一种自由、平等、友爱的公共文化或许是大多数参与群聊个体的愿望，但是真正要实现它，尚需每一个有此理想的人的共同努力。

五　结语：作为一种局部的微信文化

以微信技术为观测点，我们或许看到的是许多携带着"体外器官"、更加自由、更易嵌入社会结构的个体。从斯宾塞的意义上来讲，微信技术使社会超有机体的信息通道达到空前的发达，微信的社会文化整合则是人类社会不断分化的必然结果。但是，对于人类学者而言，将讨论的焦点聚焦于一种信息技术似乎是极其危险的。因为研究文化不能离开人，而且人类学从来都是运用一种整体的视角。因此不得不问：以微信技术为中心的文化与一般的文化关系为何？回答这个问题不得不回到社会整体中去，观察微信在人们社会生活中扮演的角色和地位。若微信技术只是日常生活事件中的一环或几环，或者只是个体在社会中表达文化、参与行动的工具和策略，那么微信文化则只是以信息和消费为中心的文化，它只是人类文化的一个亚型或一个局部，又会因年龄、性别、收入、教育、职业、族裔、地区等方面的差异而存在差异。微信文化似乎并不能脱离其他社会生活而自成一格，而它又是当代社会生活中极其重要的一部分。

微信民族志的实验与实践

陈 炼[*]

问题的缘起

民族志作者从未停止探索如何准确表达社会现实的步伐，从业余民族志到经典民族志，再到阐释民族志以及反思民族志，各个时代的民族志作者始终在求索如何全面真实地表述研究客体。但我们必须承认的一个事实是，尽管在当今的人类学学术竞技场活跃着各种更新民族志知识生产方式的话语和尝试，在整体观原则的统合下以参与观察为基础的田野调查依然是民族志生产知识的重要途径。无论在国外抑或是国内，民族志始终在践行科学主义民族志的知识生产方式。

然而，社会的发展尤其是网络技术的发展逐渐在消解科学主义民族志的适用范围。更确切地说，网络技术的发展使得部分致力于研究网络社会文化现象的人类学者陷入了两难困境。一方面，网络技术带来的社会文化影响、网络空间中个体的社会行为、通过互联网链接的人际关系场域的文化特征等方面无不需要人类学者投入智力去深入阐释，而在另一方面，人类学者却陷入了缺少方法论指导的困惑。之前能通过科学主义民族志来解决问题的方式适用有限，因为他们面临的是一个不易把握的没有实在地理边界的虚拟空间，如何在虚拟空间中搜集真实可靠的资料并以何种方式表述研究客体都处于未知状态。虽然在面对不同的研究对象时，国内外的民族志作者都在不断尝试不同的民族志范式，如主体民族志、体性民族志、

---

[*] 陈炼，中央民族大学民族学与社会学学院 2016 级民族学博士生。

线索民族志、实践民族志、多点民族志、自我民族志、新现实主义民族志、心理动力学民族志等。但这些民族志范式却从未遭遇过网络技术创设的虚拟空间或没有专门针对网络技术带来的社会生活影响。

在网络技术的倒逼下，虚拟民族志的概念终于在2000年前后被提出来。但虚拟民族志并不能有效解释微信新技术带来的新一轮社会文化变革。随着移动终端的发展，微信技术的成熟和微信功能的齐全，人们对微信的依赖程度与日俱增。从某种程度上讲，微信技术已然生发出了一个广泛的社会文化现象，因而有必要对微信及其文化做一个学理上的思考。本文提出"微信民族志"概念的初衷即在于此。微信民族志与虚拟民族志有相似之处，但又有所区别。简言之，微信民族志是对虚拟民族志的深化，是专门以微信技术引发的社会文化现象为研究对象的一种民族志新范式。本文在微信这一交往媒介的特征基础上，在对微信民族志的内涵、微信民族志的生产机制和价值定位做一个简要的梳理，以回应微信技术带来的社会文化影响。

一　微信民族志的三重内涵

微信民族志是在虚拟民族志[①]的基础上提出来的概念。虚拟民族志出现于21世纪初，主要以互联网引致的社会文化现象为研究对象，其代表作有米勒和斯莱特合著的《互联网：一种民族志研究方法》和海因出版的《虚拟民族志》。根据海因的定义，虚拟民族志是在虚拟网络空间中，利用网络开展研究的民族志。但这个定义并不能完全涵盖微信民族志的内在本质。微信民族志既包含了虚拟民族志的共性，但又有它自身的特征。总体而言，微信民族志是尝试围绕微信（WeChat）这一腾讯公司2011年推出的应用程序而展开的社会文化研究。微信集即时通讯、社交插件、公众平台、支付转账、微信红包、网上购物、手机游戏等众多功能于一体，因其生活便捷性和功能趣味性受到近9亿用户的追捧。从广义上讲，微信包括腾讯QQ、新浪微博、飞信、人人网等功能类似的应用程序；但本文

---

① 运用民族志研究网络文化、社会现象的方式，又称网络民族志、赛博民族志、数字民族志、网络志等。

的研究主要着眼于以微信（WeChat）为中心串联起来的人际交往网络和社会文化现象，从"微信民族志"这一概念出发来探索微信技术如何与民族志勾连并成为一个统一的整体。

在微信民族志的界定方面，本文认为微信民族志有三重不同层次的内涵。首先它是传统民族志的微信化呈现，把微信作为民族志传播的工具；其次它是把微信作为信息搜集和传播的工具，以微信及朋友圈为虚拟田野地点，以参与式观察和深度访谈为研究方法，经材料整理和理论提炼形成的民族志；最后它是把微信作为研究对象，从人类学者的思维和角度研究以微信为中心展现出来的社会现象和文化，最终理论化成与微信有关的民族志，从这个意义上讲，微信民族志是研究微信现象及其文化的文本。它把活跃的微信用户作为田野访谈对象，以微信为基础型构的社会关系场域为田野实践场所，以微信平台为传播载体来表述网络空间中的个人和社会经验，进而达到实现人类学阐释社会事实的目的。

对于微信民族志的第一重含义，即把它视为传统民族志借用微信技术呈现、传播其文本信息的过程，容易造成微信民族志内涵的窄化。虽然微信民族志的出现是微信技术发展的客观结果，但不能把微信民族志只当作传统民族志的微信在线传播，如此会弱化微信民族志的多重价值而强化传统民族志的技术依赖，传统民族志的微信化呈现只是理解微信民族志内涵的基础层面。

对于微信民族志的第二重含义，即把微信作为信息搜集和传播的工具来实现民族志的生产。表面看来似乎比较符合人类学者关于微信民族志定义的理解，但如果把微信民族志的第二重含义付诸实践，则会产生诸多的现实矛盾。

第一，通过微信搜集到的信息的真实性难以保证。把微信及其朋友圈作为虚拟田野地点搜寻到的信息种类有限、信息真实性不能有效甄别。E.卡茨的"使用与满足"理论认为受众接触传播媒介是基于自身特定的动机和需求，在使用媒介的过程中其动机和需求能得到满足。微信用户在微信朋友圈发布/转发信息是基于使用者特定的"表达欲"和"分享欲"。微信朋友圈是个体记录日常生活、表达个人情感的舞台，这个舞台给了个体表达和表演的自由。很多人为了维持有效的社会互动和符合社会期望的情境定义，人们时时都会以"演戏"或"表演"的方式展现个人的生活，而且往往乐于向观众展现社会主流价值推崇的一面，而实际上他的全部行为却并不具备这种价值。个体期望得到有声望的社会地位,或期望接近社会价值神圣中心的地位。为了实现这种社会普遍的向上流动的需求,人们需要努力维持自己的表演前台,以达到向上的流动或者避免使自己向下流动。① 很多微信用户也是如此,为了吸引其他朋友的注意力,往往会选择表演的方式来呈现个人的生活样貌。且微信朋友圈发布的信息是个人经验的、碎片化的,它并不具备人类学者在实际田野空间观察到的社会景象的连续性、社会关联性、全貌性。人类学者在微信朋友圈中得到的信息可能是非连续性的、展演性的、个体经验的,这些虚拟田野资料是否能支撑起民族志的丰富性难以确证。另外,以微信好友或陌生人获取资料的数量和种类有限。以单个微信账号为例,田野资料的来源主要有微信好友、微信陌生人(通过微信的摇一摇、附近的人、漂流瓶功能实现)、微信群组、微信朋友圈、微信公众平台,通过这几个渠道很难获致可靠的田野报道人。且受微信的技术限制,微信添加好友的数量有上限,微信最多能添加5000名好友,这5000名好友能否持续产生民族志的研究题材是一个充满不确定性的实验过程。即使在最大数量的5000名添加成功的好友里,能成为有效田野调查访谈对象的数量也难以衡量。因此,如果仅仅把微信好友及朋友圈作为田野资料的获取来源很容易导致信息源的衰竭。信息种类和信息来源的限制又会导致研究主题的局限性。微信及朋友圈发布的信息能否构成民族志写作的田野资料基础同样是一个实验性的过程。通过微信及朋友圈得到的信息内容是碎片化的,信息种类偏向于个人经验和日常生活,这就决定了微信民族志研究主题的片面化和局限性。

第二,微信民族志访谈对象的高度不确定性影响田野资料的品质。如果只是在线以微信好友及朋友圈作为虚拟田野,微信民族志的访谈对象就局限为只有陌生人和微信好友②。微信好友可以部分筛选和分类,人类学者可通过长期的在线互动培养合适的信息报道者。但如果以陌生人为访谈对象,尤其是通过微信摇一摇、附近的人、漂流瓶联系的陌生人则很难获取有效的田野资料,因为这个过程人类学者并不能控制被报道人的质量。

---

① [德]马丁·布伯:《我与你》,陈维纲译,生活·读书·新知三联书店1983年版,第79页。
② 这里的微信好友特指在微信上建立了好友关系的二者,并非有紧密情感联系的好友。

网络流行之初，流传着"在网上，没人知道你是一条狗"的言论，强调了网络使用者身份的模糊性。微信同样是一个虚拟空间，任何人都可以很容易在陌生人面前掩饰本来的社会身份，可以轻易地转换性别、个人长相、社会角色等，还可以建立起多重身份。① 微信民族志的写作者很难确定访谈对象的真实身份，也很难控制通过访谈得到的田野资料的品质。民族志田野资料获取的另一方式是参与观察。微信民族志的参与观察就是观察被调查者发布的朋友圈动态，通过朋友圈动态来分析个人的日常生活轨迹。对于不发朋友圈的调查者，研究者就失去了研究基础；对于有发布朋友圈习惯的被调查者，仅以朋友圈信息来分析被调查者的行为也有失偏颇，因为此过程同样很难控制田野资料的质量。

第三，微信民族志带来人类学者自身的身份定位困境。传统民族志的写作者进入田野一般直接以人类学者的身份进入，在进入实际田野之前其社会身份就已经是明确的。虽然对于本土的被研究主体他们是异己的存在，但他们对人类学者的身体在场并不能有效干预，最多只会拒绝提供信息。但在实际田野点，人类学者还可以选择性地挑选其他报道人，或者通过其他方式得到其所需要的田野资料。从某种意义上说，传统人类学者能有效突破被访谈对象的信息壁垒。与传统民族志的文本生产者不同，微信民族志在田野过程中难以确定人类学者的身份定位。选择何种身份进入虚拟田野也是摆在人类学者面前的一道现实难题，尤其是对陌生人的访谈。如果以人类学者的身份进入，对方提供的信息很可能会规避对自己不利的方面，即人类学者可能得到不够完全或虚假的信息；如果以陌生人的身份进入，对方会设立心理防线，能获取的有效信息也会受影响。"潜伏是一个单向的过程，而民族志的优势之一就在于强调与被研究者的对话——研究是合作而不是掠夺。"② 另一个以匿名身份获取信息涉及学术伦理的问题，人类学者深度访谈的一个重要原则是访谈对象的"知情同意"，访谈对象有权被告知人类学者的真实身份、访谈的确切原因、访谈的最终目的等，如果以匿名身份进入虚拟田野则会引致学术伦理的困境。最重要的

---

① [法]加布里埃尔·塔尔德著、[美]特里·N. 克拉克编：《传播与社会影响》，何道宽译，中国人民大学出版社2005年版，第9页。

② 卜玉梅：《虚拟民族志：田野、方法与伦理》，《社会学研究》2012年第6期。

是，人类学者在虚拟田野过程中并不能突破访谈对象的信息壁垒。网络环境中人际交往关系是一种弱连带关系，任何网友在虚拟空间都具有可抛弃性的（disposable）特征，一旦访谈对象拒绝配合，他即可不顾忌人情的制约解除好友关系，人类学者也难以再通过其他渠道获取田野资料。

第四，微信民族志难以坚持传统民族志一贯的整体观传统。整体观一直是科学主义民族志坚持的传统，但在微信民族志中其适用性却难以为继。以微信好友或陌生人为访谈对象，对话内容和形式都是非连续性的；以参与观察为调查方法对微信好友朋友圈只能静态观察而不能参与其现实生活，因而获取的信息也是碎片化的。失去了参与观察的基本调查方法，微信民族志便不能坚持民族志的整体观传统，不能反映虚拟环境中个体行动者或社会群体的生活全貌，这当然会消解微信民族志存在的合法性。可以看到，微信民族志的第二重含义从实践层面出发难以成立，无论从民族志的书写者、民族志的被调查者还是民族志的研究方法都否定了微信民族志第二重含义的合理性。

因此，理解微信民族志不能有工具化倾向，而应该把它视作一种新的方法论。无论把微信作为民族志传播的工具，还是把微信作为信息搜集和传播的工具都不能完全阐释微信民族志的内涵。微信民族志的第三重含义是对第一、第二重含义的超越，它既不排斥民族志的微信化呈现，也不排斥把微信作为田野资料收集的工具，但更重要的是它把整个微信现象和微信文化作为研究对象，既研究微信的内涵又研究微信的外延，更研究以微信为节点联结的社会关系网络和社会文化流变动态。它的田野对象既包括嵌入社会关系网络的个人，也包括以微信为基础型构的社会关系场域；它通过线上和线下参与观察与微信有关的社会现象和微信上活跃的微信用户的日常生活、深度访谈微信有效用户来窥探社会发展的动态，这依旧坚持了民族志的整体观。它既使人类学者以文化持有者的内部眼光观察微信现象和微信文化，也使人类学者以文化旁观者的外部视角分析微信现象和微信文化，其终极目的是以人类学者的思维和视角观察微信现象、访谈微信用户，进而阐释社会事实。

二　微信民族志的生产机制

与传统民族志的生产流程类似，微信民族志的生成包括确定研究主题、理论预设、田野调查、文本撰写、文本在线呈现五个阶段。技术的革新与应用带来了诸多人类学需要研究的问题，技术的影响不仅是经济方面的，更是文化方面的。当前广泛使用的微信可以追溯到2011年10月1日微信3.0版本，这个版本奠定了微信的功能基础。在短短五年多时间，微信用户已经突破8亿人次，腾讯正式公布的2015年业绩报告显示：微信已覆盖90%以上的智能手机，在2015年第一季度末，微信每月活跃用户已达到5.49亿（549 million）[①]，微信已经成为人们日常生活中难以或缺的使用工具，微信平台提供的信息沟通、记录日常、表达情感、娱乐休闲、生活服务、商业广告、购买商品等服务几乎覆盖了人们生活的方方面面。微信改变了人们的日常行为习惯和情感表达方式，也改变了人们的思维方式和人际交往方式，透视以微信为核心呈现出来的社会现象和文化变迁是人类学的重要任务，微信中的人际交往行为，微信红包、微商、微信广告等影响人们日常生活实践的文化现象，微信分组功能对人际边界的消解与重构，微信朋友圈的"舞台/表演"，微信虚拟空间中社会身份的转换与社会阶层的象征性流动，微信文本的真实性问题，微信使用者的性别差异，微信用户的城乡分野，人们对微信的媒介依存和影响等都是人类学亟须探讨的社会现象和社会文化，微信民族志正是要从围绕微信发生的题材中取材进行人类学的阐释。传统民族志是对异文化的研究，微信民族志是对以微信为核心的新文化的研究，二者在本质上是同构的。微信民族志补充了传统民族志容易忽视的领域，拓宽了人类学的研究范围。从某种意义上而言，微信民族志是在科学主义民族志范式占支配地位的境遇下对民族志撰写的一种实验，它具有反现有知识生产的结构特征。它促发了民族志的写作者转变思维方式去寻找新的书写范式，激发人类学者在日新月异的变动中回应变化着的社会文化环境。

研究主题确立之后最主要的就是理论预设和文献查阅，这与传统民族志的研究方法一致。与传统民族志最大的不同在于微信民族志的田野调

[①] Curiosity China：《2015微信用户数据报告：想知道的全在这》，http：//www.ithome.com/html/it/152417.htm，2015年6月1日。

查。民族志的科学主义范式自马林诺夫斯基开始已经奠定,虽然在20世纪70年代遭受过严重的自我质疑,但马氏的民族志书写范式依旧为众多民族志写作者所效仿,微信民族志绝不能像科学民族志那样选定特定的田野地点、参与观察当地人一年周期的生产生活经历、利用当地语言无障碍交流、以本土观点理解地方文化。它面对的社区是整个虚拟网络环境,它可以有特定的研究主题但不可能有固定的田野地点,可以说微信民族志的田野社区是没有边界的。它的参与观察对象是既作为整体又作为个体的微信用户的日常实践,它的深度访谈对象是使用微信的所有用户,这使得微信民族志的生产过程极其艰难,充满实验性。它可以以个人在微信上的日常实践为线索,从具体的个人循着个人的移动轨迹生发出来的各种现象去实现一种在点之上的线和面上的整体宏观理解,[①]个人及通过个人连接的线是微信民族志的重要微观线索,柯林斯提出"微观情境"的概念,"微观情境"并非指单个人,而是经由个人所形成的社会关联或网络。他还强调"人们之间的相互关注,不管一开始是否有明显的意识,这种人身的相互注意是接下来要发生的一切社会活动的起点"[②]。微信民族志应该把个人视为嵌入社会关系的意义之网上的一个点,参与观察和深度访谈个人以了解其社会行为和内心世界,继而揭示特定社会现象的本质;它也可以以某一类群体在微信上的实践为切入点来了解社会事实,通过民族志研究方法探究这类群体思维和行为方面的共性,如以人类学的思维去研究微商群体在微信中的行为实践。再者,微信民族志可以研究微信串联起来的整体社会关系网络,以人类学的全貌观来阐释微信现象和微信文化。

在具体的田野作业实践当中,微信民族志的参与观察和深度访谈对象都不应该只是虚拟环境中的个体,而更应该是线下现实生活中的个体,即不能把微信民族志的田野工作单纯视为虚拟田野,它可以有也应该有真实的线下田野过程。为了达到对研究对象的深入了解,微信民族志不能仅仅依赖网络的虚拟世界,而是要尽可能地重新返回到现实世界中,或者通过

---

① 赵旭东:《线索民族志:民族志叙事的新范式》,《民族研究》2015年第1期。
② [美]丹尼斯·麦奎尔:《麦奎尔大众传播理论》,崔保国、李琨译,清华大学出版社2010年版,第324页。

各种方式联络到现实中的个人进行面对面的深入访谈。① 另外，微信民族志的参与观察和深度访谈都是要获得关于人的真实行为的了解，而不只是停留在文字和语音的表层。格尔兹认为"民族志描绘的是人们的生活和经验，诠释的是文化脉络中人们的实践"②，实践是通过个人的行为集中展现的。文字和语音在微信的虚拟环境中难以确定其真实性，如此获得的田野资料的品质难以保证。人类学者的任务是从文字和语音的表象中去探究微信用户的行为特征，这些特征是人类学者以相对冷静客观的态度参与观察获致并经由理论指导提炼总结出来的，它并不完全依赖被访谈对象提供的文本或口头信息。简言之，微信民族志的田野调查要注重线上与线下结合，注重对结构稳定的个体或群体行为的深度阐释，从而实现微信民族志全面深刻了解研究对象之目的。

文本撰写和文本在线呈现是微信民族志的另外两个环节。微信民族志的撰写建立在微信田野调查基础之上，它的撰写与传统民族志相同；文本的在线呈现是微信民族志的非必要环节，因为微信民族志并不等于民族志的微信化，而是指关于研究微信现象和微信文化的民族志。

总之，微信民族志的生产机制包括确定研究主题、理论预设、田野调查、文本撰写、文本在线呈现五个方面，与传统民族志最大的不同在于微信民族志的田野调查，从目前的实践情况而言，成熟的微信民族志并未出现，它的成熟范式还需要人类学者的不断实验。

三 微信民族志的价值定位

微信民族志是新技术条件下对民族志书写范式的实验，是对传统民族志研究领域的拓展，但对正处于实践中的微信民族志的价值定位既不能过度拔高也不能过度贬抑。微信民族志有其固有的局限性。首先，微信民族志是依托微信才得以研究，微信对手机的寄生特征和对移动网络的直接依存导致了微信生存环境的受限，微信脱离了网络和手机便难以发挥应有的

---

① 张娜：《虚拟民族志方法在中国的实践与反思》，《中山大学学报》（社会科学版）2015年第4期。

② Geertz Clifford, *The Interpretation of Culture: Selected Essays*, New York: Basic Book, 1973, p.5.

功能，如此微信民族志也失去了存在的基础。其次，微信民族志研究主题的局限性。微信民族志的研究主题必须是与微信有关的，如微信中的人际交往行为，微信红包、微商、微信广告等影响人们日常生活实践的文化现象，微信分组功能对人际边界的消解与重构，微信朋友圈的"舞台/表演"，微信虚拟空间中社会身份的转换与社会阶层的象征性流动，微信文本的真实性问题，微信使用者的性别差异，微信用户的城乡分野，人们对微信的媒介依存和影响等，即微信民族志的田野调查比起传统实地田野调查法有技术的限制。最后，微信民族志书写范式的不确定性。虽然关于虚拟民族志的研究早已有之，但对微信民族志的人类学研究尚属空白，目前对微信的研究主要限于传播学、企业管理学等学科。如此一来，微信民族志的提出遭到众多学者的质疑，确立微信民族志的书写范式依然是一个需要实验和实践的过程。

但对微信民族志的价值定位不能建基于与传统民族志的对立之上，微信民族志不是对传统民族志的取代，也不是引领传统民族志转换其成熟的书写范式，而是对传统民族志的补充，它有效填补了传统民族志忽略的新技术领域，可以说，微信民族志发掘了民族志研究的另一片沃土。微信现象及微信文化需要有专门的学科进行研究，人类学作为研究异文化的学科，它不可能不对变动着的社会文化环境做出回应，更不可能对如此基数庞大的微信用户及其行为视而不见，对微信现象和微信文化的人类学解读是微信民族志的正当使命。另外，民族志的微信化焕发了民族志的生命力，拓宽了民族志的传播范围，也把民族志推向了更广阔的辩论平台，任何微信使用者都可以是微信民族志的潜在读者，特别是经由公众平台的推广，民族志能在微信朋友圈发生裂变式地传播和讨论，拓展民族志及人类学学科的影响力。

微信民族志的价值不仅在于它拓展了传统民族志的研究范围，也不仅是提供了人类学田野调查的另一种可能性路径。微信民族志最大的意义在于它促使传统人类学者对人类学的研究方法和人类学的本质进行反思，启发人类学者以更多元、更包容、更客观、更敏锐的态度研究异文化和新文化。当前中国的民族志书写并未进入一个像乔治·E.马尔库斯和米开尔·M.J.费彻尔所说的支配性书写范式崩解的实验时代，科学主义民族式范式依然占据绝对主导地位，人类学者遵循着科学主义民族志实践的惯习,以常规性经验来研究社会现象和社会文化,但民族志书写范式决不能仅仅只有当前一种模式,深入实际的物理空间进行参与式观察和深度访谈也不是获取田野资料的唯一途径,微信民族志正是在这样的条件下给习惯于传统民族志书写范式的人类学者以启示来探究民族志书写的另一种可能性。对于人类学而言,它要保持自身的生命力和新鲜感必须对不同理论范式采取包容性借鉴策略,不断进行自我修正和内在创新。

结 语

人类学的基本任务是阐释社会事实,而民族志是人类学完成这个任务的重要媒介。民族志书写范式一直在实验以何种方式表述社会事实,但一直未脱离科学民族志书写的叙事方式和叙事框架。微信民族志是对新技术条件下对变迁中的社会现象的正面回应,是在科学主义范式占主导地位的条件下对民族志书写范式的一种实验。微信民族志的价值定位并不在于对人类学的整个学科基础进行质疑,而是对人类学研究传统领域的补充,是对传统单一的民族志田野调查的合法性提出合理质疑,是对民族志书写的其他范式进行可能性的追寻。尽管微信民族志究竟是什么、能够是什么、应当是什么;微信民族志由谁来书写、为谁书写、为何书写以及如何书写还充满疑窦,但这正是促使人类学者去研究微信民族志的原初动力。然而,微信民族志如何突破科学民族志范式的权威话语,构建自身的学术话语并确立自身的合法性都需要民族志书写者在实践中不断探求。

微信的即时性与民族志写作

王美芬　陈　浩[*]

随着智能手机的普及和互联网技术进一步发展，社交软件成为时下对人们生活影响最深远的电子技术手段之一。由于微信集成了即时信息发送、文本、图像、视频展示，以及媒体、定位、支付等多种强大功能，成为目前中国最成功的社交软件，拥有超过8亿用户群体。对于从事社会科学研究的学者来说，微信已经成为不可忽视的重要社会现象，必然会引起学界的重大关注。

本次会议的倡导者提出了微信民族志的概念，足见微信影响力之大。初见此题目时，笔者实际上有许多困惑，为何是微信民族志，而非QQ民族志或微博民族志？微信民族志研究与传播人类学、媒介人类学、互联网人类学等研究方向有何异同？微信民族志的相关研究是只着眼于微信这一软件，还是作为包括诸多自媒体、社交网络在内的新媒体的标志？可见，要从微信民族志这个话题中找寻一个可以深入思考的切入点对笔者这样一个"门外汉"来说是十分不容易的，上述许多问题到现在仍然困扰着笔者，或许这也是本次会议进行探讨和澄清的内容。

最终，通过简要分析总结，笔者选取微信的即时性作为切入点，试图就使用现代科技手段的民族志写作和传统民族志写作之间的差异进行比较，认为即时性是解决民族志写作过程中诸多矛盾的一个重要方式，新技术手段让我们得以重新关注民族志的即时性。

---

[*] 王美芬，云南大学硕士，主要从事语言教育工作；陈浩，云南大学民族学与社会学院讲师。

一 民族志的发展阶段

民族志作为人类学学家研究的最终成果,其发生、发展、演变情况有很多研究,在此不做过多复述,仅进行简要梳理。学者们的一个共识是民族志不是因人类学家或者人类学研究而生成的,民族志远在人类学作为一门学科出现之前就已经诞生,如西方学者多认为希罗多德对异族社会的描述就是民族志,而国内学者高丙中教授认为《山海经》等古典作品中的相关内容便是早期的民族志书写。[①] 当然,民族志发展的第一阶段主要还是伴随地理大发现发生的,这个时代大量的殖民者、传教士、探险家、旅行家进入非西方社会,写下了许多游记、笔记,对这些社会的人种、经济、习俗、信仰等方面进行了详细记述,这些记述出版以后就成为早期人类学家研究最主要的资料来源和参考依据。显然,这些作品的作者到土著社区中都有自己的目的,写作"民族志"只是他们的业余事业,因此这些作品不可避免地会不够系统、不够准确,主观色彩较浓。

随着人类学研究的深入,早期的民族志作品已不能满足人类学家的需求,于是有了系统的民族志调查手册、大规模组织的调查等。里弗斯在20世纪初开始强调由有训练的观察者直接进行密集田野工作（intensive field）,主张研究者要与他所研究的对象住在一起、说他们的语言、研究他们的文化,他也提倡利用恰当的报告人（informants）搜集当地文物、家谱及生活史,并做系统性的记录[②]。马凌诺斯基对特罗布里恩群岛的调查宣告科学民族志的诞生,而《西太平洋的航海者》也成为运用这种田野调查方法写作的第一步民族志作品。[③] 科学民族志或经典民族志,主要是对民族志作者调查手段的要求,其中几个最重要的标准,如长时间的调查（一般不少于13个月）,学会当地语言,参与观察等,被广大人类学

---

① 高丙中:《民族志发展的三个时代》,《广西民族大学学报》（哲学社会科学版）2006年第3期。

② 刘仲冬:《民族志研究法及实例》,载胡幼慧主编《质性研究——理论、方法及本土女性研究实例》,巨流图书公司1996年版,第173页。

③ [英]马凌诺斯基:《西太平洋的航海者》,梁永佳、李绍明译,华夏出版社2002年版,第6—7页。

者奉为圭臬，影响一直持续至今。可见，科学民族志主要是建立在"科学的"调查基础上的，而非"科学的"写作基础上的。

民族志发展的第三阶段是20世纪80年代《写文化》以后的反思阶段，这次反思的主要对象便是马凌诺斯基创立的科学民族志，在此前已经统治人类学多半个世纪了。反思者对经典作品所塑造的民族志权威、客观的形象进行了解构，重塑了人类学研究中的主体—客体单向关系。高丙中教授对民族志发展的几个阶段进行了概括："第一个时代的民族志作者与对象就好像是跨国跨种族婚姻的第一次见面，时间短，语言又不通，回头要讲给其他也对此关心的人听，除了若干直观的描述，再想多说，只有靠转述或自己的想象。第二个时代好似和亲远嫁的状态。作者与对象已经是婚后同居，共同生活、亲历亲为的事实使所有对这种关系有兴趣的人都认为当事人之间知根知底。……第三个时代就不是一方说话了，作者与对象的关系像是现代闹离婚纠纷的局面。女方讲自己在婆家的遭遇的时候……聪明的女士会尽量实事求是……否则，在仲裁人或者陪审团那里落一个枉顾事实的恶名，连真话也没有人听了。"[①]

这一段比喻形象地描述出了民族志发展各个阶段的特征，可以看出在不同发展阶段，民族志写作者的去向有很大差别。然而，在这些差别之中，我们是否能发现一些共同的追求呢？

二　民族志的共同目标

民族志经历了从较为随意、零散的记述，到系统严谨的调查，再到反思解构几个阶段，后一个阶段的理论取向，几乎都是以对前一个阶段的批判为基础的。现代民族志的拥趸者认为早期民族志作品太过随意、散乱，充满主观色彩，材料既不系统又不可靠；而反思民族志学者又批评科学民族志的作者通过文本书写和修辞来建构"客观""权威"的形象，而事实上其"客观性"和"科学性"与早期民族志作品没有质的差别，且在研究过程中与研究对象处于权力不平等的地位，具有西方中心主义色彩。在

---

① 高丙中：《民族志发展的三个时代》，《广西民族大学学报》（哲学社会科学版）2006年第3期。

这种彼此否定的语境下，新旧民族志还有共同的目标或标准吗？实际上，如果我们从另一个视角去分析就会发现，这些民族志作品很大程度上是有共同价值取向的，要发现这一点，我们只需要从他们所宣称的、应该遵守的理念来看即可，而不去纠结他们是否做到了他们宣称的内容。

（一）民族志的准确性与可靠性

不管哪个阶段的民族志，首先宣传的，亦即他们试图实现的第一个目标，是资料的可靠性，或者说是客观性、科学性。早期的民族志作品由于来自传教士、探险家、游记作者，他们的作品中充斥着许多道听途说、浪漫想象甚至是无端臆测，但是，作为亲身到达土著社区的人，在推销他们的作品时，无疑会宣称眼见为实，否则其到达经历就失去了意义。

科学主义民族志的作者批驳游记式民族志的真实性，他们主要是从方法上进行批判。马凌诺夫斯基建立自己标准的同时，也是对以前民族志方法的批判。首先他认为此前的民族志作品没有系统地介绍他们资料的来源，文本中无法分辨来自田野的资料和作者观点之间的界限："任何一门学问，都应以绝对坦诚和毫无保留的方式披露其科学研究的结果……对于民族志，坦诚地对这类数据加以说明或许更为必要，但不幸的是，我们对这类信息提供得并非足够慷慨，很多作者总不能诚恳地把方法的照明灯充分提供出来，仿佛他们只是在完全的黑暗里误打误撞地把那些事实提供给我们……我认为，唯有符合以下条件的民族志材料才具有无可质疑的科学价值：我们可以分辨出哪些材料是由直接观察与土著的陈述和解说得来的，哪些材料是作者基于他的常识和心理领悟得来的。"[1] 其次，他提出了语言问题，主张掌握当地语言，直接从土著那里得到自己的资料，反对使用二手资料，"我从当地白人那里得来的信息本身虽有价值，但对我自己的工作却无甚神益"。"更有甚者，那些白人谈论和表述土著见解的方式，自然缺少专业训练，所以根本不能连贯而精确地表达他们的思想……很大程度上充满偏见与先入为主的判断，然而这却与追求事物的客观、科学的观点绝不相容"。最后可以概括为具体的调查方法，包括大家熟悉的

---

[1] ［美］马凌诺斯基：《西太平洋的航海者》，梁永佳、李绍明译，华夏出版社2002年版，第2—3页。

参与观察，认为民族志工作应有适当的条件，以便和土著"保持接触"，对社区中发生的任何事都能随时注意。① 实际上，科学民族志作者无疑是对其工作客观性和可靠性最为强调的学者了。

反思民族志学者尽管主要采取批判的态度，但是对资料可靠性的强调仍然是十分明确的。他们对科学民族志的批评主要集中在写作上，而非其作者们引以为荣的调查方法上。他们批评科学民族志作品没能真正呈现"真实"，因而是不可靠的，实际上也就表明他们认为应该找寻一种更可靠的写作方式。经典民族志由于强调人类学家的"科学调查"，因而对写作并不是非常重视，似乎只要有了"科学的调查"，也就有了"科学的写作"，因而在多内尔的作品被质疑时，人们只关心她是否真在雅诺马马人的社区生活过。② 本文作者玛丽·路易斯·普拉特写道："最耐人寻味的难题之一是：本书所呈现的准确性似乎不在争论之列……被争论的不是民族志的准确性问题，而是民族志权威、个人经历、科学性和表达之原创性之间令人困惑的关系。"③ 从这段话的语气可以明显地看出，在普拉特看来，应该被讨论的不是个人经历或民族志的权威问题，而是民族志的准确性问题。可见在反思民族志中，一些学者仍然是看重民族志的准确性和可靠性的。

（二）当地人的视角

由于早期民族志在很大程度上还不能算是学术意义上的民族志，因而对后来的人类学家来说，这些作品更大程度上是资料和批判对象。尽管如此，早期民族志有一些基本的理念与后来的民族志作品仍然是相通的，比如对当地人观点的呈现。这些游记作品要突出作者作为亲历者的身份，必然会引用当地人的话语作为其权威的证据，这些描述多采用第三人称，虽

---

① ［英］马凌诺斯基：《西太平洋的航海者》，梁永佳、李绍明译，华夏出版社2002年版，第2—6页。
② ［美］詹姆斯·克利福德、乔治·E. 马库斯：《写文化：民族志的诗学与政治学》，高丙中、吴晓黎、李霞等译，商务印书馆2006年版，第57页。
③ ［美］玛丽·路易斯·普拉特：《寻常之地的田野工作》，周歆红译，载詹姆斯·克利福德、乔治·E. 马库斯：《写文化：民族志的诗学与政治学》，高丙中、吴晓黎、李霞等译，商务印书馆2006年版，第56—80页。

然实际上可能是作者自己对当地人的或正确或歪曲的理解，但是用第三人称明显弱化其主观性，可见其目的是为了表明作品对当地人观点的呈现。

马凌诺斯基对业余民族志者不重视当地人视角的现象十分反感，在其作品中对这种现象进行了抨击，"我在多数白人居民中发现了那些拙劣的业余人士在写作中常有的特征：他们习惯于自以为是地把民族志者严肃对待的东西当成无聊的琐事，把科学的宝藏当成廉价的废物，其实，这些东西都是独特的土著文化和心智的特征"。他建立科学民族志的标准，一个原因就是以往民族志作品没能呈现当地人的文化和观点，从西方人的视角来看待当地的文化，而民族志者应"唤起土著人的真正精神、展示部落生活的真实图景"，呼吁当时的人们重视当地文化的价值，"他们的信仰和习惯在任何意义上都不缺乏一定的一致性，而他们关于外部世界的知识足以指导他们进行很多冒险事业和活动。而且，他们的艺术品同样不缺乏意义和美感"[①]。

在反思民族志者看来，科学民族志者与早期民族志者之间不过是五十步笑百步，前者仍然是在主体—客体单一关系中进行的研究，被研究者的主体性在这个过程中被抹杀，因而提出一系列倾向和主张：把人类学研究者的田野工作过程当作民族志实验的中心内容和描述的重要对象，并同时强调给予被研究者自己解说机会的重要性；与此相关联它自觉担任研究者的文化翻译者角色，注重对文化的阐释；它珍视民族志的文学性，注重修辞、讲究文本的想象力和艺术性；与这些的译释观与重修辞的要求相关，它主张以"常识世界的现实主义"的态度回归田野和实践，并采用了"对话"与"多声道"的撰写取向和技法；此外，它鲜明地把文化批评作为人类学的目标，重申公共关怀，推动公共人类学的实践。[②]"对于后现代民族志而言，含义在于——即使不清晰的话，至少也是明显的——其文本既不以这种内部的悖论的形式，也不以一种欺骗性的外部逻辑的形式来阐述，而是作为二者之间的张力，既不否认也不赞成含混，既不颠覆主观性也不否认客观性，而是在使得明确的主观性得以可能的含混的客观性的

---

① ［英］马凌诺斯基：《西太平洋的航海者》，梁永佳、李绍明译，华夏出版社2002年版，第4—8页。

② 阮云星：《民族志与社会科学方法论》，《浙江社会科学》2007年第2期。

主观创造中，表达了它们的互动。民族志文本从面可以达到它的目的——不是通过揭露而是通过使目的得以可能面达到。它会成为一个物质的、口头的和表现的文本；它会是对日常经验的唤起……它会是一个不只用眼睛来读，还要用耳朵来听'书页不同声音'的文本。"[1] 反思民族志这种多声道、互动的、对话的民族志，与科学民族志试图"代替"当地人发声不同，但其出发点都是试图从当地人的视角出发，让当地人的声音和观点得以呈现。

三 微信写作的特质

（一）微信写作的即时性

即时性是微信最重要的特征，传播速率是其存在的根本，不管是文字、声音、图像都能在第一时间传播出去。这种即时性让身处不同空间的人能够几乎同时分享同样的信息，很大程度上填补了空间的分割。

对于微信写作来说，即时性对讯息传播的各方面都具有意义。对写作者来说，书写的作品可以立即发送给读者，读者可以是挑选过的，如直接发送给具体个人；也可以是不经挑选的，如发送到微信群里或者朋友圈里，成为公开的文本。对读者来说，微信能第一时间将讯息传送到达，并且能够提供即时互动的功能，对作品进行反馈和评论。

使用微信进行的民族志写作，即时性将会发挥极其重要的作用，并对民族志写作带来很大改变。在民族志反思浪潮中，许多学者批判经典民族志试图建立通则，致力追求一致、客观与古典、永恒的作品，但并没有提出能够替代这种写作方式的新手段。微信民族志写作的即时性，很大程度上能摆脱这种呈现一个永久稳定的社会文化的诉求，转而呈现一个现时的、偶然的状态，通过对这类状态的不断呈现来理解社会文化。由微信写作即时性带来的对话，是真正意义上的对话，对话体将会成为微信民族志写作中最重要的文本之一，参与各方在这个对话过程中互为主体，打破了传统民族志主客体二分的格局，呈现出多向度、多层面的文化书写。

---

[1] ［美］詹姆斯·克利福德、乔治·E. 马库斯：《写文化：民族志的诗学与政治学》，高丙中、吴晓黎、李霞等译，商务印书馆 2006 年版，第 177 页。

（二）微信平台的互动性

微信的即时性很大程度上是通过其互动性发挥作用的，微信平台的互动性与其即时性分不开，互动也具有一定的时效性，即时回复与延缓回复在效果上有差异。

微信为写作者和读者提供了即时互动的平台，双方都能够直接交流，感受对方的存在。平台提供的互动方式可以分为两类，一类是限制性互动，即互动内容是平台预设好，由用户选择的，如点赞、发送表情等；另一类是自由评论，可以直接输入内容，将需要表达的意见、观点直接传达。由于学者、民族志描述对象以及读者都可以通过微信进行评论和互动，微信写作可以打破民族志作者的"上帝视角"式的权威，作品不再是一种单声调的呈现，而是一种复调式的呈现。民族志的权威不再是通过他们的经历来自然获取，而是通过文本中呈现的能够得到证实的事实来获取。

（三）微信发表的自由性

赵旭东教授在一篇文章中指出，文本书写很多情况下会受到政治、文化、制度等因素的监视、控制或干扰。而民间文书由于不在体制内，更少受制度、政治等约束，更能显示出人们的真实观点、意愿和态度。[1] 在中国社会文化背景下，纸质期刊或其他正式刊发渠道刊行的民族志作品，或多或少会遭遇一定干扰。微信写作与民间文书具有相似的特质，不过民间契约文书主要是功能性的文件，而微信在很大程度上还是娱乐性、表达性的平台，但微信发表由于其即时、丰富、灵活，表达通常是民间的、日常的视角，更少受到政治、制度的监视和规训，更能反映出写作者的真实意图和意愿。

（四）微信言论的互证性

从不同的视角出发，对同一事件的观察和描述会有不同的结果。传统

---

[1] 赵旭东：《民间文书与民间智慧——人类学线索民族志的文本搜集》，《原生态民族文化学刊》2015年第4期。

民族志作品由于只是单向度的书写，被研究对象很难发出声音，因而一旦写作者出现失误，或者获取到错误信息，就会造成作品准确性的下降。微信平台的开放性，能让持不同立场、从不同视角出发的观察者和表述者都能发表自己的意见，从而提供不同的文本，通过这些文本的相互印证和对诘，能达到对事件更加完整、丰富的理解。

同时，微信写作过程中，各种信息来源同时存在，所有个体都能发声，不同立场、不同文化、不同视角的参与者提供不同的信息，这些信息虽然是零散、流动的，但是提供了不同的流动轨迹和文化线索，通过对这些线索的追寻和勾连，我们能够形成对相关文化的整体宏观理解，这种方法即赵旭东所提倡的"线索民族志"[①]，显而易见，微信平台是极其适宜线索民族志方法发挥其功用的，可以说微信为线索民族志方法提供了绝佳的展示平台。

综上所述，民族志发展过程中所提出来的很多问题，如民族志的准确性、可靠性，民族志对当地人视角的呈现方式等，具有即时性、互动性、自由性、互证性等特质的微信民族志写作能为解决这些问题提供更有效的手段。

四 对微信民族志写作的实现形式的思考

最后，本文将提出一个现实问题，即微信民族志如何实现？仅从理论上分析，微信民族志写作至少可以从以下四方面入手：第一，对微信平台上发表的内容进行民族志研究；第二，对微信使用者的民族志研究；第三，微信使用对人类学、民族志以及社会生活的影响；第四，微信平台上发表民族志研究成果。然而，在当下的学术评价体系下，第四条是很难完全被学者所实践的，因为在微信上所发表的成果不被官方评价体系所承认，而多数学者在当下中国社会仍然是较为强势的，通常没有足够的经费从事相关研究。然而，在平台上发表民族志研究成果，是最能体现微信即时性、互动性、自由性等特征的方式，也是微信民族志最独特的一个方面。因此，我们需要从制度上进行改革，才能让微信民族志发挥更大作用。

---

① 赵旭东：《线索民族志：民族志叙事的新范式》，《民族研究》2015年第1期。

"写文化"与微信民族志关系初探

田 佳*

一 "写文化"与民族志的历史

(一) 民族志的诞生

从社会文化人类学的角度讲,民族志研究的对象指的是广义上的"社会共同体"。"民族志"的基本含义是指对异民族社会、文化现象的记述。①

最早的民族志大多是"自发的、随意性的和业余性的"②。在中国,在《山海经》中描写远方异族的部分可算是这一类。在《山海经·大荒西经》中有这样一段描述了"人面虎身神"(昆仑神):"西海之南,流沙之滨,赤水之后,黑水之前,有大山,名曰昆仑之丘。有神,人面虎身,有文有尾,皆白,处之。"③"大荒西经",据考证记述的是红山文化区域的事物,现址在内蒙古中部的科尔沁沙地。此篇中还提到了"寒荒

---

* 田佳,西安市艺术研究所实习研究员,研究方向:民族文艺学、文学人类学。
① 王铭铭在《民族志:一种广义人文关系学的界定》一文中认为:就20世纪的研究状况看:民族志的研究范围包括"民族"之下的家庭、族群、社区、部落,也可以包括超出"民族"范围的宏观区域。有以一地方为范围的"巴西丛林社区",有以一或数民族为范围的(波洛洛族),有以一器物为范围的(亚美尼亚工艺中的裂分表现)。由此观之,他认为民族志其实是观察者主动选择的方法论单元。[美]詹姆斯·克利福德、乔治·E. 马库斯:《写文化:民族志的诗学与政治学》,高丙中、吴晓黎、李霞等译,商务印书馆2014年版,第1页。
② 高丙中:《〈写文化〉与民族志发展的三个时代(代译序)》,载[美]詹姆斯·克利福德、乔治·E. 马库斯编《写文化:民族志的诗学与政治学》,高丙中、吴晓黎、李霞等译,商务印书馆2014年版,第7页。
③ 马昌仪:《古本山海经图说》,广西师范大学出版社2007年版,第1024页。

之国""寿麻之国""女子之国""丈夫之国"等各国的风土民情,但都一带而过,比较随意。

在西方,有希罗多德的著作,还有中世纪的《马可·波罗行纪》,地理大发现后,库克船长的故事最为著名。但是不论早期的对异族的描述,还是见闻游记,记录的故事都较为零散,有趣但不能作为专门的研究材料。

自从爱德华泰勒1871年出版《原始文化》,并积极参与《人类学笔记和询问》的撰写,由经过专业训练的人类学者写民族志的时代到来了。马凌诺斯基的旷世名作《西太平洋的航海者》出版,标志着科学民族志的诞生,开启了民族志黄金时代。

(二)"写文化"——批判时期的到来

以异民族为研究对象的民族志,诞生、发展在19、20世纪的殖民狂潮中,因此不可避免地带有帝国主义的色彩。如1960年在泰国工作的人类学家曾为美国在东南亚的战争提供帮助。高丙中认为:"人类学家对与自己的学术活动作为一种具有政治经济的动因和后果的社会时间的反思和批判是从人类学与殖民主义、帝国主义和欧洲中心主义的密切却被忽视的联系开始的。"[1]

1984年的研讨会和1986年问世的《写文化》,是反思人类学的两件转折性的事件。"写文化"之后,民族志的撰写被蒙上了一层神秘的面纱。正如斯蒂芬·A. 泰勒在《后现代民族志:从关于神秘事物的记录到神秘的记录》中写道:"后现代民族志是诗……后现代民族志在一个相同的表现语境中将常识现实陌生化,从碎片中唤起一种幻想的整体,然后将参与者带回常识世界——变形的、更新的、神圣化的常识世界。"[2] 在幻想反复的情况下,民族志变成了一种神秘的书写,它不再是对客观事件的摹写或是写作者内心的"独白",而是"一种对话、对各种各样故事的相

---

[1] 高丙中:《〈写文化〉与民族志发展的三个时代(代译序)》,载[美]詹姆斯·克利福德、乔治·E. 马库斯编《写文化:民族志的诗学与政治学》,高丙中、吴晓黎、李霞等译,商务印书馆2014年版,第11页。

[2] [美]詹姆斯·克利福德、乔治·E. 马库斯编:《写文化:民族志的诗学与政治学》,高丙中、吴晓黎、李霞等译,商务印书馆2014年版,第167页。

互的、对话式的生产"①。在泰勒看来,后现代民族志展现的是"自由的声音","它的含义在于——即使不清晰的话……它会成为一个物质的、口头的和表现的文本;它会是对日常经验的唤起;它会是一个用日常语言来表明什么是不可言说的可感的现实,而这不是通过抽象,而是通过具体来实现。它会是一个不只用眼睛来读,还要用耳朵来听'书页的不同声音'的文本"②。后现代民族志的书写被描述成一件"神秘"的事情,但神秘并不意味着我们的工作毫无意义:

> 不存在一个后现代民族志的例子……无论如何,关键之处并不在于如何创造一部后现代民族志或它应该采取什么形式。关键在于它可能采取任何形式但从不会完全实现这些形式。每一个尝试都是不完善的、不充分的,在某方面有欠缺的;但这不是一个缺点,因为这是使得超越得以可能的方法。超越源于不完美性而非完美性。③

乔治·E. 马库斯在《〈写文化〉之后 20 年的美国人类学》一文中为我们展现了崭新的人类学研究前景——"当代公共人类学"。人类学家们已经不满足于对远方、异族生活的描述(在大量的传统研究和数以万计的民族志资料下,研究对象范围愈加狭窄,当今人类学的发展方向不得不发生改变),而是把眼光投向了广阔的公共领域,如阿德里安娜·佩德里娜的作品《裸露的生命》(关于切尔诺贝利事件幸存者的斗争)和金·福琼的作品《博帕尔污染之后的倡议》(关于跨国范围的环境公正和激进主义)。④ 尤其在 1990 年以后,人类学参与到跨学科世界,在新的传播媒介——互联网的影响下,"社会和文化生活正在形成新的规则和形式"⑤,人类学正在强烈兴趣的驱使下去描述那个"新兴的变迁的情境"。

---

① [美]詹姆斯·克利福德、乔治·E. 马库斯编:《写文化:民族志的诗学与政治学》,高丙中、吴晓黎、李霞等译,商务印书馆 2014 年版,第 167 页。
② 同上书,第 177 页。
③ 同上书,第 178 页。
④ 同上书,第 18 页。
⑤ 同上书,第 20 页。

二 微信民族志何以可能

（一）虚拟社区与虚拟民族志

虚拟社区的崛起源于网络社会，卜玉梅在《虚拟民族志：田野、方法和伦理》一文中描述道，虚拟社区不是因共享的地理空间而形成的社区，而是基于共同的兴趣而建立的社区。其重要的要素是共享的资源、共同的价值观和互惠的行为，还包括共同的规则。虚拟社区虽然是缺场的、无法触摸的，但却提供了一个很好的建立人际关系和社会规则的平台/媒介，而这些绝对是真实的和有意义的。[①] 在虚拟社区，网络空间便是虚拟的田野，人类学家在这里暂时告别了实地的田野，又回到了"摇椅"。在这里，她以李斯洛夫对虚拟音乐社区的研究的描述为例："网络田野包括长时间独自坐在计算机显示器前，而不是走出去，到一个炎热的热带环境中与当地人进行面对面的互动。我的在线活动是由观看图像、倾听声音和音乐，阅读和书写文本以及接收抽象的编码信息所组成的。"[②]

由此可见，虚拟民族志是在虚拟环境中进行的，针对网络及利用网络开展的民族志研究。如刘华芹在《天涯虚拟社区》一书中，运用民族志方法对互联网上基于文本的社会互动进行了详细考察。

互联网时代，更多的虚拟社区在涌现，网络博客、Facebook、QQ、MSN、陌陌、微信等，其中微信是目前国内应用范围最广的社交应用APP。根据企鹅智酷一项调查显示：超过七成智能手机用户，会在社交网络上分享信息，而分享时的首选平台是微信朋友圈（见图1）。此外，有资料显示，一个人每天最多可刷30—40次朋友圈，这个惊人的数字也提醒我们，微信逐渐变成一个生态部落，人们依赖微信，微信正逐渐成为人们生活的一部分。

（二）微信——一个互联网生态部落

如果把微信看成一个生态部落，那么意味着它满足了人们所有的生活

[①] 卜玉梅：《虚拟民族志：田野、方法和伦理》，《社会学研究》2012年第6期。
[②] 同上。

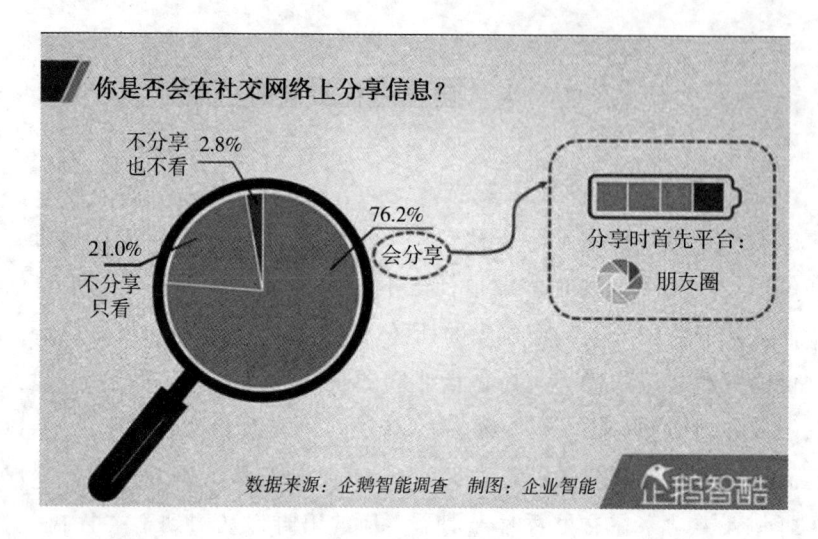

图 1

需求。在这个功能意义上，微信包含了三个功能：第一个功能是表达自己，了解别人的需求。表现在朋友圈的分享以及公众号的订阅。首先，如上文提到每个人一天刷朋友圈的次数可以达到数十次之多，而且遇到喜欢分享的事情时会首先选择朋友圈。

在一项"你经常在社交网络上分享哪些信息"的调查（见图 2）中，自己的心情状态占 50.8%，喜欢的文章占 35.4%，评论事件话题占 15.2%，喜欢的歌曲占 14.1%，工作相关信息占 12.0%，喜欢的视频占 10.4%，其他应用信息占 2.4%，商家红包优惠占 1.9%。由此可见工作只占 12.0% 的兴趣，而人们用微信的时候更多的是在分享自己的生活，或是了解别人的生活（也有用户不愿意分享，而喜欢默默关注别人，比如"点赞"）。

其次是微信公众号的订阅，由于微信的私密性，公众号的选择和订阅也是私密的，每个人会根据自己的喜好来关注"世界上都发生了哪些事情"。比如政府官员和律师会关注与政府政策和法律相关的公众号，如"中国政府网""中国民商法律网"；而学者则会关注学会或专题论坛相关的公众号，如"民俗学论坛"；从商者则会关注与商业和经济相关的公众号，如"创业最前线""凤凰财经""今日财经头条"等。

微信的第二个功能是联络感情和话语狂欢的需要。主要体现在微信群。微信群和 QQ 群的最大区别是，QQ 群经常是工作群，而微信群更多

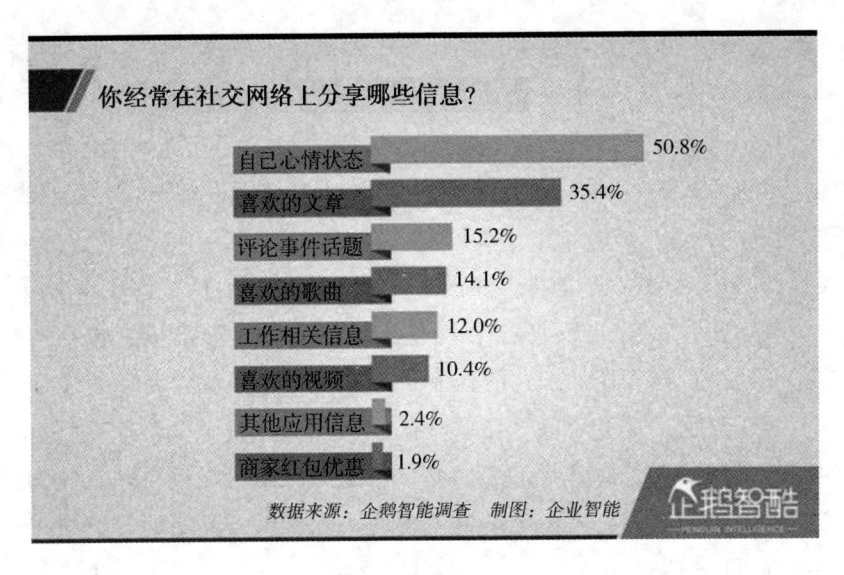

你经常在社交网络上分享哪些信息？

- 自己心情状态 50.8%
- 喜欢的文章 35.4%
- 评论事件话题 15.2%
- 喜欢的歌曲 14.1%
- 工作相关信息 12.0%
- 喜欢的视频 10.4%
- 其他应用信息 2.4%
- 商家红包优惠 1.9%

数据来源：企鹅智能调查　制图：企业智能

图 2

是有共同的兴趣爱好，或是由私密伙伴建立的群。这样的群落更便于沟通和分享，尤其是幼时的伙伴或是大学的同学，因为生活和工作的关系，散落在各地，大家可以通过群聊的方式回忆过往的美好以及分享现在的生活。同时，有不少"80后"表示，自从建立了微信群，不太联系的同学和朋友互动的次数也增多了。这样便捷的沟通还出现在家族联系中，随着城市化进程的加快，更多的人离开家乡的小镇来到都市，或是因为上学的原因，或是毕业后留在了学校所在的城市，家族微信群因为智能手机的普及和应用的广泛，在这里缓解了思乡的情绪。以前家族内部出现一件大事，往往是单线联系，传播信息的渠道往往是婶婶—叔叔—大伯—堂哥—堂妹—小姨—妈妈—我，而有了微信群之后，谁要传递信息只要在群里一发，在短短几分钟之内大家都会关注到。关于微信的微信感情和话语狂欢的功能，在家族微信群里体现得尤为明显，如家族中某一位过生日，那么只需要一个人记起并在群里发送了生日蛋糕，那么群里的每个亲属都会给他发送生日祝福，然后大家集体回忆这位亲属生命里的趣事或调侃他，这样大家的宣泄欲便得到了集体的满足。

第三个功能是消费。如今是网络社会，也是消费社会，人们的消费观念有了很大的转变，有钱先享受的理念为大多数人所认可。消费越来越成为人们生活中的一件大事。

微信红包及转账功能让人们的生活更加便捷，如付款、还钱、还信用卡等，都可以在几秒钟内完成，电子货币在微信时代发挥了举足轻重的作用。几年前，好友聚会时，大家刚从现金支付，变成了银行卡支付，如今微信支付更为普遍，尤其是微信零钱。在城市里，很多餐饮店在用餐桌上贴着微信支付的二维码，用餐结束后，只需询问服务员消费总额，然后扫码支付即可，如此的支付方式方便、省事、干净、卫生，深受年轻人喜爱。不仅如此，2016年以来各大商场都配备了微信扫码机，包括赛格、万达、开元、百盛等，凡入驻的商家都可以选择微信支付，涵盖了服装、鞋袜、娱乐设施、百货超市等几乎所有生活领域。除了大卖场，微信的市场也铺到了城市的大街小巷，沿街的小店也可以微信支付，如绝味鸭脖、蛋糕店、潮袜铺等，甚至大学门口流动的小吃摊，三五块钱的煎饼果子、肉夹馍都可以扫码支付。

现在不是我们依赖微信的时代，而是我们生活在微信中。我们在微信里表达自己、了解别人、与同学和亲友联络感情，宣泄自己的情绪，还能够获得某种程度的自我实现。在微信里，我们还可以完成任何与生活相关的支付，微信从各个方面满足了我们的需要。

所以，微信是我们和世界连接的窗口和见证，而微信APP便是一个不断变化着的生态部落圈。根据王铭铭的定义："民族志其实是观察者主动选择的方法论单元"，微信因其"部落圈"的属性，也可以视为一个方法论单元，"微信民族志"自然可以成为可能。

（三）微信民族志的定义

根据民族志的最新定义，微信民族志和"民族"关系意义并不大，它指的是在微信这个公共平台上，选取一个范围领域或观察角度，来了解人们的心理和行为方式。目前，已经有很多相关研究，比如《微信朋友圈：社会网络视角下的朋友圈》，该文认为，在移动互联网的广泛应用下，催生了大量的网络社区，微信朋友圈便是其典型代表。[1] 文中提到微信朋友圈拓宽了交友层面，以强连接为主、弱连接为辅，使虚拟社交圈和

---

[1] 聂磊、付翠晓、程丹：《微信朋友圈：社会网络视角下的朋友圈》，《新闻记者》2013年第5期。

现实社交圈相融合。意思是微信是一个虚拟的世界,虽然人们依赖微信来交流,但是仍会以线下的交流为主,在现实中关系好的朋友和亲属,在线上才会更多地交流。这个研究观点为微信民族志作了很好的注解,虚拟的民族志抛弃了传统的家族亲属关系、婚姻、族群等关系的调查,而专注于对人类行为的解释。如《微信中的人际传播研究》《微信使用对人际传播的影响研究》等。

虽然微信民族志研究的对象发生了改变,那么研究的方法和策略呢,传统的主客位关系、参与观察的程度、身份的定位等因素,都一并抛弃了吗?当然不是,在民族志发展到写文化的阶段时,任何以民族志形式出现的文本都绕不开"写文化"的"阴霾",只不过因为网络本身的复杂、模糊和生成性的复调特点,使得本来就扑朔迷离的"如何书写"的问题变得更加繁复。

三 "写文化"时代微信民族志的三个变化

据中国知网文献数据库提供的信息,可以明显看出,学界对微信的研究从2013年开始,2014—2015年呈迅猛增长的趋势,而2016年,以微信为主要研究对象的论文达到60多篇,这一方面显示了微信作为新媒体传播媒介的影响作用,另一方面从论文的内容看,也已涉及了社会研究的很多方面。目前,对微信研究的主要成果,主要围绕"自我效能""自我呈现""高黏性"展开。而"微信民族志"这个提法还未进入公众的视野,可以说,真正的"微信民族志"尚未发生。

这里将以几篇有代表性的有关"微信"的研究为例,来预测"写文化"将会对未来的"微信民族志"的书写带来的变化。

(一) 主客位关系

文化人类学中所讲的主位,意思是主位观点的研究取向,是指将焦点放在当地人的解释方式以及重要意义的判断标准,其目标是发现当地人的观点、信念与认知,探究当地人如何思考,如何感知与分类这个世界,以及他们用来解释行为的规则是什么;对他们而言,什么东西具有意义,他们如何想象与解释各种事物。而客位观点的研究取向是指,强调研究者的解释方式、概念范畴以及判断的重要性的标准。无论是主位观点还是客位观点，都有一定的偏颇，所以民族志研究者经常要兼顾主位和客位两个方面。①

在微信时代，主客位关系变得渐渐模糊。我们的研究也许可以锁定某个区域，如《青少年社会化阅读动机研究：以上海初高中生微信阅读为例》或《新疆微信公众号的发展现状与对策》，但传统民族志作家需要克服的"异文化"感却消失了，调查者与被调查者在同一个时空，或者说在互联网时代每个人都身在其中，很难有人可以有超越当下生活的经验和感悟，其记叙和考察不可避免地带有主观性，这里体现的主观性，比《萨摩亚人的成年》《努尔人》《天真的人类学家》等民族志名著中体现得更多。

（二）参与观察的方式和程度

参与观察是人类学田野调查的主要特征。这种方法要求调查者在调查地区住一段时间，从半年到一年，甚至更长时间。通常一年是一个时间周期，这使调查者有机会看到当地人们一年内因季节而异的生产活动、宗教仪式和节庆事件，不仅如此，还要求调查者学习当地的语言，融入他们的生活，以便了解他们生活的方方面面。②

上文提到，虚拟民族志的田野便是网络空间。虚拟民族志与传统民族志研究场景的不同非常明显，这里引述李斯洛夫的一段描述：

> 我开展研究从来没有离开过我的家……田野工作意味着花多个夜晚坐在我的计算机前，在虚拟空间的遥远角落"遨游"。……我经常整晚地保持互联网，从一个网页到另一个网页，介入一个广布的朋友圈。③

2013年发表的《新生代农民工的同乡社会网络特征分析——基于

---

① 参见周大鸣主编《文化人类学概论》，中山大学出版社2009年版，第40—41页。
② 同上书，第49页。
③ 转引自卜玉梅《虚拟民族志：田野、方法和伦理》，《社会学研究》2012年第6期。

"SZ"人在北京QQ群组的虚拟民族志研究》是一篇以QQ群为调查研究对象的文章,该文以新生代农民工为目标对象,通过线上参与观察、深度访谈等虚拟民族志方法探讨同乡QQ群组所构建的社会网络特征。作者对自己的参与观察方法做了详细的描述,他作为"群众"即以同乡的身份实名加入QQ群组,研究者以不改变群员聊天活动的轨迹参与群内的线上和线下的活动,并通过深度访谈收集了大量访谈和观察资料。期间,只有该群组的群主及管理员知晓此事。[①] 可以说,以"潜藏"的方式来获取资料是非常便捷的方法,但2016微信时代的到来,却让这种"潜藏"产生了难度。

通过QQ群和微信群的比较,我们可以得出,在规模上,QQ群比微信群组规模小,前者经常有几百人参与,后者多则几十个人,少则三五个人,在定量要求上往往达不到标准;在准入制度上,QQ群的管理比较宽松,人员准入要求不多,而微信群因为多是兴趣群,所以显得更加专业,这样就增加了"潜藏"的难度;在人员属性上,QQ群多是工作的同事或是不熟悉的同乡,而微信的群组却是经过筛选的好友形成的圈子,如果研究者只是"潜藏"在群中观察,则丧失了调查者的主动性,如果公开身份,因为大家彼此熟悉,也许会在群聊中暴露一些隐私,或是心存芥蒂,甚至调查者会遭到被屏蔽的危险,这同样给参与观察带来了不小的阻碍。

在未来的微信民族志研究中,如何进行参与观察还是一项未知的困难,有待学者在进一步的实践中寻求更为妥善的方法。

(三) 微信伦理——身份与表述权

"写文化"时代,人类学涉及研究伦理是以文本研究为依托的,文本写作涉及写作者的身份及其表述权。赵毅衡教授认为"文化需要表述,不能表述就没有文化"。通常意义上的责任指,人类学家要对与其一起工作的人和动物,以及所要研究的他们的生活和文化负责。[②] 既然文本变成了一种叙事写作,那么语言的含混就不可避免,以何种身份如何表述成了

---

① 高崇、杨伯淑:《新生代农民工的同乡社会网络特征分析——基于"SZ"人在北京QQ群组的虚拟民族志研究》,《青年研究》2013年第4期。

② 周大鸣主编:《文化人类学概论》,中山大学出版社2009年版,第49页。

关键问题。在微信时代,圈子变成熟人或半熟人,研究者的身份变得暧昧不清,按微信群属性考察,如果如社区性质,如小区群,其中讨论的更多的是公共话题,如电梯费的收取、物业管理现状、小区房产证办理以及大户办理进度等。如果选取公共社区形式的群,则相对简单,可以收集用户的性别、年龄、职业等基本信息,并以他们的观点和态度为主要调查对象(这方面可以用访谈和调查问卷的方式),这样的调查是有效的,并且不会遇到太大的阻力。

在这里,笔者关心的是,微信民族志如何深入到诸如家庭群(大家庭如三代同群,小家庭如核心家庭)、亲密朋友群这样私密性更强的群组中。在一个核心家庭里,如果母亲是调查者,那么父亲和孩子并不能提供更为客观的关于家庭关系的资料,同样,如果调查者入侵了一个核心家庭群,那么群组中的每个成员都会对此人产生戒备心理,毕竟不是每个家庭都愿意将他们的日常生活公诸人前。在这样一个身份晦暗不明的调查者的视野中,他又怎么能拥有这个群落的身份表述权呢?这同样是个有待探查的研究领域。

【微信民族志之社会发展影响】

移动传播时代：村民网络公共参与对乡村社区认同的建构[*]
——基于甘肃陇南F村的田野调查

牛耀红[**]

一 研究问题的提出

随着我国现代化和城市化发展，我国农村命运正在面临巨大挑战，尤其是西部欠发达地区农村正在面临人口流失、空心化、凋敝等多种问题困扰。农村未来何处去正在成为一个非常严峻的问题。尽管我国城市化发展以及农村人口向城市转移还会持续较长时间，农村的消失还将继续，但是不可否认的事实是农村对于我国社会的巨大价值。农村是我国粮食的重要生产基地，是我国承载人口的重要空间，是我国传统文化保存的重要场域。国家一直在推动乡村社区建设，虽然基础设施建设取得了较大成绩，但是在文化建设方面却收效甚微。然而农民对乡村的认同才是他们留恋乡村社区，参与乡村建设的关键因素。可是，目前我国农民对乡村的认同正在面临危机。现代乡村向城市的急剧变迁使得人们犹如失去根基的"浮萍"一般，迷失了方向。再加之信仰缺失、贫富分化扩大、社会不公正感增强，在制度缺位、道德滑坡、利益分化、社会流动加速的驱使下，社会结构出现"断裂"之势。[①] 我国农村在城市化发展潮流中，既有的社区

---

[*] 本文原刊于《社会学评论》2017年第1期。

[**] 牛耀红，南京师范大学新闻与传播学院博士研究生，腾讯研究院特聘研究员，主要研究方向为发展传播学。

[①] 谢治菊：《村民社区认同与社区参与——基于江苏和贵州农村的实证研究》，《理论与改革》2012年第7期。

整合逻辑被打碎，个人逐渐脱离共同体成为原子化的个人，经济利益原则主导下的个人功利化倾向使得农民公共意识逐渐淡漠，传统文化道德已经失去了约束作用，农村的向心力和凝聚力正在减弱。在此情景下，人们注意到，传统乡村社区认同日益式微的当下，构建新型的乡村社区认同已经成为乡村社区发展的关键因素。

学术界普遍认为，社区的概念最早由德国学者滕尼斯在《共同体与社会——纯粹社会学的基本概念》一书中提出。他将"由自然意志占支配地位的联合体称为共同体（gemeinschaft）"，而"通过选择意志而形成并根本上被其决定的联合体称为社会（gesellschaft）"[1]。滕尼斯指出，社区是"基于一定的地域边界、责任边界，具有共同的纽带联系和社会认同感、归属感的社会生活共同体，共同的情感关怀维系着人们对社区的认同"[2]。目前，我国学术界关于农村社区的研究较多，但对农村社区认同的研究较少。为数不多的研究散布于农村社区治理、乡村共同体重建、村落公共空间等研究主题中。项继权从历史维度分析了我国农村共同体的认同基础。他认为传统社会以血缘、地缘为基础，乡绅在维护农村整合中具有重要作用；新中国成立后，人民公社制度对农村进行了全面整合，集体化造就了行政干预认同的共同体，这类共同体具有极强的封闭性；改革开放后，随着农民的职业、利益、观念多元化，农村逐渐走向开放，但是认同的基础却正在丧失，乡村共同体正在衰落。他在历史分析的基础上指出了农村新型社会生活共同体的重建之路。他认为，单纯的政治的组织和经济的联合并不足以形成真正的社会生活共同体。在当前农村社区建设中必须另辟蹊径，寻找农村社会生活共同体建设之路，其中如何重建人们的社区认同和归属感是关键。他为农村共同体重建提出的对策是"走'服务之路'，即通过'服务'将分散的人们重新联系起来，在'服务'的基础上重建社区认同。正因如此，只有强化农村社区公共服务，才可能真正增强农民对于所在社区共同体的认同感和归属感，同时，也增

---

[1] ［德］斐迪南·滕尼斯：《共同体与社会：纯粹社会学的基本概念》，林荣远译，商务印书馆1999年版，第iii页。

[2] 同上书，第53页。

强了农民对于整个国家和社会共同体的认同"[①]。吴理财则从新农村建设层面分析了农村社区认同与农民行为逻辑的关系，提出了 12 个关于农村社区认同的命题，其中包括农村社区认同与社会资本、社区参与、行为规范、社区记忆、生产方式变化等维度。[②] 吴晓燕研究了村庄被改为社区后如何解决农民认同危机的问题，作者以成都市龙华社区的"新市民教育工程"为案例，探讨了如何通过以新居民为主体的精神文化生活来重建其人生价值和生活意义以形成新的身份认知和社会认同。作者较为细致地分析了文化建设对于乡村社区认同建构的重要意义，值得借鉴。[③] 赵霞和杨筱柏探讨了当代中国乡村文化认同的理论外延与路径依赖。他们指出，当前乡村文化呈现出认同危机，文化认同对象也呈现出空置与虚化状态。重构乡村文化认同，就要做到对传统乡村文化精髓进行再认同，走传统本位的文化现代化道路；还要培育农民的主体意识、法治精神，构筑乡村社会的公民文化认同；更要在无法回避的多元文化互动中，坚持乡村文化的个性化发展，树立文化宽容的价值观，最终实现文化自觉。[④] 纵观乡村社区认同研究，思辨研究较多，实证研究则较少。虽然一些学者指出了文化建设、公共服务对乡村社区认同的重要性，但是并没有深入研究二者关系。乡村社区建设实践表明，以行政主导的乡村社区建设较多关注基础设施建设，而对于如何有效提供公共服务及文化建设还有待继续探索。而本文的研究对象提供了移动互联网时代，村民网络公共参与下的乡村文化建设案例，这为研究乡村社区认同提供了一个新的视角。

[①] 项继权：《中国农村社区及共同体的转型与重建》，《华中师范大学学报》（人文社会科学版）2009 年第 5 期。

[②] 吴理财：《农村社区认同与农民行为逻辑——对新农村建设的一些思考》，《经济社会体制比较》（双月刊）2011 年第 3 期。

[③] 吴晓燕：《从文化建设到社区认同：村改居社区的治理》，《华中师范大学学报》（人文社会科学版）2011 年第 9 期。

[④] 赵霞、杨筱柏：《当代中国乡村文化认同的理论外延与路径依赖》，《河北师范大学学报》（哲学社会科学版）2013 年第 9 期。

二　背景与研究方法

　　2015年腾讯公司推出了"为村"公共平台，最初推出的公共平台基于微信公众号，实行中心化信息发布模式，实则为村两委班子提供了移动互联网发布平台。这类平台没有为村民提供参与入口，因此，虽然村庄微信公众号为乡村展示提供了平台，但依然是Web1.0时代产品。移动互联网时代，公众无法参与的网络平台具有较大局限性。2016年，腾讯做出调整，推出了升级版"为村"公共平台。这一版本最大特点是为村民表达提供了通道。这个平台的两个重要板块是"广场"和"大喇叭"。"广场"定位于农村的网络公共空间，主要有"赶集""顺风车""村里好货""村庄美景""惠农广播""看电影""便民电话""网上订票""科普知识"等栏目。"广场"板块中"赶集"是村民参与度、活跃度最高的栏目，"赶集"栏目是村民网络交往的公共空间，该名称取自乡村赶集，寓意村民可以在共同空间中交流互动。这个板块为村民提供了发布帖子的通道，操作方式类似于网络论坛。村民可以进行发布新闻、表达言论等操作。"为村"公共平台的"大喇叭"定位于村务治理，设有"村务公开""书记信箱""调查问卷""集资众筹""投劳投工""投票评选""活动报名""办事指南""农技指导"等栏目。这个板块主要为村庄治理提供支持和便利。这两个板块均为村民提供了自由表达的空间。2016年10月，"为村"公共平台进行了改版，增加了"精准扶贫""村内旅游""换届选举"等板块，但板块依然可以划分为供村民交往互动的"网络公共空间"以及为村两委班子提供便利的"村务治理平台"这两大类。对于乡村而言，移动互联网出现之前，村民鲜有机会通过媒体进行表达。而"为村"平台则提供了村民自由表达的通道。那么当"为村"平台嵌入乡村后，村民的网络公共参与对乡村社区认同有何影响，这是本文探讨的问题。

　　本研究采用线上民族志和实地田野调查相结合的方法。腾讯"为村"公共平台自2016年4月上线了村民可参与的升级版公共平台。此阶段上线的公共平台有贵州黎平铜关村、甘肃陇南花桥村、湖南湘西比耳村。笔者于5月18日开始关注甘肃陇南市康县长坝镇花桥村的"为村"平台，以线上参与观察和深度访谈的方法研究"为村"公共平台，了解村民对移动互联网使用的观念和行为。7月，腾讯又开通了新一批"为村"公共平台。① 笔者开始进入新开通的公共平台，并申请注册为"认证村民"，最终有16个"为村"平台将笔者认证为"村民"②。笔者对新开通的"为村"平台进行线上参与观察后，将甘肃陇南康县城关镇F村作为田野点，并于8月12日进入F村，进行为期35天的田野调查，11月6日再次进入F村进行田野调查。F村位于甘肃省陇南市康县城关镇，是西部山区的一个汉族村庄。F村距离康县县城4.5公里。全村农业户171户，人口581人。该村执行退耕还林政策后，多数农民不以种植业为生，青壮年劳力多外出打工，少量农户在村内经营农家客栈。

质性研究选取研究对象有多重维度，本文选择标准是典型性，即F村"为村"村民参与度全国最高、用户最积极、表现最活跃。笔者判断依据是腾讯"为村"全国微信公众号——"村号"实时公布的排名，从这个平台中可获知全国各个"为村"的总积分和指数。"为村"积分主要依靠"认证村民"在平台中的互动获得，比如"认证村民"在"赶集"板块中通过发布新帖、评论帖子获得积分。另外"认证村民"也可通过参与村务获得积分，比如参与"村务公开"评论、参加"投工投劳""投票评选""活动报名"等板块获得积分。"游客"即非"认证村民"进入"为村"平台，发帖和评论均不积分。截至2016年11月20日，F村"为村"总积分为272163，全国排名第一，遥遥领先于排名第二的甘肃省陇南康县巩坝村，该村总积分为80352。"为村指数"是衡量一个村庄移动互联网程度的重要指标，反映村庄的移动互联网普及程度和村民的移动互

---

① 截至2016年11月20日，全国有2080个村庄申请"为村"，其中563个村庄审核通过，208个村庄建立了村庄公众号，71个村庄完成公众号开发并上线"为村"公共平台，45个村庄正在开发"为村"公共平台。数据由腾讯"为村"事业部提供。

② "为村"平台有两种登录方式。一种为"游客"登录，"游客"可以参与"为村"平台中的非政务板块，比如可以在公共开放的"赶集"板块中发帖，但是无法参与"村务公开""书记信箱"等村务相关板块。另外一种是以"认证村民"方式参与"为村"平台，被认证的村民主要以本村村民为主，少量会认证县级领导、乡镇领导、农技专家、律师等人员，认证需要提交真实姓名、身份证号码、手机号码这3类信息，管理员审核通过后，用户就具有"认证村民"身份，可以参与"为村"平台中的所有板块。笔者并非甘肃省康县F村人，经腾讯公益"为村"事业部负责人介绍，以第三方研究人员身份成为"认证村民"。

联网使用度。"为村指数"越高,就说明该村庄的移动互联网化程度越高。"为村指数"主要由3大指标决定,即认证村民数、村民积分总数、公众号关注数,同时"为村指数"会根据相关指数实时变动。截至2016年11月20日,F村"为村指数"亦居全国第一。

三 研究发现

社区认同是社区成员对社区共有价值和共同精神的认可和赞同,它是社区成员之间以及成员与社区连接的重要纽带。社区成员对社区的认同受到多种因素影响,其中公众参与是建构社区认同的重要因素。王铭铭指出:"社区认同的机制之一,就是通过共同参与仪式,造成村庄居民之间的合作,并通过仪式上的合作行为,界定社区内的人文关系。"[①] 但是我国基层社区的公众参与因受到政治体制、权力格局等多方面因素影响,长期以来一直没有较好的途径和方式。而农民更是受到文化素质、基层政治体制的影响,很难做到公共参与。另外,由于我国现代化、城市化对乡村社区的影响,导致村民大量流向城市,从而使农村公共生活逐渐减少。移动互联网时代,公众自由表达空间进一步扩大,同时为村民公共参与提供了契机和途径。下文将从移动互联网构建的公共生活复兴、承载乡村社区集体记忆、公共参与乡村文化建设这三个方面探讨村民网络公共参与对乡村社区认同的建构。

(一)移动互联网参与下的乡村社区公共生活复兴与认同建构

农村社区认同建立在社区居民的互动基础之上,没有一定的互动不可能形成社区认同。[②] 集体化时代,国家以行政权力整合农民的公共生活,形成了机械团结,构建了政治权力主导的乡村社区认同。改革开放后,随着家庭联产承包责任制实施,农村生产方式由集体合作转变为家庭劳作,国家权力从乡村撤出后,乡村集体公共生活大幅减少,多种因素导致农民

[①] 王铭铭:《溪村家族——社区史、仪式与地方政治》,贵州人民出版社2004年版,第149页。

[②] 吴理财:《农村社区认同与农民行为逻辑——对新农村建设的一些思考》,《经济社会体制比较》(双月刊)2011年第3期。

的公共精神逐渐缺失，同时也削弱了农民对于农村社区的认同。这一切都表明传统集体的保护、责任和控制已经弱化，建立在集体经济和政治控制基础上的农村社区或基层共同体走向衰落，而农民对于原有的集体及农村社区的认同和归属感已经淡化，乡村社区及共同体陷入信任与认同危机。如何重建乡村社区和共同体的信任和认同，成为亟待解决的问题。[1]

农村出现认同危机有多重原因，其中公共生活缺失是一个重要因素。美国社会理论家菲利普·塞尔兹尼克在《社群主义的说服力》一书中指出："离开公共生活——没有利益交叉和不同形式的归属感，共同体的约束就是脆弱的、易受攻击的。"[2] 曾经的乡村公共生活遍布于乡间地头，大树下、老墙根、村中央、水井等村落公共空间。这些空间曾是农民经常聚集的地方，他们在这里议论家长里短、探讨乡村政务、谋划乡村发展。但是随着农民外出打工，曾经以农业时间为主体时间的农民逐渐开始让位于市场经济时间。农民进行公共交往和生活的时间逐渐减少。农村公共生活的价值在于可以生产乡村规范、提供乡村公共精神，而当乡村公共生活缺失时，随之消失的是熟人社会的乡约民规以及农民对于乡土社会的认同感。为什么乡村公共空间的萎缩会导致社区认同的缺失呢？王斯福指出，由于参与者在公共空间中的互动具有平等性，因此在这里形成的公共意志或共同文化不是强行灌输的，而是被多数人所认同和接受的。[3] 那么，重构农村社区认同该从何处着手呢？在回答这一问题之前，不妨看看美国加州大学洛杉矶分校文化人类学教授阎云翔对黑龙江下岬村私人生活变革原因和结果的描述。他认为，在过去半个多世纪里，中国农村的私人生活出现了转型，并由此出现了近年来自我中心式的个人主义的急剧发展，这种家庭文化之下的新型个人在最大限度追求个人权利的同时，却忽视了他们对社会或他人的道德感。[4] 私人生活的转型以及公共生活的缺失使得中国

---

[1] 项继权：《中国农村社区及共同体的转型与重建》，《华中师范大学学报》（人文社会科学版）2009 年第 5 期。

[2] ［美］菲利普·塞尔兹尼克：《社群主义的说服力》，马进、李清伟译，上海人民出版社 2009 年版，第 20 页。

[3] 王铭铭、［英］王斯福主编：《乡土社区的秩序公正与权威》，中国政法大学出版社 1997 年版，第 414 页。

[4] ［美］阎云翔：《私人生活的变革：一个中国村庄里的爱情、家庭与亲密关系（1949—1999）》，龚小夏译，上海书店出版社 2009 年版，第 260 页。

农民对乡村公共精神产生了轻视，同时逐渐对乡土文化失去了认同。

那么移动传播时代，可以突破时间和空间限制的移动媒介是否可以恢复农村的公共生活呢？通过田野调查发现，移动互联网为农民恢复公共生活提供了可能。"为村"公共平台即是面向村民开放、可以让每个村民自由发表意见的网络公共空间。"为村"公共平台按照移动网络论坛的理念设计，村民可以阅读、点赞、评论，可以在公共平台中进行发表意见、表达心情、参与政务等操作。如今，F村的"为村"平台已经成为村民沟通交流、参与互动的重要空间。FYH在"为村"平台上说："'为村'已经成为了F村人的一种生活方式。"通过田野调查发现，手机已经成为F村村民非常重要的信息接收媒介，在"为村"公共平台上发起的一项有关农民媒介使用情况的调查显示，132人中有79%的村民认为手机已经成为第一信息接收媒介。入户调查发现，晚上很多村民拿着手机围坐在一起上"为村"的现象非常普遍。F村因为"为村"公共平台的进入使得曾经衰落的公共生活再次复兴。而且基于移动传播的网络公共生活突破了时间和空间的限制，网络媒介不仅没有减少村民之间的互动交流，而是密切了村民之间的交往。FSX在访谈中说：

> "为村"平台拉近了村里人的距离，大家因为"为村"联系更紧密了。F村有4个社，虽然大家都是一个村子，但是由于几个社之间隔着几座山，住的也有些远，大家平时忙着打工，见面机会少，还是有很多人不大熟悉。有了"为村"后，大家在"为村"上的交流多了，你给我点赞，我给你评论，熟人更熟了，不熟悉的人也熟悉起来了，以前走在路上不说话的人现在也开始说起话了。

如今，乡村正在进入媒介化社会，村民的沟通和交流对移动网络的依赖日渐增强。自F村开通"为村"公共平台以来，村民在现实空间的讨论围绕网络公共平台"议程设置"的话题逐渐增多。很多村民见面问候语变成了"你的'为村'积分排名第几了""你最近发的那个（帖子）很有意思""我在'为村'上看到你去重庆了"等。在田野调查中类似的表述还很多，可以判断移动网络已经深深嵌入了F村村民的公共生活，而且网络公共空间的复兴带动了现实空间的互动。田野调查发现，一些村民不仅仅满足于在"为村"上的互动,而且还会在线下聚会讨论移动互联网使用技巧、"为村"平台发展、乡村发展等相关话题。F村的4个社中仅有一个社没有线下聚会讨论"为村"的场所,而其余3个社中都会有不定期的"为村"聚会。

正如梁漱溟先生所指出,中国的农民很散漫,他们必须"从分散往合作里走,以合作团体利用外部技术"①。乡村公共生活的复兴孕育着乡村社区认同。这种公共生活不仅解决了农民日常生产和生活中必要的互助、互惠的需要,而且也在其中找到了某种归属感,可以安放自己寂寞、漂泊的心灵。② 移动互联网"为村"公共平台构建的乡村网络公共空间借助农民的集体参与、阅读、批判,使得农民能够共同想象和感受事物,从而使得"情感共同体"成为可能。中国农民对于乡土的归属和依恋随着市场经济冲击而逐渐式微,对于乡土社会的认同逐渐减弱。移动互联网让失落的乡村社区再次回归,"为村"公共平台不仅让生活在乡村中的村民再次聚合在网络空间中,而且让分散在不同空间的村民再次聚合。"为村"公共平台成为F村外出务工人员重要的沟通情感的网络空间。F村中在北京、上海、深圳、苏州等城市的几个务工人员是"为村"平台中的活跃分子,他们在平台上分享在外地打工的生活感受,寄托对家乡的思念,参与讨论村务,"为村"联结了空间断裂的乡情。"为村"公共平台也让F村在外学子有了与家乡沟通的空间。FGR在"为村"公共平台上发帖表示:"毕业了,别人只有朋友圈、QQ空间,而我比他们多一个平台,那就是'为村'。"移动互联网"为村"公共平台重构了F村的公共生活和交往,而且每个村民都获得了参与公共生活的机会。F村公共生活的复兴让村民找到了归属感,HCX在访谈中说:

> 我现在已经习惯了随时随地打开"为村",看看村里发生了什么事,看看其他人都去哪里了,做什么了。我觉得"为村"就像个大院儿,我发个帖子就有好多人给我点赞、评论,和我问东问西,我也

---

① 梁漱溟:《梁漱溟全集·第2卷》,山东人民出版社1990年版,第303页。
② 吴理财:《农村社区认同与农民行为逻辑——对新农村建设的一些思考》,《经济社会体制比较》(双月刊) 2011年第3期。

乐意给他们回复，在这里有一种家的感觉。

F村村民因为公共交往的再次活跃，让他们觉得F村是一个有希望的村庄，虽然F村还没有获得美丽乡村建设项目，但是他们依然认可自己的村庄。关键报道人FBX在访谈中说：

> 我们村虽然没有获得美丽乡村建设项目支持，但是我觉得我们村更美，我们有秀美的游龙山，我们有玉皇观，这些是自然美景和文化古迹。你可以在"为村"平台上经常看到村民们创作描写F村的诗词，从他们的文字中你可以看到这些村民对家乡的热爱。

通过田野调查发现，村民们通过网络公共交往，让曾经疏离的人际关系更为紧密，而且对家乡充满了热爱和认同。"为村"公共平台畅通了村民话语表达渠道，让村民参与公共生活成为一种习惯，培育了合作、参与、责任、共享的社区文化，构建了新型的社区认同。

（二）移动互联网参与下的乡村社区集体记忆承载与认同建构

社区认同感的形成、社区意义的建构以及市民在空间政治博弈和社会改造过程中的主体性的生长是通过参与保护生活空间的文化特质和集体记忆的过程而实现的。[1] 乡村社区集体记忆是乡村的灵魂，维系了村民之间关系，是乡约民规重要来源。涂尔干的弟子哈布瓦赫首次创建了"集体记忆"概念，他指出，个体性的记忆由于必须使用人类社会的基本沟通工具——语言、逻辑以及概念，因此也就必然受到社会框架的结构性限制。哈布瓦赫尤其强调记忆的当下性，认为"往事"不是客观事实，而是在"往事"过后，由社会框架重新建构的，因此记忆是现在、过去和未来。[2] 集体记忆的建构在维护权力的合法性与统治秩序中扮演了重要角色，是塑造社会认同的重要力量，也是代际传承的重要中介。[3] 乡村社区

---

[1] 庄雅仲等：《小区运动与都市生活》，《社会学研究》2000年第5期。

[2] ［法］莫里斯·哈布瓦赫：《论集体记忆》，毕然、郭金华译，上海世纪出版集团、上海人民出版社2002年版，第45页。

[3] 周海燕：《媒介与集体记忆研究：探讨与反思》，《新闻与传播研究》2014年第9期。

集体记忆的建构是决定乡村社区认同的重要因素。移动互联网"为村"平台嵌入乡村实现了乡村集体记忆建构主体的"大众转向"——由乡土精英转向了普通村民，以及实现了乡村集体记忆书写的"媒介转向"——由口口相传转向了网络承载。

"为村"公共平台是可以让每个村民参与表达的乡村社区媒体，而这也为拥有深厚历史传统文化的乡村建构社区集体记忆提供了空间。人们从社区中吸收和攫取文化特质以形成集体共识，就是透过传播机制，借由符号的传递与互动而渐次形成。而每一个成员的活动，也经由转换成各类象征符号，传递和储存在社区的集体记忆之中，并形成新的认同。① F村"为村"公共平台自开通以来，开展了收集"陇南神武团"② 文物和故事、回顾F村第一届民俗文化旅游节、展示F村传统艺术"霸王鞭"、寻找F村最美古曲传承人等活动，这些活动均得到了F村村民的大力支持。比如收集"陇南神武团"文物和故事活动中，村民们积极将自家珍藏的"陇南神武团"使用过的文书、兵器、碑刻纷纷通过"为村"公共平台进行了展示。据FSX说：

> F村人都知道"陇南神武团"，大家也都知道有些人家中保存有当年留下的物件，但是很多人却不知道到底是什么样子，有多少物件，而"为村"为大家展示这些物件提供了平台。你看那几天大家在平台上晒得欢得很。

这项由"为村"公共平台发起的活动引起了F村村民的广泛关注，而且也让大家更加熟悉了这段历史。历史让人有厚重感和荣誉感。F村作为一个普普通通的西部乡村，曾经出现过当时名震甘肃陇南的农民抗暴运动，这让F村村民感到自豪。田野调查发现，这些村民大多都能说出一

---

① 林福岳：《族群认同下的社区传播——以美浓反水库运动的论述为研究脉络》，台湾政治大学博士学位论文，2002年，第36页。

② 1931年，军阀混战，土豪劣绅横行乡里，强取豪夺，苛捐杂税日趋繁重，人民生活在水深火热之中。地处陇南山区的康县更是如此，连年混战及土豪劣绅的欺压，使当地农民纷纷揭竿而起，"陇南神武团"就是在这种背景下诞生的。"陇南神武团"屯兵康县F村，占据险要游龙山。"陇南神武团"主要宗旨是"劫富济贫"，因此，当地村民认同"陇南神武团"文化。

些片段，而且讲起这段历史时，能够感觉到他们的自豪感。在康县城关镇中心小学担任教导主任的F村村民FSQ说：

> "为村"平台让这段历史重出水面，让村民们重温了这段历史。同时由于"为村"平台不仅仅是F村村民在关注，也有新华社、妇联、中国科协、康县政府部门等机构的人员以及其他外村人员关注，因此让村民感到自豪，因为外界关注，F村的历史让村民感到了荣耀。

认同是一种既涉及自我感情，同时也涉及他者的心理状态。认同是在与他者的关注和比较中产生的。F村村民都知道这段历史，但是因为"为村"公共平台的介入，使得F村村民觉得"陇南神武团"不再只是本村村民知晓的一段历史，外界也会关注F村的历史。"为村"公共平台成为承载社区集体记忆的媒介和平台，让这一段具有历史感的社区集体记忆通过现代网络媒介得以呈现。"为村"公共平台的呈现构建了乡村以及乡村与外界相连的两个媒介场域，乡村内部的媒介场域呈现唤起了村民的集体记忆，作为外部展示的"为村"场域则让村民充满了想象，F村村民认为自己的历史传统文化通过移动互联网让外界更多人知道，加深了F村村民对于自己乡村社区的认同。

"为村"公共平台对历史传统展示重构了乡村集体记忆，强化了村民对于自我的认同以及社区的认同。贝斯特在《邻里东京》一书中论述了传统如何在社区认同中发挥作用，研究结果表明，社区内部看上去明显的持续性是传统主义的结果。贝斯特认为传统主义是"通过赋予当代现实有价值的历史内涵，对文化模式、文化符号和文化主题进行操纵、创造和重新组合，从而使当代社会获得合法性地位"[①]。社区集体记忆可以凝聚人群，传统乡村社区集体记忆主要依靠口口相传，而如今移动互联网为乡村集体记忆提供了载体，让曾经的乡村历史有了表达空间。而且"为村"公共平台为每个村民提供了参与建构集体记忆的空间和渠道。正如涂尔干所指，通过仪式聚合起来的方式，通过符号的狂欢展示，人们

---

① [美] 西奥多·C. 贝斯特：《邻里东京》，国云丹译，上海译文出版社2008年版，第2页。

相互表明他们是一个共同体。仪式不仅表达了这种认同，而且再造了这种认同。F村"为村"还发起了"回忆第一届民俗文化旅游节"活动。F村第一届民俗文化旅游节举行时F村"为村"公共平台还没有开通，因此这项活动是村民回溯集体记忆的过程。"为村"发起的活动中，村民将自己拍摄的照片纷纷上传，康县羊皮鼓、F村霸王鞭等承载历史传统文化的照片被村民在"为村"公共平台中展出。而这些具有历史传统文化的集体记忆强化了村民对于F村的认同。FHX在访谈说中：

> 这些都是F村的历史传统文化，凤凰谷村、桂花山庄靠景色打造美丽乡村，我们村要靠传统文化打造特色小镇。

田野调查中，F村多数村民表示了对乡村历史传统文化的认同以及对传统文化是否还会传承的担忧。而可以让每个村民参与建构集体记忆的"为村"公共平台显然在乡村社区认同中发挥了关键作用。让村民参与书写自己的历史传统文化，而不是强制灌输，可以让村民有主人翁意识。文化存在于每个村民记忆中，让村民自己建构乡村历史本身就是对于村民主体性的确认，既展示了村民对于历史文化的认同，同时也表现了对乡村社区的认同。

（三）移动互联网参与下的乡村社区文化共同建设与认同建构

改革开放以后，伴随着现代文化、消费文化中不良文化的侵蚀，加速了传统乡村文化"公共性"消解，表现在个人身上就是公德的缺失，只注重个人权利，而忽视自己的义务及公众利益，最终沦为"无公德的个人"。关键报道人FBX说：

> 2000年后，F村的风气好像就产生了较大变化，大家的私心开始变重，关心集体的人越来越少，只看重自己得到多少钱，而不管公家和大家的事。2006年后，输电网线、绕城公路、输气管道经过F村时，村民都因为赔偿问题与政府进行了对峙，最终3次都以警察强制执行了事，最严重的一次来了80多个警察。从那以后，F村的坏名声就传开了，F村成了远近闻名的烂村，导致不管什么项目都绕开

F村。2013年底，村文书兼县人大代表FXJ就建了一个村微信群，取名"冯家大院"，让大家一起讨论如何改变人的思想，如何争取美丽乡村建设项目，如何改变村子现状。这3年，对F村来说意义重大，大家在微信群中发起话题，集体讨论、论辩是非，F村人的思想有了很大改变，这也给"为村"平台的发展提供了基础。"为村"说白了就是要靠村民的积极参与，虽然无利可图，但是村民们觉得这是全村的事儿，大家都应该出力。

如今，F村"为村"公共平台正在成为一个具有公益特质的自组织，这一自组织尤其在组织公共文化活动以及倡导社区公共精神中发挥了关键作用。F村村民借助移动互联网"为村"公共平台共同建设乡村社区文化，构建了根植于当地实际情况、有益于整合村庄、有益于乡村发展的社区文化，强化了F村村民对社区的认同。

F村"为村"公共平台自开通以来，组织了"游龙山卫生治理""中秋慰问80岁以上老人""冬日暖阳·关爱留守儿童""树立F村模范（其中包括道德模范、公益参与模范、敬老孝顺模范）"等活动。这些需要公众参与的公益活动，让村民逐渐感受到了社区公共精神的重要性，而这正是以前的F村所缺少的。关键报道人FBX说：

> 曾经的F村满地是垃圾，大家即便走过也不会捡起来，久而久之，这种习气逐渐成为整个村子的风气。我们最开始在微信群里面指出了这个问题，并拍摄了垃圾满地的图片发在微信群中。大家看到这些画面也感觉到这样做不对。"为村"公共平台开通后，我们组织了"游龙山卫生治理"活动，倡导大家投工投劳，上村子后面的游龙山捡垃圾。由于之前在微信群里的铺垫做得好，那天过来捡垃圾的人很多，一些在外地打工的人虽然不能回来，但是他们会告诉家中的父母，让他们上山捡垃圾。村里人逐渐意识到卫生问题是村子的公共问题，每个人都应该尽一些义务。

社区认同是社区成员与社区联结的一种重要机制，社区认同的强弱反映着这种联结的紧密或松弛程度。社区成员越是认同这个社区，意味着他对这个社区投入的情感越多,因此也越愿意为之付出,尽更多的义务和责任。① 如今 F 村村民参与公共事务的积极性有了极大提高,比如通过网络众筹开展的"中秋慰问 80 岁以上老人"和"冬日暖阳·关爱留守儿童"活动中,两次众筹均在短短的 1 个小时之内筹集到了目标金额,时限过后很多村民还要求扩大筹集额度,并且主动要求参与现场关爱活动。这充分表明村民对 F 村产生了较强的社区认同感,而公众参与社区公共事务又进一步强化了社区认同。F 村"为村"公共平台在组织公共活动时,还会在"为村"公共平台上进行报道,表扬表现积极的村民,从而使 F 村形成了积极参与公共活动的良好氛围。

乡村文化建设是社区认同的关键要素,但是建设乡村文化不可简单从外部输入所谓先进文化,而应该发挥乡村的主体性,让村民成为建设乡村文化的主体。"为村"公共平台则为村民建构自己的文化提供了可能。通过 F 村的文化实践表明,农民不仅可以自主掌握文化主导权,而且农民倡导的文化更"接地气",更适宜农村,因此也会真正起到社区整合作用。经过 3 年微信群及 5 个月"为村"文化建设实践表明,F 村村民的风气逐渐有了变化。"为村"公共平台的"村务公开"栏目中有这样一段话:

> F 村自从搞了"为村"之后,发生了很多变化,具体表现在:1. 改变了一片人。村民的素质提高了(明辨是非的人多了,讲奉献的人多了,诚实孝顺的人多了,关注 F 村集体事业及发展命运的人多了,做好事、讲和谐的人多了)。2. 凝聚了一股力。联系了乡情,化解了误会,团结了群众力量,使得 F 村成为远近闻名的好村。3. 重塑了一个魂。原来出门的年轻人受外面花花世界的影响,乡情意识淡薄,我们通过大量的爱故乡专题宣传,村里历史老乡俗、乡贤文化教育、传统祈福神会、古曲儿、古节目挖掘表演等活动,使村民更爱家乡、迷恋家乡。现在每逢老节日便是村里最热闹的时候!西方的节日已经淡出了我们的记忆了。如今的 F 村,绝大部分是爱党政、爱家

---

① 吴理财:《农村社区认同与农民行为逻辑——对新农村建设的一些思考》,《经济社会体制比较》(双月刊) 2011 年第 3 期。

乡、爱生活、知恩感恩的好村民。

曼纽尔·卡斯特指出，"认同是行动者意义与经验的来源，也是由行动者经由个别化的过程而建构的。虽然认同也可以由支配的制度产生，但是只有在社会行动者将其内化后，且将他们的意义环绕着这内化过程建构时，它才会成为认同"[①]。通过线上民族志及田野调查发现，F村"为村"的文化倡导活动虽然是由F村"为村"团队[②]发起，但是最终还是依靠F村"为村"平台"认证村民"的广泛参与。基于移动互联网的"为村"公共平台为乡村文化的建构提供了一条可行的路径。即依靠村民的参与创造适合乡村自身的社区文化，既注重乡村文化的主体性，同时也并不拒绝外来文化。基于此路径建构的乡村文化更容易获得村民的认同。在访谈中FDX说：

> "为村"是我们村的人讲我们自己的事儿，说我们自己的历史，所以我们才喜欢看。

"为村"作为F村的社区媒体，村民共同参与生产的内容与村民的生产生活方式相契合、相融合，这种基于乡村本土文化建设的模式不仅适应了乡村发展，同时也得到了农民的认同，创造了一种共有精神。F村村民通过社区公共文化活动的参与又进一步强化了他们的社区意识及情感，让F村村民产生了"我们村儿"的共同体意识以及合作奉献的公共精神，从而建构了新型的乡村社区认同。

---

① ［美］曼纽尔·卡斯特：《认同的力量》，夏铸九、黄丽玲等译，社会科学文献出版社2003年版，第3页。

② F村"为村"核心团队有9人，主要负责"为村"平台具体事务工作，比如发起讨论话题、发布网络调查问卷、发布村务公开及组织"为村"公益活动。另外，F村"为村"还组建了一个由42人组成的"为村"管理团队，这个团队是在核心团队基础上又增加了33人，包括F村在外打工人员、"为村"活跃分子等，以微信群方式组织管理。该团队在"为村"开通初期主要任务是拓展"认证村民"，目前具备了"为村"发展委员会特性，"为村"开展的重要活动均由管理团队共同商讨。

四 结论与讨论

认同主要源于发自内心的情感而不是外在压力。从这个角度讲，认同是建构的。移动互联网所具备的组织整合、承载文化、公众参与等特性，让乡村社区公共精神得以复兴，从而建构了新型的乡土社区认同。移动互联网"为村"公共平台为 F 村公共生活的复兴提供了媒介平台，让曾经失落的乡村社区公共生活再次复兴。乡村公共交往是形成乡村社区的基本条件，也是乡村社区精神复兴的根本。F 村村民在移动互联网时代重新"部落化""社区化"，"社区回归"为村民的社区认同提供了基础。集体记忆是社区认同的基本根据，"为村"公共平台提供了村民可参与建构社区集体记忆的网络公共空间。参与让村民感到自我存在感，而历史的厚重更让村民感到乡土社区的重要性，认同在移动互联网承载的公共平台"为村"中得到体现。文化是乡土社区的纽带，"为村"公共平台作为具有文化引导功能的乡村自组织，发挥了文化共建共享作用，每个 F 村村民都可被认为是这一自组织成员，都可参与到乡土文化的建构中，参与让村民感到了乡土文化的意义，村民在乡土文化参与和感受中强化了对乡村社区的认同。

当然，由于农民文化水平、农村老龄化、移动终端普及等因素影响，F 村中还有近四分之一的村民依然同移动互联网处于"失联"状态。但是不可否认的事实是移动互联网嵌入乡村后，村民的公共参与获得了恢复，网络公共参与连接了原子化的个体村民，让"共在"促进乡村社区整合；连接乡村与历史，让"共有"集体记忆成为社区认同基础；连接村民与文化，让"共化"促进社区认同。

界面与纠缠：XT 水灾的微信民族志构想*

刘忠魏**

互联网的兴起正持续地引发社会科学各界的关注，"互联网研究已经成为社会科学最热门的话题之一"，但也面临着"如何确立自身在社会科学中的合法性，如何确立与经典理论及命题的对话"等诸多难题。[①] 人类学的网络研究亦不例外，也面临着诸如"田野""线上与线下"以及"虚拟民族志"与"传统民族志"对话的挑战。[②] 对此，有学者提出：人类学家"在彼"（being there）的性质（注：即在田野的性质）已经发生了根本性的转变，民族志亟须突破。然而，如何实现这种突破？

在此，我们将基于对 XT 水灾的微信田野工作和微信民族志的阶段性写作来讨论这一议题。首先，我们将围绕微信田野的界面特征讨论微信田野工作和微信民族志的方法论意涵与突破，由"界面"（interface）限定的"微信田野"和田野工作是理解这一议题的关键，"微信界面"的建构有望实现人类学田野工作的突破；其次，我们将对 XT 水灾进行阶段性的扼要分析，以此呈现微信民族志的一个微型案例研究，就 XT 水灾的研究而言，因为有"微信田野工作"的支持，人类学有望突破传统民族志书写的诸多限制，从而以新的视角和技术路径认识他者、反思自我；最后，基于本研究的方法论和分析所得对网络社会的核心机制予以理论总结。我们认为，事件即信息，"行动与事件/信息之纠缠"是网络社会互动的核

---

* 本文原刊于《思想战线》2017 年第 2 期。

** 刘忠魏，社会学博士，河南农业大学文法学院教师。

[①] 桂勇、付宇、黄荣贵、郑雯：《互联网研究面临挑战》，《中国社会科学报》2016 年 4 月 27 日。

[②] 卜玉梅：《虚拟民族志：田野、方法与伦理社会学研究》，《社会学研究》2012 年第 6 期。

心机制。以信息技术加速发展为基础的"界面"扩张和聚合正日益深刻地改变着当代世界,田野、他者以及研究者与他者的互动也因之改变。

一 微信民族志:"界面"、田野工作与方法论

如何做田野或说田野工作是"微信民族志"的首要问题,即方法论问题。我们认为,由"界面"(interface)限定的田野工作是理解这一议题的关键。[①] 迄今为止,田野工作的"界面"已经形成了三种形态——经典的"书面田野工作界面"、蓬勃发展的"画面田野工作界面",以及喷薄欲出的"微信田野工作界面"[②]。

首先,以"书面"界定的田野工作和传统民族志。即研究者通过在田野里长时期的生活(惯例是一年),参与观察、深入访谈,用文字记录下来自己的所见所得——如田野笔记等,并在此基础上完成民族志写作。[③] 此种基于文字记录或书写完成的田野工作不妨称为"书面田野工作"。传统或说主流的民族志写作仍然建立在书面田野工作

---

① "界面"是从计算机术语引申而来。在计算机技术中,"界面"是人与程序或机器(计算机)之间传递和交换信息的媒介,是用户和系统进行双向信息交互的支持软件、硬件以及方法的集合[参见《英汉双解微软计算机辞典》(第5版),清华大学出版社2003年版,第555页]。作为"系统功能"和"物之属性"的"数据"与作为"人之能力"和"身体属性"的"信息"之间,我们插入了一个概念——"界面"。在此,"界面"是"数据"呈现为"信息"的媒介。人只有通过"界面"才能直观地看到或理解"信息","数据"则隐藏在"界面"的深处,它们内在于系统或物之属性(参见刘忠魏《移动互联网:社科研究发展新契机》,《中国社会科学报》2017年1月5日)。在此,主要从研究者或人类学家进行田野工作时的材料记录的角度使用,如文字书写的田野笔记、相机拍摄的照片,以及摄像机拍摄的影像等。当然,民族志的呈现也可以包括在内。感谢吕炳强先生对此构思的指点。我们的讨论同样来自微信。

② 当然,基于不同的研究视角,对民族志的分类也可以有其他的依据。例如,可以基于不同时代、理论或研究视角等。参见张小军、木合塔尔·阿皮孜《走向"文化志"的人类学:传统"民族志"概念反思》,《民族研究》2014年第4期;高丙中《人类学反思性民族志研究:一个范式的六种尝试》,《思想战线》2005年第6期;朱炳祥《再论"主体民族志":民族志范式的转换及其"自明性基础"的探求》,《民族研究》2013年第3期;王铭铭《民族志:一种广义人文关系学的界定》,《学术月刊》2015年第3期;周大鸣《人类学区域研究的脉络与反思》,《民族研究》2015年第1期;赵旭东《线索民族志:民族志叙事的新范式》,《民族研究》2015年第1期。

③ 高丙中:《民族志的科学范式的奠定及其反思》,《思想战线》2005年第1期;蔡华:《当代民族志方法论:对J.克利福德质疑民族志可行性的质疑》,《民族研究》2014年第3期。

的基础上。

其次，以"画面"界定的田野工作和影像民族志。研究者除了要进入某个田野之外，他还要运用影像设备完成自己的记录并编辑成影像民族志。① 对此，我们不妨称其为"画面田野工作"。这些"画面"也可以配上语音、音乐、文字和特效等，从而以动态的影像呈现出来，是为影像民族志。②

最后，以"微面（微信界面）"界定的微信田野工作和微信民族志。或者称其为网络民族志或虚拟民族志亦可，因为"微信"本身就是扎根于互联网世界之中的。但如此一来则需要细致考察不同"网络界面"的诸多属性，本研究聚焦"微面"，并由此展开。

相对于传统民族志和影像民族志的田野工作而言，"微信田野"因为其"界面"的属性，具有以下特征。

"微面"跨越了地理和身体意义上的时空限制，使远距离的参与观察成为可能。"微信界面"成为研究者与他者信息即时互动和共享的田野，田野成为研究者身体的一部分；田野不仅"在彼"（being there），也"在此"（being here），确切地说是"在手"（at hand）。研究者得以最大可能地参与观察他者的行动历程或事件过程。

"微面"获取信息的优势由此凸显。试想，怀揣日记本——"书面"界面，或手持摄像机——"画面"界面，人类学家或研究者会要受到怎样的限制？而对于某些"百年一遇"的事件又该如何面对？③ 同时，"微信田野"因为"界面"的特殊性，很大程度上突破了传统人类学对"日

---

① 罗红光：《当代中国影像民族志：问题导向、科学表述与伦理关怀》，《民族研究》2015年第4期。

② 鲍江：《观自在者：现象学音像民族志》，《云南民族大学学报》（哲学社会科学版）2014年第5期；朱靖江：《论当代人类学影像民族志的发展趋势》，《世界民族》2011年第6期。

③ 当然，人类学家可以通过访谈的方式去获取他者的记忆，但记忆本身也是社会机制的生成物（参见郭于华《心灵的集体化：陕北骥村农业合作化的女性记忆》，《中国社会科学》2003年第4期；王汉生、刘亚秋《社会记忆及其建构：一项关于知青集体记忆的研究》，《社会》2006年第3期；刘亚秋《从集体记忆到个体记忆 对社会记忆研究的一个反思》，《社会》2010年第5期）。甚至于对某些罕见并且造成重大灾害且有可能再次发生的问题也会"遗忘"。参见王晓葵《灾害文化的中日比较——以地震灾害记忆空间构建为例》，《云南师范大学学报》（哲学社会科学版）2013年第6期。

常生活"的关注。不难理解,因为时间和空间的限制,传统人类学研究容易与田野中的某些重大事件或活动无缘。以 XT 水灾为例,我们很难以传统的人类学方法对此参与观察。并且,他者也会主动对某些信息或事件予以过滤或遗忘,而类似活动尤其难以被研究者所捕捉。而"微面"的即时性、多线性以及组织性和个性特征则很大程度上克服了这一困境。田野工作完全可以逆时、多线程地进行。只要他者或有关的行动者在"微面"或网络界面上留下痕迹,并被研究者获得,成为研究的资源,那么这些痕迹便成为田野的"数据""信息"或"案例"。这也是"微信田野"的特征。

尤为突出的是,"微面"一旦形成,信息或事件将以"即时生成"的方式形成,即卡斯特所言:"这是一种既属永恒,又属瞬间的文化。"[①] 可谓表现即记录,内容丰富、形式多样,且事无巨细、源源不断。人们可以在不同的窗口展开互动,并行不悖。研究者和他者也都有机会就自己感兴趣的话题发起调查和讨论。例如,在本研究过程中,我可以一边与报告人保持私下交流,一边与朋友讨论灾区的问题;同时,还可以就本研究遇到的问题与师友们讨论;也有机会就某些问题展开讨论。当然,这些行为之间也存在时间差的问题。

在几个小时的时间内,与若干个"微信群"保持积极互动——看和交流——是非常常见的事。基于时间和个人精力等问题,相对而言,更多的是消极互动。太多的"微信群"信息和内容很难在短时间内分析和处理。消极互动是他者在"界面"上互动并留下信息。由此,不难实现消极互动与积极互动的转换。例如,有时一夜醒来,微信已经储存了几百条信息。但这并不影响研究者在其后的某个时间翻看它们,并就感兴趣的问题发起讨论——转入积极互动。

为了进一步理解"微面田野"(研究者不在田野现场)与"书面田野"(研究者在田野现场)的区别,在本研究过程中,作者于"XT 水灾"

[①] [美]曼纽尔·卡斯特:《网络社会的崛起》,夏铸九等译,社会科学文献出版社 2001 年版,第 562 页。

事发后第6天赶赴灾区,并在那里进行了为期6天的田野工作。① 通过近距离的接触和交流,建立了更具信任性的关系,进而拓展并巩固了微信界面的联系。线上和线下的田野工作由此相互结合起来。同时,也获得了一些"微信界面"不宜获知的信息。初步的发现还有以下五个值得深入思考的议题。

第一,"微信界面"因为信息互动的即时性记录特征,一定程度上较为详细地记录反映了灾害过后的社情民意和心态变化。例如,每天讨论的主题和关注焦点的变化,发言的信息量和频率的时间段和相应变化等。对于灾害研究而言,意义重大。

第二,他者主体性的彰显。面对突如其来的灾害事件和各种具体问题,研究者难以主导或设置有关的议题,他者的主体性得以彰显。

第三,"微信界面"自身的文化特征得以彰显。例如,有女性会主动在"微信群"内求教如何为孩子"断奶"的问题,而在现实中,这些信息的获得往往会受到性别、伦理、身份或情境等的限制,传统上也属于口耳相传的地方性知识,且具有特定的传递路径,不被金石碑刻、艺文史志所记录。

第四,"微信界面"的技术和网络特征也为研究者带来了新的便利。例如,可以利用网络随时对某些问题进行检索、询问和访谈,较为详细的记录和分析等。由此,引发了诸多田野技术的革新。再如,智能手机的"群组功能"为"微信群"的参与观察提供了契机,智能手机的照片拍照、视频摄录、语音和视频对话也为田野调查或访谈提供了新的方案。

第五,"微信界面"也带来了新的挑战,即如何深入、系统地对各类信息进行分析的问题。"微信界面"或说"微信田野"不仅记录了文字和语音信息,而且充满了图像、视频和表情信息。并且,在文字信息和语音信息中融入了大量的方言,对于研究者来说,如何处理仍需思考。此外,微信民族志的呈现也值得思考。微信田野本身可以

---

① 这种进入田野现场的研究不仅是为了"微信民族志"的方法论探索,也是为了灾害研究的深入展开。同时,笔者也有过长时段的人类学田野工作的训练和经验,也会借鉴人类学同行的经验,这些都是比较的基础。

获得包括"书面"和"画面"两类界面在内的信息内容，但它该如何呈现呢？

综上，无论如何，相对于"书面田野工作"和"画面田野工作"，"微面"足以成为一类新型的田野和田野工作机制，并为民族志的写作提供新的契机。毋庸说，这是由三类"界面"的技术差异形成的。

当然，就民族志写作而言，与传统民族志和影像民族志一样，"微信田野"和"微信民族志"也要由研究者的问题意识（problematic）或研究构思驱动，即需要"社会学的想象力"，"微面"的建构与此有关，且是关键所在。换言之，如果研究者不积极运用"微面"的功能，并发挥"微信田野"的作用，那么也难以完成田野工作。而这些是"微信民族志"写作的前提所在。

由此，作为微型个案呈现，我们转入对 XT 水灾的"微信民族志"分析。我们将从田野进入与建构、事件重构与机制分析、理论思考三个方面展开讨论。

二　田野进入：XT 水灾与源生事件

对于以微信为界面的研究而言，田野工作的机会无时不在。对于本研究而言，笔者认为，当 XT 事件引发"我"的关注时，田野工作已经开始了。因为，事后发现，"我"的"围观"本身就是他者的意图所在，由此引发的社会后果自然也是田野逻辑的一部分。

问题生成："源生事件"与"话题事件"

时间：2016 年 7 月 22 日 17 点 55 分，地点："梅群"

我所在的一个微信群——"梅群"（化名）群友 L 发来一段 10 秒左右的视频，引起我的注意。[1] 根据经验，这可能是一次群体性事件。"梅

---

[1] 视频中，一群人高声喊叫、情绪激动，目测百人以上，远处是高架桥，人群集中在一条公路上，堵得水泄不通，背后的指示牌显示这条路通向石家庄和郑州方向，视频最后，有人说："打起来了！打起来了！"

群"里经常可以看到一些社会热点事件或新闻报道。① 视频很快也引发了其他群友的关注。② 群友 Lin 给出的信息则更为具体,他推测:"XT 水库放水造成几十人死亡,群众堵高速,官方不让人去北京上访吧。"之后,Lin 发来两张截图。其中一张图片下方三分之二部分是人工合成图文,黑底白字,文字上写着"祈福""2016 年 7 月 19 日特大自然灾害""XT"(化名) 等字样。③

对于这些充满情绪的文字,作者一开始是抱有怀疑态度的。因为,在此之前,中国多地已经经历过暴雨和洪灾的冲击。虽然有人员伤亡,但地方政府一般对抗洪救灾工作都高度重视。毕竟"水火无情,人命关天",相信没有谁敢轻易懈怠。XT 的地方政府可能例外吗?

"梅群"群友同样提出了质疑。随着消息的增多,"梅群"内的讨论也更加热烈。问题逐渐集中在两个问题上:一是此次暴雨造成的灾害到底有多严重?二是到底是天灾,还是人祸?即当地政府是否在泄洪之前及时通知群众撤离。有人认为网络上的责问不会是空穴来风,"人祸"的可能性很大。而有人则认为,在如此重大灾情面前,政府官员不敢隐瞒。但没有任何权威信息可以证明各自的观点。

时间:7 月 22 日 18 点 35 分,地点:"竹群"

---

① "梅群"群友主要是一些媒体、自媒体和对公共话题感兴趣的其他行业的人士,有些在媒体工作,有些是独立运作(自媒体),有些已经退休,240 人左右,经常会有人进入或退出。此外,"梅群"据说另外还有几个群,大多已经满员。"梅群"群友思想活跃,立场和观点多样,群内所发信息往往会引发各种讨论乃至争议。"梅群"群主是一位热心公共事务的媒体人,在圈内享有很好的口碑。总体而言,这是一个比较活跃的互动空间,对社会热点新闻和相关信息的转发和讨论是这个群的基本特征。

② 群友 X 问:"这是干吗?"转发者 L 回答说:"好像是河北 SJZ,具体情况不知。"群友 Z 说:"看着好像高速路。"

③ 而图片上方的评论则格外尖锐:HB 省 XT 市!2016 年 7 月 19 日,因为政府泄洪没有及时安顿好村民!导致死伤无数!好多儿童在睡梦中被淹死!政府官员怕丢了乌纱帽封锁消息对外声称没有任何人员伤亡!灾民们没辙,只能上了高速路、堵了 107 国道希望引起重视!
另一张图片除了文字之外,还配发了 9 张图片,房屋倒塌图片 2 张,洪水淹没路面图片 3 张,疑似遇难者图片 3 张(其中一张是儿童),仓库浸泡图片 1 张。图片上方文字同样情绪激烈:"如此大规模泄洪为何没有官方正式的预警? 提前部署安排? 半夜惊魂成为多少 XT 高开区人们的噩梦! 多少厂子的货物被冲泡多少车辆被浸泡报废! 因此丧命的可爱的姐弟,失联的百姓! 被浸泡水里十多小时! 720XT 之殇! 灾后重建谁埋单?"

与此同时，笔者在另一个微信群——"竹群"（化名）中也参与了讨论。①对我而言，在"竹群"讨论时，时间已经过去了将近40分钟。而网络上，对于热点事件而言，40分钟的信息传播和搜索已经足够丰富。比如，一段新的视频在群内传播，画面背景仍然是那条路，里面有女性的声音用方言说："他们当兵的（画面上穿制服的像是警察）不叫上高速，怕中央知道XT的事儿，该传都传，该传都传啊。"

此外，我发现网络上已经出现题为"XT某县洪水不是天灾，是人祸！"的文字链接。事件的"真实性"开始得到群友的确信，有群友发出流泪表情。不过，"竹群"几位发表观点的群友仍然比较理性。

至此，我的"田野"仍然处于一次水灾引发的诸多事件的外部评论之中。值得庆幸的是，通过"梅群"群友文虎（化名）的帮助，本人进入一个XT当地人组成的微信群"菊群"里。

时间：7月23日18点49分。地点："菊群"

"菊群"群友多为XT本地人，新闻报道中提及的XT重灾区和一些热点事件的区域、镇、村的地方，几乎都有人在群里，此外还有临时加入的媒体人士，以及在外地工作的XT人士，我进入"菊群"时，根据昵称统计有466名成员。（微信群成员上限人数为500）通过对"菊群"的参与观察并与多位群友的交流互动。笔者获得了更为具体的信息和诸多研究线索。并在此基础上认识了当地的朋友和重要的信息人。

7月23日晚10时，XT政府也通报了灾情的最新情况，承认政府存在"预判不足""各级干部抗大洪的应急能力不足""灾情统计、核实、上报不及时、不准确"等问题。

基于笔者掌握的材料，不妨先把一些前期事件的基本脉络概括如下，并对若干关键概念予以梳理。首先，XT遭遇特大暴雨并引发灾害——我们称其为"话题事件"（topical event）。发生时间：7月19日晚至7月20日凌晨。电视和网络传播后广为人知，但未必引发关注。其次，XT"贤

---

① "竹群"中的群友多是知识分子，既有高校师生，也有科研机构或其他领域的学者，大家的专业或研究领域有近似之处——多以族群或文化研究为业。群内除了转发讨论一些学术话题之外，对社会热点事件也时有讨论，"竹群"讨论总体温和，少有"梅群"的激烈话语。但与"梅群"不同，"竹群"内活跃的群友不多，但彼此相熟的人为数不少——或为师生，或为学友等。"竹群"群主是一位有思想的学者，群内大约480人，也不时有人进群或退群。

村"村民"堵路"——我们称其为"源生事件"（originating event）。发生时间：7月22日上午8时左右。网络传播后引发人们对XT受灾情况的关注，由此引发网络传播和关注。① 最后，"源生事件"引发的各类"衍生事件"。例如，"梅群"和"竹群"中的信息传播和讨论，可以视为相对独立的衍生事件。

就类型学区分而言，"话题事件"各类行动者的信息或事件对象；"源生事件"则是那些引发关注、讨论并容易引发丰富想象力的"话题事件"。"源生事件"与各类衍生出的话题事件相互交织和诠释，由此形成错综复杂的意义网络，由此又可能形成新的事件。

网络本身是一个或系列的传播和互动机制，人们会关注、传播和讨论某些自认为有意义的"事件"，这些"事件"由诸多信息内容组成的，它们附着于文字、语音、图片和视频等具体的信息载体。换言之，事件即信息。可理解的意义由事件或信息提供，而行动者的行动或互动又是通过事件或信息表现出来的。行动在行动者的深处，由能动性驱动②。而研究者关注的事件和信息则在表面。由此形成行动历程和事件序列的语意学对立（见图1）。

---

① 而这一事件随着时间的推移，越来越与XT地方政府应对洪灾的举措和某位干部的公开发言联系在一起，贤村村民认为地方政府没有及时通知村民转移（发生时间：7月20日凌晨1时左右。事后村民讲述并经堵路事件放大后引发关注），同时某干部说贤村没有人员伤亡（发生时间：7月20日中午12：00，电视播出并经堵路事件放大后引发关注）也与事实不符。

② "行动者在深处"的构思在理论社会学的意涵在于："我在《凝视》（吕炳强：《凝视、行动与社会世界》，漫游者文化2007年版）和《我思》（吕炳强：《我思、我们信任，社会之奥秘：社会学现象学论文集，1997—2007》，漫游者文化2010年版）里清楚指出，'深处—表面'这组对立是在古希腊士多噶学派的语意学体统之内，'行动者在深处里互动，互动遗留的踪迹却浮在表面上'。转换为现代统计学的假设检验理论（theory of hypothesis-testing）的术语，行动者的互动（深处）是有待检验的假设，互动遗留的踪迹（表面）是用于检验假设的数据。"［吕炳强、李越民、孙宇凡、刘拥华：《听与说：社会学电邮集（2012—2013）》，中国社会科学出版社2015年版。］"能动性"属于人之能力。理论社会学的构思是：能动性是除了人的主体性之外的所有人之能力——理论社会学指定狭义的主体性仅包括人的记忆、注意与期望三种人之能力。人之能力当然离不开人的肉身［吕炳强、李越民、孙宇凡、刘拥华：《听与说：社会学电邮集（2012—2013）》，中国社会科学出版社2015年版，第56—57、93—94、120、124—134页］。

```
深处   能动性——行动或互动——行动历程
        |          |              |
表面   界面性——事件或信息——事件序列
```
图 1 "行动—事件"的语意学矩阵①

三 事件分析:"结构与交融"的社会机制

基于人类学的习惯做法,我在网络上搜索了 XT 的有关历史文献、人文地理、重大事件和地方传说。由此,在进入实地参与观察之前,我的田野材料既有通过"微信田野"获得的信息,也有基于网络检索获得的田野资料,此外还有与师友交流获得的诸多研究思路。②

在此,我们仅就"源生事件"的阶段性后果予以分析,并就有关问题予以讨论。简言之,这是一个由"源生事件(围堵—围观)"引发的结构的"突破"与"吸纳",并形成"纠缠"与"交融"的结构性"聚合",并在"分离"与"抑制"中"恢复"结构常态的社会过程。在此基础上,我们提出一个核心的互动机制:"行动与事件"或"行动与信息"的纠缠机制。

(一)"围堵—围观",结构的"突破"与"吸纳"

XT 水灾引发社会广泛关注的关键是村民的"堵路"事件。然而,正如一段网络上广为流传的视频所传达出的那样(参见第二部分内容),村

---

① 作为语意学系统的一类,矩阵中诸概念的所指由其临近的概念帮助界定。这也是索绪尔语言学的核心构思:"语意学系统是索绪尔意义上的语言(language),论述是话说(parole、speech)。大部分理论家只有话说,话说完了,理论便完成了。也就是说,大部分的理论(话说)都只是随着某一个秩序产生的论述。但是一旦从话说(论述、理论)梳理出它身在的语言(语意学系统),该语言容许的论述秩序便不光是原来理论(论述、话说)的那个秩序了。也就是说,一个理论(话说)的语言学系统可以容纳的理论空间(众多的论述秩序)比理论(一个论述)表面上呈现的理论空间(众多秩序中的一个)更大!"[吕炳强、李越民、孙宇凡、刘拥华:《听与说:社会学电邮集(2012—2013)》,中国社会科学出版社 2015 年版,第 244 页]。

② 在此,我们可以提出一个问题,未进入田野之前的"微信田野"是否也是田野?基于灾害研究和信息记录、获取的角度,笔者认为是。同时,值得交代的是,在进入现场并与当地朋友建立了更为密切的关系之后,我的"微信田野"得以拓展,具体表现是,可以进入更多的当地人组成的"微信群",而这些"微信群"对"外人"一般是不开放的。同时,笔者也根据研究需要,建立了新的"微信群",并添加了诸多当地好友的微信。

民"堵路"只是做出上访的姿态，主要目的还是为了引发"中央和社会"的广泛关注。事实上，他们也实现了自己的目的。

在地方政府的干预下，这次"堵路"事件很快平息。但其影响却通过互联网迅速传播出去。正如一篇网络文字所言："信息终于像洪水一样，冲破了河堤，在朋友圈中涌现出来。"（注：该文发表时间是7月23日）基于对事件报道过程的分析，该文对此次事件的"信息披露"和"传播路径"进行了总结，即"网友爆料—自媒体传播—正规媒体介入—官方说法"。其实，这些事件无不与我们所说的"话题事件"——特大暴雨成灾，以及"源生事件"——村民"堵路"关系密切。正是"围堵"引起了网络"围观"，而"围观"本身虽意涵杂多、内容丰富，但已经成为一种话语的力量，颇具文化批评色彩。

正是当事人的行动——"围堵"与旁观者的关注和评论——"围观"相互作用，构成了"源生事件"的舆情驱动力量和各种社会行动的可能。作为社会事实或自然现象的描述或图像信息，话题事件并不足以引发网络的强烈关注，引发关注或"围观"的是源生事件。源生事件承载和传达的事件信息敏感，极具想象空间，具有浓厚的"社会理论"意涵。

某舆情研究机构根据网络大数据的分析对"XT水灾"的传播路径或链条进行了总结："草根爆料—自媒体自发传播—舆情扩大—主流媒体介入—官方回应、道歉。"[1] 就网络数据的分析而言，这一结论成立，但这一观点明显忽略了这些事件背后的互动，而互动才是事件传播的社会动力所在。另一篇有关社交媒体（以Twitter为研究对象）在灾难事件中的传播特点的文字指出，当灾难刚开始发生时，当地媒体是主要的信息来源，而随着受灾范围被公布后，它们的影响力就开始下降。[2] "XT水灾"最初的信息来源也是当地媒体，即当地报纸和它们的网络页面、官方微博和"微信公众号"等。尽管当地媒体最初也报道了水灾的信息，却没有涉及

---

[1] 清博舆情（清博研究院）：《XT（匿名）洪灾事件中的几大舆论风暴点!》，2016年7月24日，http://mp.weixin.qq.com/s/-FRT8tjxr07NWQxV60y6YQ?from=liebao_fast&did=a327f621a666405491a1a1e2e90bf823，2016年7月24日。

[2] Clarissa C. David, Jonathan Corpus Ong & Erika Fille T. Legara, Tweeting Supertyphoon Haiyan: Evolving Functions of Twitter Duringand after a Disaster Event, *Plos One*, 2016, Vol. 11, p. 3. 参见 http://bammlondon.com/room-ethnography-digital-world/。

人员伤亡这一敏感议题。更为关键的事件在于，当地政府某官员在电视上公开说"没有人员伤亡"，从而引发村民的愤怒，对立形成，"堵路事件"发生。

对于本案例而言，我们把"堵路事件"视为源生事件，这一事件本身就是受灾村民对于地方政府或官员"隐瞒实情"的回应。通过"围堵"道路，引发现场和网络的"围观"，以此表达对地方政府或官员的不满或愤怒，并期待通过这一事件引发"中央政府"和"社会"的关注。理由在于，"人命关天""国家不会不管我们"以及"中央领导是关心我们的""网络力量大"等都可能成为支持村民行动的理由或社会理论。[①] 在此，这实际上是对特定的"管控"或权力结构的回应策略，意在突破特定的权力结构的限制或管控。我们称之为"结构的突破"。

更为戏剧性的一幕是"官员下跪"，以及"村民和官员"的"互跪"。这一幕为官民双方的"冲突"注入了太多耐人寻味的文化寓意。由此，"堵路"或"上访"，既是灾民不满和愤怒的情绪表现，也是寻求外部力量的策略，同时也表达了人们对于"道义"的诉求。而官员的"下跪"一方面基于文化意义上的"道义"的认同表达出"悔过"或"赔罪"之意，另一方面也是为了安抚失去亲人的灾民，试图化解冲突。因此，官方在强制阻止村民的"堵路"或"上访"的行为时，同样运用了地方的文化传统资源。然而，村民除了以同样的"下跪"姿态予以回应之外，也发出了严厉的指责："你知道我们死了多少人吗？""我要我的孙女。"（村民语）对此，官员已有口难辩。

而网络和媒体对此"传统"则根本视若无睹，人们的"道理"更为有力——"人命关天"[②]。当然，围绕"天灾"与"人祸"的质疑和推测，以及不同的经验性推理，人们对此事件赋予的意义极其丰富。当地村民也有人提出："不要被境内外敌对势力利用了。"而这正是本次案例中源生事件的势能所在，虽然没有人能够精确指定其意义所在，但却简洁明

[①] 我们有关"社会理论"的概念取自理论社会学的论述，即各种社会世界的逻各斯（logos）或道理，未必是论述严密或系统的理论学说。参见吕炳强《凝视、行动与社会世界》，文化事业股份有限公司2017年版，第487—491页；吕炳强：《我思、我们信任，社会之奥秘：社会学现象学论文集（1997—2007）》，漫游者文化事业股份有限公司2010年版，第256—261页。

[②] 这个词语无论在"微信群"还是在田野里，都曾频繁出现。

了雄辩有力寓意丰富,"道义"的力量由此彰显。

事实上,人们在网络上对有关 XT 水灾的各个"细节"或"疑点"给予了大量的讨论。有些借助卫星图像对当地的山川水文地貌进行分析,有些对当地政府的"水利建设"予以批评,也有些人对河道的"违章建筑"发出质疑。几家颇有影响力的媒体也对此进行了"深度报道",并产生了一些颇有影响力的评论文字。而这一切或许都是源生事件的衍生物,即衍生事件。对此,某自媒体的评论是:"官员下跪事件引发蝴蝶效应——防民之口甚于防川。"或许,一旦源生事件被激发,形成所谓的"蝴蝶效应",官员的防控策略便即时失效。那么,如此敏感并引发热议的社会事件又是如何被平息的呢?

我们注意到,当"堵路事件"引发网络热议之时,XT 地方政府已经开始积极回应,省政府也开始介入,派出调查组进驻 XT。XT 主要领导公开道歉,同时展开救灾活动,与此同时也处理了几名干部。很快,中央领导也对 XT 水灾予以关注,并派领导到 XT 视察救灾。与此同时,主流媒体也对本次事件进行了更充分的报道。当地人说:23 号那一天就来了"上百家媒体和记者"。就网络舆论而言,本次事件已经开始缓和。事件的焦点开始向"救灾"和"灾后重建"转移。概括而言,当村民的结构突破策略——"围堵"成功的引发"围观",并获得外界和上级政府的关注和介入后,结构"吸纳",即吸引高层政府的关注和介入同时完成。充满张力的对立和紧张状态得以化解,尽管余波仍在,诸多社会效应有待时间平息,但对于受灾地区而言,事件的焦点已经迅速向"灾后重建"改变。

事件背后是两种逻辑的对立或纠缠。一类是地方政府结构性的"治理"或"管控",另一类则是地方社会试图突破"结构"的行动。村民明白,仅仅"堵路"或"围堵"于事无补,引发外界"关注"或"围观"才是其行动的目的所在。对此,我们结合田野资料稍加阐释。

第一,村民对"混乱"或"无序"是排斥的,这在"菊群"中得到充分的表现。例如,当有人情绪激动,从言语上攻击"国家"时,马上会有很多人来劝阻或制止,直至"踢出"群为止。群友们的理由有,"不能诋毁国家""国家乱了对谁也没好处""不能被外国利用""心情不好也不能乱说",等等。同时,人们彼此之间也相互安慰和给予精神上的支持。

第二，年轻人对网络的理解丰富多样。例如，某位"网络大V"Hu来到XT后，"菊群"里有群友说："如果这次他能为XT说真话，我再也不在Twitter上黑他和HQ（媒体名）了。"此外，关于XT的各类报道，"菊群"几乎都会在第一时间转发，或者转发自网络，或者自己拍视频发出。

第三，对于救灾过程中出现的一些"不文明"现象，人们也会予以谴责。例如，有个人冒充灾民在某个微信群"抢"了100元红包后就"溜"了，群友很快发现这人是冒充的，并把有关信息转发到"菊群"，提醒大家小心。

第四，社会志愿者、记者也会在"菊群"与大家交流。他们也会互加好友，在朋友圈里互动等。因此，通过"菊群"这样的信息平台，XT与外界的联系是密切的。

综上，我们可以得出这样的观点，"围堵"并非为了制造混乱，反而是对"理想秩序"的追求，这种对于秩序的追求因为在地方性的权力结构内难以实现，故而寻求更为上位的权力和外部的关注。或者说，引发外界关注，既是为了寻求上级政府的关注，也是为了给地方政府施加压力。而通过自身的行动，网络传播以及与外界的互动，人们把具体的事件转换成了具有话语或者道义力量的压力机制。进而，当有关的行动者进入与事件有关的行动网络中时，村民们的"突破"策略生效了。

（二）"纠缠"与"交融"，结构的"聚合"

其实，当地方政府行动起来展开救灾活动时，当地村民"引起社会和中央关注"的意图已经达到，"救灾"和"灾后重建"已经成为政府和民间的共识。双方的合作积极展开，或说从未中断。很快，XT下辖市县的党政、机关、事业单位等被动员起来，一些乡镇和所属行政村的党员、干部和村民也行动起来，进入受灾村镇展开救灾工作。市、县和乡镇三级领导干部组成的工作组开始常驻受灾村庄。同时，武警部队也调集力量支援当地的抗洪救灾。社会自发的志愿者和爱心人士也开始进入，既有外地的援助者，也有本地附近乡村的乡亲。

强大的组织动员能力和灾情所引发的社会团结氛围为救灾工作的开展

提供了保障，但当地政府仍然面临着各种复杂问题。例如，政府面临着死难家属的抚恤问题，灾民的安抚问题，违章建筑的拆除、河道拓宽和河堤加固等问题，以及各种难以预料的问题。对于当地人来说，除了水灾的惊吓，财产的损失，以及某些失去亲友的人家的痛苦之外，有些人的生活在短时间都成了严重的问题。此外，一些企业损失惨重，如何恢复也是问题。洪水过后，不仅是满目疮痍，还有各种紧迫的事务需要处理，错综复杂的情绪、情感和心理需要面对，各种棘手的和难以预料的问题需要解决。而随着时间的推移，人们的思想和观念也在经历着复杂的波动和变化，甚至是一些小摩擦和误解都容易引发问题。例如，眼下的吃饭和住的问题如何解决，死难人员的赔偿方案如何确定，家庭财产损失是否有补偿或赔偿，房子塌陷或墙体开裂问题如何解决，灾后的恐惧心理如何疏导，企业以后是否能获得资金或政策扶持，领导承诺的规划能否兑现，等等。都成为或明或暗的话题事件或田野中潜在的源生事件，也可称为敏感议题。

就本次水灾事件而言，政府一旦行动起来，其应变能力和组织能力在短时间内都显示出强有力的一面，很多干部和工作人员的表现也受到当地村民的尊重和认可。至少，政府在很短的时间内，安抚了死难者家属，拆除了违章建筑，拓宽河道并加固了河堤，灾区群众的饮水、吃饭，以及卫生防疫等工作也都有条不紊地进行着。总体而言，救灾工作和稳定工作得到了当地村民的积极配合。当然，各种意想不到的问题也是存在的。

就村民而言，同舟共济的情感也在很短的时间内得以升华，大家在灾难面前所形成的"大家为大家"的心理和热火朝天的救灾场景相互强化。诸如"女子突击队""青年突击队"等队伍自发的组织起来，一些人甚至希望可以把这个队伍保留下去，成为XT的一面旗帜。"80后"和"90后"在救灾活动中的表现也赢得了大家的肯定和赞扬。因此，当媒体大力宣扬各种救灾中的感人事迹和精神时，人们更多的是理解和自豪。一些年轻人甚至萌发了"集体生活好"的感慨，而当地一位善于思考的朋友则说："救灾一结束，我想很多人会失落的。"

然而，随着武警水利援建官兵和各单位援助队伍的相继撤离（时间分别是8月4日和8月5日），原先隐藏的问题和矛盾开始逐渐浮出。其中,有些问题是水灾以前便累积下的。例如,有些村子对干部的不满。一些新的问题也开始出现。例如,关于救灾物资的分配和劳动报酬的数额等问题被陆续提了出来。这些问题或许只是重复了乡村干群关系的紧张问题。与此同时,人们对政府官员的怀疑再次凸显。

事实上,很多矛盾只是暂时抑制或引而未发。例如,当一位干部利用休息时间给大家做思想工作时,有人马上会问:没有及时通知大家转移,是不是政府的责任?而干部则难以回答此类问题,只能要求大家辩证地看这次灾害,"变坏事为好事"。不难发现,尽管政府试图借助灾后重建的局面化解更多的"问题",但仍然很难在所有的问题上达成一致。各种工作的推动就是在各方的相互试探和彼此的谈判、妥协中推进的。例如,对于河道附近"违章建筑"的拆除,政府的态度是"先拆除、后评估",这意味着有可能给予适当补偿,而业主如果不配合的话,那么就要"按照违章建筑处理","强行拆除",这意味着业主得不到任何赔偿。而对于那些失去了亲人的家庭,工作则必须尽可能细致耐心。例如,XT 的领导就曾亲自参加了某位遇难村民的葬礼,到灵前鞠躬慰问。当然,这只是工作的一部分。

反过来看,"结构"取向的治理机制也有自己的逻辑。对此,有网友指出,官员们主要为了"保持稳定""害怕出事""维护政绩或形象""保乌纱帽",等等。这些理由虽不能排除,但也未必全然正确,因为不同人的理解不同。作为地方政府,即使不算乡村一级,XT 的行政系统也足够多样。事发突然,情势紧张之下,各级政府和官员做出的反应或许都不一致。然而,作为行政系统,XT 的领导干部既要从政治的角度对局面予以掌控,也要从行政角度对诸多事件做出反应,他们的选择或许不多。当然,这绝不构成其不作为或乱作为的理由。我们只是指出其行动机制的特殊性——身在"结构"中,无论如何行事,总归带有结构的属性。在此,我们可以对人类学家特纳的"交融"构想有所批判,并借此进一步阐明灾变状态中的社会互动。

基于人类学的传统,我们对 XT 的地方信仰和仪式活动同样给予了关注。在"贤村"村口南边的里河决堤处大约十几米的距离就是当地的龙王庙,杜赞奇在《文化、权力与国家》一书中曾经提及。我也注意到这座庙宇。

据当地人说，"龙王庙很灵"。① 新近的证据是，"里河"决堤处距离龙王庙大约只有几十米的距离，周围工厂几吨重的钢铁结构的架子被冲走几十米远，而龙王庙却安然无恙。虽然庙内有淤泥，但王龙"身上（塑像）"却"干干净净"。在地方政府讨论拆除决堤处附近的建筑物以拓宽河道、加固河堤时，当地有人自发地到庙前烧香祭拜。最后，这座庙被保留了下来。但河堤已经推进到庙门前几米远的地方。与此同时，围绕龙王庙是否拆除的问题也引发了微信群内的讨论，当龙王庙得以保留的确切消息传来时——有群友发来了照片，一位群友说："龙王庙还在，那就放心了。"

作为地方的神圣性空间，庙宇具有非凡的力量，尽管人们难以对这种力量或"灵"予以清晰表达，但没有人敢于轻易触犯。据说那些对庙宇不敬的人会"招灾惹祸"。人们也曾讨论：谁敢拆龙王庙？XT有"周公与桃花女"的传说，据说"周公"得了"天书"，能预知未来；"桃花女"得了"地书"，可以"破解"灾祸。"周公"因此妒忌和恼怒"桃花女"，并以娶"桃花女"为妻之名意图用法术陷害，但均被"桃花女"破解。最后，"桃花女"感化了"周公"，成为恩爱夫妻。然而，二人却是前世姻缘，之后双双成仙，成为"真武大帝"左右的"金童玉女"。此外，当地还流传这样一则故事，一位擅长"算命"的人，家中子女却不幸罹难。当地人的解释是"泄露天机太多"。在家里人的反对和自己的悔恨下，此人不再"算命"。

综上，那些超出世俗的力量和"知识（天机）"本身具有不确定性，凡俗中的人们既想获得这种力量的护佑或启示，又对其充满戒备，不乏禁忌，敬畏心理由此而生。这是一种集风险、不确定以及对神秘力量的敬畏于一体的地方信仰。

因此，如果灾变成为人们进入特纳所说的"交融"状态的话，这种

---

① 庙里除了有"龙王"的塑像，还有"龙母"——龙王的妻子，"雷公"和"雨师"等塑像。庙前立着重修龙王庙的石碑。据碑文记载，龙王庙于明朝万历年间已经存在，最近一次于2002年重修。而根据当地县志，清代这里曾有一座"黑龙庙"，"龙王庙"或许是以后改名。待考。

交融并非完全与"结构"相分离。①恰恰相反，因为灾变，外部和内部的结构性力量同时紧张起来，相互强化或此消彼长，各种关系，"神圣的"和"世俗的"，内部的和外部的，相互交织，纠缠在一起。人们在各种状态之间频繁进出，精神状态高度紧张，这是一种充满张力的"交融"，既不是结构中的日常状态，也不是反结构的习俗状态。我们不妨称之为"震荡"——把"结构"和"反结构"两类状态强烈地吸纳进一个有限的时空范围内的关系状态。

这一状态下的"阈限"既是明确的，也是模糊的；既是群体的，也是个人的。"阈限"是明确的，那是因为灾变的发生，人们进入一种非常的状态，众所周知；模糊之处在于人们的反应、理解和行动并不一致，且会在各种状态之间相对频繁的进出。人们既可以体验到某种集体性的团结乃至更大范围的认同，也会形成高度默契的地方性或社群性的文化认同，同时也不乏更为细致或细分的小群体团结。当然，在某些时刻，人们仍然会对各类状态予以反思。即使是仪式或类似于仪式的活动，也总是伴随着结构性的张力。那么，这种彼此纠缠的交融状态又是如何恢复到日常状态的呢？

（三）"分离"与"抑制"，结构的"恢复"

结构的"聚合"既体现在外部力量的介入，如省、市领导频繁进入村庄和家户考察，临时性的"救灾指挥部"常驻各村，媒体和社会各界志愿者、援助者自发的到来，以及帮助灾后重建的武警官兵的日夜工作

---

① 特纳在范·杰内普有关"通过仪式"论述的基础上提出了"状态"（state）和"转换"（transition）的对立范畴，由此，"过渡仪式"成为稳定的和不稳定的两类状态之间的一种"过渡状态"。参见特纳《仪式过程：结构与反结构》，中国人民大学出版社2006年版，第94—95页。而作为区分不同状态之间的"阈限"或"阈限人"则始终是模糊的，即"阈限的实体既不在这里，也不在那里；他们在法律、习俗、传统和典礼所指定和安排的那些位置之间的地方"（第95页）。推进一步，特纳在此明确指出，"交融"是人类之间相互关联的两种主要模式的一种——"交替"，而另一种则是"并列"。在"交替"模式下，"社会是一个没有组织结构，或仅有基本组织结构，而且相对而言缺乏彼此差别的社群，或社区，或者也可能是地位平等的人们结成的共同体，在这一共同体中，大家全都服从于那些仪式长老的普遍权威"（第96—97页）。综上，特纳对"交融"的界定始终预设了一个"结构"，或说某类"结构"的两个状态，而二者之间的状态即是"过渡"或"交融"。

等。也体现在内部力量的重新聚合,各种临时性的组织或关系得以建立,或分发救灾物资,或清理村内垃圾,或协助入户调查,或参与其他各种救灾活动。临时的居住点和指挥部成了人们活动的中心,一些人甚至顾不上自家的清理工作。这时,用当地人的话说:"我是灾民,但我也是志愿者。不能光顾自己家不是?"

但随着阶段性工作的完成,援助人员相继撤离。离别时刻既是外部与内部的分离,也彰显了彼此间浓厚的情谊。援建官兵离开时,当地乡亲自发送行,当地媒体的报道是:"十送红军的场景再现。"并非虚言。很多朋友发来现场的照片或视频,朋友圈被这些感人的场景"刷屏"。此外,得知离别的日子马上就要来到,人们纷纷话别,并合影留念。当地一位擅长做"鸡蛋菜饸"的嫂子主动"露了一手",就是要让志愿者们"尝尝自己的手艺",表达一份"心意"。

"分离"之后,灾后重建工作进入新的阶段。人们关注的重点开始转向诸如如何善后,政府的社区规划、"补助"或其他优惠政策上面来。人们考虑更多的是今后的日子怎么过的问题。疑虑和问题仍在,各种话题事件或敏感的小话题也时常出现,但总体上似乎已经平息。虽然高层的政策仍会引发人们的关注,但人们的视线更多地聚焦在地方政府和村内的日常问题上,并且总体上保持了足够的克制——我们称之为"抑制",心理人类学曾经阐述过的一种心理状态。[①] 在此,"抑制"是一种既保持克制,也不乏情绪表达的心态。典型表现是各种"牢骚"或"意见"的表达。村民如此,其他人员或许也不例外。一场曾经引发各方关注并热议的事件似乎就这样过去了。结构也由此恢复常态。地方政府的规划和各项措施纷纷出台,村里也开始逐渐按照往常的惯例行事。

当然,就"灾后重建"而言,一切或许只是刚刚开始。我们将继续关注。

(四)小结:诸事件的转换或社会机制

基于以上分析,我们对 XT 水灾的阶段性变化予以总结。在此,我们

---

① 许烺光:《许烺光著作集 9·彻底个人主义再省思》,天南书局 2002 年版,第 122—153 页;尚会鹏《"基本人际状态"的类型、维度与"心理—社会均衡"(PSH)的动力学关系:对许氏理论的若干阐释和补充》,《国际政治研究》2007 年第 3 期。

提出，XT水灾诸事件之间的转换由两种机制促成。一是基于特定的社会结构和社会理论形成的"结构突破与交融—分离与抑制—结构恢复（常态）"社会机制，这个机制直接作用于"国家"、地方政府和地方社会，也可称之为"结构与交融"的社会机制，我们已经予以论述。二是与之密切相关的是网络社会和信息技术发展所形成的以网络界面（本研究聚焦"微信界面"）的互动为基础的"行动与事件/信息之纠缠"的社会机制。前一种社会机制是特定社会脉络与情境下"国家—地方政府—地方社会"的互动机制，后一种社会机制则是网络社会形成的已经成为人们日常生活组成部分的"行动与信息"的"纠缠机制"。我们首先对前一机制稍加论述。

　　黄宗智和杜赞奇曾经讨论过"国家"与"底层社会"之间的关系。杜赞奇认为"国民政府"通过有组织地破坏"地方精英"的"权威"，从而逐渐瓦解了地方精英的"文化网络"，因为有"国家"的需要和支持，营利性经纪体制由此滋生。[1] 这是一种"国家"主动向地方社会渗透的权力运作模式。然而，杜赞奇或许忽略了传统国家对地方社会的影响力。仅从XT的水利设施和庙宇建设来看，传统国家，确切地说是"府"和"县"两级地方政府，仍然发挥了重要的领导作用。[2] 换言之，传统国家一直以来就以行政系统、文教系统和信仰系统维系着其对地方社会的影响力。[3] 国家在权力运用（刑事诉讼）方面可能显得相对消极[4]，但国家权威并未仅仅因此弱化。这种权威的存在更有可能是国家权力强势进入地方的保障。就政体或国家政治而言，这是一种总体性的权力系统或治理逻辑。[5] 由此，我们可以看到"权力的文化网络"的两面，积极的一面和消极的一面，可谓一张一弛。保护型经纪或营利性经纪只不过是这种"权

---

[1] ［美］杜赞奇：《文化、权力与国家》，江苏人民出版社1996年版，第235—236页。

[2] 有关内容参见戚朝卿等纂修《邢台县志》，成文出版社1969年版。

[3] 秦晖：《"大共同体本位"与传统中国社会》，《社会学研究》1998年第5期（上）、1999年第3期（中）、1999年第4期（下）。刘忠魏：《"己"的二重性：社会结构与主体关系》，《学术月刊》2014年第1期。

[4] 费孝通：《乡土中国与乡土重建》，风云时代出版社1993年版，第55—60页。

[5] 周雪光：《从"黄宗羲定律"到帝国的逻辑：中国国家治理逻辑的历史线索》，《开放时代》2014年第4期。

力的文化网络"的两类行动者。当然，权力的运行条件不同，表现也会有所不同，或许不止两类。因此，杜赞奇的研究或许忽略了地方政府在"国家"与地方社会之间的作用。

然而，地方政府与"国家"仍然存在权力、地位和象征意义等方面的诸多差异。地方政府不得不承担起日常的行政事务，直面诸多的社会议题。除了官员的个人操守或官场风气外，面对诸多现实利益的取舍或博弈，陷入进退两难的境地或许在所难免，各种社会矛盾由此滋生。一旦出现重大危机，地方的权力结构势必紧张起来。而地方社会对"国家"的期望则可能因此激发。就危机而言，这未尝不是一种可行的解决方案。特别是对于传统社会而言，能够及时地化解危机，也是国家意识形态和绩效合法性的基本保障。在 XT 水灾中，"围堵"和"围观"既是地方社会对地方政府的质疑和批评，也是对"国家"和社会力量的召唤。随着对地方权力结构的突破，地方社会引发了"外部"和"国家"的关注与介入，结构的"吸纳"、各种力量和社会关系相互"纠缠"和"交融"缓解了灾变引发的情绪和对抗，危机由此逐步化解。

综上，我们看到，XT 水灾的诸事件的转换机制或许并非例外。它很可能只是地方社会应对危机的一种常态机制，至少是危机应对机制的一个常规选项。正如当代学者指出的那样："表面上，'群体性事件'是一个由国家创制，然后推送到全社会的概念。然而，它并不是国家单方面思虑的产物，相反，该概念的诞生及其内涵的转变，都是社会冲突与国家治理相互作用、循环递推的结果。"[①] 我们的案例则显示，当地方政府遭遇信任危机时，"国家"和"社会"的意义凸显出来，既是克服危机的动力，也是值得反思和总结的经验。

同时，因为网络社会的兴起，另一种更为基础或者日常的社会互动机制生成了，即我们所说的"行动与事件/信息之纠缠"的社会机制，XT 水灾事件可以说是"结构与交融"的互动机制和"行动与信息"的纠缠机制相互叠加的结果。

---

① 冯仕政：《社会冲突、国家治理与"群体性事件"概念的演生》，《社会学研究》2015年第5期。

四 理论思考:行动与事件/信息之纠缠

在我们的视角中,"纠缠"(entanglement)是以扎根于网络社会和信息技术的"微信界面"的互动(interaction)。因此,"纠缠"既非存在论意义上的交互主体性的哲思,也不是诸如"符号互动论"意义上的研究纲领,它的的确确是一类基础性的社会实在(social reality)或说社会事实(social fact)。因此,"纠缠"是以互联网的诸界面为基础,聚合了各类行动者和参与者,围绕"事件/信息"的即时性和多样性互动所形成的一类超巨互动(super-interaction)。即时性、多主体、多中心、多样态,以及人口卷入的巨大规模和不确定性是纠缠的常态。

首先,互联网和信息技术为沟通的即时性、多主体、多中心提供了可能。就多中心而言,每一个网络参与者都有可能成为一个事件的中心,就多样态而言,几乎涵盖了现实生活中的各类交往模式。

同时,人口卷入的巨大规模也是空前的,并将持续发展。例如,截至2016年第二季度,"微信和WeChat合并月活跃用户达8.06亿,同比增长34%"。而根据中国互联网信息中心发布的第38次《中国互联网发展状况统计报告》,"截至2016年6月,中国网民规模达到7.10亿,互联网普及率达到51.7%,超过全球水平3.1个百分点"。"手机网民规模达6.56亿,手机上网主导地位强化。"①网络社会的发展已经影响到人们日常生活的各个层面,并且,还将继续深化。

其次,网络社会的持续发展不仅对人们的日常生活产生了深远的影响,其对学术研究而言,同样意义重大。传统的田野工作和民族志写作,研究者首先要进入他者的生活,经过长期的参与观察之后撰写民族志。或者以"书面"呈现,或者以"画面"呈现。关键所在,研究者在他者与读者之间分别扮演了观察者、记录者和诠释者的角色。即:

他者(参与观察者+记录者)=研究者=(民族志作者+诠释

---

① 中国互联网给信息中心(CNNIC):第38次《中国互联网发展状况统计报告》2016年8月3日,参见 https://www.cnnic.net.cn。

者）读者

而以"微信界面"为田野的研究,"他者"和"读者"已经同时成为研究的一部分,即：

（他者＝读者或围观者）研究者＝参与观察者＋记录者＋民族志作者＋诠释者

至少在本研究中,诸多"读者"作为"围观者"同时构成了田野中诸事件的参与者和行动者。并且,不难发现,作为研究者的作者或者"我",最初也是"围观者"的一员。这就是网络社会的田野。我们已经据此指出,这是一个以"行动与事件/信息之纠缠"为社会机制的处于超级互动中的社会状态。而互动的基础在于互联网和信息技术提供的"界面"或说"媒介面"。

正因为有了类似于"微信界面"这样的媒介面,人们社会的互动方式才发生了如此重大的变化,新的互动机制由此生成。当人们围绕某些"事件"展开行动时,"纠缠"就此发生。而对于社会学或人类学的研究而言,这种"行动与事件/信息"的纠缠机制难以回避。

在此,我们也回应了社会科学的一个经典的议题,即"能动性—结构"的争论。根据理论社会学的分析,能动性或行动者原本是个奥秘,难以正面研究。[1] 只有从行动者的"时间结构"入手,社会学的科学议题才有望推动。换言之,行动者或能动性始终在"深处",行动历程同样如此。研究者或行动者只能从"表面",即根据行动者的行动信息对此予以研究。在此,"行动历程"呈现出来的是"事件序列",而事件即信息。而我们的分析基础无非是"界面"即"表面","界面"的事件或信息成为我们分析的依据所在。

事实上,人类社会从来是以"界面"或"介面"为基础展开互动的。迄

---

[1] 理论社会学的基础存在论前设意味着行动者是个奥秘（enigma）,由此,研究者的参与观察（与"对象"或"实在"有关）和诠释（与理论分析有关）总是建立在理解、领会乃至揣测行动者或他者（人类学术语）的行动（意义）或主体事件的基础上。参见吕炳强、李越民、孙宇凡、刘拥华《听与说：社会学电邮集（2012—2013）》,第20页；刘忠魏《时间、行动与他性：社会科学困境的另一个构想》,《社会学评论》2016年第1期。

今为止，人类社会还没有发明出类似于科幻小说中所说的那种"读心术"或"心灵感应技术"，语言（含字体语言）仍然是人类交往的最为基础的工具或沟通机制。因此，人类最初用于体验和交流的"界面"就是人类自身——他或她的肉身。人通过身体与环绕着或内嵌于自身的世界互动。人的身体构成了体验、理解和记录世界信息并生成意义的"界面"。在这个意义上，迄今为止，身体仍然是人们体验、理解和记录世界信息的基础性界面。

当人们开始用物来表达自身的理解，并把这种理解转移到物体身上时，这些承载人类理解的信息便成了与身体相分离的人造"界面"。比如，结绳记事，作为标记的草木制作，刻画图案的山岩、石壁或陶器，以及刻画文字的龟甲兽骨，或任何可以承载记录人类理解信息的物。此时，这些承载人类理解信息或意义的物构成了可用于交流的"界面"，"界面"上的信息则是意义的呈现和记录。此时，我们对界面的分类转移到了信息的形态上面。图像信息被我们称为"画面"，文字信息被我们称为"书面"。根据学界的分析和我们的分类，"画面"在"书面"之前。

值得指出的是，任何"界面"都依赖于人，特别是依赖于人的身体和语言。没有人类身体和语言的存在，任何"界面"都毫无意义。根据韦伯的睿见，"行动"与"意义"不可分离[①]。而"意义"被"界面"所呈现，那么，"行动"或"意义"与"界面"的"纠缠"关系早已命中注定。我们的贡献在于，不同的"界面"或"表面"形成的"行动与事件/信息之纠缠"的机制或许不同。在此，我们发现了一类"行动与事件/信息"的超级互动，即网络社会的"行动与事件/信息"之互动或说"纠缠"。

在此，结合以上分析，我们对"行动—事件"的语意学矩阵予以适当修改或改进（见图2）。

深处	能动性——行动与事件/信息之纠缠——超巨行动历程＝网络社会之他性
	｜　　　　　　　｜　　　　　　　｜
表面	诸界面——事件/信息之记录与参考——超巨事件序列＝社会研究之对象

图2　"行动—事件"的语意学矩阵

---

① ［德］韦伯：《社会学的基本概念》，顾忠华译，广西师范大学出版社2005年版，第3—10页。

在此，我们以"行动与事件/信息之纠缠"替代了"行动与互动"，事实上，没有行动或互动是没有事件/信息"纠缠"或"互动"的。但关键不在于此，而在于网络"界面"的出现。我们已经指出，这是网络社会生成的一类新型的超巨互动机制。以互联网为基础的新的媒介面为这种超巨互动提供了技术和社会支撑。以本研究的"微信界面"为例，人们既可以在同一"微信群"内展开即时互动，也可以在不同的"微信群"或其他类型的网络媒介面展开互动。而"微信界面"则最大限度上提供了互动的实在性，犹如面对面的互动。

同时，基于表现即记录的属性，"微信界面"的交流不仅为行动者提供了行动的即时性参考，也难得留下了记录或痕迹。在生成"超巨行动历程"的同时，也为人们留下了"超巨事件序列"的记录，成为社会研究宝贵的研究资料或对象。同时，这些事件的记录也有可能成为当事人可资调用的资源。①

当然，这个"纠缠机制"不会独自发生作用，而总是会与其他的社会机制相耦合，从而衍生出形形色色的社会互动，有关的行动者仍然是研究的核心所在。例如，根据我们的构思，XT水灾事件实则是社会或文化机制与基于微信界面的"行动与事件/信息之纠缠"机制的耦合，即：

XT水灾事件分析＝"结构与交融"的社会机制 X "行动与事件/信息之纠缠"机制

注："＝"读作"意味"，"X"（右边）读作"纠缠"或"耦合"。

毋庸赘言，"结构与交融"的社会机制是建立在特定社会脉络和文化内容上的，其发生需要特定的社会条件；而"行动与事件/信息之纠缠"则是网络社会的一类基础性的社会机制，或波澜不惊或暗流涌动或惊涛骇浪，变化多端却无时不在。然而，有关的行动者或者主动或者被动，总是难以逃离网络社会之他性了。

---

① 这是本研究的最新发现。一定程度上，它意味着人们社会记忆乃至思维方式的改变。对此，我们将另文讨论。

网络暴力的形成机制研究

辛允星 李 洁[*]

中国互联网络信息中心（CNNIC）于2016年1月发布的第37次《中国互联网络发展状况统计报告》显示：截至2015年12月，中国网民规模达6.88亿，互联网普及率达50.3%，半数中国人已接入互联网；2015年新增网民3951万人，增长率为6.1%，较2014年提升了1.1个百分点，网民规模增速有所提升。[①] 网络世界的出现打破了地理的限制，改变了人际沟通的特性，将各种沟通模式整合到了一个互动式的庞大信息系统之中，让人们可以在全球网络上超越不同时空进行互动。然而，在网民数量不断增长但网络的主要使用群体公共意识不强的时代背景下，网络上的各种恶意攻击，如侮辱、谩骂、威胁、勒索等现象越来越成为突出的社会问题。伴随2006年"虐猫女"和"铜须门"典型网络事件的出现，关于"网络暴力"的话题逐渐进入了公众视野；互联网时代的网络暴力事件层出不穷，无论是对事件当事人还是整个网络环境，都造成不同程度的损害，这不得不引起我们的深思。因此，本文希望对网络暴力的发生过程和形成机制进行深入和系统的研究。

一 研究问题的提出

对于"网络暴力"一词，国内外学术界至今还没有一个权威的定义。

---

[*] 辛允星，浙江师范大学法政学院社会工作系讲师，博士；李洁，香港理工大学社会工作专业2016级硕士研究生。

[①] 参阅人民网 http://it.people.com.cn/n1/2016/0122/c1009—28076754.html。

有的学者将其界定为：通过电子信息媒介对他人造成有意的、重复的伤害[1]，它可能包括威胁、恶性标签（煽动仇恨的言论）或在网络上通过张贴虚假信息来嘲弄对方进而达到羞辱的目的。[2] 也有学者指出，网络暴力通常是一种不特定多数人以网络为载体，自发、集体地对一些违背人们传统道德标准和价值观念的网络事件当事人进行的语言声讨和攻击。[3] 这些恶语相向的文字盛气凌人、冷漠刻薄甚至恶毒残忍，超越合理的关注程度和礼貌的语言运用，是沉重打击人们精神和心理的软暴力。[4] 因此，又有学者将网络暴力称为"网络欺凌"或"网络霸凌"（cyber bullying），它是一类在网上发表具有伤害性、侮辱性和煽动性的言论、图片、视频的行为现象。[5] 基于对相关研究文献的梳理，陈代波将"网络暴力"各种概念进行了全面的综合对比，指出了围绕这一概念产生的诸多观点分歧和共同点，并最终把网络暴力定义为：网民对当事人或组织实施的以制造心理压力为手段，以迫使其屈服的"网络攻击性行为"的总称。[6] 从本质上看，网络暴力是一种心理虐待。

在网络暴力的发生过程之中，公众以"言论自由"的名义践踏着他人的个人权利，打着惩恶口号的同时"扬恶"而不自省，甚至某些网民未经当事人的同意，随意公布当事人不愿为人知晓的个人信息，包括姓名、年龄、职业、照片、联系方式、家庭状况、感情经历等，侵犯了当事人的肖像权、隐私权或名誉权等。[7] 这通常导致网络暴力的受害人感觉到沮丧、困惑、内疚、恐惧、孤独、尴尬、愤怒、悲伤、伤自尊和遭遇更多人际交往问题，特别是当他们无法有效地应对时，最具破坏性

---

[1] Smith, P. K., Mahdavi, J., Carvalho, M., Fisher, S., Russell, S. & Tippett, N., Cyberbullying: Its Nature and Impact in Secondary School Pupils, *Journal of Child Psychology and Psychiatry*, 2008, 49 (4), pp. 376–385.

[2] Hinduja, S. & Patchin, J. W., Cyberbullying: An Exploratory Analysis of Factors Related to Offending and Victimization, *Deviant Behavior*, 2008, 29 (2), pp. 129–156.

[3] 刘伟锋、安晓静：《网络暴力现象解读》，《辽宁行政学院学报》2010年第1期。

[4] 戚鸣：《网络暴力与道德"普世主义"》，《当代传播》2011年第5期。

[5] 唐子茜、汪先平：《试论网络暴力的形成、危害及对策》，《长春工业大学学报》（社会科学版）2011年第1期。

[6] 陈代波：《关于网络暴力概念的辨析》，《湖北社会科学》2013年第6期。

[7] 李美慧：《从林嘉祥事件再谈网络暴力》，《新闻知识》2009年第6期。

的影响之一就是受害者开始避免社交活动而自我封闭。① 因此,姜方炳着重从行为后果的角度将"网络暴力"定义为:网络技术风险与网下社会风险经由网络行为主体的交互行动而发生交叠,继而可能致使当事人的名誉权、隐私权等人格权益受损的一系列网络失范行为。② 扩展到当事人个体之外的社会来看,网络暴力在虚拟世界的盛行,严重地污染了互联网环境,使之充斥着一股戾气,并直接威胁着现实生活中的法治生态和社会环境,进一步增加了社会转型期的不稳定因素,激化了社会矛盾。③

既有的相关研究都说明,网络暴力事件之所以屡屡发生,是多种因素综合作用的结果。首先,很多学者都关注到了网络空间的基本特征,认为网络的虚拟性、匿名性以及网络技术的风险特性为网络暴力提供了生存的环境,因种种现实顾虑被消除,网民在不受实际束缚的情况下肆意表达意见,导致某些言论欠缺自控能力和基本的责任感而富有侵略性。④ 其次,也有很多学者从社会治理的角度提出,当前中国的法治和精神文明建设还比较滞后,互联网方面的法律规范还明显不足。⑤ 最后,还有学者认为,大众社会心理是网络暴力产生的重要原因,它包括"仇富""仇官"等怨恨心理冲动、网民的狂欢恶搞心理与理性缺失及从众心理等。⑥ 特别是在民众自由表达的现实渠道严重缺失的情况下,网络便成为民众对自由表达空间的期待。⑦ 此外,也有学者将网络暴力的产生归因为社会大众道德意识低下、理性不足,缺乏公民权利的自我觉醒和应有的责任感,过分追求

---

① Mason, K. L., Cyberbullying: A Preliminary Assessment for School Personnel, *Psychology in the Schools*, 2008, 45 (4): pp. 323 – 348.

② 姜方炳:《"网络暴力":概念、根源及其应对——基于风险社会的分析视角》,《浙江学刊》2011 年第 6 期。

③ Darryn Cathryn Beckstrom, State Legislation Mandating School Cyberbullying Policies and the Potential Threat to Students' Free Speech Right, *Vermont Law Review*, Winter, 2008.

④ Joinson, A., Causes and Effects of Disinhibition on the Internet, In Gackenbach, J. (ed.), *The Psychology of the Internet*, New York: Academic Press, 1998, pp. 43 – 60.

⑤ 生奇志、郭文辉:《从网络暴力的典型案例看网络暴力的成因、危害及应对策略》,《郧阳师范高等专科学校学报》2010 年第 8 期。

⑥ 石国亮、徐子梁:《网络欺凌的界定及其特点分析》,《中国青年研究》2010 年第 12 期。

⑦ 郭丽华:《网络暴力现象探析》,《新闻传播》2009 年第 1 期。

网络带来的权利和利益。① 甚至有学者指出，网络暴力源于现实社会层面的失范和个人层面的道德危机②，它实际上是一种虚拟世界的非理性亚文化，其产生是多元文化相互交融和冲突的结果。③

与此同时，有一些学者从多元因素的"立体交互"视角对网络暴力进行综合分析。比如有人指出，催生网络暴力的潜在根源是网络技术的风险特性，现实动因是社会转型过程中风险的无序释放，重要因素是网民群体年轻化的结构特点和泛道德化的文化心理。④ 也有人指出，网络的匿名性、高自由度、群功能是产生的温床，传统道德观念是深层次根源，现实社会缺乏意见表达通道、弱势群体的利益无保障是现实基础，媒体对点击率和眼球率的追求是推手，网络法制不健全、网络道德建设滞后是根本原因。⑤ 还有人将网络自身的特性、网民的结构及文化层次、群体极化、网络道德及法律的缺失、转换空间的"正义"诉求等系列要素的结合概括为网络暴力的形成机制。⑥ 很显然，关于网络暴力的形成，现有的研究大多都只是罗列相关影响因素，并没有对这些因素的内在关联结构做出更进一步的分析，也很少深入考察特定网络暴力事件的发生与演进过程及其内含的逻辑程序，因此也就很难进行真正的"机制性"分析和总结，这已经成为网络暴力研究领域的一个理论缺憾。

鉴于此，本文拟采用案例研究法，针对性地选取中国近几年来发生的三个典型网络暴力事件，通过对与之相关的影视影像、公共论坛、新闻网站、微博、博客等网络信息资料进行不同时间点的纵向分析，归纳其共同或相似的事件发生与演进过程，并探析其中隐含的逻辑结构，最终总结出网络暴力的一般形成机制。三个典型的网络暴力事件分别是：

1. 2012 年，电影《搜索》上映，该片讲述了都市白领叶蓝秋，被意

---

① 王秀平：《网络暴力成因及理性法律规制》，《山东师范大学学报》（人文社会科学版）2010 年第 4 期。

② 范国周、张秀梅：《网络暴力的社会根源：社会失范与道德危机》，《中共杭州市委党校学报》2014 年第 5 期。

③ 邓蓉：《多元文化视域下网络暴力的本、成因与文化对策》，《求索》2015 年第 5 期。

④ 姜方炳：《"网络暴力"：概念、根源及其应对——基于风险社会的分析视角》，《浙江学刊》2011 年第 6 期。

⑤ 陈代波：《近年来我国网络暴力问题研究综述》，《青少年犯罪问题》2011 年第 2 期。

⑥ 王满荣：《网络暴力的形成机制及治理对策探究》，《兰州学刊》2009 年第 11 期。

外查出身患淋巴癌，这一重大打击使她难以接受，精神恍惚地坐上公交车；在公交车上，在乘务员的一再劝说下，她仍拒不给一位老大爷让座，并说出了一时的气话"要坐坐这儿"——叶蓝秋的大腿。事件被曝光后，在短短数天时间里，叶蓝秋被千万人误解谩骂，直至为此结束生命。

2. 2013 年，一条名为"袁姗姗滚出娱乐圈"的微博热门话题出现，并很快登上热门榜首并长期占据前列；紧接着，很多娱乐媒体加入反袁姗姗的"大合唱"，甚至列出了她不受欢迎的几大理由：长相不好看、演技太做作、没有理由等。有不计其数的网友在各种论坛、贴吧、微博上攻击和谩骂她，恶搞她的图片和表情，给她带来了极大的心理压力。

3. 2015 年 5 月 3 日，一则"男司机暴打女司机"的视频在网上引起热议，网友纷纷指责施暴者张某行为不当。次日，随着张某行车记录仪视频的曝光，舆论发生了大反转——越来越多的网友把攻击矛头对准被打者卢某，认为她是"咎由自取"。且事件并未随着警方介入调查而降温，部分网友开始对卢某进行"人肉搜索"，她的身份证信息、名下车辆及其违章情况、婚恋情况、开房记录等均被曝光，其此前的驾驶恶习也被网友翻出予以抨击。

二 案例分析：网络暴力的演进过程

任何事件的发生都蕴含着一系列的步骤与演进过程，网络暴力也不例外。通过对一系列案例的综合对比分析可以发现，几乎所有的网络暴力事件都有着相似的演进过程，那就是：现实生活中的某社会焦点事件发生后，消息由各种渠道被传播至网络上，然后经由网络意见领袖和网民的"信息融合"以及集体无意识、群体极化等社会心理交互作用，逐渐升级演化成为网络暴力，最后以不同的形式走向平息，这其中往往包含造势、用势、消势三个阶段。

（一）造势：事件曝光

某一事件要成为网民关注的焦点，必定需要通过特定的渠道进入公众视线。总的来看，网络热点事件的信息来源主要是公共媒体的正式报道和网民的自由发帖、爆料，其中报道与爆料的网民又可以分为两类，一类是被某事件真正触怒，便举着正义的大旗，希望借着网络传播让更多人讨论、惩罚事件当事人；另一类则是纯粹出于无聊，希望通过曝光能引起大众广泛关注的消息来获得一些自我存在感。与此同时，为了追求更高的曝光率和点击率，广大新闻媒体经常会穷尽资源挖掘所谓的"新闻真相"，一味迎合受众的猎奇心，由此导致其所报道的新闻客观性不足，更难以完整展现事实真相，这就间接地煽动了网民的极端化情绪，从而为网络暴力事件的出现提供了可能。另外，部分网民对新闻事件的不理智揭发、转载、评论更容易催化网络大众对当事人的施暴行为，加之网络空间的匿名性、即时性、便捷性等特征提供的适宜平台，网络暴力的最终发生也就变得水到渠成了。

特定事件无论是由谁、通过哪种渠道在网络上曝光，它必定是因为能够吸引大众眼球和引发广泛讨论甚至群情激奋，才会演变成网络暴力，这中间，还必须具备一个"引爆点"，即该事件之所以能够挑动大众心弦的基本信息要素。网络暴力的"引爆点"通常与民族主义情绪、同情弱势群体的心理、仇官仇富心态、对不公正社会现象的憎恶、对社会道德沦丧的愤怒等社会心理有关。比如"虐猫女事件"当中的血腥暴力、残杀生灵，"铜须门事件"当中的一夜情、婚外情，"我爸是李刚"事件中尚未被证实的炫富性话语等，这些敏感信息一经在网络上曝光，很容易引起网友的愤慨与抨击，从而转化为网络暴力的"引爆点"。这些平时被视为"禁忌"但又时刻吸引大众注意力的话题，在网上往往极易占据网民热议的榜首，网民们为此"义愤填膺"，甚至发动人肉搜索，要开展"正义"的道德审判，仿佛让当事人惶恐不安、身败名裂、家破人亡是他们义不容辞的责任和义务。

在电影《搜索》中，叶蓝秋的举动之所以引起网民的广泛关注，显然与中国社会大众对传统道德堕落现象产生的失落感乃至愤怒情绪有着密切关系；而在袁姗姗事件中，主人公的遭遇同样与此有关，特别是广大网民对明星不择手段进行"自我炒作"现象的厌恶情绪，更直接将该事件中的某些关键信息转化成了"引爆点"，并最终导致了网络暴力的产生。在成都"女司机被打"事件中，我们可以发现，由于当前中国社会上的交通违规行为层出不穷，引起了民众的普遍反感与憎恶，尤其是很多人还亲身经历乃至遭受过不同程度的伤害，他们对此行为更是深恶痛绝。因此，打人司机的行车记录仪一经警方官微曝光，女司机的行为便触怒了痛恨交通违规行为的大众，他们"集体化"地存在于不遗余力地讨伐她的网络群体里，实施网络暴力的真正目的已经不再是使其得到相应的行政性处理，而是去进行所谓的"道德审判"，情节恶劣的交通违规点燃了大众的怒火，成为又一起网络暴力事件的"引爆点"。

（二）用势：事件升级

当特定事件在网络上初步产生"轰动效应"时，大多数的言论主体都只是因为该事件的某个"引爆点"契合了自己的娱乐消遣、释放压力等心理需要而参与其中，对网络事件本身并没有太全面的了解。因此，在事件的后续发酵过程中，持有标新立异观点的言论者往往会成为整个事件演进过程中的意见领袖，他们的观点自然也就会成为主流意见，且正如勒庞所说的："结论越是专断，语气越是肯定，对公众的影响力越大。"[①] 而意见领袖一旦形成，事件就向着"组织化"方向发展，意见领袖身先士卒，把大家想说却又不敢或是不懂如何说的话表达出来，成千上万的网民追随其步伐，通过发帖、转载、评论等方式支持意见领袖的观点，就像被打开的闸水一样涌现出来。在这种情况下，大多数网民都倾向趋从于意见领袖的观点，尽力防止因持不同的观点而被孤立，有的人即使有自己的想法也往往会成为"沉默的大多数"，一方表述而另一方倾向沉默，这便形成了一种"沉默的螺旋"效应[②]，并由此助长了一些"主流意见"的极化，这是网络暴力产生的一个重要环节。

在"沉默的螺旋"状态下，持相同意见的网民自发地聚集在各种形式的网络空间之中，相互抱团取暖，在匿名外衣的保护下，逐渐变得口无

---

① ［法］古斯塔夫·勒庞：《乌合之众——大众心理研究》，冯克利译，中央编译出版社2005年版，第33页。

② "沉默的螺旋"这一概念最早由德国学者伊丽莎白·内尔·纽曼提出，他认为，与其他动物一样，人类也具有类似的对被孤立的恐惧，以此为基础，与沉默的螺旋相关的五个假定：（1）社会使背离社会的个人产生孤独感；（2）个人经常恐惧孤独；（3）对孤独的恐惧感使得个人不断地估计社会接受的观点是什么；（4）估计的结果影响了个人在公开场合的行为，特别是公开表达观点还是隐藏起自己的观点；（5）综合起来考虑，上述四个假定形成、巩固和改变公众观念。载［德］伊丽莎白·内尔·纽曼《大众观念理论：沉默螺旋的概念》，《大众传播学：影响研究范式》，常昌富、李依倩编选，中国社会科学出版社2000年版，第140页。

遮拦；加上有了群体力量的庇护，他们感觉找到了坚强的后盾，于是变得极端而且狂热，似乎在网络舆论场里找到了宣泄现实压力的天堂，语言表达简单粗俗夸张，甚至找到了现实生活当中无法拥有的审判权力给人带来的快感，于是充当"道德法官"给人宣判。① 在这种"集体无意识"的支配下，约束个人的道德和社会机制在狂热的群体中失去了效力，"法不责众"使得他们不必为自己的行为承担责任。② 经由"责任分散"心理的推动，身处"优势集群"之中的无数网民利用社会道德话语作为其群体情绪的发泄载体，将意识、潜意识和无意识当中的很多元素进行对接融合，进而制造出强大的社会舆论，这是网络暴力得以产生的又一个重要环节。

另外，当网民团体以匿名身份在网络中产生强烈的集体认同之时，"群体极化"③ 现象随之出现。持相似观点的人在相互交谈后会固化他们之前的立场，这在群体讨论社会不公正现象时更加鲜明，群体讨论会让人们对社会不公正现象的愤怒之火越烧越旺。④ 网络提供的开放式讨论空间允许人们自由寻找与自己有相同观点或兴趣的群体，并加入到讨论之中；而在这种环境中，人们更加倾向于只听取与自己意见相同的人的言论，而不是广泛听取不同的意见，由此，"群体极化"在所难免，"网络中的群体极化现象大约是现实生活中面对面时的两倍多"⑤。群体极化一般会促进集体暴力的产生，因为它使"我们—他们"边界变得更加显著，挖空了独立的中间地带，强化了边界冲突，提高了输赢赌注，更增加了领袖发

---

① 梁丽莉：《法律规制视角下的网络暴力现象研究》，重庆大学硕士学位论文，2013年。
② [法] 古斯塔夫·勒庞：《乌合之众——大众心理研究》，冯克利译，中央编译出版社2005年版，第33页。
③ "群体极化"（又译为团体极化）概念来自社会心理学的群体决策研究，它指的是群体决策向极端偏移的现象，即群体决策在方向上与个人决策一致，但比个人决策更倾向于极端化，比如个人决策倾向于保守，那么群体决策的结果会更保守，如果个人的倾向是冒险，那么群体决策会更具风险性。载陈红梅《互联网上的公共领域和群体极化——整合视野的思考》，《新闻记者》2015年第5期。
④ [美] 凯斯·桑斯坦：《网络共和国——网络社会中的民主问题》，黄维明译，上海人民出版社2003年版，第47页。
⑤ [美] 帕特·华莱士：《互联网心理学》，谢影、苟建新译，中国轻工业出版社2001年版，第102页。

动行动反对他们敌人的机会。① 这是网络暴力事件走向高潮的一个关键环节。

在电影《搜索》中，主人公叶蓝秋"公车上不让座"的视频一经曝光，众多的网民几乎是在没有核实事件详情的情况下便对她进行了网络的语言抨击，各种情绪极端化的言论成为事件的"主旋律"。本来所占比例就不大的中立性言论随着"沉默的螺旋"效应逐渐消减，而带攻击煽动、污言秽语、谴责性质的言论则以极快的速度在网络上增长。比如，当家政所的那位小女孩儿说她愿意照顾叶蓝秋时，被老板娘和邻居们责骂"不知廉耻"；她的班主任不得不转换态度，面对媒体的采访。非理性言论的迅速扩散导致了"群体极化"，当叶蓝秋被"人肉"出来大量个人信息后，这场网络暴力事件也达到了高潮，网民们关注的焦点已经不再是让座事件本身，而是她的生活隐私。网络舆论一边倒地指责叶蓝秋，大多数网民只能盲目从众，跟随大众的思想步伐，一同讨伐那个道德败坏的"不让座"的"小三儿"，以此在网络社区中完成自我肯定，获得群体认同感。由此，在众多网民的簇拥和支持下，叶蓝秋犹如福柯笔下"全景式监狱"中的罪犯，成为网民共同围观和讨伐的对象。

在袁姗姗事件中，"关爱八卦成长协会会长"（以下简称"关八会长"）这一网络名人扮演着意见领袖的角色，他在自己制作的节目中抨击袁姗姗"长相差、演技烂，还被捧红"，在一夜爆红后还是"遭来无数黑粉攻击"。这档节目在网络上一经传播，他的这个观点就迅速吸引了无数的追随者，"袁姗姗滚出娱乐圈"更是网民每天必刷的微博话题，各种诋毁纷至沓来，甚至出现了"反袁姗姗全球后援会""反袁姗姗驻南斯拉夫后援会"这些难以置信的集体谩骂组织，而这期节目的点击率已高达百万人次。在这个过程中，沉默的螺旋、集体无意识、群体极化现象都得到了鲜明的展现，网民在意见领袖的言论指引下发表言论，各种非理性化的、缺乏独立思考的语言攻击聚集而成网络暴力，给当事人带来了无尽的心理痛苦。尽管"关八会长"后来在《奇葩说》节目上向袁姗姗致歉，坦言当时的抨击太过草率，真正接触本人及其团队后，发现她其实并非像网上传闻的那样，而是一个非常敬业、谦虚的艺人。但是，人心中的野兽

---

① ［美］查尔斯·蒂利：《集体暴力的政治》，谢岳译，上海人民出版社2006年版，第20页。

已被释放出来，事件对袁姗姗造成的伤害已经难以挽回。

与叶蓝秋和袁姗姗两起网络暴力事件相似，在成都"女司机卢某被打"事件发生后，其交通违规（"别车"）行为很快就被以视频的形式传至网络上，起初还存在一些争议的网络舆论随之开始出现倾斜，指责的声音成为主流意见。在"沉默的螺旋"效应发挥作用之后，诸如"即使她有过错，男人也不应该出手"这样的言论被边缘化，而与此同时，各种指责性语言则在一种集体无意识的推动下不断升级，趋向激烈化，导致"群体极化"现象再次出现。最后，不仅该事件本身被网民们广泛讨论，连女司机卢某的隐私（比如婚恋情况、开房记录等）都被有些网民"人肉搜索"出来并在网络上公开曝光，此次网络暴力事件达到了高潮。在该事件的演进过程中，许多网友在网络空间里进行了恶意评论，如"打得好，打得妙""女司机就是故意杀人，该判死刑""这些碧池就是欠揍""打死活该""天天开房欠收拾"……这些言论明显超出了正常的理性表达范畴，有着鲜明的攻击性特征和道德审判目标，其中所隐含的"软暴力"必然会给当事人及其家庭带来不可预料的伤害。

（三）消势：事件平息

任何事情都没有永远的高潮，随着网民兴趣的减弱，当事人出面表态，相关媒体和部门的介入干预和权威结论的公布，公共部门开始发挥"安抚"作用，网民的声讨随之恢复平静，网络暴力逐渐消势。而在此之前，网民集体施暴达到高潮阶段时，也是受害者身心创伤溃烂的时候。因为忍受不了无休止的谩骂、侮辱、诋毁，受害者的生活受到严重困扰，导致精神崩溃，有的人逃避、抑郁甚至结束生命以求解脱。[1] 与传统欺凌相比，网络暴力对受害者的自我伤害和自杀意念等内化内容造成更大的消极影响[2]，这种影响通常并不会随着事件的消势而自然结束。当然，也有些当事人在经受了一段时间的痛苦和消沉之后，表现出更为积极乐观的一面，努力采取各种善后措施，以消除公众的负面评价，使事件趋于平息，

---

[1] Mason, K. L., Cyberbullying: A Preliminary Assessment for School Personnel, *Psychology in the Schools*, 2008, 45 (4), pp. 323–348.

[2] Darryn Cathryn Beckstrom, State Legislation Mandating School Cyberbullying Policies and the Potential Threat to Students' Free Speech Right, *Vermont Law Review*, Winter, 2008.

甚至让自己有所成长。不管网络事件的受害人最后选择何种应对方式，网络暴力的气焰都会随着事件真相的"清晰化"而逐渐熄灭，但由此带来的伤害性后果经常是难以挽回的。总的来看，网络暴力事件造成的最终后果大概有三种可能：重塑形象、自我伤害和低头认错，袁姗姗、叶蓝秋和被打女司机卢某三人恰好分别"制造出了"这三种结果。

在袁姗姗事件中，因为"袁姗姗滚出娱乐圈"长期是微博热门话题，她十分压抑，乃至足不出户，也不去关注网络讯息。但后来她发觉，一味地逃避并不是明智的选择，于是开始勇敢面对。首先，她在微博发起了"爱的骂骂"活动：凡在微博中留言的，每条捐出5毛钱，然后将善款作为北京一家残疾孤儿康复机构的手术费，救助孤残儿童，用自己的力量把虚拟世界中的负能量转变成现实生活中的正能量。后来，袁姗姗的名字再次出现在微博热搜榜上，大批网友"路转粉"，纷纷在其微博下留言大喊"女神"，"袁姗姗马甲线"成为新的热门搜索关键词；微博上的各路营销账号纷纷力捧，健康与健身杂志和栏目的邀约不断，袁姗姗由此从"整容潜规则"的阴影中走出，甚至带动了许多女孩的健身热情。最后，她在TED演讲一战成名，"语言不应该成为致命的利器，网络的诞生也不应该是为了制造困扰，而是为了让生活变得更加美好；作为过去也许将来还会遭遇网络暴力的过来人，我不希望再有人因为网络暴力而受到伤害。请善用语言，让人言可敬"，这段充满睿智的演讲词让袁姗姗的形象大变，完满地从网络暴力的阴影中走出来，并成全一个快乐的自己。

然而，并不是所有遭遇网络暴力的当事人都能像袁姗姗一样勇敢坚强，并有机会向世人澄清事实真相。在电影《搜索》中，叶蓝秋原本想好好活下去，所以才去请保姆照顾准备做手术的自己。但在家政公司寻找保姆未果，并对社会大众的八卦心态和无情攻击产生了绝望，最终选择了自我了结，将自己永远定格在了人们的歉疚里。她在临死之前都没有向公众公布自己患癌的事实，也没有机会为自己辩驳或抗争，她只是通过安静地死去来说明一个道理，那就是，有些事情完全是私人性质的，与公众毫无关系，它需要得到社会大众的尊重，他人若滥用媒体资源，为了所谓的"伸张正义"来进行道德绑架，最终只能做出不道德的行为。与叶蓝秋相比，成都被打女司机卢某虽然也遭遇了严重的网络暴力侵害，但她并没有走极端，而是通过公开在网络上向网民们表达悔意和歉疚的方式将该事件平息,这种"低头认错"的做法尽管未能像袁姗姗那样"扭转乾坤",而且充满了各种的无奈情绪,更难以真正有效地捍卫自己的正当权益,但它毕竟还是避免了更坏结果和更大悲剧的最终发生。

三 网络暴力的形成机制

从上文对三个网络暴力事件演进过程的分析可以看出,网络暴力的演进过程通常会经历曝光、升级、平息三个阶段:(1)"引爆点"可以产生强烈的舆论征候,使特定事件公共化;(2)意见领袖引导舆论走向,与网民的从众心理相结合而产生的"沉默的螺旋"效应,然后在集体无意识地支配下引起"群体极化",网络暴力达到高潮;(3)当事人出面表态或传统媒体介入干预,网络暴力因网民的凯旋而迅速消退,同时,当事人的生活走向极端或是再趋平静。这种事件演进过程所表现出来的基本特性十分类似于"蝴蝶效应":形成速度快、影响力大、覆盖范围广、社会伤害深。因此,我们可以将网络暴力的这种形成机制概括为"蝴蝶效应"模型[①],其具体的形成与演进路线见图1。

在网络暴力形成的"蝴蝶效应"模型中,具有鲜明公共性的社会事件被爆料,并触碰到网民大众的某条敏感神经,就像那只在南美洲亚马孙河流域热带雨林中偶尔扇动几下翅膀的蝴蝶;而伴随意见领袖的出现,大众的盲目跟从及各种复杂的社会心理交互作用,广大网民以道德卫士作标榜,利用网络平台集体向当事人发起非理性、大规模、持续性的舆论攻击,网络暴力高潮随之到来,这就类似于那场美国得克萨斯州的龙卷风;然后,伴随能量的迅速释放,事件旋即归于平息,就好比龙卷风在肆虐之后的消退。在网络暴力的此种形成机制中,我们实际上可以发现两个关键场域——"线下"和"线上",即现实社会和网络空

---

① 蝴蝶效应,由美国气象学家洛伦兹于1963年最早提出的,意指事物发展的结果,对初始条件具有极为敏感的依赖性,初始条件的极小偏差,就会引起结果的巨大差异。与此相似,因为新媒体具有互动性、开放性、主动性、跨地域性、草根性等传播特点,任何人都可以通过它发表评论,使得危机传播的风险成倍地放大,所以,在新媒体传播中,一个微小的信息,如果不加以及时地引导、调节,将会给社会带来非常大的危害,被称为社会"龙卷风"或"飓风"。载文波《论新媒体传播中的"蝴蝶效应"及其对策》,《国际新闻界》2009年第8期。

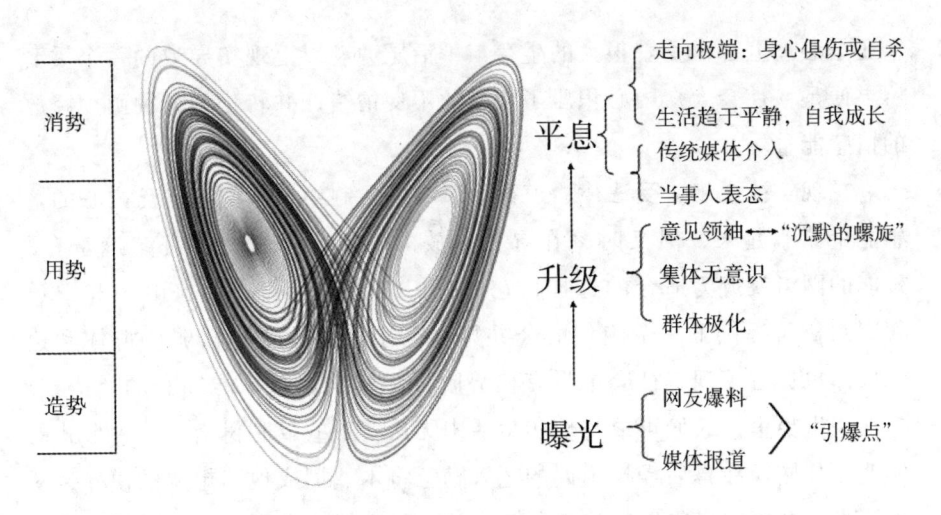

图1 网络暴力形成的"蝴蝶效应"模型

间；前者发挥着"分散性储备能量"的功能，而后者则担负着"聚合能量"以使之集中爆发的功能，二者通过网络行动者的集体行动而实现顺利对接，从而制造出一个又一个的网络暴力事件。那么，"线下"和"线上"又是如何分别发挥各自功能的呢？或者说，现实社会何以为网络暴力提供能量，而网络空间又何以将这些能量聚合起来并集中释放的呢？下面继续分析。

众所周知，中国有着悠久的"道德理想主义"文化传统，在公众的日常生活中，中国人习惯于"道德渲染"，用高尚的道德标准去要求他人，一旦有人违犯了社会主流道德规范，无论有意还是无心，大众很容易采取群起而攻之的应对方式。而且，人们并不单单讨论或者谴责事件本身，甚至本能地拒绝去探求事件真相，而是穷尽一切手段和资源聚焦于当事人的整体性道德水准或者人品，努力寻找一切证据证明他（她）就是"坏人、罪人"，即使是毫无关联的几个事件，也会被解读为道德败坏的体现。在这种情势下，当事人的任何"道德瑕疵"都可能会被无限放大，其越轨行为及其引发的事件也就特别容易招致众人的愤慨和一致谴责。同时，随着中国改革开放进程的发展，社会现代化步伐不断加快，传统的熟人社会形态正在变得支离破碎，而现代公共社会空间却没有得到较好的培育；中国民众的权利意识日趋增强，而现实社会中可供行使的权利却难以获得同步扩展，加之日益激烈的现代社会竞争，导致了很多人不论在生理上还是心理上都承受着很大的生存与生活压力。以上现实导致的一个重要后果便是：社会大众内心积压了大量的不良情绪，并转化为一种亟须释放的情感能量。

在现实社会中，受法律、道德、风俗等的制约，人们把自己内心的情感能量储藏起来，但又时刻在寻找释放的出口，天生便带有"遮羞布"效能的网络就成为适合的选择，它为人们"充分行使言论自由"和"道德审判权"提供了一个绝佳的公共舞台，让普通公众包括弱势群体和边缘群体也拥有了现实社会中只有权势阶层和知识精英才能拥有的话语权。在网络世界里，人们可以将现实生活中无法实现的权利付诸另一种形式的实践，如同躲在幕后操控木偶的艺人随意将木偶摆成他们想要的模样，从而让人的情感能量得以宣泄和释放，因此，它对无数网民有着天然的吸引力。网络空间有着鲜明的开放性特征，所以每当具有"引爆点"的公共话题在上面被曝光，网民们就可以迅速聚集，社会道德话语也就随之找到了唤起认同、发挥作用的良好空间，而且越是禁忌话语越容易激发人们的"反叛心理"和"征服欲望"，由此，现实生活中分散储存的情感能量被整合为一体而进入"发酵"程序。同时，网络又具有很强的匿名性特征，这使得网民不太担心自己的网络言论受到处罚，所以在某种"眼球吸引比赛"机制的刺激下，网民的发言会自发取向激进和极端，然后在"沉默的螺旋"、集体无意识和"群体极化"的共同作用下，网络暴力被水到渠成地制造出来。

四　结论与讨论

从上文对网络暴力形成机制的探讨可以看出，网络暴力是一种"多数人的暴力"，人们通过在网络上集体攻击与自己并无任何交集的陌生人，来宣泄对不符合个人价值观念和社会主流道德规范行为的不满和愤恨，似乎自己因此就成了社会公平正义的审判者。在匿名的网络空间当中，施暴者身份的缺失以及网络群众的盲从心理使得网络暴力兴盛起来，它在维护社会道德的话语中，却使用"反道德"的行为，在捍卫社会道德的旗帜下，却给受害者造成了不道德的伤害，这也许是中国式网络暴力最难以解决的悖论。① 在这里，我们不仅看到了一般性的社会心理运作规律，也感受到了中国传统文化形态在网络世界里的延续，更领略到了网络虚拟空间对现实社会形态的扭曲性表达。正是通过这些多元因素的融合和无数网民的积极参与以及由此而来的集体行动，网络暴力才得以在当代中国不断上演。

  网络暴力不同于现实生活中拳脚相加、血肉相搏的暴力行为，而是借助网络的虚拟空间用语言文字对他人进行伤害与诬蔑。它虽然区别于现实的暴力，但又是现实暴力在网络上的延伸，是对我国社会发展过程中积攒的大量社会矛盾的婉转表达。现实生活中有"明确反对暴力"的公共规则，这种规则同样需要被运用到网络空间中，这就要求政府相关部门去建立化解社会矛盾的疏通机制，需要社会各方努力构建一种有效的"社会安全阀"制度，以缓解或消除社会成员之间的各种冲突和敌对关系，改善民众的不满情绪和心理状态。显然，若要使网络不蜕变为一个只供个人发泄不满的非理性空间，而是真正成为"提供一个交换评论与批评的理性场所"和具有建设性意义的公共空间，更好地发挥"社会安全阀"的作用，需要网络媒体自身的努力，需要相关法律制度的完善，更需要广大网民的自觉遵守和大力支持。

---

① 李岩、李东晓：《道德话语的生产性力量及中国式"人肉搜索"的勃兴》，《浙江大学学报》（人文社会科学版）2009 年第 6 期。

从"社会"到"群":
互联网时代人际交往方式变迁研究[*]

姬广绪[**]

第 37 次《中国互联网发展状况报告》显示,截至 2015 年 12 月,中国内地网民数量达到 6.88 亿,占总人口的 50.3%,居民上网人数已过半。其中手机网民规模达 6.20 亿,90.1% 的网民通过手机上网,进行社交、娱乐、购物、支付等。[①] 随着移动互联网平台和技术的不断完善,民众的日常生活和移动互联网的互嵌性进一步深入。探讨互联网及其与人类生活的关系的研究成为人类学关注的一个新的领域。文化人类学作为对人类文化及其所蕴含的独特意义进行理解性阐释的学科,对互联网的出现及其给人类生活带来的影响给予了相当多的重视。然而,随着人们网络参与程度的加深,由其所建构起的网络环境的虚拟性同现实生活中人们基于面对面交往所建构起的真实性的差异,传统人类学在解释人际交往中的理论方法是否同样适用于虚拟空间成为互联网人类学研究的理论困境。为了应对此种理论进路的挑战,人类学在此新的田野场域开展了一系列的实验性研究,探讨与互联网相关的文化现象,将传统人类学的理论经过调整用于解释互联网文化现象。经过近二十年的发展,人类学已经逐步发展出了一套认识和理解互联网及其所承载的文化现象的基本理论,并开始越发取得共识。本文将从互联网人类学理论发展的角度对西方互联网人类学的发展

---

[*] 本文原刊于《思想战线》2017 年第 2 期。
[**] 姬广绪,中山大学移民与族群研究中心副研究员,主要研究方向为互联网人类学。
[①] 新华社:《中国大陆网民数量近七亿,超过人口半数》,2016 年 1 月 22 日,http://news.xinhuanet.com/fortune/2016—01/22/c_1117868563.htm。

及其所呈现出的阶段性特征予以梳理和评述，并在此基础上，结合中国的井喷式互联网发展现状思考如何理解当下中国互联网语境中的文化现象，尝试提出符合解释中国互联网发展问题的理论路径。

一 从交往的发展脉络理解互联网：互联网人类学理论的起点

交往和交流是所有人类文化活动中最普通的部分，也是最核心的部分，在英语中交往（communication）与普通（common）和社区（community）共享同一个词根，指的是一个地域性群体或网络群体通过互动交换物品和信息的能力。交往通常体现为以货币为媒介的物品流通或以语言为中介的意义符号的交流。

人类交往的内容是信息，信息被看作从发出者的角度最大限度地减少接受者的不确定性的信号及其集合。交往始于话语的交流，以往的交流通常要求双方能够在场并互相倾听。当然在话语的交流中非语词的信息也会伴随其中，例如身势语、音调、气场等，这些都会帮助交流主体更好地理解对方的语言信息。这就是为什么经常说社交是真实在场的，虽然交往中的语言可能是极为抽象的，然而交流却是面对面的，基于空间的具体地点的。书写的出现让交往同具体的人和地点的分离成为可能，交流不再限于当下以及物理空间的同时在场。[1] 在书写出现的早期，书写的符号并没有被统一成为可供全体社会成员共同习得的标准，因此书写中的符号依旧是相当具有特殊性，当时的文本还不能够被大多数人所理解，并且文本的可传递性也是局限在某个小群体中。西方字母系统的出现是人类交往史上一个重大突破，它带来了书写符号一般化的进程，一个语音开始对应到一个具体的具有明确含义的字母，因此书写被广泛并可信赖地在不同的族群中采纳成为交往的手段并固定下来。书写的出现极大地降低了交往的成本，同时也扩大了人际交往的半径，一定程度上摆脱了交往对于物理空间的要求。

金属造币是与字母系统几乎同时出现的，大约在公元前 700 年的吕底亚

---

[1] Goody, J., *The Interface Between the Oral and the Written*, Cambridge: Cambridge University Press, 1987.

王国（今土耳其境内）。货币的出现同字母系统一样，人类又一次实现了将大部分东西抽象为相同要素的可能。[①] 货币极大地抽象了人们的交往，使得跨文化、去地域化沟通成为可能，由于使用了货币，交换远离了面对面的物物交易，人们开始更加专注于等价、计算与数量，商品化时代得以被确立。

在字母系统出现之前，书写这样的交往方式被看作权利的象征只在官僚和王室中被使用。国王通过书写的方式下达指令，并使其隐身，因此当时书写文字被看作一种近乎神符般的象征，书面文字意味着严厉执行并且不容置疑的权威。印刷术的出现及印刷媒介的普及使得书写及阅读不再是高阶层社会群体的特权，并且剔除了书写中所包含的权力象征，可阅读的书籍真正成了一般交往的重要媒介，直到今天它依然是人们获取交往的重要手段。

从电报、电话以及手机作为代表的电子媒介交往到今天的以互联网为重要媒介的交往，同上述提到的交往一个最重要的差别在于，蕴含于其中的交往符号开始变得越发虚拟，也就意味着人际交往开始采用一种脱离实际的人和地点的比特的形式，并且这种形式以光速在人群中传播。数字化交往过程是今天人类交往发展的核心部分，它使人们在信息交往中获得了一种全新的体验。联结接性、匿名性和去中心性，这些互联网的鲜明特征开始日益嵌入到人们的交往生活中，深刻地影响着人们的社交方式和信息交流。

通过梳理人类交往历史的脉络不难发现，互联网同之前提到的书写、字母系统等一样首先是技术产品，一种以数码作为基本构成的人工制成品。从互联网诞生之初一直发展到今天，在交往的文化意义上它可以被理解为人类将交往和沟通化约为抽象二元数字的能力，并且这种能力不断地被提升。互联网与之前的交往技术一样，代表着人类抽象能力的阶段性发展，同时代表了人类交往的新阶段。同样，和货币这种以十进制为基准的人类交往的完美系统类似，互联网借助由 0 和 1 组成的二进制码进一步抽象了人们的交往，使得从任何地点到具备相应通信基础设施的任何地点的多元化、跨时空交往的信息化时代得以实现。互联网时代，社会交往开始被图像、文字所抽象，人们开始关注交往的匿名性、非即时性及信息的可编辑性，海量的信息爆炸性地出现，互联网与交往中人性的讨论开始随即

[①] ［英］丹尼尔·米勒、［澳］希瑟·霍斯特主编：《数码人类学》，王心远译，人民出版社2014年版，第6页。

成为一个热门话题。① 从人类交往的历史来看,无论是货币还是今天的互联网,都引发了人类社会关于社会交往的普遍进步,同时它们也都是人类改变世界,增强社会性的企图呈现。

互联网的发展的确日新月异,其服务于人类交往的目的也是其当下发展的重要目标,然而同所有的交往技术,例如书写一样,其发展的初期并不是服务于日常交往的。在诞生之初的几十年里,互联网一直是服务于军事目的、学术网络构建以及商业领域的,尤其是在美国和欧洲。当美国在1993年将互联网作为一项公共物品向社会推广时,全世界互联网使用人数是300万,五年后人数增长到了1亿。据国际电信联盟预测,2016年底全世界使用互联网的人口将达到35亿,占世界总人口的一半。所有的人类发明的技术没有任何一种能像互联网这样在如此短的时间内渗透到如此多的人口中,因此从社会交往的角度探讨互联网作为人类社会最重要的交往媒介,对文化及整体社会进程产生的影响将会是人类学可以同货币、书写系统等经典人类学研究对话的重要领域。海因在《虚拟民族志》中写道:

> 作为分析的起点,把技术的任何特征仅仅看作是理所当然的,并简单地认为事情本来就是那样的,这是毫无助益的。我们对互联网及其特性是什么的信仰就像阿赞德人对巫术的信仰、英国人对亲属关系的信仰和美国人对免疫系统的理解或其他民族志的主题一样,是可以进行探索的。②

对于研究者来说,虽然互联网人类学看上去是一门很年轻的学科,但其并不缺乏根基,相反,它是根植于传统人类学关于交往的文化研究中的一棵新芽,而人类学关于交往的研究深深扎根于无论是西方还是中国的人类学研究的传统土壤中。简单来说,互联网人类学就是以研究互联网科技的社会文化影响为研究方向的人类学子学科。

---

① Madianou, M. and Miller, D., Mobile Phone Parenting: Reconfiguring Relationships Between Migrant Filipina Mothers and Their Left-behind Children, *New Media and Society*, Vol. 12, No. 3, 2011, pp. 457–470.

② 卜玉梅:《虚拟民族志:田野、方法与伦理》,《社会学研究》2012年第6期,第217—236页。

互联网本身同其他所有的人造物一样，凝结了人的社会关系，人与互联网的关系以及互联网中所展现的人际关系（人如何使用互联网，同时互联网如何影响人类生活）可以很好地帮助我们认识并理解互联网时代的社会关系。互联网所体现的是人类在经历了数千年与自然的斗争之后，我们的物种所达到的知识和社会组织水平已经容许我们生活在一个根本上是社会性的世界之中——信息时代。[1]从人际交往的发生论角度，并不是互联网出现改变了我们，而是我们在企图通过互联网来改变社会交往的呈现方式，而这一种发生学逻辑正是人类对于"连通性"交往这一需求的基本渴望。

二 西方互联网人类学理论发展进程：从社区恢复到亲密关系建构

人类学对互联网的研究起初关注的是对于互联网的使用，也即通常所说的科技驯化（domestication of technology）[2]。在对互联网的技术驯化过程中，移动互联网的使用，表现在手机的使用上是最为明显的。从2000年开始，一系列关于手机使用的研究集中展示了互联网人类学中技术驯化的理论图示。例如 Barry Brown，Nicola Green 与 Richard Harper[3]，Katz 与 Aakhus[4]，Fortunati[5]，Ling[6]，Ito，Matsuda 与 Okabe[7]等人的研究归纳出

---

[1] Manuel Castells, *The Rise of Network Society*, London: Blackwell Publishers Ltd., 2000, p. 578.

[2] Haddon, L., *Information and Communication Technologies in Everyday Life: A Concise Introduction and Research Guide*, Oxford: Berg, 2004.

[3] Barry Brown, Nicola Green, Richard Harper, *Wireless World: Social and Interactional Aspects of the Mobile Age*, London: Springer, 2002.

[4] Katz, J., Aakhus, M., *Perpetual Contact: Mobile Communication, Private Talk, Public Performance*, Cambridge: Cambridge University Press, 2002.

[5] Fortunati, L., The Mobile Phone and Democracy: An Ambivalent Relationship, in Kristof Nyiri ed., *Mobile Democracy, Essays on Society, Self and Politics*, Vienna: Passagen Verlag, pp. 239-258.

[6] Ling, R., *The Mobile Connection*, San Francisco: Morgan Kaufman, 2004.

[7] Ito M., Okabe, D., Matsuda, M., *Personal, Portable, Pedestrain: Mobile Phones in Japanese Life*, Cambridge M. A.: MIT Press, 2006.

了手机作为移动通信技术如何在使用中连接了使用者的社会关系,这其中包括 Ito 与 Okabe 研究的日本青少年的手机短信文化,透过手机短信青少年们保持了一种双向的联系。手机依托移动互联网所带来的社交能力的提升和私密领域社会关系的联结无论是在日本,还是牙买加人的社区[①],抑或是中国的女性农民工[②]身上都有很集中的体现。手机通话、短信息以及今天被广泛使用的微信等通信手段能够有效地支撑社交网络的维系,并从中获得更好的私密性,在一定程度上凸显了涂尔干所强调的"有机团结"。这一时期的互联网研究,主要强调互联网的信息传播功能以及它在社区团结的恢复和建构中的力量,将互联网看作催生社会更加广泛合作及社会交往的重要工具。以上的这些研究都从网络线上空间的人际互动出发,侧重于对比真实的物理空间,网络空间更加具备整合人际交往,突破地方社区与家庭物理空间局限的能力。因此,在互联网出现的最初阶段,相关人类学的研究更加强调虚拟与现实的空间的差异,利用田野作业获取的材料放大互联网的联结优势,希冀于利用互联网的工具性手段弥补现实人际交往的不足。

在互联网发展的早期,即在被称作"Web 1.0"时期的时候,线上经验更像是读一本书,而非共享对话。起初,人们认为线上群体的成员几乎没有物理接触。在线上社区刚成立时,参与者总是被假定为警觉地维持匿名性。至少在表面上看,成员所参与的诸多互动转瞬即逝,且在本质上往往是信息性或功能性的。[③] "虚拟社区"这个术语最早的提出者,网络先驱霍华德·莱因戈尔德在 1993 年提出这个概念时,也将关注的重点放在了线上交往,强调"足够多的人进行足够长时间的公共讨论,伴有充分的人类情感,在赛博空间形成个人关系的网络"[④]。线下交往和线上交往的互动还没有在这时期的研究中形成观察的视角和研究的切入。而到了

---

① H. A. Horst and Daniel Miller, *The Cell Phone: An Anthropology of Communication*, Oxford: Berg, 2007.

② Cara Wallis, *Technomobility in China: Young Migrant Women and Cell Phones*, New York: NYU Press, 2013.

③ [美] 罗伯特·V. 酷兹奈特:《如何研究网络人群和社区:网络民族志方法实践指导》,叶韦明译,重庆大学出版社 2016 年版,第 9 页。

④ Rheingold, Howard, *The Virtual Community: Homesteading on the Electronic Frontier*, M. A.: Addison – Wesley, 1993, p. 5.

"Web 2.0"时代，交互数字平台和社区开始在网上涌现，在交互的平台上，社区成员和用户可以主导生成内容和意义，社区的开放性更高，信息的分享和发布变得不再由社区管理员主导，线上和线下的互动性也变得越来越频繁。这个时期，"虚拟"与"真实"逐渐成为发展互联网人类学理论需要辨析的概念，很多的研究开始不再把虚拟和现实看成彼此独立的空间。科尔曼在《通往数码世界的民族志方法》一文中提到，"大部分的研究不再将现实生活与网络生活区别对待，明显的区分不复存在"[1]。他察觉到，在学术界对于数码世界的讨论中虚拟和现实的边界开始变得越来越模糊，而融合的趋势变得越来越强，这样的趋势也恰好被现实的互联网和数码实践所印证。人们对于互联网的所有的实践经验都指向了虚拟空间和现实空间的融合，因此这样的融合论像一种近乎宗教的预言，不需要任何的批判就开始在学术界蔓延开来。[2] 在学术界我们能够发现，虚拟与真实从一开始就被一种天然的二分法建构起来，现实世界被形容为真实的，网络世界则被形容为虚拟的，而即便出现了所谓的"融合"，虚拟与真实的对立也是根深蒂固地烙印在研究者和实践大众的头脑中。而该如何正确看待互联网所承载的线上世界和线下世界，人类学家爱德蒙·利奇早在20世纪60年代就给了我们启发，他在《反思人类学》一文中说：

> 我们的任务是理解和解释所发生的事情，社会如何运作。这就像一个工程师试图向你解释一台电子计算机的原理，他不会花时间和你细分每个螺母和螺栓。他关心的是原理，而不是东西。他会用最为简洁的数学方程，如 $0+1=1$、$1+1=2$ 等来表达这些原理。这些数字代码代表了信息传输中的正冲与负冲。[3]

螺母和原理的关系对于在当今互联网世界我们该如何看待虚拟和现实的

---

[1] Coleman, E. Gabriella, Ethnographic Approaches to Digital Media, *Annual Review of Anthropology*, Vol. 39 (2010), pp. 487–505.

[2] Rogers, Richard, *The End of the Virtual：Digital Methods*, Amsterdam：Vossiuspers UVA, 2009.

[3] Leach, Edmund R., Rethinking Anthropology, *Rethinking Anthropology*, London：Robert Cunningham and Sons Ltd., 1961, pp. 1–27.

关系颇有见地。互联网和物理空间的关系如果用利奇所说的能指和所指的关系来加以阐释相信可以在很大程度上避免前文所说的简单二元论的论断。

相应的，美国加利福尼亚大学人类学教授汤姆·毕昂斯托夫（Tom Boellstorff）在探讨建立数码人类学理论与研究方法时提出了一套和利奇所说的能指所指的理解方式类似的方法——指示理论（indexical theory），用来理解和反思数码人类学。指示性理论来源于语言人类学，强调符号与被指示物之间的因果关系，并同时将特定的时空环境联系到指示关系中，讲求在情景中获得和理解意义。① 由语言学中的"情境性指示关系"推演，互联网人类学可以利用此种关系来思考互联网世界中的真实和虚拟的关系。虚拟和真实不再是简单的二元区分，而是共同作用于同一情境下，面对多元空间的多元身份建构起的一种新的社会现实。指示性关系超越了线上和线下二元对立的同时，又可以很巧妙地避开简单的"融合论"，就像是没有人会认为能指和所指会融合为同一一样。

在这一阶段，随着互联网人类学的研究逐步深化，人类学家对于互联网的关注目光渐渐地从初期的技术驯化的角度移开，开始关注互联网人际交往所产生的中介性问题。Ling 在《新技术、新联系》一书中通过回溯涂尔干、格夫曼、柯林斯等人的研究，重新利用其以往的研究材料再次确认以手机作为中介的媒介化交往绝大多数时间都是存在于朋友和家庭成员的内圈中，因此，Ling 将手机称为"亲密领域的工具"（tool of the intimate sphere）。通过回溯涂尔干的社会团结理论，Ling 认为依托手机为媒介所形成的社会交往达到的是一种"有限的团结"（bounded solidarities）。②

许多手机的使用习惯，例如随处可见的在公共场所的私人语音通话，短信编写以及微信聊天，都被看作个人透过手机联结各自私人关系，从而达成将自身从物理空间中抽离，专注于网络空间关系（absent present）的典型现象。③ 手机的私人化关系建构的属性在接下来的研究中开始被确认，这也导致了对于互联网的讨论被导向了一个新的方向上，一部分的人

---

① Duranti, Alessandro, *Linguistic Anthropology*, Cambridge: Cambridge University Press, 1988.
② Ling, R., *New Tech, New Ties*, Cambridge M. A.: MIT Press, 2008.
③ Gergen, J. K., Mobile Communication and the Transformation of the Democratic Process, in Katz, J. E. ed., *Handbook of Mobile Communication Studies*, Cambridge M. A.: MIT Press, 2008.

类学家开始关注互联网中介的传播所带来的交往个体化问题。互联网中介交流的个体化是同早期互联网研究的驯化理论所强调的社区重生和社会协作的假设刚好相反的，前者更多的是探讨人类社会的媒介化交往是否最终会走向公共参与度的下降以及社会凝聚力的降低。Kim 等人在 2007 年的研究中发现，虽然在即时信息交往中联系人名单众多，然而真正存在紧密联系的对象仅限于少数的朋友和家人。[①] Wallis 在中国北京的女性农民工中的调查也发现，尽管她们的手机中联系人很多，然而经常联系的也仅限于老家的亲戚和同在北京的个别老乡，互联网交往的私人属性逐渐被证实。从这样的结果不难推论，互联网媒介的交往机会的增加并不会显著地增加新的社会联结，而是明显地加强了既有亲密关系的联结强度。传播手段和交往手段的多样性，满足了人们在日常生活中对于亲密关系的巩固的需求。如果从虚拟和现实二者之间的关系考虑，互联网为媒介的交往具备突破物理空间的变革性，但这种变革并不能够完全摆脱地域，超越既有的社会关系及社会联结。因此从上述角度观察，互联网世界中虚拟和现实的关系建构在这时期的研究中显现出了挣脱以往二元论的萌芽。

三 从"社会"到"群"——中国的互联网人类学研究

如前文所述，以美国为代表的西方社会经历了充分的工业化和信息化革命，有关互联网的研究已经经历了学术界和社会大众近 30 年的全方位讨论，已经成为所有研究者在从事相关研究中的"常识"（common sense），因此关于互联网人类学的理论进路发展相对成熟，并且关于网络民族志的实践指导以及规范性要求也做得细致到位。

中国的网民已经超过了总人口的一半以上，这意味着中国已经开始步入网络社会，网络化生存的特征开始在整体中国社会的发展进程中显现并嵌入到民众的日常生活中。在讨论中国的互联网人类学研究时，为了便于廓清时代特征，并更好地呈现中国人类学对于网络社会的研究，将中国进入网络社会前后的社会发展做比照一种可取的方法。周大鸣教授在中国社

---

① Kim, H., G. J. Park, H. W. & Rice, R. E., Configurations of Relationships in Different Media, *Journal of Computer-Mediated Communication*, Vol. 12, No. 4 (2007), pp. 1183–1207.

会发展状况的分析中将社会发展看成一种从地域社会到移民社会的转型,从这个变迁的路径中能够清晰地发现中国社会中家庭关系、社会关系及社会整合的变化过程。[①] 类似的,笔者从网络社会发展的角度进一步地将中国社会的发展看成一种从地域社会向网络社会的转型,而在这个过程中,网络技术的不断扩展起到了关键性的作用。由此互联网对于当代社会所遭遇的文化转型的影响力就可以在一定程度上被放大,便于观察。

中国的互联网发展与全球数码科技的发展几乎是同步的,也就意味着中国的社会发展实际上是有着数码科技的重度参与的。从20世纪90年代互联网的兴起,到今天智能手机无孔不入地嵌合进人们的日常生活,所有这些都意味着现在的科学研究必须考虑到科技及互联网的因素。然而中国在经历社会发展的进程中又体现出了和西方社会的反差,对于互联网的接纳程度体现出了极大的内部差异,尤其是地域性的差异。中国社会正在经历一场深刻的文化转型,从乡土社会到市场经济,从乡土社会的终结到网络社会的崛起,这是一个漫长的渐变的过程。在这样的过程中伴随有人口的空前移动,有人对于自身生活方式的新的选择,同时伴随着物理空间的流动以及社会身份和文化身份的变化所引起的价值观念的重构等一系列现象。互联网技术的扩张同这种渐变的文化转型过程是同步发生的,当技术遭遇转型,前述的现象又开始有了一种新的面向,接下来笔者将从人口移动与现代互联网技术的互通互联、媒介文化与生活方式选择以及技术嵌入与价值观重构等方面论述由技术扩张所带来的当下中国的变迁轨迹。

自20世纪80年代开始,中国的改革开放带来了农村人口的大范围移动,从西到东,从北到南,从农村到城市的人口移动构成了中国移民社会的总体特征。人口的流动打破了以往中国地域社会运行的基础,人际交往的形式和内容也开始发生了巨大变化,从以往依托于村落、集市以及共同的仪式活动等的地缘性交往转变为依托于互联网技术及各类社交媒体的网络化交往,交往内容也开始由互联网交往的匿名性、开放性而变得更加多元化。移动性的增强要求人际交往具备一种更加脱离地理空间的能力,正如中国最大的两家通信网络运营商的名字——"移动"和"联通"。互联

[①] 周大鸣:《都市化中的文化转型》,《中山大学学报》(社会科学版)2013年第3期,第98页。

互通成为当今时代人际交往的基本特征,而其中移动互联网的普及以及多种网络社交媒体的可获得性支撑起了今天网络社会人际交往的实现。从地域社会向网络社会的转变是总体社会特征的改变,围绕着此种改变,国内诸多学科都敏锐地察觉到了此种变迁过程的研究意义,由此关于中国社会互联网发展及其社会影响的研究开始出现。

杨善华、朱伟志通过对于珠三角农民工的手机消费文化和心态的解读,表明手机作为重要的社交媒介对于农民工在移动的信息化时代适应城市生活方面的作用。① 曹晋利用人类学民族志的方法对上海的家政钟点女工的手机使用进行了详细的传播学分析,探讨手机的使用如何重塑农村妇女的社会地位,这群撒家舍子的女人如何利用现代传播技术维持履行自己的母职。② 邱林川则从传播学和政治学的视角,利用人类学的民族志式的观察将中国南部的外来务工人员定义为"信息贫乏阶层",强调移动电话的使用对于该群体的生存的重要性,同时也揭示出技术层面的发展并不能够解决这个群体在宏观上所面临的歧视。③

从上述的研究发现不难看出,网络社会的发展实际上已经开始将网络和个人看作两个基本单位,这同传统的地域社会以家庭作为基本单位发生了巨大的变化。人已经从"社会人"转变成"网络人",也就是说个体一方面继续工作和生活于自己的组织、家庭以及更大的邻里中,然而他们还有一重更加重要的身份,那就是他们还会以与现实身份相同或不同的角色进入网络社会中,并在其中大范围地移动。由于网络空间的无限性以及个体在网络空间中的自由度,使得相对于网络空间来说,真实的物理空间开始变得相对缩小。同时由于个体之间在网络中的交往日益频繁,程度日益加深,加之个体多重身份的重叠,传统的本地团体开始碎片化,无论是社会还是社区,无论是家庭还是社会组织。

---

① 杨善华、朱伟志:《手机:全球化背景下的"主动"选择——珠三角地区农民工手机消费的文化和心态解读》,《广东社会科学》2006年第2期,第168—173页。

② 曹晋:《传播技术与社会性别:以流移上海的家政钟点女工的手机使用分析为例》,《新闻与传播研究》2009年第1期,第71—77页。

③ [美]曼纽尔·卡斯特尔、[西班牙]米里亚·费尔南德斯—阿德沃尔、[中国香港]邱林川、[美]阿拉巴·赛:《移动通信与社会变迁:全球视角下的传播革命》,傅玉辉、何睿、薛辉译,清华大学出版社2014年版,第71页。

互联网和社交媒介的大范围普及让人们对于自己的生活有了主动选择的机会，张扬个性与互联网互构维系了今天独特的文化多样性生态。以往的地域性社会，个体的言行举止需要受到集体的检视，不可逾矩，否则将被视为异类进行道德的规训，因此在传统的村落及社区中，同质化的行为及社交剥夺了个体的生活选择的多样性。然而网络社会同地域型社会在个体行为机制上有着极大的反差。在网络社会中，所有的个体的身份必须是通过获致而取得，而不是传统地域型社会的先赋型身份，每个人必须在网络中主动、恰当地找到各自的位置，并尽可能地在所属位置上展示自己的价值，否则将会被孤立或排斥在群体之外。展示自身价值的过程就是一个形塑身份，建立认同的过程，因此，网络社会是培育小众文化及各种亚文化的理想场域。关于各式各样的亚文化的研究构成了互联网人类学的一个重要内容，其中包括同性恋群体、御宅族、动漫群体等研究。在多数的研究中，互联网及社交媒体被看作"弱者的武器"，用来回避主流话语对于这些群体的不理解和抨击。

互联网的发展不仅是给人们提供了一种新的生活选择，同时也开始重构人们的价值理念，即人的行为价值不再以集体的或国家的价值取向作为终极标准，一种趣缘团体的价值取向开始被倡导。人的行为价值开始在关系中被认定，一种"群"生活开始在网络人中悄然发生。以微信为代表的社交媒体让社会成员之间联系的网络更加虚拟化，并且个体之间的相互联系和沟通在不断地得到加强。一种与虚拟化群体生活有所偏好的建群行为无意之中虚拟化地满足了现实文化里人们对于"群"的亲和力。但与此同时，社会开始借助一个个微信群分化为多元存在状态的可能性也在不断地加强。"群"生活开始成为今天人们网络化生存的真实写照，以趣缘为纽带所形成的同质化的个体借助虚拟的网络所形成的"群"与现代所倡导的涂尔干式的有机团结的"社会"共存。从文化的意义上而言，微信使得以往在有机团结的社会中一直被强调的相互分离开来的、更加有效率的社会虚拟般地又被联结在了一起，有机团结曾经是一种社会团结所渴求的最为理想化的目标形式，我们一直在努力地实现，然而在今天的网络社会却被以微信为代表的现代技术开始一点点地瓦解。由此可以看出，以微信为代表的新社交媒体的出现使得有机团结这种使人从"群"中分离的技术开始失灵而难于发挥实际的作用，这是一种社会重构的信号，是一种网络社会条件下文化转型的重要表现。

四　结　语

工业化给欧洲乃至全世界带来了彻底的革命，涂尔干、马克思、齐美尔和韦伯等人正是在欧洲工业化的进程中脱颖而出的社会学家，他们关于工业化进程的社会理论给全世界留下了宝贵的学术遗产。当这些社会学家在工业化这篇肥沃的处女地积极耕耘之时，世界正在发生着巨大的改变。以往的扩大式家庭和主干家庭开始在工业化的影响下变得越来越原子化，人的移动性开始同以往相比大大增加。城市开始变成生产和交易的中心，欧洲的农村开始衰落，原始的生活方式所剩无几。正是在这样的急剧变迁的场景中，出现了滕尼斯的"社区"和"社会"的概念，马克思的"自为阶级"和"自在阶级"的概念，涂尔干的"机械团结"和"有机团结"的概念，以及韦伯的理性主义的概念。这些概念和理论无一例外都是用来解释当时工业化的生产对于社会的潜在影响的，所有的概念都是用来解释个体和集体之间的二元关系。作为技术史上又一次重要的革命，互联网的出现无疑对于人类社会已经产生了重要的革命，它的影响力以及对于社会的变革意义虽不像当年工业革命对于欧洲社会的影响之显见，然而从科学研究的角度来看，遵循相同的路径似乎会给我们相当大的启发。毕竟无论是工业革命还是信息革命都最终会影响到我们对于个体、集体进而社会的认知。由此，对于互联网的研究应该逐渐成为网络社会研究的核心问题。互联网人类学就是建立在对于人类社会交际关系的独特理解上的，利用民族志方法对互联网媒介进行持续的观察能够更好地理解当下人际交往媒介的社会文化语境。人类学的发展无论西方还是中国都在经历这一种新的语境的转换——伴随着全球化的进程，所有的个体都开始被裹挟到彼此密切关联的世界体系之中，人类学所面临的研究对象不再是与世隔绝的桃花源。信息时代所带来的动态性、复杂性及关联性要求人类学家必须重新思考研究对象以及人类学的学科定位和研究方法问题。

互联网人类学的理论核心体现的是一种广泛的沟通及信息的分享，而沟通和分享的精神历来就是中国团体社会中人的实践传统，无论是传统社会的祭祀先祖祈求得到庇佑的祖荫思想，还是现代社会令人目眩的各式各样的社交媒体。互联网人类学理论的发展进路始终围绕人展开,研究人在互联网时代的各种行为的文化意涵,着力解决人在互联网时代的社会问题,因此互联网人类学同今天所大力倡导的公共人类学有异曲同工之妙。①

当今中国正在发生着巨大的社会变迁,诸多的社会问题亟待解决,而人类学作为以人及文化为研究对象的学科势必也需要参与学科与应用的对接。从20世纪90年代互联网进入中国后,中国的社会依托互联网技术已经开始发生深刻的变革,同时也引发了很多迫在眉睫必须解决的问题,例如数字鸿沟、互联网信息安全、互联网犯罪等。无论是在经济发达的珠三角地区,还是在亟须产业转型的东北老工业基地,外来人口及下岗职工的信息生态现状以及在这些社会底层群体中反映出的"信息匮乏"(Information Have-less)的境遇成为学者关注的重要话题。② 信息匮乏阶层的出现所反映出的,不仅仅是简单的数字鸿沟,其背后更多地还是经济地位及社会层化的问题,涉及区域的经济发展和社会转型。另外,伴随着互联网的发展,个人的信息安全及相关的互联网犯罪日益受到人们的关注,由技术双刃性所引发的信息安全议题逐渐地被学术界重视,因为这不仅关涉到社会安全,同时也是中国的互联网能否持续健康发展的关键问题。

综上,进入21世纪以来,互联网人类学成为人类学发展中一个十分显著的新的方向,然而对于中国人类学而言,仍旧是一个新生事物。如果按照上文所述的互联网研究的人类学历史基础及其实践来说,中国的互联网人类学显然并不是一个完全新生的研究领域,因此并不是简单的"关于互联网的人类学研究"而已。其在同人类学传统研究领域的理论对接以及对于现代社会问题的理性分析之能力都暗示着互联网人类学是一门和现代生活联系紧密的分支学科。互联网人类学在西方的产生以及在中国的发展,不但为理解当今社会提供了一个更加广阔和新颖的学科视角,同时也提供了一个可以整合人类学资源,促进人类学同公众沟通和对话的平台。互联网人类学未来在中国必将大有所为。

---

① 周大鸣、段颖:《公共人类学:21世纪人类学发展的新趋势》,《民族研究》2012年第3期,第35—45页。

② 参见邱林川《信息时代的世界工厂:新工人阶级的网络社会》,广西师范大学出版社2013年版。

人类学视野下"新社群——微信群"研究[*]

娄芸鹤[**]

"社群"（Community），在人类学、社会学领域里是指人类在某些特定边界范畴、地域或者领域内所形成的社会关系的集合。在数字技术日新月异的时代，"社群"的概念被广泛地应用于网络空间里的各种新生社会关系现象的描述，尤其以微信为代表的网络社交媒介上线后，微信的"群"便突破了传统的人类学、社会学领域里的对于"社群"概念的界定，其词域范畴随着微信平台功能的日益丰富和拓展，而逐步成为人类社会"新社群"概念的典型代表。

微信（WeChat）是腾讯公司于 2011 年 1 月 21 日推出的一个为智能终端提供即是通信时的免费服务软件。该软件不仅提供公众平台、朋友圈、消息推送等功能，用户还可以通过"摇一摇""搜索号码""附近的人"扫二维码方式添加好友、订阅号和关注公众平台，用以获取新关系、新的信息等；同时微信也具有将文字、语音、图片、视频，或者定制化的内容分享给"好友"，以及将精彩内容及时分享到微信朋友圈等"自我传播"和"自媒体"的功能。由于微信是继 QQ、Facebook、Twitter、Instagram、WhatsApp 等世界几大社交软件平台之后推出的，至 2016 年，非官方统计（腾讯数据），微信软件已经迅速覆盖了中国地区的 90% 以上的智能手机用户；与此同时，微信的海外用户也在持续增长，几乎遍布各个国家和地区。由此，借由微信软件平台所建立起来的跨越国界、地域、民

---

[*] 本研究获得南洋理工大学社会学系的支持。

[**] 娄芸鹤，副教授，北京大学社会学系博士后，上海外国语大学贤达经济人文学院文化产业管理学院院长、学科带头人。

族、文化、宗教信仰等界限的"新社群——微信群"出现了,这种"新社群"平行于人们的现实生活之中的传统社群关系,以终端在线的形式存在,这使得微信不仅成为当前影响中国人生活方式、生产方式、思维方式的重要因素,也逐渐成为影响世界人类文化发生与发展的重要因素。

在人类学的视野下关注和研究这种新社群文化的发生和发展,必会"将我们的注意力引向大量的实际和抽象观念、意义、社会实践、关系、语言和符号系统"[①]。研究"新社群民族志"首先需要界定相关概念,笔者认为"新社群"(new community)是指在线上空间里形成的社会集合体,具有足够的人进行、足够长时间的公共讨论,伴有充分的人类情感,享有共同的行为准则或特定的实践意义。是基于数字技术(WeChat)的发展所发生的人类新的社会文化实践和生活方式。从整个"新社群"存在的角度来看,每一个群都有自己的个性、主旨和相应的精神建构,所以,笔者把不同的群的存在称作"群主体";同时,与之相对应的,作为群主体之中的个体成员,称作"群个体",每一个"群个体"也具有其独特的个性和行为模式。

一 "新社群"的"平行性"(Parallel)和"多重性"(Multifaceted)特征

"新社群"作为现代人类的一种社会关系存在形式,与传统社群不同之处在于其具有线上线下生活方式的"平行性"和"多重性"的特点。

(一)"新社群"的平行性

"新社群"的线上线下生活方式平行性是指它既可以同时平行存在于现实社会的生活中,也可以同时平行存在于网络空间中的各个"群"。

对于大多数智能手机(或终端)的用户,通常会拥有一个或者多个电话号码。因此也就可以开设一个或多个微信号ID。以这些ID作为特定个体的身份,通过自己邀请组建自己的微信群,作为"群主";或者通过

---

① [美]罗伯特·V. 库兹奈特:《如何研究网络人群和社区:网络民族志方法实践指导》,叶韦明译,重庆大学出版社2004年版,第32页。

直接加入、被推荐、接受邀请，以及"关注"等功能加入不同的微信社群里，成为群体里的群个体成员是微信群建立的基本方式。作为群里的一员，群个体可以积极参与微信群的线上沟通、互动活动，也可以隐藏在群里沉默不语，只观察和聆听；由于各个群的"群友"关系或各自独立，或互有交叉，或相互熟识，或完全陌生（因为由其他群友引荐进群），所以，作为群成员的个体可以选择公开社会现实生活中的真实身份，也可以选择对其他群个体隐藏或者对部分群个体隐藏社会现实生活中的真实身份。正是由于这种隐藏功能，使得群成员个体可以在微信的"新社群"里，抑或不同的"微信群"里表现出与现实社会中完全相同或者不同的人格和行为模式，而彼此不形成必然的联系或者影响。例如：在名为"百泉汇海传统文化精髓"微信群里，群主"天净月自明"在现实生活中是一个成功的生意人，在该群中，则是一个致力于传播中国道教传统文化的师长角色；以"水滴"为微信名称的群个体，在现实社会中是位教师，在"寻道路上"和"幸福大学心灵茶会"的群里则是道教文化的传播者。不论是群主还是群内个体成员，在保持现实生活社交活动的同时，在"新社群"里所呈现的角色却不一定与现实生活中的传播者，角色、身份一致。因此，只要有互联网信号的支撑，手机或者智能终端就可以给群个体成员创造一个在线上、线下平行进行的社交生活模式。

"新社群"的基本功能之一是满足个体成员之间的交流和互动，其平行性又可以表现为群个体成员在群互动的同时又可以独立互动。例如，群个体成员可以透过不同"群"之"群体成员"之间交流和互动分享的信息、资料等获取自身所需，这种获取既可以是知识、信息的获取，也可以是生活、娱乐、各种活动、商业资源和资料……当群个体成员对于某些对象发布的信息感兴趣的话，可以对此人发出"邀请"，进而形成相对独立的交流，建立新的"朋友关系"。该"朋友关系"又与"新社群"群体关系平行存在于线上。

"新社群"的这种平行性，给群之个体成员创造了巨大的人格释放空间，也无形之中提升了现实社会之中人与人之间的交集、交际的机会和概率，不同文化、知识、宗教信仰、不同成长背景、不同社会阅历以及不同社会身份的人会集在一个"新社群"里的概率大大超过传统社会的人际关系交集可能性，也避免了传统社交之中的地位悬殊、身份介绍、寒暄、客套、应酬等诸多令人尴尬、烦琐的环节。这种社交关系、生活方式建立的模式也是数字技术促进人类社会发展的必然结果。

(二)"新社群"的多重性

"新社群"的多重性,包含"群个体多重性"和"群主体多重性"两个方面。

"群个体多重性"是指基于线上环境下的"群个体"自身人格多重性的呈现,也是指"群个体"参与多个社群所表现出的社交关系的多重性,其多重性还反映在群个体对于多元化社会生活方式的需求与参与。

"新社群"将大量的、主题式的、似乎是被广泛认可的信息内容、意识形态标准等,以多种内容形态、不间断地呈现于终端,并且成为人们可自然获得的信息,那些曾经构成人类对于文化知识和社会经验获得的传统教育体系被替代,现代性的自我认知和外部认同构成模式,已被预先干预。"新社群"的建构宗旨和建构方式,已经预先设定了任何一种关于人类行为活动的价值和理念的解读方式,使得"群个体"成员将对于自我认知的体验过程,在不同的"新社群"空间里也得以反复实践,从而体验新的经历、不同生活方式、价值观和认同所得来的不同的经验感受;还可以依照自身意愿来改变和修正自身的认同性。在现实社会生活中的身份限制、被赋予的期望、被关系织成的网所造成的压力和困扰等因素,一方面在"新社群"的虚拟空间里得以释放和补偿,另一方面"新社群"个体的多重性也会引起人们对于自我认识、社会认同等诸多关系的混淆。由于群个体的多重性是隐性存在于线上社群空间里,因此会造成观察和描述的困难。"新社群"个体自我认同或者价值认同的多重性(网络社交心理与人格多重性)及相关问题,也将会逐渐引起人类学、社会学学者们的关注。

相对于"群个体多重性"观察和描述的难度而言,"群主体多重性"则是指"新社群"形成的本身更多地取决于群主建群时的主旨、目标,建群的方式等,同时,群内分享的信息、事件、内容等,都具有跨文化、跨信仰、跨种族、跨国界等特性。"新社群"的群主体多重性案例极其丰富,因为不涉及个人隐私环节,相比于群个体的多重性则更容易显现和观察。

在选取"新社群"多重性的最有代表性案例时,笔者将藏传佛教喇嘛和信徒所建的微信群作为研究对象，并开展相关的访谈和调查。在以藏传佛教喇嘛和信徒们之间所建立的"新社群"里主要使用藏语，在与藏语系以外的社群互动时多采用微信上的语音聊天功能。喇嘛们很喜欢苹果手机，这得益于乔布斯在进行苹果手机语言功能的设计时，率先在语言功能中增加了藏语文字识别系统，这使得藏人原本受制于文字语言不通与其他地区沟通不畅的状态得以改善。

笔者在青海同仁地区进行唐卡文化产业的考察期间，通过与隆务寺、吾屯下寺的喇嘛们的交流和专门的访谈，了解到该地区的喇嘛们对于接受手机等通信媒介作为通信和信息传递的工具是没有任何心理障碍的，他们还非常积极地尝试智能手机的各种功能，同样，也充分运用微信平台上的各种社交手段，例如，分享信息、编制微信祝福、发红包、微信游戏等，并建立了不同的社群关系。藏传佛教喇嘛宫登（涉及隐私，仅用音译）师父的微信朋友457人（截至访谈当日），他的微信朋友大部分都是喇嘛和藏民，也有许多在寺院里和各种藏传佛教活动中他认识的藏区以外的朋友，通过微信他和这些朋友保持着联系。宫登师父加入了八个微信群，比较活跃的群有四五个。其中一个是他与自己寺院的喇嘛们所建立的群，这个群里使用藏语，该群的主要作用是发布寺院内的事务信息，以及他自己和各位师父之间的联络、互动；这个群里还有一项重要的功能，也就是经文的研习，师父们将修习的经文信息在群中诵读、解读、答疑等；每逢重大活动和事件发生时，群里都会有相关活动和事件信息的发布、内容的记录、参与者的反应等，这些内容在群里即时发生、延续，或者持续形成群体成员们关注和互动的内容。另一个十分活跃的群，也是由寺院喇嘛们自行组成的微信群，这个群里也会反映重大活动和事件。例如，青海六月节期间，该群就会反映出隆务寺的法事活动、各个村落里的六月节仪式、六月节参与者的照片、视频等，以及各种藏传佛教经文和庄严佛像。这些内容是由寺院喇嘛们自行发布或者是转发到群里，有他们亲身参与的事件，也有公共事件信息等。两个群相比，前一个群相对较为正式、严肃，大事件的痕迹明显，有利于事件的记录和追述；后一个群则相对活跃，除了可以反映出前一个群的大事件和活动的痕迹外，更多的是反映喇嘛们的日常生活事件、思想活动、信息内容等大都带有群个体的个性意志和兴趣特征。

有别于由喇嘛为主体构成的微信群，另一个相对活跃的群，是宫登师父与佛教信徒们建立的群，这个群的群主（女士）是一位虔诚的藏传佛教信徒，她在寺院膜拜之时遇到宫登师父，并邀请其加入该微信群。构成这个群的成员主要是群主在中国各地的佛教朋友，他们在群里讨论佛经、佛法，传递佛教内容的文章、图片和视频等，同时也会发布自己修习的问题和心得，也有群个体成员经营佛教礼器和法器的，经常在群里发布商业性信息，抑或为群成员提供相关服务（例如，以唐卡为主要商品的经销、易经算命、住宅风水、流年风水等）。在这个群里，宫登师父用语音功能为群里成员讲解佛经，答疑解惑，虽然其汉语并不是十分流利和准确，却不影响群里成员对他的尊重。

现实社会生活中的宫登师父是一个单纯、略微腼腆的僧人。观察宫登师父的"新社群"实践活动，可以发现其在不同的微信群里表现出不同的个性特征：在寺院的群里，他是安静和稳重的；在喇嘛们自己的群里，他是活跃和幽默的；在佛教信徒的群里，他是聪慧和率真的。在寺院的群里，他对于佛经修习的态度是极其认真的，一丝不苟；在与喇嘛们的互动里他会显露出其生活之中的乐趣，比如晒美食、美景等；在与佛教信徒之间的交流互动中，他也会世俗一下，接受红包赠予，也会在微信朋友圈里晒额度（笔者认为这或许是他对红包也有期待的表示）。在宫登师父的其他几个群里，他并不十分活跃，这是因为这些群的成员或是其村庄的伙伴发小，或是经过外界来青海旅游的朋友邀请加入的，由于其僧人的身份和其不熟练的汉语表达，他多属于观察者，很少主动表达。但是，他说他喜欢在群里看大家说话、互动，喜欢看不同地域、不同文化背景的人发的图片、信息和各种有趣的新闻。有时，他会兴致勃勃地将群里其他成员的图片复制下来，发在自己的朋友圈里展示，他说在这样的展示和分享的过程中，他也可以获得一种快乐和满足感。

宫登师父所参与的两个由喇嘛们所构成的微信"群主体"，虽然其中大部分成员是相同的，但是，"群主体"功能却不同，前者有较强的公共事务组织、发布和大事件的功能，同时具有佛教传播、研习和指导的作用；后者除具有同样的佛教文化传播和传承的作用外，更多地显现出群体成员之间的信息分享、思想互动等，具有更为明显的线下社会传统社交关系的特点；佛教信徒的群，与前两者相比，其共同之处在于都具有佛教文化传播的功能,但是,该群又附加了俱乐部功能(例如,群成员修习佛法的体验分享)、商务功能(宗教礼器法器等的贸易)、艺术经纪功能(例如,群成员之间发起的请唐卡和相关仪式等服务)、商业活动等功能。

透过上述案例,可以略微呈现出"新社群"个体成员和"群主体"本身所带有的多重性特点,这是当代社会现实生活方式和数字化生活方式的一个相对有特色的版本。事实上,围绕着"新社群"而呈现出来的人类生活方式的转变具有更为难以描述的复杂性,这就需要人类学学者持续不断地跟踪、观察和描述。

二 "新社群"的文化形成与传播

现代社会新通信媒介的出现,使得大规模的信息传播和共享成为可能,并且成为人类社会生活与生产方式中最重要的工具之一。数字技术支撑的微信平台创造了"人类联系的新机制",也同时提供了"新社群"文化发生和发展的可能性。

卡斯特尔在《网络社会的兴起》(*The Rise of the Network Society*)的卷首说:在基督纪元两千纪的末尾,几个意义重大的事件改变了人类社会的景观。一场以信息技术为中心的技术革命正在迅速重塑社会的物质基础。全世界的经济体相互依存,经济、国家和社会的新形式产生了,形成一个不稳定的地理系统。……他认为"转向文化领域时,我们看到一个类似'政治经济'的模式正在兴起,这是一个网络化的、灵活的和稍纵即逝的或符号交流的模式,这是围绕电子媒介组织的文化,这一传播系统包括计算机辅助的传播网络"[1]。其实早在2003年7月美国新闻学会媒体中心就发布了谢因·波曼与克里斯·威理斯两位联合提出的"We Media(自媒体)"研究报告,报告对"We Media"的定义如下:"We Media 是普通大众经由数字科技强化、与全球知识体系相连之后,一种开始理解普通大众如何提供与分享他们自身的事实、新闻的途径。"[2] 以微信平台作为载体

---

[1] Manuel Castles, *The Rise of the Network Society* (2nd ed.), Wiley – Blackwell (A John Wiley & Sons, Ltd., Publication), 2010, p. 11.

[2] 邓新民:《自媒体:新媒体发展的最新阶段及其特点》,《探索》2006年第2期,第135页。

的文本、图片和视频等数字信息内容,在互联网超越空间、时间的无形系统中,为人们提供了任何时间、任何终端取得信息、传送信息的方便性,为人们创造和存储信息内容提供了无限可能,也为多终端、多空间的互动提供了广阔的平台。另外,作为一种文化的中介形式,博客、微博、微信公众号、百度官方贴吧、论坛/BBS、网络社区等自媒体平台打破了传统主流媒体(电视台、报纸、广播)的独家话语权,每个人都可以成为信息的制造者和传播者,传播方式也打破了阶段性、时间性限制,可以以数字化的形式无限终端在线,这是媒体在互联网时代中的发展趋势。

以微信、博客、微博、虚拟社区等形式的自媒体平台,为大众提供了一种更好的表达自己、传播信息的方式,同时,也为人与社会、人与人、人与自身之间的交流和互动形成了超越文本的构建时,人类在现实社会生活与数字化生活方式之间,对于社会生活的体验和经验积累方式拥有了多种选择,这就为人类新文化的发生与发展、酝酿和积淀了更多可量变的资源。

(一)"新社群"的文化发生与发展

依据道格拉斯·凯尔纳于《媒体文化——介于现代与后现代之间的文化研究、认同性与政治》一书中所阐述的观点认为,"人们至多是某种'终端中的因素'或'疯狂的控制系统'中的一种受控的效应而已"[①]。观察现代人类社会的数字化生活方式,这种表述应该是极其有道理的。当人们越是习惯于依赖计算机去进行运算,习惯于电子设备记录各种事件、信息,人们就越是离不开计算机、手机等这些电子智能终端的存在,即人和某种智能终端结合成为现代人的真实"主体"存在,并以"终端在线"状态存在现实和互联网之间。同时作为"在线终端"的一部分,人类对于信息获取、传递以及社交(交流、互动)的需求,也推动了以数字技术为创作工具的文化内容的生产和再创作。数字技术同时也是文化创新的重要工具,对于这种工具技术的使用和发展,使得"群个体"文化创新的热情以"自媒体"的形式得以更全面地发挥,文化创新力也得以进一

---

① [美]道格拉斯·凯尔纳:《媒体文化——介于现代与后现代之间的文化研究、认同性与政治》,丁宁译,商务印书馆2004年版,第397页。

步释放。与此同时,"新社群"文化在这种环境下也慢慢地产生,并呈现出多样化的发展路径。

不同主旨的"新社群"在其群关系建立和维护的过程中,所形成的文化氛围也大相径庭。以由赵旭东教授建立的"京城人类学雅集"微信群为例:该群的群成员构成多数为在大学执教的教师、学者和在校学生,也有部分人类学社会实践者(考古、收藏爱好者);有云南、新疆、内蒙古等地区的少数民族成员,也有侨居海外、海归的研究人员。群成员在群主所建立的"人类学"主题下,多数都在围绕这个范畴进行学术性的讨论,进行各种学术信息、新闻实事的分享与传递,但是,也不乏趣味段子、生活常识、经济动态等与群主旨不同的内容传播,当然,节日祝福、红包打赏等娱乐活动也不可免俗。该群唯一禁止的是商业活动,笔者亲眼所见群主勒令某个在群里发布商业广告的群成员"下不为例"。在这样的氛围下,该群成员兴致勃勃地讨论出一个当代人类学研究人员都极为关注的现象"微信群"现象,进而建议由赵旭东教授主持召开以"微信民族志"为主题的学术会议。这个会议很快被提上日程,并于2016年10月15日付诸于现实,相信这个学术会议的学术成果既是线下学者们的思维劳动,亦是"新社群"文化发生和发展以及"新社群"文化规则建立的一种解读模式。

笔者亲历的"全球中医文化与实践群"又是一种群文化现象发生的模式。该群的群主是旅居英国的社会学学者常女士,她建立该群的主旨是传承和发展中华医学文化。该群的成员由海内外的中医从业者、爱好者们构成,群里互动极少,多为中医文化知识的分享。由此群可以看到许多中华传统医学的知识、治疗方法(针灸理疗、推拿按摩)、中药药理药性、中药良方等内容,都已经以数字信息(文字、图片和视频)的形式制作出来,为中华医学信息在网络时代的分享与传播提供了方便条件。隐藏该微信群后面的"中国医学文化"制作团队,或许只是个体行为,或许是一种有计划的商业性行为,更或者是学术团队的成果有计划的推广和教育行为,不论是怎样的目的和背景,这些依赖中国传统医学文化,采用数字技术加工,重现或者融合现代医学知识再创造出可供人们认知的文化知识内容、服务形式,也是"新社群"文化发生和发展的另一种特殊呈现模式。

由于"新社群"的群体构成和成立的主旨差异,其文化形成和发展的方式与结果也会多种多样。每个"新社群"文化的发生与发展现象,只是数字技术推动人类社会文化发展巨制拼图中的一小片,是人类社会发展至数字技术时代所呈现出的文化发生和发展的一丝可见脉络,当众多文化思绪纽结成线索,汇集成网络之时,我们无法想象将会勾勒出怎样的人类社会文化发展的壮丽景观。

(二)"新社群"文化的多样性与传播

人类学视野中人类社会文化发生、发展和变迁,是人类适应不同的自然环境和历史条件所不断总结、积累和传承的动态变化过程。现代社会信息技术的每次创新,都带来了传播方式的重大革命,每一次的革命成果都给人类社会的政治、经济、文化发展和社会生活带来不可估量的影响。进入21世纪,数字信息技术所支持建构的信息内容与传播方式的变化,为人类社会文化多样性发展提供了全新格局,也更加强而有力地改变着人类认识世界和与世界互动的方式。

微信平台和第三方软件提供商们为"新社群"的文化生产与传播也提供了实用的技术工具。信息制作和传播软件的使用者也分为"公共信息制作传播"和"自媒体"(个人DIY)两种基本模式。"公共信息制作与传播"主要应用于新闻事件、商业经济、公共文化服务、游戏、娱乐新闻以及学术交流等领域。而"自媒体"(个人DIY)则是现代社会人们充分利用数字技术发挥自己创新能力的重要手段,"网络主播"(网红文化)"博客""微信秀""自定义贺卡"等都是在这种技术的支持下迅速兴起的、被新生代接受和参与的生活方式。学术语境下的"文化多样性"词域由此扩大,不仅涵盖学术层面上的不同种族文化、传统、知识、信仰的多样性,也应该包含数字技术支持下万众创新的文化成果。与此同时"新社群"也在主动或者被动地成为这种多样性文化生产与传播的参与者。应用于微信平台上信息制作和传播的软件工具,为"新社群"所创造出的文化成果铺就了一条条四通八达的网络高速公路。

微信平台上的信息制作和传播的软件有很多种类,例如微信"卡妞微秀"就属于自媒体DIY软件,它为用户提供了一个信息展示平台,这个软件提供图片嵌入、音乐设定、背景选择以及文字输入等多重信息制作支持，可以使用户完成展示自身的美好愿望（精神层面）、活动纪实（社会现实生活）、故事编撰（创新空间）、产品介绍（商务功能）等多种内容。当群个体成员制作了自己的"卡妞微秀"作品后，自然而然地发布在所属"新社群"的时候，就完成了一次文化创作与传播的行为。

另一种被称作"网红文化"现象也颇具代表性。这是由在现实或者网络生活中那些因为某个事件或者某个行为而被网民关注从而走红的人主场的数字内容形式。这些"网红"也叫作"网络红人"，他们的走红是在数字信息技术支撑的环境下，借由线上线下媒体以及受众各类心理需求、商业或者是社会公知等不同利益团体共同体综合作用下产生的结果。微信"公众号""订阅号"等平台也是网红文化滋生和成长的重要土壤。由于"新社群"的构成群体是由有自我认知和审美的个体所构成，当某些符合群个体审美、审丑、娱乐、刺激、偷窥、臆想以及看客等心理的网红信息出现时，就会被该个体自发地传播至与其有相同价值观或审美（审丑）情趣的"新社群"之中，自然而然地就形成了一次"网红文化"的传播。

"文化的据有者和文化本身都不是凝滞不变的，它们也随着时间的流逝而流动。文化的据有者会自觉或不自觉地更新自己据有的文化内容，而一定的文化也会随文化的传播而为文化的据有者提供新的文化特质和新的文化形态。"[①] 文化不是静止的，是流动的、运动的，据此文化流的概念，数字技术提供了"新社群"文化发生、传播的空间，在不受时间、地域、空间限制的网络空间状态下，保障了现代人类文化的传播的迅速和可持续性。同时，文化衍生性（跨文化的再创作）也成为现代社会文化再生、再造和传播的一种新方式。

三 "新社群"的社会生产方式

"新社群"建立的因素多种多样，其中最直接的建构因素是人类社会生活方式改变的需求。这个最为直接的、表象的因素也是微信平台建立的

[①] 李燕：《港澳与珠三角文化透析》，中央编译出版社2003年版，第8页。

目的之一，因为只有拥有一定量的客户群体，才能够使得经济利益增值活动变成可能。

(一) 社会生产方式转变

依赖微信"朋友圈"而进行的、以营销为目的的广告效果并不乐观，而由"新社群"自然而然形成的定制化服务却在如火如荼地生长和发展壮大起来。例如各种"公众号""订阅号"等信息平台，当群个体对此进行"关注"，进而参与其相关活动后，所传递的需求→商家提供产品或服务→达成交易→付款→微信支付（或担保）→商家提供服务或供货→客户反馈（对所提供的服务或商品品质进行评价）→银行转账给商家（或退款给买家）→形成的购买行为，就实现了一个封闭式的商业活动过程。在"新社群"里的成员或多或少、或早或晚都开始参与这种商业活动中。例如，围绕健康美容主题而出现的"河狸美甲""私人美疗"；围绕旅游度假而出现的"态客""几何民宿"等。"新社群＋"模式给商家指出了精准定位消费需求的路径，实现了信息的有效营销，供给和需求直接对话，针对"新社群"的定制化服务开启了线下产业（生产制造＋物流服务）等经济实体的"4.0时代"的进程。"新社群"所形成的线上消费行为，直接推动了数字经济时代社会生产方式的转变与发展。

(二) 文化维度扩展

数字技术造就了一个中国式全民生产、全民消费的时代，同时，也造就了一个全球数字内容产业繁盛的局面。依据微信这个平台而形成的"新社群"，也突破了中国对于国际社交软件平台的限制，"新社群"的跨国际的文化交流与互动，不仅仅是突破了传统的物质产品交换易货贸易的形式，更是突破了文化产品与文化服务之间的界限，从而扩展了人类文化概念的新维度。

"新社群"所形成的社会生产和贸易形式，使原本内涵在传统贸易活动中，深刻影响和制约着其运行机制、运作模式的文化传统、宗教信仰，乃至习俗、惯例等，以及过去只存在于线下生活中的服务模式，也以商品的形式出现于网络贸易的平台上。这有赖于数字技术将线下内容转换成为可无限复制和传播的信息符号，使其实质上已经具备信息时代线上商品可传播、可流通的重要属性。例如,"亚马逊""淘宝""京东"等率先打破了传统贸易的格局;以提供国际旅游定制服务为主题的"公众号——阅读与行走",以创新设计为主题的"公众号——环球设计"等,其他诸如提供国际最新原创图书、提供国际品牌商品代购服务等众多的跨越国界的服务型产品,都将自身的商品和服务内容以数字化的形式出现在"新社群"的视野里。数字技术则是提供更加丰富便捷的技术手段,使得产品和服务的表现形式更加直观、更加多元化,甚至将技术服务也转换成为产品,并达成贸易。

(三)"新社群+"经济模式

如果说20世纪末是后工业时代向着数字技术时代的跨越的时代,那么21世纪已经是人类大步在数字生产方式上前进的时代了。随着数字技术的不断完善和应用于各个领域,人们已经开始接受各种网络化的服务,随之,网络化的社会生产方式也应运而生。在这样的运行逻辑和模式下,微信的真正商业魔法时代开启了。当2015年春节微信平台以一款"红包"游戏打开了全民发红包送祝福的模式后,多数微信用户已经逐渐地将自己的消费模式与微信提供的金融服务捆绑到一起了。与此同时,马云的商业王国突破了传统银行业对于资本市场的垄断,仅于微信平台上就开启了"微信转账""理财通""城市服务""生活缴费""手机充值"等多项金融服务通道,除此微信平台以外,马云的阿里巴巴旗下的支付宝、蚂蚁金服务等平台直接介入金融服务领域,而且开辟了更多传统银行业也不曾涉及的网络金融创新服务内容,如:基金、证券、保险、存款(余额宝)、贷款(芝麻信用积分和花呗)、投资……相比传统拥有金融业全牌照的金控集团而言,马云的商业王国之"蚂蚁金服"充分体现了互联网思维,"有牌照的用牌照上,没有牌照的创造新领域也照上,三下五除二,一个比全牌照金控更为全面的业务体系已经形成"[①](见下图)。

---

① "刚刚,马云出任联合国高官!同时逆天的支付宝也下了好大一盘棋!",2016年9月21日,时代资本圈 https://www.mp.weixin.qq.com。

	银行	证券	保险	基金	信托	P2P	股权众筹
中信集团	中信银行	中信证券	信诚人寿	信诚基金	中信信托	无	无
安邦系	成都农商行	世纪证券	安邦保险	安邦基金	无	无	无
复星系	入股网商银行	港邦证券	永安财险	港邦基金	无	据传正在筹建	无
蚂蚁金服	网商银行	瑞东集团	众安在线	天弘基金	三潭金融/娱乐室	招财室	蚂蚁达客
	阿里小贷	长江证券承销保荐有限公司	淘宝保险	淘宝基金超市		融都科技	
	支付宝	支付宝股票		新华承里一号保本混合基金 博时中证淘金大数据100指数基金			
	余额宝	值生电子		数米			
	芝麻信用积分						
	花呗						
	一达连						

在这种金融领域的布局下，卡斯特尔所说的网络"政治经济"模式真正地兴起了，使权利"从政府和他们的监控代理人剥离开，包括监视、监控和管理，以及文化管理政策"[①]。"新社群"无形之中也成为这种新社会生产方式的参与者、推动者和消费者。笔者甚至在考虑跨国界的交易管理依据和法律保障体系将如何建立？这部分的贸易额度将如何计算？贸易总值将会是依赖微信金融平台的数据计算吗？微信平台上的"新社群"在传递文化信息的同时，也已经开启了"新社群+"的国际商业服务模式。由此可见，数字科技改变了现代人们的社会生活和生产方式，既是文化技术发展进步的结果，也是人类社会在现实社会生活中不断适应新环境而进行的再创新和创造的结果。

韦伯斯特说：在许多方面"信息时代"并不是一个新时代，而是商业时代的延续。人们在互联网上探索"人类联系的新机制"（Slevin，2000），艺术家和设计师在创造一种新的"数字美学"（Cubitt，1998），这是预料之中的事情。新媒介的确产生了各种现实的可能性和潜在的可能性。[②]"新社群"催化了各行业的重构、优化、创新和跨界融合，在此过程中也推动了人类社会文化新生态的建构。

笔者从人类学的视角去关注"新社群"的现代生存方式，从"我群"

---

① Olaniran, Bolanle, Electronic Tribes (E-Tribes), Some Theoretical Perspectives and Implications, in Tyrone L. Adams and Steven A. Smith (eds.), *Electronic Tribes: Virtual Wolds of Geek, Gamers, Shamans and Scammers*, Austin, TX: University of Texas Press, 2008, p. 52.

② [英] 吉姆·麦奎根：《重新思考文化政策》，何道宽译，中国人民大学出版社 2010 年版，第 35 页。

和"他群"的不同角度描述微信平台上"新社群"社会关系建构的模式和其所形成的网络文化现象，以及在由"新社群"们所建构的网络生态环境下，群与群之间、群与各行各业之间跨界融合所催生出更多的新需求、新模式、新产品和新科技，推动现实社会中的各行各业也在此环境下不断优化组合、创新重构，从而再产生出更多的人类物质文化新成果的动态发展过程。从而解读"新社群"的"线上"社会关系的发生与发展对于人类社会生活、文化发展的影响。

综上所述，数字技术所支撑的现代人类社会建构的网络生态环境不断地在发展，其反作用于人类社会现实生活之中的巨大能量，体现在信息内容的原创能力，以及内容资源的集成与配置能力，数字内容所具有的再创造的巨大可能性上。同时，网络生态环境建构过程中，所附载的意识形态信息和无限的传播能力，也将会成为影响各民族国家政治、文化价值观体系建构的重要因素。

身份、仪式与亚文化表述
——微时代与人类学视野下的网络亚文化研究及其反思[*]

吴震东[**]

一个时代的诞生往往伴随着技术的革新。"微时代"的来临表征着"微博""微信""微电影""微小说"等媒介传播方式已融入大众生活。通过便携式的移动终端,人们得以高效便捷地完成以往复杂的生活需求。以往所推崇的"宏大"叙事已渐式"微"。社会生活在"微动力"的渗透下,新的文化样式得以产生,如手机贴吧、公众微信、微博等已成为人们生活中习以为常的"自媒体"平台。新媒介的使用不仅使文化的生产和传播有了不同于以往的路径,也建构了一个新的知识视域和社会群体。人类学以文化研究为名,那么如何从人类学的角度分析网络亚文化群体中"身份"认同的问题,"微动力"在其间又起到了怎样的作用?人们在网络空间所进行的亚文化实践也必然形塑了新的价值体系和行为仪轨,其中所涉及的"仪式"问题又当如何理解?在微端媒介与日常生活的双向渗透中,"人"与"物"的关系发生了怎样的改变,而在此基础上的"亚文化表述"又意味着什么?

一 "身份"与"认同"

在微时代,文化符号的信息交换,以碎片化、网络化、细节化、发散

---

[*] 本文原刊于《民族艺术》2016 年第 5 期。
[**] 吴震东,博士,中南民族大学与新闻传播学院讲师。

化及便捷化的方式呈现和传播。微端设备作为一种通信媒介形塑了人们的日常生活，进而构建了具有共同经验的信息交换平台。从人类学的意义上来说，身份"Identity"大体上有两种含义：一是对于本体的澄清和认同，二是关于属性的分类，即对于具有相同性和一致性事物的认同和区分，而与它同根的动词"Identify"，本身就具有认同和识别的含义。从这个意义上说，"身份"与"认同"统摄于特定的概念域之中，最终指向具有集体性认知的社区团体。安德森这样说道："只有当很大一群人能够将自己想成与另外一大群人的生活相互平行的生活的时候——他们就算彼此从未谋面，但却当然是沿着一个相同的轨迹前进的，只有在这个时候，这种新的、共时性的崭新事物才有可能在历史上出现。"[1] 安德森所指的"新的、共时性的崭新事物"[2]，即是一个团体，一个由特殊文化所晕染的"人造物"（artefact），它作为"想象的共同体"，而表征着具有社会心理学意义上的认知性事实。原本离散的个体在共同文化经验的铺陈下而完成关于群体的想象性建构，即安德森所说的"特定文化的人造物"（cultural artefacts）[3]。另一方面，共同体也同时加固了"文化"用以形塑个体行为的经验范式，而使得文化自身的固化和留存有了新的载体。文化导引着我们如何在特定的情景中行动，也帮助我们预判他人将会如何行动，在被动"引导"和主动预判的过程中，我们为他人所认同进而获得集体性的文化身份。

因此，进入一个团体就代表着一种新的文化身份的获得，也表征着对于另一种文化规范的实践。微端媒体与其说是将"认同"当作一种可供消费的商品，倒不如说它兜售和提供了新的场景性身份。主体借由网络微端的"身份授予"而实现特定文化圈层的拒斥性认同（resistance identity）。在曼纽尔·卡斯特看来，这种认同不同于合法性认同（legitimizing identity）所产生的公民社会，拒斥性认同所产生的是公社（commune）或

---

[1] ［美］本尼迪克特·安德森：《想象的共同体》，吴叡人译，上海人民出版社2011年版，第184页。

[2] 同上。

[3] 同上书，第4页。

社区（community）。① 这种网络社区逐渐形成一种由亚文化为主导，不同于主流社会的边缘性团体，其文化空间更多地表现为以微端设备为支点，所交织出来的一个不受时空限制的、流动的功能性场域。在此场域中，宏大或正统的价值观及其规范为反思性、风格性的"地方知识"（local knowledge）所取代。在亚文化社区的影响下，受众主体产生了新的文化自觉，人们借由网络微端在虚拟和现实的两个世界中频繁地转换和游移。新近的网络流行词语"高富帅""白富美"等便表征着亚文化向主流文化的渗入，新的文化符码与实践体系也随之建立。受众一旦进入了一个网络亚文化社区，便进入了有着各异身份和阶层的虚拟社会。通过在网络社区中扮演不同的角色，而达到对于崭新文化秩序的实践。而由微端应用所带来的新秩序，则是对现实世界既存秩序的一种"反秩序"。主体在主流社会的"秩序"与网络亚文化的"反秩序"之间的张力和冲突下，达到某种"猎奇"的心理满足感；另一方面，也表现出亚文化的群体对于"集体认同"的心理匮乏，通过"反秩序"的行为而实现亚文化共同体的建构。

一旦进入了网络亚文化社群，便扮演着另一种文化角色，如果说"认同"塑造了"身份"，那么"角色"便是一种身份的展演与装扮。换言之，"认同"关涉着行为意义与集体经验的来源，它涉及了自我建构，是主体对于自身的行为意义和身份价值的象征性确认；而"角色"则是功能性的扮演。多重角色的扮演和切换，混杂了现实与虚拟的边界，而形成了"身份的间性"。在不同身份共存一体又相互影响的前提下，本体身份却处于流动而不稳定的状态。不同身份之间的切换，象征着动荡不安的流亡意识，对于身份认同所表现出的急迫与焦躁，所隐含的是角色主体寻找归属的"家园意识"。这种现象在很大程度上可归结为现代社会的"流动"性所带给人们的"异化"与"不安"。齐格蒙特·鲍曼这样说道："'流动的生活'与'流动的现代性'密切联系在一起。'流动的生活'，指流动的现代社会里易于存在的那种生活。'流动的现代社会'指这样一种社会：在其中，社会成员开展活动时所处的环境，在活动模式尚不及巩

---

① ［美］曼纽尔·卡斯特：《认同的力量》，夏铸九、黄丽玲等译，社会科学文献出版社 2003 年版，第 5 页。

固成为习惯和常规之前便已发生变化。"[1] 人作为社会运转的生产部件周而复始地重复着机械化的劳动，人性在此过程中发生异化，而当下过快的社会节奏又形成了个体流动易变的生存状态。在"异化"与"流动"的双重交织下，个体的生存状态既枯燥乏味又缺乏稳定性，人们的生活被蒙上了一层挥不去的恐惧与焦虑，惧怕被流动的社会所淘汰和抛弃。

诚然，与现代主义时期被轻易编入"结构"或"系统"的人群不同，微时代产生了更多的难民、移民与流亡者。亚文化群体由于其边缘性、不固定性、顽固性而被既定的秩序排斥在外。这成为一种双重性的悖论：一方面，亚文化人群不愿接受主流社会的价值评判和既定秩序，而寻求特定的文化空间进行"象征交换"与"符号消费"；另一方面，这些由亚文化人群所建立的文化空间也不为主流人群所认同，而被打上异类的标签。曼纽尔·卡斯特这样解释道："由那些在支配的逻辑下被贬抑或污名化的位置、处境的行动者所产生的。他们建立抵抗的战壕，并以不同或相反于社会体制的原则为基础而生存。"[2]

此外，亚文化作为象征表意的符号系统而指涉着特定的意义，它本是被特定群体所创造出来的结果；但有些人则只是为了获得这一"符号"本身而并非其相对应的意义所指；换言之，他们需要的也许只是"意义所指"被中空化之后的"纯粹能指"。例如"屌丝"一词，本是特定人群所自嘲的词语，意味着家境一般或者出身较为贫困的人群，其性格懦弱而善良、毕业于一般高校，且没有获得上层社会资源的能力，从事着一些平庸的工作而维持生计的人群，其年龄在 20—30 岁间。然而，许多人并不属于"屌丝"所定义的范畴，却牵强地为自己打上"屌丝"的标签，甚至一些"00后"群体也跟风自诩，以标榜某种另类的时尚，带上游戏和玩乐的面具从而获得异样的心理满足。在此，文化符号不再与其象征所指有着稳定的对应关系，而是"屌丝"这一符号本身变为一种意义的消费品。

网络亚文化以其个性化、风格化和边缘化的方式，表述着与主流文化群体相区分的个性化经验。网络亚文化群体受到大众排斥而成为一种污名

---

[1] [英] 齐格蒙特·鲍曼：《流动的生活》，徐朝友译，江苏人民出版社 2012 年版，第 2 页。
[2] [美] 曼纽尔·卡斯特：《认同的力量》，夏铸九、黄丽玲等译，社会科学文献出版社 2003 年版，第 4 页。

化的对象,如"屌丝文化"的发源地"百度李毅吧",就被网友指责为"反""黄""low",认为他们容易散播反动、色情和低俗的信息。如果我们采取人类学文化相对论的视域来观察这类群体,则能以价值中立的立场来剖析网络亚文化人群的生存景观。"从分析的角度来说,没有什么'好的'或'坏的'、'进步'与'倒退'的社会运动,它们全都是'我们是谁'的特征"① 这也是我们采用人类学的研究方法,来透析网络亚文化的原因所在。因此文化研究者及人类学家,应为这些"流亡者"与"被边缘化"的人说话,并以"文化相对论"的视角来审视其社会行为和心理动机,进而在理解他者的基础上,对"他者"进行分析、阐释和引导。借鉴他们的视角而成为包容他们的"容器"。了解他者的差异,才能在澄清事实的前提上,区分出网络亚文化存在的意义与价值边界,"之所以一文化中任一对象都不能担保会拥有与另一文化相同的意义,就是因为各种文化在其信码——它们给世界划分、定级和指定意义的方法——方面是各自相异的,这种差异有时是根本性"② 在接受对等性差异的前提下,我们得以完成一种文化对另一种文化的价值认同和概念转译。这也回应了文化多元主义所倡导的"沙拉拼盘"而非"锻造的熔炉"。如果仅以污名化的方式去排斥亚文化群体,那么这不啻是回到一种"文化帝国主义"的一元论、中心论的魔障之中。

由于人的社会实践与动物不同,那么人的感觉经验与心理认知也不同于动物,"人类的社会实践活动是探寻人类心理的最终基础和具体起源"③。微端网络工具的使用进一步加速了亚文化的生产,并使其成为关于特定人群的集体意识形态表征。"表征是一个过程,通过它,一种文化中的众成员用语言(广义地定义为任何调配符号的系统,任何意指系统)生产意义。"④ 通过象征集体性记忆的"仪式"或"巫术",作为社会性

---

① [美]曼纽尔·卡斯特:《认同的力量》,夏铸九、黄丽玲等译,社会科学文献出版社2003年版,第4页。
② [英]斯图尔德·霍尔:《表征——文化表征与意指实践》,徐亮、陆兴华译,商务印书馆2013年版,第91页。
③ 李泽厚:《批判哲学的批判》,生活·读书·新知三联书店2007年版,第179页。
④ [英]斯图尔德·霍尔:《表征——文化表征与意指实践》,徐亮、陆兴华译,商务印书馆2013年版,第91页。

的文化活动才得以留存和固化。因此，离开了人类学的方法和视域，则难以深入研究微时代的网络亚文化问题，关于其"正名"的实践也会沦为空谈。

二 "仪式的空间"

微时代使我们进入全球化的信息环境之中，这意味着"地域性"与"亲缘性"的关联并不如以往那般必然了，也许日常生活中的交往之间所积淀的熟悉感还远不如一个微信上的聊友。网络微端上的交流揭露了原本在日常生活面具下所掩盖的更深层的真实。在微端网络社交中所呈现的是"本体性安全"与"存在性焦虑"所交织而成的空间经验：一方面我们渴望有倾诉的对象来缓解存在的焦虑，另一方面我们又害怕他人进入我们内心深处而危及本体性安全。因此，在两者的交织下，我们诉诸网络的亚文化空间，以求完成一种情感的宣泄和治疗，也就是亚里士多德所说的"卡塔西斯"（katharsis）。网络微端使得曾经让人疏远的地域性想象，整合为能够表述深层自我经验的全球化社区。微端社交活动成为个人经验表达与集体互动的仪式化展演，将处于两端的受众引入虚拟的象征空间，在仪式的"迷狂"与"入梦"中，展现出比日常生活更为真实的自我。真实不是简单地通过网络微端而被增加，而是给予我们一种思考的向度，即在何种情景、条件和动机之下，"真实"得以被呈现。

"非地域化"与"微动力"的人际交往框架，为疏远的个体建立了信任与熟悉的纽带。在微动力的作用下，网络与虚拟社交进一步"日常化""细微化"，将"熟知"与"地域空间"之间的必然性模糊化了，以特有的方式重构着人们对于地域空间的经验。特别是在手机贴吧中，即时性的评论互动在特定文化场域中的符号交换中展开，世界在此亦不过成为一个社区。在此，文化符号的互动作为集体"入梦"的仪式，沟通了"过去"与"未来"的连续性在场，空间上的距离弥合支撑着时间上的高度凝固。因此，这种"连续性"在场所带来"亲熟"效应，加上微端上虚拟身份所带来的本体性安全而为个体间私密信息的交换提供了可能，这形成了一个微时代网络社交所特有的事实：个体依靠微端网络所建立的联系感，比之仅仅依靠传统地理坐标上所建立的熟知感更为强烈。

由于微端发布信息的迅捷性，诸如"微信""微博"等作为一种自媒体的平台对外散播着主体的状态、信息以及对于某些评论及观点。如果将主体与受众之间的互动视为亚文化社区的仪式展演之一，那么处于微端的主体与受众之间就成为表演者和观众，在"看"与"被看"之间完成关于一种仪式的共谋。在亚文化社区中，一些特定的语言符码为成员交往的必要质素。例如在百度李毅吧，一位吧友发自拍照以求得到关注和娱乐，那么绝大部分吧友则会回复"已撸"或进行"打分"，这成为特定亚文化空间中特有的沟通模式，甚至被认为是识别"合格"或"资深"成员的标志。如果不懂这些规则，就无法理解他们的行为，也会因此而恼怒进而失去本体的安全感而脱离社区团体。此处的"非礼节"作为一种特定文化意义上的"礼节"，不再是一种基于传统的或正统的社会规范，而成为特定文化场域下的仪式化象征行为，是被习惯化的和被刻意制造出来的亚文化规则，而主体通过此种仪式化的行为而获得了相对稳定的身份状态，即跨越某种阈限的"通过者"（passenger）状态。特纳这样说道："仪式主体——无论是个人还是群体——重新获得了相对稳定的状态，并且还因此获得了（相对于其他人的）明确定义、'结构性'类型的权利和义务。他的身上被寄予了一定的期望值：他所做出的表现应当与某些习俗规范、道德标准相一致。"[①] 而对于一些"资深"成员来说，这种行为内化成为亚文化社区中"集体无意识"的一部分，这意味着对于每个社区成员个体而言，这种行为成为一种在被制造的心理需求下所固化和衍生的、有组织化的文化本能。

基于微端互动的亚文化仪式既是特定网络社区所演化出的规则，它同样也是释放情感的表演性"游戏"，仪式固然是带有某种正式意涵的结构化、标准化行为，但也同样在特定的场域中进行意义象征及情感疏导，进而引导和固化某一知识社会的群体。

"仪式是一种由文化来构建的象征性交流。它由模式化的、有秩序的一连串词语和行为构成，经常在多媒体中得以表达，其内容和安排表现出

---

① ［英］维克多·特纳：《仪式过程：结构与反结构》，黄剑波、柳博赟译，中国人民大学出版社 2006 年版，第 95 页。

不同程度的正式化（习俗化）、模式（严肃性）、集中（混合）和循环往复（重复）。仪式在建构特征上是表演性的。"①

获得特定文化身份之后的微端互动，依托于亚文化社区中的符号系统而成为象征交换的仪式。受众在特定文化空间规定下而进行一种角色表演，人们之间的互动以亚文化社区中的"游戏规则"为基础，整个仪式成为有组织的"游戏"，在特定的空间和时间内上演。此时的表演主体不仅在进行一种文化的实践，这同样也是文化创造的时刻。在"表达"和"反应"之间，情感的素质得以被唤起，网络亚文化空间，以非官方化和反大众化的特征，构建了足以与现实世界相抗衡的非本质化空间，使得微端所连接的虚拟空间成为一种狂欢化的广场，一个理想的乌托邦。在此，物理空间上的距离被微端亚文化空间中的即时性互动所消弭，在本应陌生的人群之间建立亲熟的纽带，而社区共同体的存在为亚文化空间的话语模式创制了经验性的规范，人存在的世俗性身份被排斥在微端亚文化的秩序之外，而一种更加真实的自我及精神存在在此得到表达和释放，亚文化的意义和功能亦借助仪式性的表演而得以展现。

三 微动力"渗入"与亚文化表述

虽说并不是微时代催生了网络亚文化，但是依靠"微动力"的介入，网络亚文化共同体变得比以往任何时代都更加坚韧而富有活力。由于微端之于生活的形塑，"微生活"便悄然成形。以此作为论述的前提，微动力之于文化的影响，也就是对于人们日常生活方式的重塑。那么就日常生活与微端媒介的关系而言，网络微端对于人们日常生活的渗入，进而改变了传统的生活方式。虽说亚文化人群本身不应该被"污名化"，但是人们沉浸在以微端为依托的亚文化"仪式"实践中，以寻求对抗现实生活中的困顿及烦闷，则标志着人与物之间的新一轮异化。按照雷蒙·威廉斯关于"文化是一种整体的生活方式"②的论断，那么微时代的文化形态则正好

---

① Tambah, S. J., *A Performative Approach to Ritual*, Proceedings of the British Academy London 65, 1981, p.119.

② ［英］雷蒙·威廉斯：《希望的源泉：文化、民主、社会主义》，祁阿红、吴晓妹译，译林出版社2014年版，第110页。

身份、仪式与亚文化表述　·193·

回应了这一点：正常的交流，为微信、微博所取代，人们可以足不出户地完成日常生活中所必要的社会交往及生活需要。"微支付"的存在使得我们手指轻轻一点就能交付水费、电话费等。工具媒介不再是人本质力量的延伸，而是渐渐成为一种本质的渗入，形成一种新的"工具强迫症"。频繁地使用移动终端查收信息，以求维持与外界的联系感和认同感，成为一种无意识的机械行为。

微端设备上的"touch"，取代了人与人面对面的"touch"，然而这种互动关系本身就是流动而已逝的，人与人之间的交往依靠着短暂而易变的符码模拟，带来同样短暂而已逝的愉悦而维系其交往，一旦符号象征的模拟交换过程被中断，"拟象"的一切便归于虚无，打上现实标签的外部世界也变得难以辨认。以此，微端的亚文化空间便实现了一个"完美的罪行"。鲍德里亚这样表述道："完美的罪行就是通过使所有数据现实化通过改变我们所有的行为、所有纯信息的事件，无条件实现这个世界得到罪行——总之，最终的解决方法是通过克隆实在和以现实的复制品消灭现实的事物使世界提前分解。"[1]

如果说主体因为现实生活中的"异化"或者不满，而在一种网络亚文化表述中即以微端为媒介以寻求情感的释放和宣泄，进而实现"反异化"，那么微端所支撑起的流动共同体无疑形塑了新的异化。从功能性的角度来说，微端技术的存在为主体情感释放提供了一种表述的途径。亚文化的表述通过主体表述与观众回应所构成的策略性互动，进而维系主体与他人之间的交往。个体通过微端联结的亚文化共同体，并以特定的知识谱系和文化标签来确证和固化其身份认同，用马克思的话来说："人是自为地存在物，因而是类存在物。他必须既在自己的存在中也在自己的知识中确证并表现自身。"[2] 因为要确证和表现自身，那么通过一种亚文化的表述与书写，以求将自身的认识扩展到整体性的类存在认知。换言之，个体与亚文化空间中的整体性关系依靠"人的本质力量"（man's essential powers）和"人的本质"（essence of man）而被维系，微动力无疑是作为一种本体力量对象化的存在物而渗入人的新的本质，主体依靠工具微端所进

---

[1] ［法］让·波德里亚：《完美的罪行》，王为民译，商务印书馆2000年版，第28页。
[2] 中央编译局编选：《马克思恩格斯选集》第三卷，人民出版社1972年版，第326页。

行的亚文化表述进而再次确证自身。

关于"亚文化表述"概念的含义有二：一是作为"言说主体"的微端信息发布者所撰写的行为和文本；二是对于此类人群的亚文化研究者，基于自身的"田野"介入观察和访谈所进行的网络民族志研究。诚如笔者前文所述，主体文本信息的发布与散播成为第一重的亚文化文本，之所以称其为"亚文化"，是因为这类文本未经官方审查，具有私密性、小众性，甚至低俗性的信息包含其中，很多的观点或者事实都是值得商榷和抵制的，这正逐渐成为微时代的新文化问题。而针对此种问题，微时代的网络亚文化研究才引入了人类学的方法，依靠田野介入和民族志研究对此类人群进行调查，在此基础上所撰写的亚文化研究文本则是亚文化表述的"第二文本"。如果第一文本是研究的对象和内容，第二文本则关涉着研究的视域与方法。

就"第二文本"而言，人类学家的核心任务就是认识异文化的生活方式，并通过对异文化的描写对整体性的主流文化形态或文明进行反思。当民族志作者对亚文化人群进行描述和分析时，他们同样也隐含着对自身所处的日常生活的某种批判。人类学的方法，使得我们研究微时代的网络亚文化时，将身份、仪式、权利以及表述等问题进行相对化（relativize），"人类学作为一种有力的文化批评形式，是人类学者们早已对社会做出的承诺。不过，在相当程度上，这一承诺依然未得到实现，通常仅作为民族志中的旁白、页边评注或结论性章节而出现"[①]。微端设备与网络空间为人类学的田野研究预设了新的视域。凭借网络微端，民族志工作者可观察到亚文化人群在网络微端与现实生活中的所存在的身份性距离，也可借此观察亚文化人群在使用微端工具时，他们是如何制造、使用和表述亚文化知识的。依靠田野介入和价值中立的立场对亚文化的多元质素做出整体性的观察和分析，进而为研究微端人群与亚文化之间的结构性关系提供经验性的证据，从而为主流文化与亚文化批判提供尽量真实的参照系，进以区分事实与价值之间的边界，"在这样一个世界里，民族志作者和他们的研究对象既相互熟悉了解又相互陌

---

① [美]乔治·E. 马尔库斯、米开尔·M. J. 费彻尔：《作为文化批评的人类学：一个人文学科的实验时代》，王铭铭、蓝达居译，生活·读书·新知三联书店1998年版，第157页。

生，这便促使人类学家在将其研究旨趣带回本土之地之时，也带回了被研究者的观点"①。

文化的差异性不会因为网络微端将世界联系成一体而自行消散，网络亚文化空间便是让享有共同文化经验的人群成为"文化共同体"的平台。人类学研究有必要将特定人群所创造的文化和历史还给他们，但同时也应该采取批判和质疑的眼光，区分价值与事实之间的边界。在做网络亚文化的文本研究和人类学意义上的"文化翻译"时，亚文化文本本身的表述不仅是特定文化形态的实践方式，也关涉着特定人群的生存叙事与修辞性策略。"表述"行为在此成为一种生活方式，比如发朋友圈状态、"点赞"与评论的互动已成为日常生活的必行之事，也是主体寻求关注及其释放情感的途径之一，它既是以表达生存状态为目的的情感叙事，同样也是一种关乎"叙事"的修辞手段，两者共同构成了亚文化表述的互文性机制。

四 结 语

微时代、网络亚文化及其人类学研究的整合，不仅是对时代文化主题的有效回应，同时也为审视处于微时代的网络亚文化生产、观念特质及其表征形态，提供了一个中立化的知识表述，"知识的美学创造的增补使我们得以重新分配话语类型，这是同一与差异的所在，知识与无知的平衡"②。也正是由于差异性的存在，意义才得以彰显。作为追寻特定人群的行为特质及其文化意义的学科，人类学文化研究的"田野"也许并不是以地理空间来划分的具体场域，而是蕴涵着差异性的文化空间。微时代的来临，形成了不同于以往的生活方式和文化表征形态，它既为网络亚文化的知识生产进一步提供了动力，也为亚文化的传播和衍生提供了时代的布景。

无论是现代、后现代抑或是"微时代"，人类学最终研究的核心都是

---

① [美]乔治·E. 马尔库斯、米开尔·M. J. 费彻尔：《作为文化批评的人类学：一个人文学科的实验时代》，王铭铭、蓝达居译，生活·读书·新知三联书店1998年版，第158页。

② Jacques Ranciere, The Aesthetic Dimension: Aesthetic, Politics, Knowledge, *Critical Inquiry*, Vol. 36, No. 1 (Autumn 2009), p. 19.

大写的"人",在关注地方性、边缘性知识的同时,还应同时关注生产和使用这一知识的群体,通过对他们的生存状态的观察,进而分析亚文化表述的知识形态是如何成其所是的。人类学对微时代的亚文化进行探究,其最终目的一定不是为了撰写作为亚文化表述的民族志文本,而是通过"田野—民族志"研究的方法而对特定人群存在状态的追问和思考,并尽量客观地去寻觅关于亚文化的参照性规定,进而区分其事实与价值的边界。人类学作为极其关注"人"生存经验的学科,理应是引导人们更好地去生存,进而去唤醒一种可能出现的、新的生存态度和文化语法。

拼图:用网络民族志研究线上社区和人群

叶韦明[*]

一 前 言

网络民族志的定义是"一套特定的研究实践,包括相关的资料搜集、分析、伦理与代表性",通过人文主义的参与观察研究范式收集重要的资料[①]。这种民族志研究在这样的环境下实践,即当前网络化的沟通(如互联网及人们联网的各种设备和形式)所重建的新的时空文化。许多研究方法关注互联网、设备以及与其相关的技术,而网络民族志关注人类的故事和人类的理解,关注人们使用技术以及与其相关的细节和语境。本文梳理网络民族志方法的基本概念、相关社区和人群分类、网络民族志方法的研究流程,在此基础上探讨在中国几类网络社区中对该方法的应用:一方面为互联网观察者和研究者提供方法论参考,另一方面为网络民族志方法提供中国网络社区和人群的案例。

二 文献综述

与以往面对面的民族志相比,网络民族志的研究对象计算机中介的互动具有四种重要的差别:(1)变化,指互动的特质发生改变,技术媒介负载互动,互动既被技术媒介的特殊属性和规则所制约,也被其解放;

---

[*] 叶韦明,传播学博士,北京大学深圳研究生院助理教授,研究方向为社交媒体及社会网络、网络社区和亚文化人群。

[①] Kozinets, Robert V., *Netnography: Redefined*, London: SAGE, 2015.

(2) 匿名性，线上身份表达在某些方面更加揭露了行动者的"真实"或者隐蔽的自我和倾向；(3) 线上社区的可及性，使得任何人连线都可以成为参与者；(4) 线上媒介使得对话和数据可以自动储存。①② 在这样的计算机中介的环境中讨论网络民族志，更接近互联网参与者和研究者所接触的现实。

本部分主要基于线上社区和虚拟社区的概念，区分线上社区和社区在线两种研究，整理线上社区和线上社区参与类型以及分类标准，回顾网络人群的分析视角，并概述网络民族志所涉及的方法和流程。

（一）线上社区和虚拟社区的概念确立

1984年，希尔兹（Hiltz）研究人们由计算机网络所中介和支持的工作——人们对于越来越长的在线时间如何反应，以及这种现象对于组织的效率有何影响。③ 直到今天，由于计算机中介的传播（Computer-Mediated Communication，CMC）所产生的这些技术应用和社会影响仍然至关重要。"线上社区"这一概念也是从这部关注工作领域的计算机中介的传播的著作确立起来。到了1993年，莱茵戈尔德（Rheingold）对"虚拟社区"的定义成为相关研究的出发点："从网络兴起的社会集合体，足够多的人进行……足够长时间的公共讨论，伴有充分的人类情感，在赛博空间形成个人关系的网络。"④ 库兹奈特指出，为了发展网络民族志，在这一定义中有八个元素需要注意⑤：(1) 社会集合体，网络民族志研究人的群体、聚集或集合；(2) 从网络兴起，通过计算机中介的沟通；(3) "讨论"或沟通，社区是由人群组成的，沟通是有意

---

① Turkle, S., *Life on the Screen: Identity in the Age of the Internet*, New York: Simon & Schuster, 1995.

② Kozinets, Robert V., *Netnography: Doing Ethnographic Research Online*, SAGE Publications, 2010.

③ Hiltz, Starr Roxanne, *Online Communities: A Case Study of the Office of the Future*, Norwood, N. J.: Ablex Publishing Company, 1984.

④ Rheingold Howard, *The Virtual Community: Homesteading on the Electronic Frontier*, Reading, M. A.: Addison-Wesley, 1993, p. 5.

⑤ Kozinets, Robert V., *Netnography: Doing Ethnographic Research Online*, SAGE Publications, 2010, p. 8.

义的符号交换；（4）足够多的人，使得线上群体可以成为社区；（5）公共讨论，线上社区的可达性和开放性；（6）时间足够长，网络民族志将线上社区看作持续进行的关系；（7）充分的人类情感，线上社区中与其他人真实接触的主观感觉；（8）形成个人关系的网络：群体中的成员有社会交往，常常可扩展到人们社会生活的其他方面。关于线上社区和虚拟社区的理论脉络奠定了网络民族志——关于线上人群和线上社区实证研究的基础。

（二）线上社区和社区在线的研究

在进入研究前，有必要澄清另外一组概念，而在这组概念背后则是长期以来盘旋在研究者头脑中关于"虚拟社区"不真实、不重要、不完整的种种偏见。事实上，截至 2016 年 12 月，全球网民达到 37 亿，全球互联网用户平均每天使用社交媒体时间达到 118 分钟[1][2]；中国网民规模达 7.31 亿，互联网普及率为 53.2%；其中手机网民规模达 6.95 亿，网民手机上网使用率为 95.1%；中国网民的人均周上网时长为 26.4 小时[3]。不管是网民数量，还是网民的日常上网时间都在持续增长——当互联网能够协助完成越来越多的工作和生活任务，当人们的工作、生活和关系越来越无法离开计算机的中介，研究者再也没有理由忽视人们的线上生活，或者是将线上和线下生活割裂开来。

但在研究过程中，常常会面临这样的问题：我们的研究对象是什么？库兹奈特指出两种研究对象[4]：线上社区和社区在线的研究——前者线上社区接近传统对"虚拟社区"的理解，即针对一些与线上社区和线上文化本身直接相关的现象，包括对它们的整体呈现，或者关于它们的某个元素的研究。后者社区在线的研究将特定的社会和社区现象作为其核心领

---

[1] Internet World Stats, Internet Usage Statistics, http://www.internetworldstats.com/stats.htm.

[2] The Statistics Portal, Daily Time Spent on Social Networking by Internet Users Worldwide from 2012 to 2016, https://www.statista.com/statistics/433871/daily-social-media-usage-worldwide/.

[3] 中国互联网络信息中心，（CNNIC）：《中国互联网络发展状况统计报告》，http://www.cnnic.net.cn/hlwfzyj/hlwxzbg/hlwtjbg/201701/P020170123364672657408.pdf.

[4] Kozinets, Robert V., *Netnography: Doing Ethnographic Research Online*, SAGE Publications, 2010, pp.63-64.

域，随后扩展开，认为经由社区在线的研究，可以理解更广义的社区或文化的重要问题，而后推论到整体。也就是说，社区在线的研究针对特定的人群和社区的整体——当人群和社区的工作和生活包括线上与线下两部分，研究中也应当包括这两部分。

（三）线上人群的分类

当我们面对线上社区时，其实关注的是社区中的参与者，也就是民族志学者始终关注的人群。对线上社区参与行为进行分类，对理解其中的行动者相当重要。网络民族志研究者法尔克（De Valck）认为，将线上社区成员二分为潜水者或贡献者的做法太简单，没有太多理论意义[1]。其实早在1995年，科雷尔（Correll）就提出线上社区成员和参与的四种类型：常客、新手、潜水和暴徒。[2] 另有学者建议从人们与其所参与的核心行为的关系进行分类，其背后的逻辑是，人们相信发展技术或行为对他们的自我形象和自我认同很关键，不管在线上或是其他地方，这个人就越可能追求和珍视社区的成员身份[3]。结合以上两种观点，即基于社区的核心行为和专长，以及与线上社区其他成员的关系两个核心要素，库兹奈特将线上社区的参与分成四种类型[4]（见图1）。

新手与群体缺乏紧密的社会联系，对核心行动本身只具备肤浅的或短暂的兴趣，只有相对较弱的能力和技能。混合是线上社区的友善者和交际花，与该社区的许多成员保持强关系，但他们对社区核心行为只有表面的兴趣，投入不多。信徒与社区成员只有浅层联系，但是对社区的核心行为全心投入且保持热情。行家是那些与线上社区有强关系，同时深度认同、具有能力并理解社区核心行为的用户。由此生发

---

[1] De Valck, Kristine, *The War of the eTribes*: *Online Conflicts and Communal Consumption*, Bernard Cova, Robert V., Kozinets and Avi Shankar, *Consumer Tribes*, Burlington, MA: Elsevier/Butterworth-Heinemann, 2007, pp. 260–274.

[2] Correll, Shelley, The Ethnography of an Electronic Bar: the Lesbian Café, *Journal of Contemporary Ethnography*, 1995, 24 (3), October, pp. 270–298.

[3] Tapscott, Don and Anthony D. Williams, *Wikinomics*: *How Mass Collaboration Changes Everything*, New York: Penguin, 2007.

[4] Kozinets, Robert V., *Netnography*: *Doing Ethnographic Research online*, SAGE Publications, 2010, pp. 33–34.

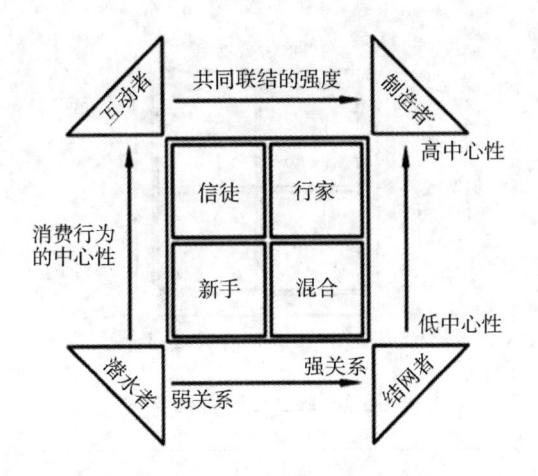

图 1　线上社区参与者类型

出相对应的线上社区中的四种关系和相互联系：潜水者、互动者、制造者和结网者。

（四）线上社区的类型

上述线上社区成员和参与的类型可以帮助我们理解线上社区的不同形式。研究者关注线上社区中发展关系的模式，它既是任务导向和目标导向的信息知识发展的过程，同时也与社会和文化知识及社会关系相符合。库兹奈特基于两个元素：社区的核心行为和专长（认同的中心性），以及与线上社区其他成员的关系，对线上社区进行分类[①]（见图2）。（1）漫游社区，指弱关系成员、核心行为低中心性的线上社群；（2）联结社区，在成员之间创造了强关系，但成员并不只限于一个共享或单一的核心行为；（3）极客社区，给他们的成员和读者提供深入和细致的信息，但并不需要成员加入有意义的社会关系中；（4）建构社区，既提供较强的社区感觉，也提供关于某种核心的特定的兴趣和行为的详细信息和情报。

关于线上社区和社区参与的类别以及分类标准，为之后的研究提供了坚实的分类基础和依据。

---

① Kozinets, Robert V., *Netnography: Doing Ethnographic Research Online*, SAGE Publications, 2010, p.36.

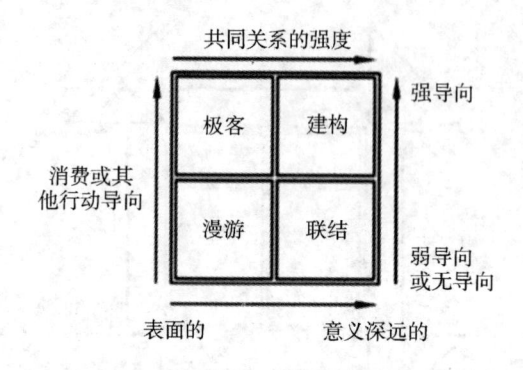

图2 线上社区的类型

（五）网络民族志方法与流程

网络民族志是基于线上田野工作的参与观察研究，参与和观察的方法组合是民族志行动的核心。它使用计算机中介的传播作为资料的来源，以获得民族志对文化或社区现象的理解和描述。做民族志研究意味着与成员一起浸入式的、长期地参与到文化或社区中，之后通过对社会世界的深度的、细节的、微妙的、历史的和文化的深描和解释，尝试理解和传递他们的现实。网络民族志遵从民族志的六个步骤：研究计划、进入、搜集资料、解释、确认伦理标准和研究展示。库兹奈特整理出网络民族志研究的五个步骤[①]：（1）定义研究问题，社交网站或调查主题；（2）识别和选择社区；（3）社区参与观察（参与、浸入）和搜集资料（确认伦理手续）；（4）资料分析和解释发现；（5）撰写、展示和报告研究发现、理论或政策建议。同时，库兹奈特清晰整理了网络民族志所包含的六种方法：调查、访谈、日志、焦点小组、社会网络分析、田野工作。他提醒读者：方法永远应当由研究焦点和研究问题所决定；将你需要的资料类型与你试图回答的问题类型相匹配；使用的方法应当适合分析的层次、结构和资料类型。

---

① Kozinets, Robert V., *Netnography: Doing Ethnographic Research Online*, SAGE Publications, 2010, p.61.

三 网络民族志与网络社群研究

近几年，由于国内网络技术的迅速发展，越来越多的互联网使用者参与不同类型的线上社区，进行信息获取、社交互动、群体认同、娱乐休闲等行为，同时也给网络民族志研究者提供了丰富的研究对象：网络人群和社区。在文献中梳理的网络民族志核心概念和研究流程的基础上，本部分讨论，在今天中国的互联网环境下，有哪些值得关注的社区和人群，对应哪些重要的研究问题，分别有哪些适合的研究方法。

（一）线上社区和人群的分类逻辑

根据文献整理的线上参与和线上社区的分类标准，本文提出几个引导式问题，以帮助判断线上社区和人群的类型。

（1）该线上社区是否存在特定的核心行为和专长？

（2）线上社区的成员对于该核心行为和专长抱有何种行为和态度？即是否认同共同的标准，是否积极参与？

（3）线上社区成员相互之间的关系如何？即在线上社区的互动和情绪状态。

（4）在参与线上社区的过程中，线上人群内部可以如何分类？

接下来本文梳理近几年使用者较多、影响力较大的四类网站：百度贴吧、科技科普网站、弹幕视频网站、网红直播平台为对象，探讨这些平台的特征以及网络民族志分析的问题与步骤。

（二）百度贴吧：粉丝社群与网络动员

百度贴吧于2003年上线，其话题集聚的呈现形式类似于网络论坛，基于搜索引擎、关键词和人工信息聚合方式，成为兴趣和利益的分类社区。赵雪薇和李振分析发现，百度贴吧的消费动机来自四个因素：功利性表达动机（表达、自我呈现、吸引粉丝）、社会交往动机、信息性动机（特别是关于明星、影剧和文学等用户生成的信息）和娱乐易用动机（用户从内容和使用社区上获得娱乐满足）。① 潘曙雅和张煜祺研究百度贴吧发现，共同观看剧集的网络文字/视频直播和进行实时讨论，形成群体的集体意识/集体情感；网络粉丝社群中的观影仪式和讨论仪式，揭示社群通过讨论—观看—讨论搭建起互动仪式，连接电视剧所代表的虚拟与粉丝所生活的现实、粉丝所想象的情节与真实的剧情；粉丝社群中的等级和权力分层折射出粉丝社群内部对于信息资源的争夺。② 2016 年初的"帝吧出征"事件又一次将百度贴吧推到研究者的面前。苑明（2016）发现，帝吧（李毅吧）作为出征行动的发起者是行动的大本营，它最早做出了"出征"的决定，其后主要在贴吧里发布一些指挥部署、作战指导等相关内容，运用"外包型"的技术（指微博）传播这些"定制型"的内容。③ 网民们在社交媒体上的言说内容大致可以分为三类：爱国主义的诉求表达、围观和出征的行动动员表达、对表情包这种武器的特殊关注。结合经验分析，"帝吧出征 FB"的话语呈现出联结性行动的组织动员逻辑。以上文献都从实证研究的角度揭示百度贴吧与粉丝文化互相促进的发展进程。

　　百度贴吧在较长时间里呈现出来与消费文化结盟的状态，但在其中也生发出强大的线上社区动员能力。在贴吧中，成员创造出不同的讨论主题，以主题周边的信息开发和交流为核心行为；这从一个侧面体现出来这类线上社区的核心行为具有相对较强的专业程度。在这样的信息开发和分享过程中，线上社区成员逐渐分层，如拥有更多独家信息的内部人士或更能够激起话题的创意作者等，更容易在讨论过程中获得关注。从这个意义上说，大部分百度贴吧更接近"建构"社区的状态，既提供较强的社区感觉，也提供关于某种核心的特定的兴趣和行为的详细信息和情报。在研究方法的选择上，内容分析和文本分析可以用来揭示线上社区内容呈现的特征，问卷调查、焦点小组和访谈可以用来分析用户的态度和价值，社会

---

　　① 赵雪薇、李振：《虚拟社区消费动机与使用行为的实证研究——以百度贴吧为例》，《东南传播》2014 年第 6 期，第 9—10 页。

　　② 潘曙雅、张煜祺：《虚拟在场：网络粉丝社群的互动仪式链》，《国际新闻界》2014 年第 9 期，第 35—46 页。

　　③ 苑明：《联结性行动：社交媒体上的个人化表达与动员》，南京大学博士学位论文，2016 年。

网络分析可以揭示用户之间、用户与话题之间的关系，网络民族志则是观察社区参与者互动的最佳方式。

（三）科技科普：有门槛的专业社交

果壳网成立于 2010 年，是科技兴趣社区的典型案例，包括科学人、小组、问答、MOOC、在行、研究生等多种产品和板块，其主要的内容生产者（果壳达人）具有一定的科学素养。詹骞发现，以果壳网为代表的社交网站通过信源权威、内容专业、卷入议题、自组织形式、科学趣味文构成信息的可信度，从而建构出科学社交网站的群体认同[①]。

知乎网成立于 2011 年，是社会化问答网站，网友可以通过关注、提问、回答、点赞、评论、收藏等方式参与问题的讨论。对于知乎网来说，最重要的两个组成部分是用户和问题。回答质量较高、回答数量较多的用户可被称为优质用户；热门回答可以集中为优质内容，并通过"知乎日报"等知乎整合产品进行包装，或通过用户分享等方式形成二次传播。宋学峰等以知乎网为例分析社交问答网站知识共享的内容及社会网络，发现从社会网络关系角度看，社交问答网站成员之间联系松散、交互较少，彼此间形成以内部交流为主的小团体，知识的分享和讨论大多集中在少数核心成员身上；由于投票机制的存在，问答网站中的讨论更多地集中于某一答案，而对于不同答案之间的联系则较少涉及。[②]

果壳和知乎这样的科技、问答类社交网站最大的特征是其专业性所造成的门槛，属于线上社区中的"极客"型，即社区给他们的成员和读者提供深入和细致的信息，但并不需要成员加入到有意义的社会关系中。这样的社区中，内容生产者和用户的认同指向专业人士"极客"的色彩，也造成社区内外的界限和区隔。社区成员在讨论过程中基于不同专业和专业程度形成等级，如"达人"与普通成员之间的关注关系；线上人群中的"行家"与"信徒"的专业素养带领着"新手"和"混合"成员，同时在后两种成员之间也有社交讨论。选择日志和内容分析法可以研究网站

[①] 詹骞：《科学社交网络可信度机制初探——以果壳网、科学松鼠会为例》，《当代传播》2015 年第 1 期，第 47—49 页。

[②] 宋学峰、赵蔚、高琳、何昌琳：《社交问答网站知识共享的内容及社会网络分析——以知乎社区"在线教育"话题为例》，《现代教育技术》2014 年第 24 期，第 70—77 页。

上呈现的内容；社会网络分析法分析参与者相互之间的关系、参与者与主题以及内容主题之间的关系；线上田野工作可以观察参与者之间的互动；调查问卷有助于进一步了解参与者的特征；焦点小组和访谈法可以深入理解参与者的态度、观点乃至背后的社会意义。

（四）弹幕视频：亚文化人群和内容集结地

弹幕，本义指战场上由密集子弹形成的火力网。弹幕视频网站的用户在观看视频的过程中，将实时评论以数字、文字、表情符号发布出来，评论从视频屏幕左端向右端滑动。弹幕网站保留评论内容，后来的观众在观看视频时，仍然可以看到前面观众所留下的评论，因此如果同时观看并发布信息的用户很多，屏幕上密集移动的文字会呈现出如幕布般的效果。弹幕视频始于日本的 Niconico 网站，国内目前较成熟的专业弹幕视频网站是 AcFun、Bilibili（分别被简称为 A 站和 B 站）。最早期的弹幕网站用户为 ACG（Animation、Comic 和 Game，即动画、漫画和游戏）文化的爱好者，其爱好者一般也被称为"御宅族"。随后各个主流视频网站也纷纷开发弹幕功能，如腾讯视频、优酷、爱奇艺等网站。

从线上社区的角度出发，弹幕视频网站的内容覆盖种类繁多的亚文化，如耽美、鬼畜、游戏、电竞等，成为亚文化人群和内容的重要集结地。弹幕的评论往往以吐槽、恶搞、隐语、到此一游、隔空互动等内容为主；晋良子将其分类为吐槽弹幕、搞笑弹幕、解释弹幕、创作弹幕、考据弹幕、梗弹幕和计数弹幕。[①] 弹幕网站的评论针对特定的视频时间节点内容发出，而对于该类弹幕内容的解读也受到视频语境的影响，如果脱离开那一时刻的视频，甚至脱离开前后弹幕内容，"圈外人"都很难真正理解弹幕的意义；因此在观看视频的过程中，常常会看到"前面××人等等我"这样的呼唤，因为前面有人发的弹幕触发了该用户之赞赏与认同。在这样异步对话的情况下，弹幕视频网站上形成一种特殊的线下连接松散、由俚语行话和价值观念构造的社群，用户不仅形成一种"群体性孤

[①] 晋良子：《基于哔哩哔哩网站的弹幕族和弹幕亚文化研究》，北京大学硕士学位论文，2015 年。

独""孤独陪伴"①（alone together）的异地、异步在场感，甚至会以是否接受弹幕网站构成群体认同的分隔标准。晋良子将弹幕网站的用户人群分成普通用户、核心会员和 UP 主三类，从弹幕用户的围观式观看体验与社交属性，观看过程中发评论呈现出来的二次创作与个人主义，以及 ACG 文化与消费主义三个方面分析弹幕社区参与用户。

弹幕网站的实时评论、评论所需的视频语境、普通用户之间异步和间接互动、用户与 UP 主之间的相对平等又相互认同的关系等特征，使得弹幕网站用户在线上社区和社区参与上呈现出丰富的类型——弹幕网站既可能是强行为、弱关系的"极客"社区，也可能是强行为、强关系的"建构"社区，可能随着视频内容的种类不同而有所差异，因此更需要研究者深入的实证研究。选择网络民族志、视频内容分析法、调查问卷、深度访谈、社会网络分析等方法，分析弹幕视频网站的内容呈现、社区成员的特征和相互关系以及背后的社会意义和亚文化属性。

（五）网红直播：围观与景观

2015 年从美国的 Meerkat 和 Periscope 开始，一种基于流媒体技术的实时直播社交方式，成为继文字社交、声音社交、图片社交之后最具"现场感""实时性"和"互动性"的互联网应用。目前国内专门的直播平台主要包括斗鱼 TV、虎牙、战旗、龙珠、熊猫 TV 等，主要覆盖游戏、体育、真人秀、娱乐、户外、音乐等主题。此外传统视频网站和社交网站也纷纷开发升级新应用，进入直播领域，如爱奇艺推出奇秀直播、陌陌的哈你直播功能等。直播网站的用户主要以 35 岁以下的人群为主。曹开研总结，"网络游戏 + 秀场"是视频直播网站的主流模式，"明星 + 网络红人"是获得用户黏性的主要方式，"弹幕 + 社区"形成围观氛围。② 但目前较少有针对某个直播平台上播主的内容呈现、用户社群特征、用户之间的关系、用户与播主的互动关系等深入的研究。

与直播网站相关的另一个重要现象是"网红"。自 2014 年淘宝"双

---

① Turkle, S., *Alone Together*：*Why We Expect More From Technology and Less from Each Other*, Basic Books, 2012.

② 曹开研：《视频直播网站的兴起与发展前瞻》，《青年记者》2016 年第 13 期，第 65—66 页。

十一"之后,"网红"这个词开始频繁出现在各大媒体的头条;2015年"网红"一词登上《咬文嚼字》杂志"十大流行语"榜单;2016年,伴随着"Papi 酱"融资1200万的信息,"网红"及"网红经济"再度引起广大民众的高度关注。从某种意义上说,网红将自身的部分或者全部(包括面容、身体、观点、日常经历等)转化为景观,而这样的景观展示是为了下一步的变现和交易。刘蕴一研究电商型网红,发现在从"个人日记"到"个体户"的道路上,电商型网红主要发布日常互动类、干货指导类、商品推荐类几种内容,把商品推荐隐含在日常互动中,并采用转发抽奖等激励机制。[①] 对于电商型网红来说,实现商业目的关键在于将粉丝的关注演变为实实在在的商品,而商品的生产的关键在于供应链。但是目前对于网红的研究缺乏粉丝社区的角度,对于"产销合一"的行业而言,维持社区的活力和黏性是其产业关键。

根据上文梳理的线上社区分类标准,直播网站根据主题不同,在社区核心行为和专业这个维度上有很大差异(比如游戏直播网站上核心行为和专业程度很高),但是普通用户之间往往很少形成较强的关系。在关注网红所形成的社群中存在同样的状态。网红直播社区的人群更接近"信徒"的形象,即与其他社区成员只有浅层联系,但是对社区的核心行为全心投入且保持热情,且由于直播网站往往带有弹幕功能,用户的实时评论充满行话、态度和情绪,赠送礼物存在炫耀情绪和竞争关系,这是目前线上社区的一种有待研究的突出案例。

四 结论与讨论

当人们的工作和生活越来越难以区分线上和线上部分,当人们在线上的活动经常跨平台进行,研究者也无法割裂地分析这些社会事实和社会现象,始终应该关注人群和社区。本文基于互联网研究者对线上社区和虚拟社区的定义,基于库兹奈特对线上社区类型和线上社区参与类型的分类,对网络民族志方法和流程的整理,关注近来活跃的四种网络人群和社区:

---

① 刘蕴一:《商品化、受控与焦虑——"电商型网红"的非物质劳动研究》,北京大学硕士学位论文,2016年。

粉丝社群和网络动员现象集中的百度贴吧，有门槛的科技科普和专业社交网站，亚文化人群和内容集结地弹幕视频网站，围观与景观盛行的网红和直播网站。本文尝试梳理这四类网站中主要行动者的特征和状态，指出线上社区的核心行为，社区参与者的关系和认同建构，以及适用于这四类线上社区的研究方法。在信息社会发展的今天，我们需要更多这样的"社会拼图"来帮助理解线上人群和社区、理解变迁的社会、理解丰富的文化。

【微信民族志之日常生活实践】

微信中的生命时间:对大学生和新生代农民工群体数字鸿沟研究的一个维度[*]

刘 谦 陈香茗[**]

互联网技术发展之初,人们曾认为这是一个强大的均衡力量,能够克服社会分化和不平等,增加社会互动的层次和公民参与程度,但是在实际发展过程中,互联网在给人类的社会生活和发展带来巨大福祉的同时,不同的地区、人群在互联网的接入、使用时有巨大的差距,形成了新的不平等与分化,即"数字鸿沟"(digital divide)。[①] 本研究选择大学生和新生代农民工群体[②]为研究对象,试图解释其微信社交中的差异及其与两个不同群体日常生活的相关性。之所以选择这两个群体,是因为他们在生理年龄上相近,均处于青壮年,而在教育背景、人生经历上差异明显。同时,这两个群体以不同的方式直接经历着现代化生活的锤炼:大学生群体以全面迅速接受最新资讯的方式感受现代社会,而农民工群体以劳动力流动的方式,承载着当代中国城市化进程中社会与文化的转型。两个群体日常生活

---

[*] 本文原刊于《社会学评论》2017 年第 02 期。

[**] 刘谦,中国人民大学社会学理论与方法研究中心副研究员,人类学研究所副教授,研究方向为田野工作方法论、教育人类学、医学人类学;陈香茗,中国人民大学人类学研究所 2014 级硕士研究生,研究方向为互联网研究。

① 黄少华、韩瑞霞:《全球化背景下:中国东西部地区的数字鸿沟》,《兰州大学学报》(社会科学版)2004 年第 2 期,第 96 页。

② 全国总工会联合中国工运研究所、全国总工会研究室等在 2010 年走访了辽宁、广东等十多个城市,明确定义新生代农民工是指出生在 20 世纪 80 年代以后,年龄大于 16 岁,在异地以非农就业为主的农村户籍人口(全国总工会,2010)。代际的概念具有代际更替的相对性。本研究选取新生代农民工个案尽量寻找和大学生生理年龄更接近的 20 世纪 90 年代出生的新生代农民工。

的差异使得其网络社交的对象、内容以及对其日常生活的影响有显著的差异。种种差异不仅仅是人和技术互动的结果,更是以互联网为媒介,教育背景、生活方式、社会交往等鸿沟的再加强。在此之中,两个群体正在经历的不同生命时间阶段与特征,也为理解他们微信社交差异产生的机制提供一个解说的视角。

一 关于网络、数字鸿沟与生命时间的学理讨论

时间,是承载人类实践的必要前提。就社会而言,不同社会及其历史时期关于时间价值、节奏的默认,在相当程度上呈现了具体社会形态的个性与地方性。就个体而言,不同的生命阶段,显示出各异的人生状态。同时,又需要将个体的时间感受镶嵌在社会时间的宏观维度上给予考察。这一切,使得看似可以克服时空障碍的互联网手段,被不可言喻地打上了不同的实践特征。数字鸿沟在网络行为主体不同生命时间中、线上与线下互动中得以获得重新认识。

(一)微信与网络:在现在与未来的关联模式中塑造时间感

互联网的蔓延,将传统时间与空间的搭配模式修改为吉登斯所描述的时空"脱域"[1]。在互联网的覆盖中,人在东边,却可以摆脱缺场的局限,同步见证西边的状态,并对空间相隔的事项即刻产生影响。毋庸置疑,互联网深刻改变了人们感知世界、穿梭时空的方式。

在此之中,微信成为近年来迅速上升的网络信息载体和工具。[2] 但微信和网络一样,作为信息传播的载体,其自身并不直接地生产功能,亦即不像核能、飞机那样,直接通过自身的生产过程提高生产效率,从而改变特定物质或能量生产、空间移动速度的时间轴。依据其获取和传播信息的功能,微信对时间的影响,更多是在抽象层面影响人们对"现在"的感知乃至自我认同,以及通过对信息的获取、践行,影响从"现在"走向未来的可能性及方向性。

---

[1] [英]安东尼·吉登斯:《现代性的后果》,田禾译,译林出版社 2000 年版,第 18 页。
[2] 张颐武:《"四跨"与"三改":"微生活"新论》,《探索与争鸣》2014 年第 7 期,第 25 页。

实际上，在时间范畴下，"过去"是清醒状态下得以参考的已发生事件的总和；"未来"是同一个人预期未发生事件的总和；"现在"是连接过去和未来的必经节点。而"现在"是"每一个清醒的人对生存状态的综合感觉，但感觉是延绵的、模糊的、不易描述的"[①]。尽管如此，每个人的"现在"都是踩在坚实的现实基础上的。现实的社会网络、现实的空间、物理构造等构成每个人具体的现在。也正因如此，微信深深卷入人们的日常生活，一方面成为构成"现在"的重要部分，另一方面人们如何感受正在经历的"现在"，及其与预期中未发生事件的关联性，在相当程度上推动了人们在微信及线下的实践。换句话讲，在人们以各自的方式塑造着现在与未来的关联模式中，微信承载着实践主体特定的时间感受与模式。

（二）数字鸿沟：并不同质的网络实践

曾经人们为互联网对时空所具有的新的驾驭形式欢呼。互联网可以延伸我们的耳目，让人们摆脱缺场的遗憾见证空间上原本遥不可及的场景；它可以传递亲人的一颦一笑，而不仅仅是一纸家书，而且似乎面对键盘和互联网，同样的大千世界可以对所有的用户展现。然而渐渐地，人们发现互联网并非最初人们想象的那样一劳永逸、无懈可击，因为网络实践的主体同时是线下实践的主体，而线下实践的主体是那样多彩而分化。由其衍生出的网络行为怎可能是同质划一的？于是，"数字鸿沟"的概念逐渐得到重视。它最开始是指数字技术的拥有者以及未曾拥有者之间存在的鸿沟或差异，即人们在计算机和互联网可及性上的差异，被认为是"第一道数字鸿沟"[②]。随着计算机和互联网技术的发展与普及，研究者们开始关注"第二道数字鸿沟"，即计算机和互联网使用上的差距，指使用信息资料有关的行为，包括对软件的熟悉程度和对信息搜索的能力等。目前部分学者们开始关注第三道数字鸿沟即信息资源和知识方面的差异[③]，即信息

[①] 汪天文：《时间理解论》，人民出版社 2008 年版，第 328—329 页。
[②] 韦路、谢点：《全球数字鸿沟变迁及其影响因素研究——基于 1990—2010 世界宏观数据的实证分析》，《新闻与传播研究》2015 年第 9 期，第 36 页。
[③] 闫慧、孙立立：《1989 年以来国内外数字鸿沟研究回顾：内涵、表现维度及影响因素综述》，《中国图书馆学报》2012 年第 5 期，第 90 页。

意识（information conscious）使用者判断信息究竟是否有价值的能力。[1]薛伟贤和刘骏认为具有良好教育水平和信息素养的人能够更好地利用互联网获得自己所需信息，而受教育程度低的人在面对夹杂英文的网页、复杂的操作系统和文字处理软件时往往手足无措。[2]高社会经济地位者更倾向用互联网去获取信息，而经济社会地位低的人尤其是受教育程度低者更倾向于用互联网来获得娱乐。[3]可见，在以往数字鸿沟研究中，强调社会阶层、区域差异、教育程度等因素的差异，也有按照年龄组进行的分析，但尚缺乏从网络行为主体时间感受的角度给予关注。而以微信为代表的互联网平台，正是以重塑时空关系为重要切入点，实现对社会互动、实践取向、话语体系、权力结构等一系列社会行动的变革。[4]因此，将时间的框架纳入对人们网络实践理解，是理解数字鸿沟的题中应有之意。

（三）生命时间：理解微信数字鸿沟的一个维度

本研究意在结合微信这一网络媒体的特定形式，以具有不同社会资本和生命时间的大学生和新生代农民工群体的微信使用行为为案例，讨论微信使用的不同模式，及其对形成"数字鸿沟"的意义。作为一项可以安插在不同移动设备中的互联网终端产品，微信具有同质性和标准化操作；而作为负载信息的传播者，其传播的信息、互动范围与模式，及其对微信使用者的影响，具有天生的异质性。而后者，对于我们理解微信使用的社会学意义无疑更具意味。在这里，微信实践所依附的社会限定至少可以从三个方面进行理解：一是微信使用者所具备的社会资本、文化资本状况，直接影响着微信互动的信息内容；二是人们所正在经历的不同生命时间，推动着信息处理的行动和意向导向；三是社会资本、文化资本与生命时间的交互作用，在微信使用者线上与线下的穿梭中转化为实践者构建现在与

---

[1] 汪明峰：《互联网使用与中国城市化——"数字鸿沟"的空间层面》，《社会学研究》2005年第6期，第113页。

[2] 薛伟贤、刘骏：《数字鸿沟的本质解析》，《情报理论与实践》2010年第12期，第45页。

[3] 陈福平：《信息区隔与网络赋权——从互联网使用差异到在线公民参与》，载复旦大学信息与传播研究中心、复旦大学新闻学院《传播与中国·复旦论坛（2012）——可沟通城市：理论建构与中国实践论文集》，第15页。

[4] 刘少杰：《网络化时代的社会结构变迁》，《学术月刊》2012年第10期。

未来关系的行动能力。在这里，由社会网络、教育资历、权力关系等共同构成的社会资本、文化资本，对于微信使用者的直接影响在于在相当程度上决定了微信使用者的社交网络，以及由此衍生出的在信息内容上的社会分层。而微信使用者所正在经历的生命时间，则是暗含其中从时间角度的理解。之所以将文化资本、社会资本与生命时间并置给以理解，主要有两个理由：一是"资本"概念本身与时间有着暗通之处。布迪厄说："社会世界是一部积累的历史，如果我们不把它简化成行动者之间瞬间机械平衡的不连续系列，如果我们不把行为者仅仅看成可以互换的粒子的话，那么我们必须把资本的概念和伴随这一概念的积累物及其全部效应重新引入社会世界。资本是积累的劳动……"① 在这里，资本是需要假以时日给以生成的。这一概念的提出恰恰反对的是缺乏时间感的瞬间效应，而是在承认时间积累所形成的社会效应基础上来理解社会生活。二是这里提出的"生命时间"的概念也需要在生命进程与社会资本、文化资本的互动中给以理解。所谓生命时间，是每一个时间主体生理年龄、生命事件标识、时代进程的叠加，同时，也是社会生活主体对生命现状在当下阶段意义、任务、功能的主观感知。一位初为人母的女性的生命时间，交织着生育成熟期女性的生理阶段、进入抚育者的角色转变和特定时代母职所肩负的社会期待、物质条件所负载的时代感等多重时间维度，同时，又因属于每一位实践者的主观感受而具有个性化的存在方式。在这里，生命时间不仅指生理年龄，更负载着特定的人生进程，而人生进程在当下与未来的互构中，又无法避免时代的烙印以及实践者自身的体察。同样是哺乳期的女性，完成生育的年龄在不同时代未必相同，实现母职的物质依托更是因时代而变换。就当代大学生群体和新生代农民工群体而言，两个群体在生理阶段上，都属于青壮年。从成人心理社会性发展阶段角度看，属于相对于中年、老年的"成年早期发展阶段"中的过渡期和成年早期生活结构初建期。按照魏兰特的说法，这一时期的主要任务是建立亲密关系和职业确立。然而，由于其所占据的社会资本、文化资本不同，在相当程度上出于对未来的不同预判以及对当下角色的感知，很有可能影响到其对当下行动

---

① [法] 布尔迪厄：《文化资本和社会炼金术—布尔迪厄访谈录》，包亚明译，上海人民出版社 1997 年版，第 189 页。

的裁夺，从而构建出不同的生命时间框架。① 回到微信使用者话题上，人们如何感受正在经历的生命刻度，及其与预期中未发生事件的关联性，在相当程度上推动了不同微信使用群体在获取信息之后的行动导向。也就是说，只有将微信中的信息品质、使用者的生命时间感知相结合，才能理解人们处置微信信息所带来的直接行动，由此成为理解数字鸿沟的一个维度。

二 研究设计与方法

为了更好地理解大学生和新生代农民工网络社交的差异性，本次研究主要采用了访谈方法和观察法来了解15名大学生和15名新生代农民工的网络社交活动。数据收集工作在2016年2—3月展开，第二作者对每一名访谈对象进行了30—100分钟不等的访谈，并且对个别对象进行了二次回访。15名大学生包括本科生和硕士生，他们来自北京两所不同的大学，其中，12人为校园论坛发帖找到，其余3人中1人为第二作者同学，2人是朋友推荐。新生代农民工中的15人，其中4个人在北京，其余11人分别在江苏、广东、四川、陕西等地；他们从事的工作也各不相同，有生产工人、保洁员、销售、全职妈妈、服务员、建筑工人、厨师等，其中10人为第二作者小学同学，笔者表明了意图之后，他们不仅很乐意接受访谈，并且把笔者拉入小学同学的微信群中，笔者在班级群中表明了意图之后，个别同学很乐意参与并且加笔者私信，留下联系方式。其余5人中3人为同学或朋友推荐，2人为访谈对象推荐。数据收集方法以面对面访谈、电话访谈、观察为主。其中，观察既包括第二作者作为某大学生微信群成员和以新生代农民工为主的小学同学微信群成员的线上观察，也包括对大学生日常生活的观察。写作中引用的聊天记录已经全部获得当事人的同意，此外为了保护被访者的个人信息，文章出现的所有名字均已做化名处理。

从研究框架上，本研究首先对两个群体线下的日常生活进行描述，包

---

① 劳拉·E. 伯克：《伯克毕生发展心理学》，陈会昌译，中国人民大学出版社2014年版，第41—43页。

括工作学习、休闲娱乐、社会交往和目标追求四个角度。它体现了两个群体拥有社会资本和生命时间的不同;其次,重点考察两个群体依托微信展开的社交活动,包括微信社交对象构成及信息互动内容上的差异;最后,观察两个群体是否以及如何利用微信信息穿梭于线上和线下活动,从而将微信信息转化为与未来对话的不同模式,进而反思"数字鸿沟"的发生机理。

三 初步发现

大学生群体和新生代农民工的生活世界显然不同。他们的微信社交网络,将生活中的社交网络进行了相当程度的复制。这份复制为线下活动与线上活动的互动打开了最基础的通道。在线下和线上活动中,同样能观察到大学生群体多彩的生活和通过微信切实拓宽人生机遇的行动;而新生代农民工更多出于资源限制,对当下和未来有着线性的预期和现实的考虑。娱乐休闲、联系亲人,几乎成为该群体微信唯一的功能。微信也在两个群体裁夺当下、制定和实施未来规划中扮演着不同角色。

(一)日常生活:多彩与单调

不同的群体和社会阶层在其日常生活层面体现出较大差异,并会深深印上其群体的痕迹。[①] 本研究初步发现大学生和新生代农民工的日常生活以及当下和未来发展之间的差异,而这些差异正是促成其微信社交行为差异的重要基础。大学生和新生代农民工虽同处于青年人的生理阶段,但是其所经历的生命时间不同。作为学生,大学生身处即将跨入社会、进入工作岗位的准备阶段,又被称为"准成人阶段"。这一阶段虽然竞争压力大,但拥有多种的发展可能性,因此设定的具体目标更加多元,落实到日常生活中,学习书本知识成为一个明显的主旋律,同时大学生有相当一部分时间在参与各种课外活动,为未来任何一种可能的发展状况做准备和铺垫。大学生的社会交往围绕校园生活展开,部分实习的同学与实习同事有较多来往,并且和他们有较多的网络互动。从休闲方式上看,大学生可以凭借丰富的校园资源,通常有着

---

① 吴宁:《日常生活批判——列斐伏尔哲学思想研究》,人民出版社2007年版,第5—7页。

丰富的休闲活动，比如读书、看电影、旅行、运动等。

目前正处在研究生阶段的小琪，现在一家互联网公司实习，公司实行弹性工作制。小琪一般早上9点半上班，下午5点半下班回到学校，吃过晚餐回到宿舍时接近7点钟。回到宿舍后，她往往先打开计算机连上网，在搜索框输入自己正在追的美剧《权力的游戏》，8点钟左右看完一集。之后她会和舍友一起去操场跑步，想通过运动减肥，她偶尔也会和同学一起去学校游泳馆。锻炼完回宿舍，冲个澡已经接近10点钟了，这个时候她会看看一周新出的综艺节目或者玩一会儿手机，刷刷微信朋友圈、看看贴吧和微博，再和舍友聊聊天直到11点半左右睡觉。

（小琪，女，26岁，在读硕士）

而以体力工作、从事服务行业为生的新生代农民工，工作内容简单重复，缺少学习专业技能的外在压力。在工作之余的休闲时段，玩手机几乎成为新生代农民工最主要的休闲活动。在交往范围方面，新生代农民工的社会交往更多在老乡、亲属等由初级社会关系展开的社会成员之间进行，与业缘等发展起来的次级社会群体之间的交往有限。最后，作为家庭主要经济来源的新生代农民工，很多以更好的经济收入为主要目标，而不像大学生有着多元而模糊的目标。

小于在餐馆做服务员，每天工作13个小时左右。早上9点半他到餐馆，打扫地面，清洁餐桌，并且摆好餐桌上的纸巾盒、牙签盒等，10点钟左右餐馆正式开门迎客。10点半左右到下午2点左右，下午4点半到8点半，客流量比较大，晚上10点钟之后就只剩下两三桌客人，等到10点半左右，客人差不多都离开了，小于又要打扫卫生，整理好桌椅板凳，11点到11点半之间离开餐馆。小于向笔者讲述了其每天的工作内容：

"我就帮客人点菜、上菜，客人走了收拾收拾桌子……饭点的时候客人比较多，就比较忙。客人少的时候就没啥事情，坐一会儿，歇一歇，瞌睡了就打个盹……当服务员很简单的，点菜、上菜没啥技含量，是个人就会，主要就是手脚勤快、有眼色（力）、态度好，客人叫的时候就麻利点，上菜的时候要轻拿轻放，态度要好。顶多就是再记住几个特色菜，客人让推荐的时候，能说得上来。"

（小于，男，26岁，初中毕业，服务员）

　　在江苏打工的孙华目前就居住在厂子统一提供的出租屋内。孙华上班的地方在郊区，去一趟城里要坐近两个小时的公交车，工厂周围没有景点和公园，平日下班没有免费的休闲公共场所，出租屋内没有电视、电脑，也没有Wi–Fi。他每天早上7点钟起床，步行10多分钟到工厂，在厂里吃三餐。上班进车间的时候，手机就锁在柜子里，不能带到车间里。等到下午6点钟下班，在厂里吃完饭再回到自己出租屋内，差不多7点钟，他晚上10点多钟睡觉。这三个小时是他平日里的空闲时间，他说："除了耍手机，还能做啥？没得电视，也没得无线（网络），就用流量聊聊天，看看朋友圈……都不敢看视频，太费流量了。……打工的和上大学的不一样，大学有操场有篮球场，打工的厂子怎么可能会有（这些设施）？城里面的体育场都是有钱人才能去的，一个小时就得几十上百块，我能去得起？……"孙华也曾想过买一台笔记本电脑玩游戏，但又说"像我住的这些地方要不是城乡结合部，要不就是工业区，人都很杂，治安不好，小偷小摸很多。前年我住的房子就被偷过，房东用三合板把房子隔开，隔成好几个碎（小）房间租给打工的。三合板薄薄的，一脚就能踹开，要门也没啥用"。治安环境和居住条件差使得孙华打工期间不敢购置电脑，便携且能提供丰富娱乐资源的手机便成为他最主要的休闲工具。

（孙华，男，26岁，初中毕业，电子厂工人）

　　城市、乡镇、邻里、地区和空间会建构人们不同的日常事务的经历。[①] 学习和发展自身能力成为校园学子的主旋律，打工挣钱成为新生代农民工的生活现实。而休闲娱乐方面的差异亦体现出两个群体所占据的不

---

① ［英］戴维·英格利斯：《文化与日常生活》，张秋月、周雷亚译，中央编译出版社2010年版，第7页。

同社会资本：校园之中的操场等基础设施为大学生开展多种课余生活提供基本条件，相比之下大多数以体力劳动为生的新生代农民工居住条件差，基础配套设施贫乏，大大降低了开展其他休闲活动的可能性。这也使得手机、网络在两个群体的日常生活中扮演各有侧重的角色。在大学生中，通过手机、微信进行娱乐只是其课余生活的一部分，在新生代农民工那里，几乎成为其全部娱乐来源。而微信对于两个群体日常生活实践的核心领域的意义也不相同，因为人们活在当下的同时，总是心系未来。两个群体对未来的规划也不同。

> 现在读大三的可心谈及未来规划时，她表示出国或者保研，至于具体的保送本校还是外校，出国去哪个国家，她都没有考虑清楚。她觉得目前能够做的是参加一些好的活动、实习、提高学分积点，为以后的出国或保研、工作做好准备。所以，"创新杯"学生课外学术科技作品竞赛、参与组织一系列职业生涯规划讲座、赴美参加夏校学习等活动填满了她的课外时间。
>
> （可心，女，22岁，大三学生）

> 去年底刚结婚的张乐乐，今年开春后去了广东工作，而妻子和去年一样去了江苏打工。他明确表示自己是为了赚更多的钱才来到广东工作，和妻子两地分隔。他想多赚一点钱在城里买房生活，至于在哪里买房还在犹豫当中：或者在离家近的省城或者工资高的江苏某市。省城离家近，6000多元一平方米的房子，但是工资太低了，可能买了房以后，妻子在家里随便找一点活干，养活孩子，而他继续来广东打工还房贷。若在江苏某市买房，工资高一点，但是房价差不多是8000元一平方米，离陕西老家也远。但是当笔者表示"现在交通这么方便，回家（陕西老家）也很方便，离家远近不太重要呀"，张乐乐立即回应道："这边没有朋友，没有知根知底的人，（人）没有根，周围认识的也都是同事，在这样的城市没有亲情。再说我和媳妇吵架了，想诉苦去找谁？"
>
> （张乐乐，男，27岁，高中毕业，电子厂工人，已婚）

可心和张乐乐虽然都是20多岁的年轻人，但是，他们正在经历不同的生命时间并占据着完全不同的文化资本。可心作为大学生，尚未成家，在她的规划里，完全没有养家糊口的考虑，更多的是以自我为中心的设计，而且凭借现有科层体系下的学术训练阶梯，她的未来呈现出多种可能性，每一种可能性都对其具体的人生轨迹产生直接影响，从而形成现在与未来的多重组合的可能性。而这与张乐乐对未来如此明确的考虑形成鲜明对比。张乐乐现有的社会资本、经济实力、教育水平，对未来生活走向形成了较为明显的条件限制。同时，娶妻生子的生命历程，让他面临着和可心不同的人生任务。他对未来的规划非常具体地落在在哪里买房、房贷、工作地点选择，甚至如何处理夫妻矛盾等问题上。在张乐乐的版本中，未来对当下的指引，体现在同样现实的问题中，比如去哪里打工赚钱、在哪里买房等。

在此，用多彩和单调来概括大学生和新生代农民工两个群体的日常生活。大学生群体的日常生活除了学业学习的主旋律，还有丰富的课外活动和多元的休闲状态。大学生将这一段成年早期的生命历程镶嵌在21世纪信息丰沛、充满机遇的中国，形成了他们正在经历的生命时间。在这样的生命时间格局里，无论是当下的实践还是指向未来的期待，通常是以自我为中心而具有多种可能性的路径。而新生代农民工群体，在大多数情况下工作和休闲时光被相对单调的体力劳动和手机娱乐所填充。家庭已成为一个需要纳入人生规划的重要议题。在新生代农民工群体当下与未来体验中，通常落实在相对固定的发展轨迹和具体现实的事项中。

（二）微信网络：初级与次级

微信嵌入在具有超强便携性和移动性的手机中，微信使用者随着添加更多联系人，不断卷入微信朋友圈中，形成两两互动、单中心星状互动、多中心网状互动等模式。[①] 冯锐对南京某高校的大学生网络社交以及兰普（Lampe）对Facebook网站的研究发现一致，在网络社交中，使用者更多

---

① 唐魁玉、唐金杰：《微信朋友圈的人际互动分析：兼论微生活方式的兴起与治理》，《江苏行政学院学报》2016年第1期，第79—88页。

的是与现实生活中结识的人交往，而非陌生人。①② 大学生和新生代农民工的网络社交圈中个体的特质差异很大，大学生社交软件中的"好友"大多是本科以上的学历，拥有良好的社会文化资本；但是新生代农民工的"好友"大多是初中或中专毕业。大学生在网络社交中互动最频繁的人是身边的大学同学、学生工作组织的同学或实习中的同事，这些次级社会群体成员，而与家人的互动并非首要内容。新生代农民工中互动最频繁的是家人、同乡、小学、初中同学这些初级社会群体成员。此外大学生的交往之中存在大量短期性和临时性的交往，如小组作业、某次活动策划群等，而新生代农民工的交往中却较少呈现出此类临时性、阶段性的交往。

> 史茜的微信中目前有34个群聊，12个群和学生组织有关，包含了学生组织的大群、部门群、小组群、各部门负责人的群以及组织中不同的活动策划群，5个是兴趣群，5个是不同时期参加的活动群，2个是近期的小组作业群，大学生们依据明确的任务、兴趣等以信息交换、任务的完成为目的而建立起来相对固定或临时的交流群体现的是个人为本位的边界清晰的团体格局。

（史茜，女，21岁，大三学生）

从网络社交的对象、互动的频率来看，微信反映的网络社交是个体日常生活的投射，并不是孙伟平所认为的网络社交呈现了匿名性和平等性③，任何人都可以随时更换自己的身份，全部或者部分隐藏自己的个人信息（姓名、性别、年龄、外貌特征、信仰、民族、社会地位等），人的一切自然属性和社会属性在网络上可以被"剥离"。相反，微信可以通过验证接受邀请、自主建立微信群等功能，直接体现微信使用者对互动对象

---

① 冯锐：《大学生网络社交方式及其社交行为特征分析》，《扬州大学学报》（高教研究版）2014年第6期，第75—82页。

② Lampe, C., Ellison, N. & Steinfield, C., 2006, A Face (book) in the Crowd: Social Searching vs. So-cial Brow*sing*, Proceedings of the 2006 20th Anniversary Conference on Computer Supported Coop-erative Work, New York: ACM Press.

③ 孙伟平：《人类交往实践的革命性变迁——虚拟交往及其哲学批判》，《吉林大学社会科学学报》2012年第3期，第15—16页。

的筛选，从而在相当程度上实现了微信社交网络与线下社交网络的重叠。在这里也显示出大学生微信社交对象和新生代农民工的不同。前者微信交往中不断出现来自次级社会群体的社交对象，而新生代农民工微信社交对象更多倚重初级社会群体在网络上的复制。

（三）微信社交：枝杈与线性

微信互动作为社会实践的样式之一，和其他社会活动一样，不是悬浮在空中的抽象存在而是紧紧依附在实践者日常生活中的一个环节。以上对大学生和新生代农民工群体日常生活和社交网络的描述，为理解他们的微信社交活动提供了必要基础。社会经济地位、文化素养对人们的微信社交有着直接影响。江宇研究北京市中学生的网络使用差异发现，家庭社会经济地位越高的家庭，其孩子拥有的网络技能越丰富。[①] 曾凡斌研究大学生的网络使用差异时发现，城市出生的大学生上网的时间会更多。[②] 高社会经济地位者更倾向用互联网去获取信息，而经济社会地位低的人尤其是受教育程度低者更倾向于用互联网来获得娱乐。[③] 在以上研究基础上，意在强调大学生和新生代农民工两个群体，在不同社会资本和生命时间的交互作用下，微信社交活动在其各自生活格局中所占据的不同位置。以微信为代表的微生活，在大学生那里不仅起到娱乐、宣泄的作用，还真实地提供着各种线下交往与机遇。同时，这些通过网络、微信社交获得的机会又呈现出"枝杈型"[④] 状态，即多节点、多可能性特征；而在新生代农民工那里，微信通常停留在初级社会关系群体互动和娱乐层面，对于其职业发展、具有现实意义的未来计划很难产生实际影响。其当下与未来的关系，

[①] 江宇：《社会结构和网络技能获得——一项关于高中生互联网使用技能差异的实证研究》，《新闻与传播研究》2007年第2期，第95页。

[②] 曾凡斌：《第二道数字鸿沟的因素研究——基于对大学生实证分析》，《江淮论坛》2011年第1期，第136页。

[③] 陈福平：《信息区隔与网络赋权——从互联网使用差异到在线公民参与》，载复旦大学信息与传播研究中心、复旦大学新闻学院《传播与中国·复旦论坛（2012）——可沟通城市：理论建构与中国实践论文集》，第15页。

[④] 本研究关于大学生正在经历的现在与未来之间的"枝杈"模式描述，受到赵旭东关于"枝杈社会"提法的启发（详见赵旭东《枝杈社会与乡土社会的文化转型》，《民俗研究》2015年第4期）。

基本处在线性发展的现实轨迹上，既不像传统社会的循环模式，也与大学生特定生命时间里正在经历的"枝权型"多种发展的可能性不同。以下提供大学生王杨和新生代农民工可欣、孙小玉的典型个案说明以上初步发现。

BR大学的大四学生王杨讲述了自己从关注微信的朋友圈中转发的一个文章开始，如何无心插柳柳成荫地不断获得一连串发展机会的经过。

1. 获得信息

2015年一二月份，王杨在朋友圈看见很多人在转一篇文章，题目是"你看到的学生会干部是这样的，其实他们在背后是这样的"。文章的大意是我们认为的学生会干部在人面前，很光鲜亮丽，但是其实学生干部在背后是另外一个样子，非常辛苦，比如举办一台晚会，要熬夜写策划书，等等。他看文章选题很好，配图很出彩，加之在本科期间一直担任学生会干部，对文章的内容深有感触。于是他就去看了这篇文章的推送公众号——首都高校传媒联盟，并进行关注。王杨除了觉得这篇文章本身不错以外，他关注"首都高校传媒联盟"的公众号还有以下原因。

"在关注这个公众号之前，我曾经想过，我当时大三，等到大四的时候，校内的学生组织都该退了，大四保研之后能不能还有机会做与宣传相关的学生工作，那以我之前的学生工作经验有没有可能在北京市层面找到一个类似的组织、社团。当时只是有这样一个模糊的想法，至于具体去哪里找，干什么，能不能做，我也不知道。但是当我看到这个公众号的时候，就觉得这个可能是我想去做的。"王杨本科期间做了大量的与宣传有关的学生工作。虽然王杨是经济学专业，也认为自己有很大可能会从事金融类工作，但是因为对传媒类活动抱有极大兴趣，并不否认往这个方向发展的可能性，当其碰到这样的机会时，便会抱着尝试的态度主动参与其中。

2. 信息验证

王杨在关注了"首都高校传媒联盟"的公众号以后，往前翻看了这个公众号发布的信息，觉得这应该是北京市层面上的校园媒体组织，但是当时他并不能完全确认这个组织是真是假，虽然公众号的名字很"唬人"，推送的信息质量也不错。此外也很难断定这个组织是不是商业性质，如果是商业组织，那就和王杨最初的期待相差甚远。但是之后很快有机会让王杨完全确认了这个组织的性质。

"大概过了两个月，到了2015年的三月份，首都高校传媒联盟的公众号推送了他们的主席团换届，当时要选第八届主席团，正好我们校有一个人去参选。我的朋友圈里面也有一些同学在帮这个人转，帮他拉票。此时我就确认这是一个真的公众号，真的学生组织，不是骗人的，也不是什么商业组织。"

3. 发展机会

2015年4月，王杨在首都高校传媒联盟的公众号中看到了他们面向全北京市的高校公开招部长和副部长的通知，正如上文所说，主席换届只列出了主席候选人，他没有机会参与，也只能"围观"一下。但是公开招部长，王杨就有了参与了机会。他决定去尝试，结果一路过关，通过面试成为首媒的一名部长。2016年3月后，又成功留任副主席。加入首都高校传媒联盟之后，王杨在这个网络搭建的平台上认识了一群新的人，包括其他高校的学生、首媒的老师等，他又通过这些新认识的人分享的信息来获得新的发展机会，包括受中青报资助，参加基层考察等活动。

4. 成长影响

在访谈中王杨也不断表示，加入了首都高校传媒联盟对他个人的发展影响是很大的。首先在这个平台中他认识了北京地区的大学生领域中最优秀的校媒记者，"他们是北京高校的新闻行业中最优秀，最有活力，最有梦想的一群年轻人，也是在大学生新闻领域的精英；这样的一群人本身就是一笔巨大的财富，并且他们能够给你带来的东西是无法预期的"。王杨在首媒的活动中学习到了一个专业的公众号是如何运作的，其中文章的选题、布局、排版等是他之前未接触到的。首媒的工作中有大量的采访工作，需要和形形色色的人去打交道，这对于个人的社会交际能力有极大的提升；在首媒有许多去各地的社会实践活动，使他更敏感于社会生活的诸多层面，从而加深对社会的理解。

王杨的个案，比较典型地反映出大学生通过微信社交，以"枝权型"路径，寻找发展机会，感受现在，面向未来的模式。在这里最能体现其生命时间特征的环节在以下四方面。第一，王杨作为即将毕业的大学生，他使用网络社交的具体目的和确切的人生规划之间的关联并不清晰。因为，在他的生命时间里，尚未出现正式职业。他的突出诉求是提升自身能力。而首媒平台的工作直接的影响在于通过具体社会实践、考察等活动，开阔视野，以参与的方式帮助王杨理解现代社会强调的分工协作含义以及多元多层级的社会存在状态。第二，在实现策略上，也是不稳定的。比如起初只是对一篇微信短文的关注，由此指向对公众号的关注，通过观察和多方验证公众号的权威性，继续尝试公众号提供的参与机会，通过这些参与，认识更多人，由此这个平台之外的社会考察、实践机会。可以说，绝大多数信息都是不可预测的。而行动主体面对这些机会采取怎样的行动，也需要将短期目标与长期目标进行审视裁夺。比如尽管参与首媒工作并不能直接有助于保研，这里要求行动主体承担决策风险。可以说，事件的发展每一步都不是下一步的必然前提，在相当程度上，依赖网络实践主体的见识与价值观。第三，和王杨在网络上互动的其他网络社交实践者，几乎和他一样处在同样的生命时间阶段，虽然这个阶段有着各种不确定因素，但是依托学校的组织和学生的身份，和王杨有相对一致的关注点，比如实习信息推荐、出国交流的机会、学生组织负责人的选拔等，并且这些信息往往通过公众号推送的方式来传达，共同的生命时间阶段，使得信息需求在社交网络产生了更强的互通性与共享性。第四，王杨以微信社交处理信息的方式，正是当前倚重数字技术管理时空关系的当代社会时间特征的反映。中国工程院院士邬贺铨指出："我们走过了以计算机为中心的 PC 时代，现在是一个以软件为中心的网络时代，也是一个以服务为中心的云计算时代，还是一个以应用为中心的物联网时代。现在又轮到以用户价值为中心的大数据时代。"[①] 这段描述中，不仅显示计算机、网络、大数据技术上的发展，也突出了技术应用者的主体性地位，即面对丰沛的信息，网络主体、微信使用者对于信息获取、处理、实践的主动姿态。而这种主动态

[①] 邬贺铨：《大智移云．智慧城市．创新思维》，《大讲堂》，2016 年 10 月 1 日，京内资准字 0610 - L0096 号。

势,既是大学生群体作为知识精英能够适应当代社会时间根本趋势的表现,也是其形成"枝杈型"现在与未来关系的必要条件。

与此相比,新生代农民工上网的最主要目的是娱乐消遣,较少利用网络资源帮助自身发展。[①] 他们认为微信、QQ 这些网络社交工具就是好玩,可以和老同学联络感情,很少通过社交软件获得一些实用信息。他们关注的公众号也以娱乐信息和"心灵鸡汤"类信息为主。小欣,27 岁,正在四川做服务员的工作,她对自己关注的公众号有以下描述。

笔者:你关注了什么公众号?

小欣:乱七八糟的,有很多。搞笑的,像幽默与笑话集锦、每日壹笑,下班了,没事的时候看一看,比较好笑,有意思。还有各种美文、散文之类的,如音乐美文微场景、每天进步一点点、励志网、做一个有智慧的女子、唯美心情心语、女生该知道的那些事、那些路过心上的句子,还有一些跟咱那儿有关的,像宝鸡人、宝鸡微生活,里面讲的是咱那儿的事,离咱比较近。剩下的是一些讲穿衣服、化妆的,像每天教你扎头发。

笔者:怎么有这么多美文有关的?

小欣:我觉得人家说的话,很有道理呀,读起来又通顺,听起来很有道理,咱自己又说不出来。

笔者:能举一个例子吗?

小欣:比如,"你再优秀,也总有人对你不堪;你再不堪,也有人认为是限量版的唯一"。一听就很有道理呀。

笔者:朋友圈、空间里面大家都发啥?

小欣:啥都有,生活感慨呀,心情呀或者转发的一些好的文章、歌儿呀,就跟我发的(朋友圈)都差不多。

笔者:那朋友圈里面有没有什么特别实用的?能帮到你的?

小欣:帮到我,没有的呀,就是有一些笑话看起来很有意思,很好笑,其他的没有啥。

---

① 梅轶竹:《网络媒介对新生代农民工的影响力刍议》,中国青年政治学院硕士学位论文,2012 年。

（小欣，女，27岁，初中毕业，服务员）

当问及另一位新生代农民工，孙小玉，是否会通过微信找工作时，她明确表示不会。孙小玉26岁，之前在外打工，目前正在老家带孩子，准备年底外出打工。

笔者：你下半年出去打工，咋寻工作呀？

孙小玉：没想好，到时候看，咱这儿这么多人到外头打工，到时候问问人家，有合适的介绍一个。

笔者：你会通过微信上的消息找工作吗？

孙小玉：咋可能，咋能到微信上找工作？

笔者：为啥不行，我找实习、工作就看微信的消息。朋友圈和群里面有人发实习的、找工作的信息。

孙小玉：那是你微信上有，我微信上没得。再说，我寻工作和你们这些大学生不一样，大学生寻的都是有名有姓的大单位，不管哪里看到的消息，你上网查一下就知道是真是假了。我寻的都是小厂子，网上都查不到信息的。万一相信了，直接跑去就很容易被骗的。你看咱这儿，每年都有带队领人去新疆（打工）的，哪个不是到人家屋去，当面说清楚，说好后留下定钱。

（孙小玉，女，26岁，初中毕业，全职妈妈）

新生代农民工难以利用微信、朋友圈等社交软件来获得就业信息。一方面，虽然新生代农民工同样使用微信进行社交，但是他们社交的范围并没有因此得到实际的拓展，稳定的交往仍然更多集中在老乡、同学、亲戚、朋友等。[①] 其线下社交投射在微信网络、朋友圈中，很难提供这样的信息资源。另一方面很多需要临时劳动力的企业，未必有通过网络、微信方式，跨越时空地自证其合法性的能力。纪琴研究农民工网络搜索就业信息时，亦发现面对信息爆炸时代，农民工难以在杂乱无章、真假难辨的信

---

① 令狐克睿：《新生代农民工就业的特点及其对策》，《贵州民族大学学报》（哲学社会科学版）2014年第4期，第21—22页。

息中筛选出合适的岗位。①

四 结论与讨论

从上文中，我们可以看到本研究涉及大学生和新生代农民工群体，虽然同样在使用微信，但是从社交圈、信息内容到其日常生活中的功能具有较大差别。微信社交成为其线下日常生活的投射。既然现实中两个群体存在着巨大差异，那么这样的差异体现在网络活动中，形成数字鸿沟将成为符合逻辑的解释。本研究意在揭示社会资本和生命时间如何在交互作用中推动数字鸿沟的形成。

从生命时间的角度看，大学生群体一方面具有优越的文化资本，对最新技术和信息的掌握，允许其以微信实践的体现与社会发展时间的同步；另一方面，从生命发展阶段上看，大学生处在成年初显期，既有即将步入成年社会的紧迫感，又有尚未步入社会的自由空间。因此，一旦从网络信息中识别出潜在机遇，便具有将网络信息转化为线下实践的强大行动力。同时，他们也不得不承担在职业未定，下一个重要的社会身份尚未明朗之前，多种机会、多种选择带来的机会成本。大学生的当下行动和未来发展之间是一种"枝权型"的关系，有多种增长点和发展可能性，并且各种方向和发展点之间没有必然的相关性和连续性。大学生的微信实践活动，既是大学生"枝权型"当下与未来生命时间体验的模板写照，又是其"枝权型"发展的重要一环。无论是学习、娱乐还是日常生活，通过微信获得信息、深化社交，为推进其实现这一阶段的发展任务提供着各种不确定的新的可能性。相比之下，新生代农民工处于即将或已经组建家庭的状态中，养家糊口的压力，使得他们对经济利益的追求直白地凸显在眼前。同时，和大学生群体相比，新生代农民工群体所较弱的社会资本、文化资本，不仅使其在网络可及性、多彩业余生活所需物质条件、拓展次级社会关系网络方面具有明显局限性，而且他们眼下所做的事情和其经济目标追求之间的关系相对明确，从而限制了其未来发展的多元路径可能性，

---

① 纪琴：《新生代农民工就业信息渠道研究》，长安大学硕士学位论文，2014年，第23页。

呈现出一种"线性"的关系。在这样的情况下，微信社交更多被限制在休闲领域，并且游离于现在与未来的直接关联之外，但是又不同于传统社会中稳定的周期性节律。

当代大学生踏着21世纪社会信息化、网络化的步伐，迈入准成人阶段的大学生涯。他们与新生代农民工群体一同与微信技术相遇。而微信在二者日常生活和未来发展关系中扮演着不同角色。其中的差异不可以剥离人们所负载的身份、社会期待、社会发展趋势等给以单独提取和理解。在此之中，当我们对生命时间给以关注时，不同人群的微信社交行为能够得到更好的理解。这便是提出"微信里的生命时间"的初衷。

线下到线上:微信红包与礼物规则的转化

付来友[*]

2015 年羊年春晚微信红包"摇一摇"活动出尽了风头,据统计当晚微信"摇一摇"达 110 亿次[①],迅速为微信支付积累了大量用户,甚至有了"微信一晚完成了支付宝八年完成的事情"的说法。微信红包为什么能够如此迅速吸引大量的用户呢？或许从人类学的视角能够给出一些独特的见解。红包是中国文化的一个特色,在送红包的过程中,金钱以礼物的形式被送出去,这就跟人类学的礼物研究发生了关联。

金钱能否作为礼物送出是因文化而异的。英国人类学家布洛赫(Maurice Bloch) 在即将离开他马达加斯加的田野调查地点时,他的当地朋友要送给他钱,这让他感到十分尴尬,因为在他生活的英国文化中,金钱是无法作为礼物送出的。[②] 而在一些欧洲国家,比如说意大利,金钱是可以作为礼物送出的。在描写美国意大利裔黑帮的著名电影《教父》中,我们可以发现在片头的婚礼上,就有宾客送上礼金作为祝贺。在中国文化中,显然金钱是可以作为礼物给出的。特别是在婚礼上,红包文化无论在城市还是乡村都十分盛行。微信红包的成功原因之一正是由于中国的"红包文化"。因此,对微信红包的研究跟人类学研究中的这几个方面发生了关联：首先,从最抽象的层面上来讲,微信红包是一种礼物形式,我们可以援引人类学中礼物研究的深厚传统;其次微信红包是一种以金钱作

---

[*] 付来友,西南大学历史文化学院民族学院讲师。
[①] 参见腾讯网的报道 http：//tech. qq. com/a/20150218/025398. htm? tu_ biz = v1。
[②] Maurice Bloch, The Symbolism of Money in Imerina, in Jonathan Parry and Maurice Bloch ed. , *Money and the Morality of Exchange*, Cambridge：Cambridge University Press, 1989, pp. 165 – 167.

为载体的礼物形式，这就使得我们可以援引人类学研究的另外一个分支，即货币的人类学研究，这一分支与礼物研究又有着千丝万缕的联系；最后，在礼物与货币研究中，我们要考虑到中国文化的特殊性，即中国文化中将货币作为礼物来使用的独特方式。如果我们从这三个方面出发思考微信红包如何解码我们的文化规则并形塑了一种新的交换方式，或许会对理解微信的流行有所帮助。

一 人类学研究中的礼物与金钱

从经济学上来说，货币是一种支付手段或者交换媒介，即我们购物时支付的现金和支票。[1] 在中文中，不同情形中会分别使用货币或金钱[2]，二者的英文对应词均为"money"。在经济学中，货币又区分为狭义货币（M1）跟广义货币（M2），狭义货币是指现金和活期存款，广义货币则是指狭义货币加上定期存款。微信红包的使用实际上可以看作活期存款的转账。货币一般来说具有四种功能，即交换手段、价值尺度、支付手段、财富储藏。但是经济学中关于货币的一般观点能否适用于更广泛的文化情形是有待商榷的。在部落社会中存在着大量的"单边的非商业支付手段"[3]，譬如努尔人的牛或者特罗布里恩德岛的"伐乙古阿"等物品。这些物品并不作为一种交换媒介来使用，却具有支付手段的功能。人类学家马林诺夫斯基和莫斯曾就是否将这些物品纳入货币的定义有过一段争论。

马林诺夫斯基根据一般的经济学定义，认为任何作为"货币"（money）或"通货"（currency）的物品必须要满足上文所说的四种功能。马林诺夫斯基指出，在特罗布里恩德岛"伐乙古阿"作为储藏财富的工具和延期支付的标准是没有问题的，但是它们并没有发挥交换媒介以及价值的一般标准的作用。特罗布里恩德岛上以物易物的范围有限，而且交换的标准都是约定俗成的，"伐乙古阿"并没有在其

---

[1] ［美］保罗·萨缪尔森、威廉·诺德豪斯：《经济学》（第18版），萧琛主译，人民邮电出版社2008年版，第28页。

[2] 货币多用于官方文件、学术研究或新闻报道等正式文本中，金钱多用于文学作品、日常用语等情形中。

[3] Paul Einzig, *Primitive Money*, London: Eyre and Spottiswoode, 1948, p.98.

中充当交换媒介和价值尺度的作用。所以在马林诺夫斯基看来,"伐乙古阿"并不是货币。[①] 而莫斯却不同意这一点,他针锋相对地提出了自己的看法:

> 虽然马林诺夫斯基反对,但我们仍坚持使用货币(monnaie)一词。……以他们的观点来看,只有有了货币,才会有经济价值;只有当珍贵的事物、凝练的财富或是它们的记号被实实在在地货币化之后——即被命名,去人格化,解除它与道德的、集体的或个人的所具有的任何关系,而仅保留与铸造货币的权威当局的关系之后——才会有货币。但这其实只是我们应该在什么样的抽象界限内使用词语的问题。在我看来,这种定义仅适用于一种次级类型的货币:我们的货币。[②]

马林诺夫斯基和莫斯的争论主要在于是否将承担部分货币功能的物品看作货币。马林诺夫斯基仅仅将"我们的货币",也就是西方的现代货币纳入货币定义之中,而莫斯则将"我们的货币"之外,仅仅承担货币部分功能的物品也纳入货币的定义。波兰尼在这一问题上的态度与莫斯更为接近,他将现代意义上具备所有功能的货币称为"全部用途的货币"(all‑purpose money),而将早期货币称作"特殊用途的货币"(special‑purpose money)。[③] 另外一位社会学大师韦伯在这一问题上的考虑也更倾向于莫斯的观点,他认为现代货币具有两种特殊的功能,既为法定的支付手段,又作为一般的交换手段。两者之中,法定支付手段的功能要更早。进贡、部落酋长间的赠予、聘金、嫁妆、杀人罚金、赎命金、罚金等都是必须以一种标准媒介物进行的支付,这才是货币的早

---

① Bronislaw Malinowski, The Primitive Economics of the Trobriand Islanders, in *The Economic Journal*, Vol. 31, No. 121, Mar. 1921.

② [法]马塞尔·莫斯:《礼物——古式社会中交换的形式与理由》,汲喆译,上海人民出版社2002年版,第84页。

③ Karl Polanyi, The Economy as Instituted Process, in Karl Polanyi and Arensberg, C. M. and Pearson, H. W. ed., *Trade and Market in the Early Empires: Economies in History and Theory*, USA: Free Press, 1957, pp. 264 – 266.

期形式。①

　　不论是否将"伐乙古阿"等物品看作货币，我们可以确定的是，在具有全部功能的货币产生之前（或者说在一些还未使用具有全部功能货币的部落社会）存在一些承担货币部分功能的物品，这些物品如库拉圈中的"伐乙古阿"、努尔人的牛、北美印第安人的铜片等。通过马林诺夫斯基、莫斯等人的描述我们还可以看出，这些物品的交换所具有的社会功能大于经济功能。在库拉圈的交换中不同岛屿与村落之间的人们建立和维系着彼此的社会联系。莫斯更是从抽象层面上论述了礼物的交换所具有的社会意义。在莫斯看来，礼物的交换使得人们避免了霍布斯所谓的"一切人与一切人之间的战争"的状态，使得不同群体之间的和平交往和贸易成为可能。② 社会契约的原始类比是礼物而非国家。③

　　当我们谈到货币的时候，首先想到的是货币的经济功能，货币的社会功能往往被忽视掉了，或者被认为是货币的一些附带的、不重要的作用。而事实上正如上文所说，货币的社会功能要比经济功能的历史更为久远，而且在现代社会中仍然广泛存在着。大卫·格雷伯（David Graeber）将这种承担社会功能的货币形式称为"社会通货"，在他看来社会通货的主要作用不是在于物品的经济交换而在于改变或维系人与人之间的关系。④ 在现代社会中货币仍然具有这种"社会通货"的作用，比如罚款、偿命金等在不同国家和社会中都存在。中国文化中的"红包"也是货币发挥社会通货作用的例子。在礼金的交换中人们之间的关系得以建立和维系。

　　像中国文化这样，具有全部功能的现代货币与非货币的物品都可以作

---

①　［德］马克斯·韦伯：《经济与历史》，康乐、简惠美译，广西师范大学出版社2004年版，第140页；《经济行动与社会团体》，康乐、简惠美译，广西师范大学出版社2004年版，第27页。

②　［法］马塞尔·莫斯：《礼物——古式社会中交换的形式与理由》，汲喆译，上海人民出版2002年版，第209页。

③　［美］马歇尔·萨林斯：《石器时代经济学》，张经纬、郑少雄、张帆译，生活·读书·新知三联书店2009年版，第197页。

④　［美］大卫·格雷伯：《债：第一个五千年》，孙碳云译，中信出版社2012年版，第128页。

为礼物使用的情况下，那么就有一些很有意思的问题值得探讨，比如货币在什么情形下作为礼物使用是合适的，货币作为礼物来使用与其他的礼物形式相比有什么独特之处？下面就从相关研究以及作者本人的田野调查对这一点稍作说明。

二 线下的金钱与礼物

在作者对一个山东村庄的考察中，发现当地人有认为钱是脏的观念。钱在流通过程之中因为经过很多人接触过，所以是不卫生的，有村民对我说"钱到处都在用，你看医院里看病的不得用钱"，"刚从厕所里出来的人也可能摸钱"。钱是脏的，从直接意义上来说是出于卫生观念（携带细菌）的考虑，但是村民这种观念的形成并非是通过严格的科学检测形成的，而是一种文化分类所带来的想象。一种卫生常识让我们认为细菌是脏的，一种文化观念形成了我们关于什么物品上容易附带细菌的想象。钱在流通到自己手上之前，不知道经过什么人接触，正是这种不确定性形成了人们认为纸币会变脏的想象。玛丽·道格拉斯（Mary Douglas）认为污秽是分类的剩余和残留，它们被排除在我们正常的分类体系之外。[①] 正是难以归类的陌生人带来了钱是脏的观念，而这一观念也在隐喻意义上表达出了人们对陌生人世界的想象。

中国传统社会是熟人社会，人们的社会关系是一种"差序格局"[②]，而随着差序格局逐渐向外推衍，人们的交往方式也会发生变化。费孝通在江村的调查中发现，村民之间的买卖关系往往与寄居在村庄中的外人之间发生，而村庄内部的亲属或者熟人之间则很少发生商业交易行为，他们更多的是靠互惠来进行交换。[③] 萨林斯在更为普遍的意义上指出了人们的社会距离与交往方式之间的关系，他认为在很多部落社会之中，社会距离越近，人们的互惠方式就更靠近慷慨互惠一端，社会距离越远，人们的互惠

---

① ［英］玛丽·道格拉斯：《洁净与危险》，黄剑波、卢忱、柳博赟译，民族出版社2009年版，第45页。

② 费孝通：《差序的格局》，《世纪评论》1947年第20期。

③ 费孝通：《江村经济》，商务印书馆2000年版，第58页。

方式就越靠近消极互惠一端。① 在慷慨互惠中，人们彼此付出，甚至不计较回报，在消极互惠中则锱铢必较，甚至出现欺诈、抢劫等行为。可以看出，随着社会距离的增加，人际交往中的人情因素会越来越淡，算计性会越来越强，甚至会出现一定的危险性。金钱交易因为其算计性、去人情化的特点更多地与"外人"或"陌生人"之间的交往联系在了一起。

随着市场经济的不断扩大，人们不得不与更广阔的外部世界发生关联。吉登斯将货币看作一种脱域机制，通过货币人们的交往可以脱离传统的熟人圈子，与更广阔的世界发生联系。② 而货币之所以能够发挥这样的作用，是因为它在陌生人之间建立了一种最基本的信任关系，货币信任正是现代社会的基础③。货币可以比作数学上的"最大公约数"。"最大公约数"是指可以同时作为若干数值的除数且没有余数的最大数值。2 与 4 的最大公约数是 2，1、2 与 4 的最大公约数则变成 1，也就是说随着数字的增多，它们的最大公约数会变小。与此类似，如果我们要将社会中更多的人整合在一起，随着人数越多人们之间的相似性就会越低，整合的媒介就只能变得越来越普遍和抽象，这一媒介就只能是货币了。熟人之间的关系超出了金钱的纽带，而能将陌生人连接起来的就非金钱莫属了。

虽然金钱与"陌生人""危险""脏"等联系在了一起，但是人们仍然将金钱作为礼物来使用，这跟金钱另外一个更为重要的方面有关，即钱是"好东西"，是一种人人可欲之物。金钱是财富的一般象征，随着市场经济的到来，这一点更为明显，越来越多的商品和服务可以通过金钱来购买。中国人对财富的追求向来是十分强烈的，"大富大贵"是人们普遍的追求，"共同富裕"也被纳入了国家的政治口号之中。虽然中国没有发展出类似新教伦理理性地追求利润的精神，但是韦伯却承认很少有其他文化像中国这样将物质财富放在如此重要的位置。④ 既然人们都如此看重财富，而金钱又是财富的一般形式，所以送礼没有比送钱更为直截了当的方式了。金钱一方面是"好东西"，一方面又是"脏"的，就像阿尔戈英雄

---

① ［美］马歇尔·萨林斯：《石器时代经济学》，张经纬、郑少雄、张帆译，生活·读书·新知三联书店 2009 年版，第 224—226 页。
② ［英］安东尼·吉登斯：《现代性的后果》，田禾译，译林出版社 2000 年版，第 21 页。
③ 郑也夫：《信任论》，中国广播电视台出版社 2001 年版，第 174 页。
④ ［德］马克斯·韦伯：《儒教与道教》，王容芬译，商务印书馆 1999 年版，第 289 页。

要去窃取的金羊毛一样，价值与危险并存。这或许就是人们为什么将钱以"红包"的形式送出去的原因，将钱用红色的纸包起来，可以从视角和心理上将金钱不好的一面隔离开来，红色的喜庆感加上对里面"好东西"的想象构成了一种独有的文化体验。

金钱在什么情况下可以作为礼物来使用有着某种文化规定。在有些情况下，金钱是一种恰当的礼物，在有些情况下则万万不能送出金钱，在另外一些情况下实物礼物和金钱则可以相互替换。阎云翔在对下岬村的考察中指出了二十一种礼物交换形式，二十一种形式中明确提到有使用礼金的是：属于仪式中表达性馈赠的生育庆典、订婚仪式、婚礼、盖屋、偶然的庆贺（被大学录取或者参军等）、年度的秧歌舞；属于非仪式中表达性馈赠的拜新年和挂线、孝敬礼和压岁钱；属于工具性送礼的间接付酬、上油。① 共计十种。可见金钱在下岬村的礼物交换中具有重要地位。

在作者对一个山东村庄的考察中，曾专门留意金钱与实物在礼物交换中的不同使用方式。首先从仪式中的表达性馈赠来说，金钱和实物是可以相互替代的，而且从总体上来看近些年实物礼物有被礼金取代的趋势。在人民公社时期大寨村的婚礼上，街坊会送上几毛钱的礼金，关系好的会送上一床"被面子"，因为"被面子"的价值更高。随着村民经济条件的改善，"被面子"对于村民来说已经不是特别贵重的礼品了，所以后来普通的街坊也都开始送"被面子"了。大概到了20世纪90年代，送"被面子"成了结婚时候街坊最常见的礼物。然而，到了2006年左右，"被面子"逐渐被现金代替了。在我搜集的在2005年的一份婚礼礼单中，客人的礼物既有礼金，也有"被面子"，是两者混着的，后来"被面子"就慢慢消失了。婚礼礼物之所以再次向礼金回归一来是因为都送"被面子"的话收礼的家庭用不了，就造成了浪费，二来是因为随着村民经济条件的进一步提高，"被面子"的价值也显得太轻薄了。除了婚礼，丧礼、生子、温锅等仪式中，实物性的礼物也逐渐被礼金所代替。

非仪式场景中的的表达性馈赠可以分为两种，一种是节日性的馈赠，具有相对正式的特点，一种是日常的馈赠，具有相对随意的特点。节日性馈赠中将金钱作为礼物送出的主要是给儿童的压岁钱和给老人的"进奉"

---

① ［美］阎云翔：《礼物的流动》，李放春、刘瑜译，上海人民出版社2000年版，第50—70页。

（往往是在过年或者老人生日时给出）以及新婚夫妇过年时候的"磕头钱"（类似于下岬村的"拜新年"）。在"走亲戚"（即阎云翔提到的下岬村"亲戚间的互访"，往往在节日期间进行）这种礼物交换情形中，大寨村近年来也出现了一些用现金代替实物的情况。有的村民为了图省事，过年过节的时候并不带实物性的礼物，而是直接给现金。这种情况往往出现在特别知己的亲戚之间。因为双方关系的紧密，因此不必担心直接给出现金会威胁到双方的关系。在日常馈赠中是无法用金钱作为礼物的，譬如村民相互之间请客吃饭，受到邀请的人往往带上酒作为礼物前去赴宴，如果用金钱代替酒就不合适。平常村民会互送一些食物，比如说自家产的蔬菜或者自己制作的面食，但是绝不会将金钱作为日常馈赠的礼物。

在大寨村的工具性馈赠中，"走后门"等"正儿八经"的事情往往需要金钱作为礼物，比如一个被交警扣住车的司机可能要花钱疏通，这时候双方往往处于一种垂直关系中，处于下方的村民为了办事给处于上方的人贿赂。除了这种相对正式的工具性馈赠，在日常性的工具性馈赠中，即村民说的"请人帮忙"或者"麻烦人"等事项，则不能用金钱作为礼物。这种工具性馈赠是直接的、即时的、事先给以报酬的，比如说一个村民让小组长帮忙查阅承包地资料，就直接带着一包烟来到小组长家里，并明确地说明来意。我在田野调查中如果需要某人汇报资料往往也采用这种形式，提着一包茶叶或者一瓶酒到某村民家中并说明来意。在这种互惠形式中，双方地位往往是平等的，并不处于一种垂直关系之中，只是因为一方由于某种偶然因素恰好可以给另外一方提供帮助。在这种互惠形式中，金钱是不合适的。

总结说来大寨村的送礼行为中，仪式场景的表达性馈赠中金钱和实物是可以替换的，近些年金钱有逐渐代替实物的趋势；在节日的表达性馈赠中，除"走亲戚"以外也往往是用金钱作为礼物，而近些年"走亲戚"中出现了一些使用金钱的情况；在日常性的表达性馈赠中，必须使用实物作为礼物，而不能使用金钱；在相对正式的工具性馈赠中，金钱往往被用作礼物；而在日常性的工具性馈赠中，金钱则无法作为礼物。

在使用金钱作为礼物的情况下，金钱的数额成为值得考虑的问题。礼金的金额往往是由双方的关系远近来决定的，关系越近金额就越高。在亲属关系中关系距离相同的人送出的礼金往往是一致的，否则就会破坏人们之间的消费等级和权威秩序。[①] 金钱的数字所象征的含义也十分重要。中国数的观念是从筮占中发展出来的，传统的观念认为数的运行决定着现象世界[②]，因此在生活中对数字的选择和使用就具有某种象征或者禁忌含义。作者对田野调查中收集的 5 份礼单（3 份丧礼礼单，2 份婚礼礼单）中 1016 个礼金数目进行了统计，发现礼金的数目仅仅集中在 1、2、3、5、6 五个数字的 10 倍、100 倍或 1000 倍上（10 元 37 个、20 元 374 个、30 元 122 个、50 元 204 个、60 元 1 个、100 元 183 个、200 元 61 个、300 元 20 个、500 元 5 个、600 元 2 个、1000 元 7 个）。可以发现人们选择礼金数目都要选取一个整数，这使得数目失去了表达更丰富含义的可能。在数字的选择上礼金的数额都规避了 4、7、8、9 等数字，对 4 和 7 的规避可能是出于某种禁忌，对 8、9 的规避则是可能因为他们与 10 更为接近，与其给出 80 元、90 元还不如直接给 100 元更有面子。

对田野调查中互惠形式进行分析目的在于指出金钱作为礼物使用的规则，下面就通过一些对照来分析微信红包如何利用了这些文化规则并在某些情况下突破了这些文化规则。

三　微信红包：解码与创新

对线下金钱作为礼物的情形做了论述之后，现在可以进入对微信红包的分析了。微信红包作为一种礼物形式正是上文所谓货币发挥了"社会通货"的作用，在金钱的流动之中红包的给出者和接受者之间的关系得以建立、改变或者维系。这一点自不待言。然而，金钱要在线上情形中发挥社会通货的作用，则面临着与线下世界不同的条件和情形，如何在线上情形中利用线下的文化规则并创造新的文化规则是微信红包需要解决的问题。从某些方面来讲，网络化的方式为互惠创造了便利条件，使得礼金的交换方式出现了新形式。

[①] 罗红光：《自以为是》，载郑少雄、李荣荣主编《北冥有鱼：人类学家的田野故事》，商务印书馆 2016 年版，第 148 页。

[②] 陈嘉映：《哲学 科学 常识》，东方出版社 2007 年版，第 157 页。

(一) 物质载体的消失

微信红包作为一种礼物形式主要的特点在于将现金变成了转账，这转变对金钱作为礼物的使用方式有着重要影响。纸质的现金相对于金银等货币形式虽然已经完全符号化了，但是仍然有一个物质载体，但是电子转账则将这最后的物质载体消灭了。从某种意义上来说，钱是脏的观念跟弗雷泽所谓的"接触巫术"有着类似的心理机制。接触巫术的原理在于事物一旦相互接触过，它们之间将一直保留着某种联系，即使他们已相互远离[1]。如果从更抽象的层面上来说，则是一种"转喻"的联想机制在发挥作用。[2] 中国熟人社会中对陌生人的不信任以及随之带来的危险感知就通过"接触律"或者"转喻"的联想机制感染到了纸币之上。在微信红包中纸币的物质载体消失之后，这种危险感就失去了传递的物质载体。虽然电子化的货币转账并没有改变货币交易的本质，但是正如俗话所说"眼不见，心不烦"，实体纸币的退出避免了直接接触纸币所带来的某种轻微的心理不适，也使得交易更为便捷。从作者自己的经历以及对周围人群的观察来看，自从微信红包广泛使用之后，如果在聚餐中实行 AA 制的话，人们都更倾向于使用微信红包转账来支付餐费。这可能部分是由于在熟人关系中出现纸币给人带来的某种不适，而微信红包则避免了这一点。

虽然微信红包已经数字化了，但还是通过界面的设计延续了收发红包带给人们的文化体验。在微信对话窗口中打开红包图标之后，输入金额和在界面留言，之后可以点击下方"塞钱进红包"的图标，然后就可以输入支付密码，密码输入完成之后，红包就发出了。"塞钱进红包"的"塞"字形象地传达出了准备红包的过程。而在领取红包的时候，则会出现一个红包的图片，中间则是一个显赫的"拆"字，点击"拆"字就可以领取红包内的金额。这个拆红包的过程则形象化地模拟了拆真实红包的过程，收到红包的兴奋和喜悦的氛围被这一界面设计营造了出来。虽然微信红包中金钱的实体消失了，但是仍然通过界面设计将现实的场景感带入

---

[1] [英]詹姆斯·乔治·弗雷泽：《金枝》，徐育新等译，大众文艺出版社1998年版，第58页。

[2] Roman Jakoboson and Moris Halle, *Fundamentals of Language*, Berlin, New York: Mouton de Gruyter, 1971, p. 90.

进来。因此，微信红包一方面通过数字化避免了纸币所"感染"的不洁的一面，另一方面则通过模拟现实的文化场景保留了收发红包的文化体验，这为金钱作为礼物送出提供了一种更为舒适和便捷的方式。

（二） 随机金额的妙用

微信红包的最大额度是 200 元，属于小额礼金，这种小额礼金来往有着自己独特的运行逻辑。根据布迪厄的论述，"小礼品"的一个重要特点就在于其随意性。布迪厄写道，"日常生活中最普通的，甚至表面上最常规的交换，如'维系友情'的'小礼品'意味着一种即兴之举，故以一种持久的不确定性为前提，而正是这一点，如人们所说，成了交换的魅力，也就是它的全部社会功效"①。小额的礼金不同于仪式中正式的相对大额的礼金，其运作逻辑在于通过某种随意性、不确定性来掩盖送礼者的主观意图以及礼物交换的客观主义本质。这种随意性使得礼物的交换看起来是非对等的纯粹慷慨之举，一方的给出似乎并非是为了求得另外一方的回报。随意性的礼物在不经意间造成了双方地位的暂时性不平衡，而这种不平衡又随着另外一方在看似随意的回礼中得以恢复。

小礼品的这种随意性在微信的随机金额中得到体现。2015 年春节期间，微信红包推出了"拜年红包"，拜年红包的特点在于红包的发出者在"塞钱进红包"的时候系统会随机分配一个金额。这个金额多为有一定寓意的数字，比如"6.66""8.88""1.21"等。虽然发出者如果对金额的大小或者寓意不满意的话可以重新"塞钱进红包"，但是自己却不能直接设置红包的金额。金额的随机在一定程度上掩盖了礼金的量化特点，让人们的注意力转移到了数字所蕴含的美好寓意之上，从而使得礼金的给出不再是一种经济意义上的转移，而是一种意思的表达。

除了"拜年红包"，群红包也充满了随机性。首先，能不能抢到红包就有很大的偶然性，抢到红包后的小喜悦与错过红包的小失落相互交替，让人们乐此不疲地收发红包。其次，红包的发出者虽然可以设置红包的总金额和红包的个数，但是每个人收到的金额却是随机的。这种金额的随机性增加了不确定性，带来了一种游戏的体验。收到金额最高的成为游戏的

---

① ［法］皮埃尔·布迪厄：《实践感》，蒋梓骅译，译林出版社 2012 年版，第 155 页。

赢家，收到金额最低的则成为输家。在一轮轮的红包发送中赢家输家不断变换，参与者体验到了极大的乐趣。群红包里"一分也是爱"，参与者在乎的不是红包额度的大小，而是一种游戏的体验。

然而，这种游戏仍然遵循着礼物交换的一些基本规则。虽然每个红包的接受者不是特定的人，收到红包之后也不一定马上给回馈，但是从长期趋势来看，一个群成员如果只抢红包不发红包则会受到唾弃。因此从总体上来看，发红包和收红包仍然遵循莫斯所谓的"给予—接受—回报"的基本规则。这种对等原则不是在具体的两个人之间建立起来的，而是表现在一个人"发红包"和"抢红包"是不是表现出了同等的积极性，只抢不发就意味着接受大家给出的礼物却不给予适当的回报。

（三）新的交换形式

微信红包并不是现实中红包在网络世界中的平行移植，而是一个有所差异的礼金交换形式。现实中的红包是仪式性的，额度也更大。我们在遇到亲朋好友结婚时候礼金金额往往超出 200 元，如果不能当面送出而采用网络转账方式的话，一般要采用微信转账或者支付宝等其他方式，而不是采用微信红包。微信红包是非仪式性的，额度要更小，与现实世界中的非仪式性的随意小礼品具有更多的相似性。

布迪厄所谓的"小礼品"属于非仪式场景中日常的表达性馈赠。在阎云翔的下岬村调查中"日常生活中的食品交换"就属于这个类别。在作者调查的村庄中也存在类似现象，比如在番瓜（即南瓜，当地称番瓜）成熟的时候，人们会赠送番瓜给自己的亲戚邻居。韭菜也是经常被用于交换的一种蔬菜，韭菜割了一茬就会长出新的一茬，种小小一块地就可以有很高的产量，所以富余的产量也常常被用作小礼品送出。当然除了食物，其他形式的小礼品也有可能送出，但是金钱却无法作为小额的礼品来送出。一个村民不可能无端送给另外一个村民几元钱（一个番瓜或者一捆韭菜的相当价值）作为礼品。可以说，在中国文化中，小额礼品的互赠中是排斥金钱的。微信红包的出现则改变了这一点。微信红包使得在小额度、非仪式性的礼物互惠中使用金钱成为可能。在现实世界中我们不可能随意送出几块钱作为一种小礼物，而在微信中人们则可以发出额度为几块钱的红包，如"6.66""8.88""5.20""13.14"等。这与作者田野中搜集到的礼单上的数目形成了对比：使用纸币为了方便往往避免零头只取整数，而微信红包则用电子化的方式使得随意设置零头的数额变得十分方便，使得礼金数目的象征意义从消极规避某些数字变成了积极地制造某种美好寓意。

除了小额的表达性互惠，在日常性的工具性馈赠中微信红包也使得将金钱作为一种回馈成为可能。我们在微信红包中大概都碰到过"帮忙投个票，谢谢!"的红包。为了赚取粉丝数目，各种投票活动在微信圈中层出不穷。为了拉票，群友往往要发出群红包以表谢意。群成员收取了红包之后这个忙则帮定了，如果不帮的话则要背负一定的道德压力。这跟我在田野调查中遇到的拿着一包烟让小组长查阅土地资料的村民一样，为了让别人帮个小忙，则要给一定的礼物作为回报。只不过在现实世界中，这种小礼物不能用金钱来代替，而在微信中则可以直接用礼金来作为礼物。

通过以上分析我们可以看出，在线下的情形中，非仪式场景中日常的表达性馈赠中金钱是无法作为礼物来使用的，而在微信中，这种互惠形式却可以用金钱来作为礼物。同样，线下的日常的工具性馈赠中，金钱也是无法作为礼物的，而在微信中金钱是可以被用于此类互惠中。可见，微信改变了礼物交换中金钱的使用规则，创造出了新的金钱作为礼物的形式。

四 结 语

微信红包是一种用金钱作为礼物的互惠形式，金钱作为"社会通货"来发挥作用。在礼金的流动之中，人们之间的关系得以建立、发展和维系。本文首先对人类学中礼物与货币关系的研究进行了简单回顾，然后又对中国社会中金钱作为礼物的实践进行了分析。在中国文化中，金钱是一种重要的礼物形式。通过对阎云翔下岬村的田野资料和作者本人田野调查的考察，我们可以看出，金钱作为礼物使用是有一定的文化规则的。在有些情形下，金钱是一种合适的礼物形式，在有些情况下，金钱作为礼物则不合适。微信红包也是一种金钱作为社会通货发挥作用的形式，通过收发红包人们之间的关系得以维系和发展。微信红包作为一种礼金形式，虽然借用了现实生活中红包的大量元素，但是并不是现实中的红包在网络生活中的简单复制。通过技术的设计，微信红包创造了新的使用礼金的情形。

在现实生活中，非仪式场景中日常的表达性互惠以及日常的工具性馈赠中，金钱都无法作为礼物来发挥作用，但是在微信中突破了这一限制。

在一个网络化的时代，许多线下行为被转移到了线上，对线下行为构成约束的因素在线上失去了发挥作用的余地。线上人际互动是一种"缺场交往"，互动双方的身体并不处于同一场所之中。缺场交往可以突破实体环境的限制，使得在场交往中某些没隐匿的心理过程得以充分表达。[1]在线下情景中因为互动双方的在场，出于"面子""人情"等因素许多沟通和互动难以达成，而缺场的交往则淡化了现实中这些因素的作用。微信红包将线下的互动转移到了线上，同时也就突破了一些线下因素的束缚，这使得线下的礼金交换规则在微信的线上情形中发生了创造性的转化。

---

[1] 刘少杰：《网络化时代的社会结构变迁》，《学术月刊》2012 年第 10 期。

"梗"与"玩梗"：
ACG[*]亚文化群体的口头文类及实践

张倩怡[**]

引 论

经由口语时代、书写时代、印刷时代再到网络时代，媒介见证了民俗学在不同历史时期的发展，也不断形塑着民间文化。随着互联网在20世纪末以来的进一步普及，民俗学界对媒介文化的讨论重新兴起。美国学者琳达·戴格（Linda Dégh）在20世纪90年代初便关注到民俗学在面对大众媒介等新的研究对象时表现出的潜力，她指出："基于我们所熟悉世界的传统衡量方法，在新的大众媒介世界中能否使用？我们的定义和界定是否有助于理解具有多重矛盾的价值规范的工业世界中的叙事单位？"[①]这一观点中关于工业世界"叙事单位"的表述尤其值得关注。

同时，传统意义上民间文学的研究对象逐渐式微，也使得一些学者开

---

[*] 关于ACG的概念，来自ACG文化集中地"萌娘百科"词条的解释如下："ACG是华语圈ACG次文化的一个惯用简称。ACG即Anime（日本动画）、Comic（漫画）、Game（游戏）的合称首字母的缩写，最早由台湾人提出。一般情况下，ACG一词特指日本的动画、漫画、游戏产业，其中游戏多指包含美少女要素的游戏。这三类作品载体经常互相改编，漫画可以改编为动画、游戏；游戏可以改编为漫画、动画；动画可以改编为漫画、游戏。可以说是ACG本是一家。"在本文语境中，ACG泛指我国受日本文化的影响，与游戏、动漫相关的青年亚文化现象（见"萌娘百科"。网址 https://zh.moegirl.org/ACG）。

[**] 张倩怡，女，北京师范大学文学院中国民间文学专业2015级硕士研究生，主要研究方向为民间文学。

[①] Linda Dégh, *American Folklore and the Mass Media*, Indiana University Press, 1994.

始呼吁面向新的媒介世界，以扩展研究领域的方式解决当下的学科危机。美国学者特里弗·布兰克（Trevor J. Blank）指出，随着数码时代的时间流动加速，一种新的话语实践和表达文类正在急速的继承中被通俗化地建立起来。在这一历史进程中，必须持续关注数码科技的进步及民众做出的应对调整，并进行回应。对此，民俗学需要讨论的具体问题包括：技术潮流的转换如何影响、形塑了民间文化话语，其通俗表达由何构成？在互联网语境中，传统、信仰、传说、表演、叙事意味着什么？互联网对民俗群体、观众以及动态、灵活的表演者有怎样的复杂界定？作为媒介，互联网如何影响人们的表达，产生独特的民俗材料或民俗产品，并且作为一种阐释和传承文化的形式，重构交流的特性？布兰克将这一新语境下的"民俗"定义为"个人和其所属的群体用多种多样的方式和互动表达出创造性"。他认为网络并未消减民俗的潜力，而是将其以民俗主义的渠道表现出来。[1]

作为 ACG 文化爱好者，笔者注意到：近年来以互联网为媒介制造和传播"梗"甚至有意地"玩梗"，在该群体中成为类似"民俗"的自发行为。"梗"来自 ACG 文化（指日本动漫、游戏及其衍生的青年亚文化）词语，部分 ACG 爱好者认为其含义类似于日文"ネタ"（neta），直译为"素材"。根据 ACG 百科站点萌娘百科的解释，"梗"是相声术语"哏"的讹传，原意为接话的切入点（如笑点、漏洞、典故等）。如今，它更常见的意思指"动画、电视剧里喜闻乐见的桥段成为的典故"。

就笔者有限的视野所见，学界目前对这一亚文化现象的关注不多，也未见将其作为民俗学对象进行专门研究的成果。曾提及"梗"的论著有北京师范大学覃奕的硕士论文，覃文将其定义为"典故"，并作为动漫粉丝群体 cosplay 实践中的一种行为直接加以描述。[2] 上海师范大学张文迪关于"宅系"网络语言的硕士论文虽未出现"梗"这一术语，但也指出了相似的现象。该文认为"宅系"语言具有一种"迷因"（memes），使

---

[1] Trevor J. Blank ed., *Folk Culture in the Digital Age：The Emergent Dynamics of Human Interaction*, Utah State University Press, 2012.

[2] 覃奕：《民俗志写作方法的新尝试——以书写漫迷群体的 cosplay 实践为例》，北京师范大学硕士学位论文，2014 年。

其能通过网络流行语传播，并在不断地复制中自我演化。同时，"宅"群体的半隔绝生活状态是"宅系"语言发展的温床。① 可见这一源自网络亚文化的通俗表达尽管被人们作为约定俗成的表达方式直接使用，却并未经过学理分析。

而在民俗学领域，对"梗"类似民俗现象和机制的研究近年来并不少见。美国学者林恩·S. 麦克尼尔（Lynne S. McNeill）通过对"网页结束"笑话的分析指出，民俗就像一个模因（或曰"文化基因"——笔者注），在经历演变之后保留核心部分。通过广义上的模仿完成"从大脑到大脑"的传递，确定一个新版本作为和前一版本的"同一个东西"，但获得了新的品质和形式，用于新的个人和团体的文化和表达目的，而非仅仅是对已有传统的传递。"一个事象，不论是谁创造的，只要有了模仿、重复和变异就是民俗。一个模因流传开去，每个人都有自己的版本，每个版本都是合法的，没有正确、权威。"② 在对"梗"生产与传播过程的分析中，"模因"或可作为一个重要概念使用。

在文类的表演与互文性方面，网络民俗研究的典型个案是美国学者安东尼·贝克·布奇泰利（Anthony Bak Buccitelli）的《表演 2.0》（*Performance* 2.0），该文探讨了社交网络对人的个性和人际交往形式的改变，将社交网络上的展示变成在人群面前的表演。布奇泰利认为邓迪斯、鲍曼等人提出的"通过在表演者与观众之间的交流互动，完成对圈内和圈外的社会身份认同过程"在网络这一新的环境中不复存在，取而代之的是一种新型的表演。并分析了由对一则新闻事件的不同回应和展开构成的网络笑话的连续生产过程。③

罗素·弗兰克（Russell Frank）对"转发笑话"这一网络民间文类的研究通过分析图片、文字等多种形式的"视觉笑话"，展开对民俗媒介的

---

① 张文迪：《"宅系"网络语言的传播研究》，上海师范大学硕士学位论文，2014 年。

② Lynne S. McNeill, The End of the Internet: A Folk Response to the Provision of Infinite Choice, Trevor J. Blank (ed.), *Folklore and the Internet: Vernacular Expression in a Digital World*, Utah State University Press, 2009, p. 85.

③ Anthony Bak Buccitelli, Performance 2.0: Observations toward a Theory of the Digital Performance of Folklore, Trevor J. Blank (ed.), *Folk Culture in the Digital Age: The Emergent Dynamics of Human Interaction*, Utah State University Press, 2012, pp. 60–84.

批判，重新讨论"面对面交流在民俗的网络传播中是否仍然必要"①。艾利奥特·奥里恩（Elliott Oring）则认为网络"清单式笑话"更多的是建立文本档案而非表演资源库，同时，它是一种以类似于口头交流艺术的方式流行和被供应的创造物，而非传统意义上由口头媒介扩散到电子媒介中的"民俗"。②

此外，从"文类"（genre）这一民间文学基本概念切入，关注这一通俗化表达（vernacular expression），也是民俗学者尚未探索的领域。在民俗学史上，除丹·本-阿莫斯（Dan Ben-Amos）提出的"传统分类条目""普遍形式""发展形式""话语形式"③ 作为文类的四种基本含义外，特鲁迪·哈里斯（Trudier Harris）在为《美国民俗学杂志》（Journal of American Folklore）专栏撰写的"Genre"词条中指出，20世纪以来，民俗学家们不再纠结于利用文类创造边界，而也开始寻求边界打破和不同文类之间对话的可能性④。西村真志叶在《日常生活的叙事体裁》中对此作了进一步发展，认为"体裁"概念由使用主体民众自身界定，并通他们对概念的理解与其行为的互动来创造和体验，是一种"命名的努力"⑤。这一界定意味着民间文学体裁研究更主动地走下高高在上的精英立场，转而从民众的角度感受、体验和描述日常生活。

在上述研究基础上，笔者以ACG文化中的"梗"为样本，选择百度贴吧、豆瓣、新浪微博、知乎等社交网站中的ACG文化集中区，对"玩梗"实践进行网络田野考察。希图从民俗学角度对"梗"这一概念进行学术定位，并通过描述"梗"的实践过程，初步从以下方面讨论网络生

---

① Russell Frank, The Forward as Folklore: Studying E-mailed Humor, Trevor J. Blank (ed.), *Folklore and the Internet: Vernacular Expression in a Digital World*, Utah State University Press, 2009, pp. 98 – 122.

② Elliott Oring, Jokes on the Internet: Listing toward Lists, Trevor J. Blank (ed.), *Folk Culture in the Digital Age: The Emergent Dynamics of Human Interaction*, Utah State University Press, 2012, pp. 98 – 118.

③ Dan, Ben-Amos, Introduction, in Ben-Amos, Dan (ed.), *Folklore Genres*, Austin & London, 1976.

④ Trudier Harris, Genre, *The Journal of American Folklore*, Vol. 108, No. 430, Common Ground: Keywords for the Study of Expressive Culture (Autumn, 1995), pp. 509 – 527.

⑤ [日] 西村真志叶：《日常叙事的体裁研究：以京西燕家台村的"拉家"为个案》，中国社会科学出版社2011年版，第281页。

产传播机制与民间文化的相互作用。

1. 互联网媒介如何影响"梗"作为民俗的特征?
2. 基于"玩梗"的亚文化群体交流如何达成,遵循怎样的机制?
3. 互联网中"民"如何创造和利用民俗形成新的文化群体?

考虑到深入网络社区寻找访谈对象的实际情况不如预期乐观,在研究初级阶段,笔者凭借自身对 ACG 文化的熟悉程度,与身边熟人、朋友中的 ACG 爱好者建立田野关系,开展小规模的线上、线下访谈,以了解他们对"梗"的认知和使用。

一 "梗":一个 ACG 亚文化术语

对"梗"一词在 ACG 文化中的专有含义,ACG 文化著名集中地、百科站点"萌娘百科"词条的解释影响广泛:

> 梗其实是一个误写,最早起源于呆丸①地区。因为呆丸人太呆以至于懒得翻页找到"哏"字,于是用读音相似的"梗"来替代。部分汉语言学家认为这是一个错别字取代正确使用方法的退化。不过更多人认为这只是一个网络时代单词简化的例子之一(网络普及后,日常使用的英文的词语复杂度也迅速降低,这个例子说明语言简化的趋势是全球性的)②。

另一较为通俗的说法来自百度贴吧网友"盆栽刀片":

> 现如今"梗"这个词,(……),大概意思就是借用某领域(多为游戏、动漫、小说)中一些喜闻乐见的现象或台词来委(dou)婉(bi)地表达自己在这一刻所想要表达的意思,通常把这种行为称作"玩梗"。但是由于每个人所关注的领域以及认知程度的不同,常常

---

① 呆丸:指 ACG 圈对中国台湾地区的"萌化"称呼。"台湾"在闽南语中的读音与普通话"呆丸"相同,多带有某种调侃含义,在此仅为保持网站原文引用,不代表笔者本人政治立场。

② 原文见网址:https://zh.moegirl.org/%E6%A2%97。

导致你不能理解对方的梗或者对方无法领会你玩的梗，尴尬不说，有时候还容易引起误会。①

简而言之，"梗"是 ACG 文化中类似用典的一种语言现象。从 ACG 爱好者的解释来看，其内涵和外延较为多元。它的内容不只限于 ACG，也包括由 ACG 爱好者进行"文化过滤"的"三次元"②影视、节目台词或其他知识。如下面几例：

1. "我的男朋友是个经济学者，最爱用的一个梗，就是让他用看不见的手来摸一下我。"③
2. "战五渣。"④
3. "今天去清华遛弯，谈起明年就要入读博大坑了，某人说我今年'博零'。当时没多想，意识地回了一嘴'崔州平⑤么？'然后一片寂静。多么痛的领悟，在历史宅每每在甩梗失败的时候。"

其中 1 和 3 涉及某一领域专业知识，2 是基于漫画特定情节的缩略语，它们的共同特点是：表达较为含混，不易被所涉对象相关群体

---

① 原文见网址 http://tieba.baidu.com/p/3984143081。
② "三次元"：ACG 文化专用术语。与"二次元"相对，指与网络虚拟世界相对的现实世界。
③ 采集自豆瓣用户"小波福娃"2016 年 5 月 18 日的广播。
④ 采集自百度贴吧用户"盆栽刀片"2015 年 8 月 19 日的帖子（网页链接 http://tieba.baidu.com/p/3984143081）。其中对"战五渣"总结解释如下："大名鼎鼎的'战五渣'其实是一句缩略语，完整的语句是'战斗力只有五的渣滓'。在实际使用的时候，数字'五'可以根据需要改为其他的数字，比如'九'（九可以指代东方系列中的琪露诺，是笨蛋的代称）。最早说出这句话的人是鸟山明大师漫画《七龙珠》中的人物拉蒂兹。拉蒂兹是赛亚人，这个民族的人通常会使用一种战斗力探测器来计算对手的战斗力。当拉蒂兹来到地球，走下飞船后，见到的第一个地球人是个农夫，这个农夫的战斗力在拉蒂兹的探测器上显示为'5'，被这么个弱者挡在面前让拉蒂兹感到相当不耐烦，说完'战斗力只有五的渣滓'之后，拉蒂兹秒杀了对方。现常用来表示对弱者和对手的轻蔑。"
⑤ 采集自新浪微博用户"历史上的脑顶洞人"。根据其在访谈中的讲述（2016 年 11 月 29 日），这是一个谐音"梗"。"博零"谐音"博陵"，使人联想到《三国志》中的历史人物崔州平。见《三国志·诸葛亮传》："身长八尺，每自比于管仲、乐毅，时人莫之许也。惟博陵崔州平、颍川徐庶元直与亮友善，谓为信然。"

外的人理解；表现形式也十分多元：网络流行语句、表情包等都有可能成为"梗"。例如电视剧《三国演义》片段"诸葛孔明痛斥王朗"中的台词"我从未见有如此厚颜无耻之人"，在"Bilibili"弹幕视频网站上经反复"恶搞"剪辑而成为"梗"。在不了解其原始语境的人看来，它只是个普通的句子；但了解的人哪怕只是看到文字，都会联想到剧中人物的神情、语气等语境因素，从而触发这个"梗"的笑点。

那么，"梗"这一概念的标志性特征及其边界何在？受到西村真志叶关注局内人视角的启发，笔者注意到几个带有理论思辨性的描述：

1. "短小、不需要展开情节而带有情节的关键元素，可复制和模仿。"[①]
2. "一个特殊的联结。"[②]
3. "一个引人发笑的格式塔。"[③]
4. "一种浓缩。"[④]

虽然表述有所差异，但在 ACG 爱好者的理解中，"梗"的内涵似不言自明。同时，基于使用时的不同理解，人们对其内涵存在一定程度的泛化。因此，即使在民众主动进行理论建构的前提下，直接采用这些解释也常会得到多义甚至矛盾的结论。就像许多歌手、故事家未必能区分"传说、故事、神话"这些概念一样，越是接近日常生活本身的概念越难以用学术的语言来描述。因此在尊重文化内部理解的同时，学者自外部界定概念的努力也仍有必要，并且对于概念理解范畴内出现的偏差，也可适当放宽一些空间，从而便于集中讨论典型情况。

---

① 讲述人：米夏（化名），女，23 岁，硕士研究生。访谈人：张倩怡。访谈时间：2016 年 5 月 9 日。地点：北京师范大学学 3 楼。

② 讲述人：子寒（化名），男，21 岁，本科生。访谈人：张倩怡。访谈时间：2016 年 5 月 11 日。地点：北京师范大学文学院。

③ 讲述人：子潇（化名），女，22 岁，本科生。访谈人：张倩怡。访谈时间：2016 年 5 月 8 日。地点：北京师范大学东门 Lakers' 餐吧（注：该访谈对象有心理学和文艺学知识背景）。

④ 讲述人：叶城（化名），女，23 岁，硕士研究生。访谈人：张倩怡。访谈时间：2016 年 5 月 18 日。地点：北京师范大学学 3 楼。

二 "梗"的概念与特征:ACG 的"亚文类"

人们大多用"梗"来指称自己所不熟悉的内容。这说明"梗"其实是人们对某些群体内部知识的统称,其中包含在群体外部不为人知的意义。"玩梗"者常常认为它与网络流行语、典故、笑话相似,甚至用"黑话""切口""隐语""槽点""耍嘴皮子"等术语对其进行描述。这些术语都在一定程度上凸显了"梗"的特征:短小、隐晦、限于群体内部等。而笔者尝试以"文类"角度切入描述"梗"的特征,是由注意到它与已有文类的相似和差异开始的。

与网络流行语句相比,"梗"的显著特点在于它包含"笑点"即引人发笑的情节或结构,这也是它与笑话的相似之处。但相较于一旦被完整讲述便能构成意义的笑话,"梗"的笑点被领会必须建立在了解其原有语境知识的基础上,其作用更多的是达成交流双方共识基础上的默契。[①] 从这一层面看,"梗"区别于已有文类的显著特征不在其外部形式,而侧重其在交流实践中的效果。

"梗"与典故的区别则在两点。其一,典故是古代典籍文献之间语言语义的相互借用,而"梗"很大程度上是现代互联网媒介与 ACG 文化影响下的交流方式。它与前者均属于语言的挪用现象,但这类现象只有出现在 ACG 文化中,才被新的使用者群体定义为"梗",同时拓展了其使用对象、范围,使典故原有的交流方式、风格和效果发生变化。其二,相对于典故这一长期积淀的人类共有知识遗产而言,"梗"一般只涉及短期内具有新生性的群体内部共享知识。由于二者所属的网络和书面媒介自身存在差异,"玩梗"与"用典"在表现手法、风格上也有不同,前者往往带有解构、戏谑性质,而后者更为庄重典雅。

在一些民俗学者看来,"梗"的外在形式与传说有相似之处,因此有必要考虑是否可用"零散的传说元素"将其一言以蔽之。[②] 笔者认为二者

[①] 讲述人:齐狗(化名),女,22 岁,本科生。访谈人:张倩怡。访谈时间:2016 年 5 月 11 日。地点:北京师范大学邱季端体育馆。

[②] 此处感谢康丽副教授的提醒。

存在的差异首先体现为：传说在多数情况下需要展开讲述，"梗"在交流过程中通常无须展开，而是代以某一核心叙事元素，例如"每次遇到能接住'木有鱼丸'这个梗的人都超开心"①。需要额外的解释就意味着"玩梗"行为的失败。因此从某种程度上说，一些无须展开讲述的传说也可能在特定语境中成为"梗"。另外，"梗"的内容和意义通常单一，"它是一个点，不能太大。是大故事中的一个细节，一个行为，不是整个故事"②。而传说的复杂情节往往蕴含多重意义。至于与"梗"有许多相通之处的"元传说"概念，其缘起是对传说作"减法"，直到抽象出最简单的结构，即"所有传说文本都不会对它发生质疑的基干，或者说所有当地民众都知晓且认同的传说骨架"③。但它更像"母题"而并非"梗"。关于后两者的区别下文将详细讨论。

从文类结构层面来看，"梗"或是在互联网媒介中，对民间叙事单位进行的新的切分，与"母题""情节""主题"等结构性概念处于同一层级。但区别在于这一名词本身来自亚文化内部，而非由学者定义。与它相似的"母题"概念在民俗学界历来众说纷纭，有代表性的是丹·本-阿莫斯（Dan Ben-Amos）的观点，即母题由使用时的功能而非实际内容决定。与之类似，每个词语或场景的使用只有在经历多次重复之后才可能成为"梗"，虽然每次未必是相同语境中出现，但其"爆点"④（类似"笑点"）相同。这一"特殊的联结"所包含的能指与所指间的断裂，在原有语境与衍生语境之间产生了需要由共有知识填补的"留白"。从这个意义上说，"梗"不完全是情节类型和母题的俗称。⑤ 有人将影视剧中反复出现的桥段称为"梗"，如"穿越时空这个梗真的看到烂"，其实就有与母题相近的含义。但不同之处在于，由这句话本身可以推断出在不同语境中多次使用甚至用到"烂"的含义，而母题的语境通常是单一的。因此

---

① "木有鱼丸"出处为香港电影《麦兜故事》中的台词"木有（即'没有'的网络语言）鱼丸，木有粗面……"

② 讲述人：叶城（化名），女，23岁，硕士研究生。访谈人：张倩怡。访谈时间：2016年5月18日。地点：北京师范大学学3楼。

③ 陈泳超：《背过身去的大娘娘》，北京大学出版社2015年版，第96页。

④ 讲述人：北政所（化名），男，25岁，博士研究生。访谈人：张倩怡。访谈时间：2016年5月10日。访谈形式：QQ聊天。

⑤ 此处感谢刘宗迪教授的提醒。

"梗"可以是基于特定语境的母题，但不包含反复演绎的笑点的母题不一定是"梗"。二者并非上下位概念关系，而只是在"语境"这一关键性因素上有所交叉。

由此可见，"梗"的边界不断流动，特征因内容而变化，功能也随之趋近某种已有成熟的文类，但同时又以自身特有形式存在。它具有上述文类的部分特征，但与它们不尽相同，可说是处在多种文类的"交叉地带"。正如西村真志叶所指出的，"体裁概念在日常生活的层面只能具有模糊、流动的概念界限，而这种模糊性或流动性正是日常概念的本质所在"[①]。"梗"也包含多种文类的感情基调，当然它们并非一定会出现在同一个或同一类"梗"中。这一现象的产生一方面是由于"民间文艺学体裁系统的失效"[②]，即文类分类的"非主体性"带来的困扰在网络媒介的作用下进一步凸显；另一方面，如劳里·杭柯（Lauri Honko）所言："每一个文本都包含有许多特征，其中只有一部分特征使得它的类型属性稳定化，而另一些特征则又使得其类型特征趋于解体。"[③] 倘若暂时悬置民间文学的概念系统，转而用ACG所属的青年亚文化理论视角来看，则不难将这类现象归为文类的"拼贴"，其原因或与亚文化内部的层级性和异质性特征相关。正因"梗"尚未完全脱离民间文化内部的"主流话语"才为之"收编"，因而带有多种文类的特征。因此，具有某些文类的特征并不能成为否定"梗"作为一种新的文类结构存在的理由。相反可以将其归为"亚文类"——这一概念既包含"梗"的亚文化属性，又指在结构层面的衍生性。

综上，不妨将"梗"定义为一种依存于ACG文化群体内部知识，并在一定程度上影响该群体日常交流的网络"亚文类"。它由有固定场景出处的短语、成句或其他形式组成（如作品中的某句台词、人物设定等），具有形式短小、表意隐晦等外在特征，一般不以展开全部内容的形式出现，而是代之以其中的核心元素。在使用中，"梗"被从初始语境中抽离出来，人为地挪用到其他语境中进行改写或再创造，并经由交流双方共有的背景知识

[①] ［日］西村真志叶：《日常叙事的体裁研究：以京西燕家台村的"拉家"为个案》，中国社会科学出版社2011年版，第280页。

[②] 同上书，第38页。

[③] 王杰文：《从"类型"到"类型的互文性"》，《湖南师范大学社会科学学报》2011年第2期，第105页。

或经历，对其所指幽默或隐喻修辞达成某种默契的再认，从而具有好笑的意味——其意义的获得与否取决于双方对知识的了解程度及交流情境中的人际关系。

三 "玩梗"：ACG文化群体的实践

在ACG文化中，通常将使用"梗"的实践称作"玩梗"。它以下列几种不同形式出现：

1. "玩梗"者不加说明出处和内容，直接给出"梗"的核心元素，留有一定"空白"。其他人要么读懂"梗"的言外之意，达到身份认同和沟通信息的目的，要么因不懂"梗"而导致沟通失败。

2. 有人询问"×××是什么梗？"知情者在对其进行解释时，通常带有对提问者"玩梗"的情感评判，采用诸如"你不懂这个梗""这是老梗了""梗被玩坏了/玩烂了"等常见表述。

3. 一种特殊情况是：某个人想用"梗"来描述某一事物，但为避免因听不懂导致的尴尬而特意打破梗的机制，对"梗"进行自觉标定并解释其隐含的内容。通常表述为"这是×××梗""×××这个梗"。有人认为，"梗"的机制只在指代不为人了解的事物时起作用，此时才会主动使用"梗"这一词语，而在沟通可以达成时，"梗"通常不会被人为标定出来。"第三个人听不懂的时候，对方会把'梗'的原因解释出来；两个人知道，就不会用这个词，能理解话题的人不会用。"①

综上，"梗"的使用遵循"说者（'甩梗'者）将核心元素抽离语境重新演绎，听者（'接梗'者）主动代入原语境得到笑点"的交流模式，这一"发出者—内容—接收者"的线性传播链可概括为"表达—反馈"的双向互动机制。这一表达机制和网络笑话的"生成—传播—回馈—生成"②类似。美国学者西蒙·布鲁纳（Simon Bronner）曾借用生物学的"模因"（memes）概念界定这种与日常生活失去明确联

---

① 讲述人：叶城（化名），女，23岁，硕士研究生。访谈人：张倩怡。访谈时间：2016年5月18日。地点：北京师范大学学3楼。

② 吉国秀、胡安亮：《IT笑话：网络社会中的新民间叙事》，《民俗研究》2015年第6期，第130页。

系的重复性表达。他通过对 1987 年宾夕法尼亚州财政部长在电视转播中公开自杀事件衍生出的笑话进行分析，阐述了人们将该事件中的片段和元素重新编排，使其失去背景信息并移植到传统笑话中，形成新的笑话的过程。① 对 ACG 爱好者群体而言，"玩梗"行为的本质是要通过对既有程式的不断模仿和重复，从而达到传播"梗"的目的。经过这一过程，最初的版本成为"梗"，并且有时难以判断其原始出处，类似地，许多"梗"被广泛使用时，人们并不知道有固定的出处。"玩梗"的乐趣在于对语境的刻意"误读"：在原本的语境与重复使用"梗"的新语境之间形成反差或呼应，从而达到幽默或反讽的陌生化效果。至于一个人用"梗"自娱自乐的行为，通常意义上认为属于"玩梗"交流机制未能达成的产物。在流传过程中，原本的语境变得并不重要，出处的作用有时候也不大。这一点也使很多人认为"梗"具有模糊的边界。这一过程与民间文学的传播具有很高的相似性。

从年龄层来看，"玩梗"者基本是年轻人，而"三十岁以上的人一般不会玩梗"②。一些 ACG 爱好者认为，长辈讲故事或者段子时一般会讲述完整的情节，"他们都会更注重那个事件本身的搞笑，而不会从中提炼出一个结构来，一遍一遍地玩"③。一些不太熟悉网络亚文化的中年人也表示，即使借助文化内部解释懂得了一个"梗"的含义，他们也不一定理解其好笑的缘由。作为 ACG 青年亚文化群体特有的身份标志，"梗"除集中在 AcFun、Bilibili 等 ACG 视频网站外，百度贴吧、豆瓣、知乎等社交网站上也随处可见。例如百度"梗吧"④ 是网友讨论、解释、传播"梗"并创造"新梗"的平台，其中有人以"恶搞"中学课本的形式总

---

① Trevor J. Blank ed., *Folklore and the Internet: Vernacular Expression in a Digital World*, Utah State University Press, 2009.

② 讲述人：小羽（化名），女，21 岁，本科生。访谈人：张倩怡。访谈时间：2016 年 5 月 9 日。地点：北京师范大学图书馆休息区。

③ 讲述人：子潇（化名），女，22 岁，本科生。访谈人：张倩怡。访谈时间：2016 年 5 月 8 日。地点：北京师范大学东门餐吧。

④ 据"在下 211"（化名）回忆，2014 年年初，百度"梗吧"由一个荒废已久的宠物犬类贴吧转变而来，原因似乎是由于"Bilibili 梗吧"出现了一部分不受网友欢迎的群体"绅士"，因此他们占领了这个几乎被废弃的贴吧，将其作为新的领地（"在下 211"，男，年龄不详，百度贴吧"梗吧"吧主之一。访谈人：张倩怡。访谈时间：2016 年 5 月 21 日。访谈形式：QQ 聊天）。

结"玩梗"的方法和原则①——这本身也是一种"玩梗"行为。

受网络传播即时性特点的影响,从某个语词、事件或影视作品的流行到其中的经典元素形成"梗",所用时间通常很短。至于这种程式化的复制在多大程度上能成为"梗",以及"梗"这一网络流行文化现象的热度是否会减退,一些ACG爱好者持不同意见,有人认为当"知识忘记了,不再搞笑了,泛化了,故事、东西本身不流行了"时,特定的"梗"也就不复存在②。另一些人认为,"友谊的小船说翻就翻""对方不想和你说话并向你扔了一只狗"等网络流行语产生后迅速被应用于其他语境,但不一定是"梗"。可见模式化、可复制是网络民俗的共性而非"梗"的核心特征,"梗"的要义仍在其通过语境转换带来的"笑点"。从传播速度和频率来看,"梗"的内容更替十分迅速。其中一些成为被人们逐渐淡忘的"老梗",新产生的"梗"又让人们陷入对知识无限扩张的焦虑中。在媒介文化一轮又一轮的更迭中,或许得以延续的只有"玩梗"实践本身。

四 "玩梗"的功能:ACG爱好者的身份认同

一些ACG爱好者认为,"玩梗"在ACG爱好者中的流行,原因是"它能帮助新人快速地加入一个圈子"③。"微信上的段子手在日常生活中的形象不一定一样"④,同时"只有没有存在感的,想进入其他圈子的人,才会'玩梗'"⑤,在互联网生活中,年轻群体往往会进行不同于日常生活的自我身份建构,通常以达到搞笑、娱乐或嘲讽目的为

---

① 来自百度贴吧"Bilibili梗吧"帖子:"玩梗必修一封面,第一页,第二页"。网址 http://tieba.baidu.com/p/2682233244? pn = 1。

② 讲述人:叶城(化名),女,23岁,硕士研究生。访谈人:张倩怡。访谈时间:2016年5月18日。地点:北京师范大学学3楼。

③ 来自百度贴吧"Bilibili梗吧"帖子:"玩梗必修一封面,第一页,第二页"。网址 http://tieba.baidu.com/p/2682233244? pn = 1。

④ 讲述人:齐狗女士(化名),女,22岁,本科生。访谈人:张倩怡。访谈时间:2016年5月11日。地点:北京师范大学邱季端体育馆休息处。

⑤ 来自百度贴吧"Bilibili梗吧"帖子:"玩梗必修一封面,第一页,第二页"。网址 http://tieba.baidu.com/p/2682233244? pn = 1。

主，强调自己在某一群体内部的归属感，从而实现对自我价值的标榜和认同。如沃尔特·翁（Walt Ong）所言，"和原生口语文化一样，次生口语文化也产生强烈的群体感，因为听人说话的过程是聆听者形成群体的过程"①。群体感的产生很大程度上来自语言。马克·波斯特（Mark Poster）也强调了语言在社会文化中的功能："语言以何种方式改变经验？尤其是，个体和群体之间进行语言交流的形式如何对社会文化结构以及其中的主体地位产生影响？"② 在这一过程中，新的群体认同也得以强化。

菲尔·科恩（Phil Cohen）则指出，年轻人的这类行为往往是为了"创造、表达与解决与父辈文化中依然隐藏或者仍未解决的种种矛盾，虽然是通过一种神奇的手法"③。这类"神奇的手法"被迪克·赫伯迪格（Dick Hebdige）进一步总结为"同构""表意实践"和"拼贴"④。赫伯迪格认为亚文化群体多少有些"保守"或"进步"，他们融入社区，延续了该社区的种种价值观，或者通过和父辈文化的对比来界定自己，使这种价值观向外衍生。并用"表意实践"（signifying practice）这一概念解释"亚文化如何以语言中的定位创造出从属群体，以及习惯于完成这种定位的过程的中断"。类似地，如果说"梗"在 ACG 文化中的出现是一种"差异性的实践"，那么"玩梗"可看作 ACG 爱好者通过这种特有的娱乐方式在网络虚拟世界中寻求认同感，确认拥有共同话语的伙伴身份，从而区分自己与父辈与同辈"他者"的"表意实践"。

当然，也有例外情况，某些"梗"的字面含义与日常言语区别不大，较容易被特定群体外的人理解，因此有人认为它无法达成"梗"的身份

---

① [美] 沃尔特·翁：《口语文化与书面文化：语词的技术化》，何道宽译，北京大学出版社 2008 年版，第 104 页。

② [美] 马克·波斯特：《互联网怎么了？》，易容译，河南大学出版社 2010 年版，第 159 页。

③ Cohen, P., *Sub-cultural Conflict and Working Class Community*, W. P. C. S, University of Birmingham, 1972.

④ 同上。

"梗"与"玩梗"：ACG 亚文化群体的口头文类及实践 ·261·

认同识别效果。这也带来了交流障碍或一些尴尬场景。譬如，在无须进行群体认同的场合"玩梗"，往往使事情达到相反甚至戏剧化的效果。"新浪微博"上就曾传出小学生在作文中使用"白学梗"① 被老师发现的事件。这种群体认同虽然是"玩梗"者希望达到的，但对被主流社会期待的等级严明的师生关系造成了冲击或解构，如此一来就背离了"玩梗"的初衷。

民俗学者通常将享有某一民俗的群体内部分为积极承载者和消极承载者两类②。以"玩梗"过程中有无主动的使用和自觉的思考为尺度，也可做出类似划分。虽然这种分类曾受到质疑，但笔者认为仍有必要。诚如部分 ACG 爱好者所言，"玩梗"要有一种不同于单纯跟风使用网络流行语的"心态"：

> 其实就是在套用这种成句的过程中，把成句变成了一种平常说话的方式。……它已经失去了梗作为梗的本来的意义。……实际上他很难说有一种玩梗的心态。他就想表达这个东西好，它变成了一种比较正常的说话方式。……可能相当多的人已经不知道这个玩意儿的典故是出自哪儿的了。所以说就只能说吧，就是这些东西在民俗里可能也有它不同的表现，就是它本来的意义已经丢失了……③

这种心态被称为"玩梗的自觉"，也是"梗"成为群体文化实践的重要条件。它虽然还未上升到"文化自觉"的高度，却体现了亚文化群体

---

① "白学梗"：指 ACG 爱好者为了调侃日本电子游戏《白色相簿 2》而仿照《红楼梦》"红学"，而根据其剧情内容和台词衍生出的"白学"及相关的"梗"（如"打死那个白学家"）。"白学梗"事件：一名小学生在作文中套用了《白色相簿 2》中的台词写道："我先的，明明是我先的，练习也好，掌握也好，第一次有了自己喜欢的运动。他为什么这么熟练啊，输赢什么的，已经无所谓了……"（引用台词原文翻译如下："为什么你会这么熟练啊！你和雪菜亲过多少次了啊!？你到底要把我甩开多远你才甘心啊!？"）被阅卷老师一眼认出，在旁边批注"白学！"该份试卷被拍下照片并在网上流传开来，成为"白学梗"广为流传的典型代表。

② Linda Dégh, *Folk Tales and Society Storytelling in a Hungarian Peasant Community*, Indiana University Press, 1969.

③ 讲述人：景和（化名），男，22 岁，本科生。访谈人：张倩怡。访谈时间：2016 年 5 月 14 日。地点：星巴克咖啡北京某分店。

对这一行为的热衷。

ACG爱好者内部对"玩梗"也存在一定评价标准。如"适度"——既不能过度玩梗,也不能玩"烂梗",因为"玩烂了的梗不是一个梗"①,"一个梗往死里玩是没想象力的表现"②。如果玩的梗过于"小众"或不为群体内部熟知,则被认为是格格不入、自娱自乐;倘若"梗"过于简单重复毫无新意,则被认为是无聊或寂寞的表现。上述评价标准可能与网络媒介中的人际关系相关,限于文章篇幅,暂不展开讨论。

结 语

即使"玩梗"的实践形式受到现代网络媒介的影响,表现为多种文类的碎片化组合,它也并未完全脱离民间文学的传播机制。关于"玩梗"在网络上的传播规律是否与民俗传播的"周圈论"相类似,即表现为由ACG爱好者群体向外部人群扩展,以及"玩梗者"群体的行为特点是否受到网络媒介"民众化转向"③的影响等问题都需要在更深入的网络田野作业中寻求答案。

同时,"玩梗"在一定程度上体现了青年亚文化的生产方式。如赫伯迪格所言:"亚文化可以作为一种逃避的手段,一种完全脱离周围环境的方式……然而,尽管存在这些个别的差异,亚文化的成员必须分享一种共同的语言。"④ 具体到这一实践本身的承继与变异,及其在不同圈子中的表现,等等,也是后续研究中亟待讨论的问题。

本文对民间文化、青年亚文化与网络媒介的跨领域研究,以及深入某

---

① 讲述人:子潇(化名),女,22岁,本科生。访谈人:张倩怡。访谈时间:2016年5月8日。地点:北京师范大学东门餐吧。
② 讲述人:北政所(化名),男,25岁,博士研究生。访谈人:张倩怡。访谈时间:2016年5月10日。访谈形式:QQ聊天。
③ [澳]格雷姆·特纳:《普通人与媒介:民众化转向》,许静译,北京大学出版社2011年版。
④ Linda Dégh, *Folk Tales and Society Storytelling in a Hungarian Peasant Community*, Indiana University Press, 1969, p.155.

个具体的虚拟社区的田野作业方法①,都仅是初步的尝试,相关理论提炼也有待完善,这些都将在未来的研究中进一步探索。文中多有不足,也请方家指正。

---

① [美]罗伯特·V.库兹奈特:《如何研究网络人群和社区:网络民族志方法实践指导》,叶韦明译,重庆大学出版社2016年版。

自媒体时代粉丝文化的网络民族志研究
——以"加油男孩"(TFBOYS)网络粉丝群体为例

陆 烨[*]

依托不断更新的互联网技术,网络粉丝社群以其组织的高生产力、高凝聚力和高执行力成为众多网络社群中最引人注目的一个分支。[①]"加油男孩"(TFBOYS)作为依赖网络人气成军的组合,自出道以来,就积累了很多老牌明星无法企及的粉丝数量。微博上令人咂舌的评论转发量,盛大的应援活动,或是规模庞大的粉丝互掐,TFBOYS粉丝群体在这些发端于虚拟空间、执行于现实空间的活动中表现出了令人瞠目结舌的行动力、对外的高度一致性和攻击性。但这样的行为,不仅没能为自己的偶像正名,更使自己被贴上了"疯狂""脑残"等这些具有污名化的标签。与污名化标签下粉丝在网络上及其群体间行为的张扬和疯狂不同的是,笔者观察到,很多粉丝在现实生活中、在亲朋好友面前通常都会隐藏自己的粉丝身份,显得很低调;在虚拟空间中,会通过屏蔽亲朋好友或使用两个甚至多个社交平台账号的方式来处理自己粉丝身份与社会身份之间的关系,这种极大的反差引起了笔者的关注。

抛开略显疯狂的追星举动,令人费解的行为举止等这些流于表面的原因不谈,笔者希望能跳脱出争议本身,沿着历史脉络和时代背景去探究粉丝群体招致污名的深层原因,以及在不同情境下、不同群体前,个体隐藏

---

* 陆烨,西南大学历史文化学院硕士。
① 潘曙雅、张煜祺:《虚拟在场:网络粉丝社群的互动仪式链》,《国际新闻界》2014年第9期。

粉丝身份的真实原因。"污名"与"匿名"之间有着怎样的关系？对于互动于线上线下，身处"污名与匿名"交织状态中的粉丝群体来说，他们是如何处理线上关系与线下关系不对接、自我身份与社会期待之间存在冲突的问题，"污名与匿名"的背后，实应折射出更大维度的社会文化议题。本论文希望以 TFBOYS 粉丝群体为例，通过对自媒体环境中网络粉丝群体"线上"与"线下"行为深入细致的研究，探讨自媒体技术对网络粉丝文化的影响，以及粉丝的追星行为和人际互动方式背后的价值和意义。

一 关于 TFBOYS

TFBOYS（The Fighting Boys，意为加油的、努力的、向上的少年），是北京时代峰峻文化艺术发展有限公司推出的少年偶像组合，队长王俊凯出生于 1999 年，成员王源和易烊千玺出生于 2000 年。2013 年 8 月 6 日正式出道，凭借庞大的粉丝数量和极高的粉丝忠诚度，完全从社交媒体上成长起来的 TFBOYS 迅速获得了主流媒体的认同，成功跻身国内当红偶像组合之列，2016 年 2 月 7 日登上中央电视台春节联欢晚会的舞台，开创了中国网络造星的新纪元。TFBOYS 的迅速走红，除了依托互联网技术和社交网络平台的发展，也和其独特的造星模式有关。

TFBOYS 的偶像养成模式是日本杰尼斯造星模式在中国本土化的产物。杰尼斯事务所是日本第一个专门培养男子艺人以及偶像组合的娱乐经纪公司。长期以来，杰尼斯通过稳定而独特的经营模式，制造了一批又一批时代偶像，木村拓哉所在的 SMAP、偶像组合 Arashi 岚都出自杰尼斯旗下。杰尼斯事务所每年都会举办甄选会，选出外貌出众或是才艺惊人的青少年参赛者作为训练生，公司对其从外形、才艺、品行、个性、私生活等各个方面进行严格的要求和训练，在公司的统一培养和塑造下学习成为艺人和偶像的技能，条件成熟以后以单人或组合的形式正式出道。

TFBOYS 的成团基本就是参照这个模式。队长王俊凯 2011 年初通过甄试进入公司的训练生团队 TF 家族，同年底，TFBOYS 成员王源加入。

公司效仿杰尼斯模式，有计划地在网上推出一些 TF 家族的训练视频和翻唱视频。2012 年 7 月，王源和王俊凯翻唱的歌曲《一个像夏天一个像秋天》，仅在新浪微博上当天的转发量就超过了 8 万次，截至 2012 年 9 月，视频网络总点击量超过 500 万次。在此之后，两人又陆续翻唱了《当爱已成往事》《洋葱》等歌曲，其中《洋葱》被台湾歌手五月天阿信在社交平台上转发，以超过 3000 万的点击率，位居微博热门话题第一名，王俊凯的微博粉丝数一周内从 2 万人上涨到 15 万人。2013 年 6 月，易烊千玺凭借丰富的才艺和成熟的舞台经验获邀加入 TFBOYS 组合，弥补了王俊凯和王源在舞蹈上的劣势。2014 年，公司自制网络短片《男生学院自习室》在弹幕视频 B 站①播出。视频中，王俊凯和王源以单纯可爱的外形出现，两个小男孩之间温馨有爱的互动在腐女②看来则是卖腐③行为，而 B 站用户多为喜欢宅腐文化的年轻人，他们聊天对象是同样受青少年文化、日韩偶像文化影响的同龄人，于是 TFBOYS 就在年轻人的网络社交圈中迅速火了起来。公司乘胜追击，于同年 7 月份推出了一首单曲《青春修炼手册》，因为旋律简单，歌词朗朗上口，加上广场舞对该曲子的广泛运用，使其广为人知。

可以说，公司对时下卖腐文化和流行热点的把握，在一定程度上提升了 TFBOYS 的知名度。但不同于杰尼斯完全产业化的培养模式，考虑到国内娱乐环境和文化传统意识的束缚，时代峰峻公司在不耽误孩子学习的情况下，对练习生采取夏令营式的培养模式。所以 TFBOYS 坚持追求自己梦想的同时又兼顾学业，这不但符合当下"中国梦""正能量"等主流价值观，也可以唤起粉丝内心深处的精神需求，引发年轻人普遍的共鸣。另外，相比杰尼斯成熟的造星模式，时代峰峻公司作为一个新兴娱乐公司，在对练习生的训练和包装上缺乏经验，也没有足够的资源关系来进行传统的艺人宣传和推广，于是公司依靠互联网的开放性和互动性，将练习生日常训练视频放在社交网络

---

① B 站：又称 Bilibili 网站，极具互动分享性和二次创造性，是国内最大的年轻人潮流文化娱乐社区，也是众多网络热门词语的发源地之一。

② 腐女：主要是指喜欢 BL（Boy's Love）幻想男男爱情（即喜欢男同性恋的女性）。

③ 卖腐：是指靠外形俊美的男性，以及男性与男性之间不涉及性爱的恋爱感情等断背话题为炒作点吸引眼球的招数，一些影视剧常用此为卖点。

平台上，不但节约了资金成本，公司也可以通过这些网络视频的人气反馈来权衡每一位练习生的价值。更重要的是，这种偶像养成模式能培养出粉丝的参与感，看着自己喜爱的偶像一天天地成长，变得更优秀，粉丝也会感到自豪；那些早期略显粗糙和稚嫩的视频不但不会成为偶像的黑历史，反而会在粉丝的深度挖掘和诠释下变得更加珍贵和亲切，引发情感的共鸣，从而增加粉丝黏性。独特的造星模式和社交平台运用的叠加，使得TFBOYS出道短短三年就积累了很多依照传统模式出道的明星所无法比拟的粉丝厚度。

二 关于TFBOYS粉丝群体

不仅TFBOYS诞生于互联网，TFBOYS粉丝群体也是依托互联网技术发展起来的。网络粉丝群体与传统"粉丝"一脉相承，但随着媒介技术的发展也呈现出一些新的时代性特征。"粉丝"一词作为英文"Fans"的直译，《牛津现代高级词典》将之解释为"对某事物之狂热者，迷"，常用指代流行文化现象的积极参与者、推崇者与狂热者。[1]国外研究一般称之为迷（群体），在《文本的偷猎者》一书中，亨利·珍肯（Henry Jenkins）指出迷是指"狂热的介入球类、商业或娱乐活动，迷恋、仰慕或崇拜影视歌星或运动明星的人"。国内"粉丝"一词的流行源于2005年湖南卫视《超级女声》选秀节目，不同于传统的"追星族"，此时的粉丝除了偶像崇拜，还积极参与到各种"造星活动"中，用手机短信为偶像加油，成立粉丝组织为偶像造势、拉票，这些行为让大众第一次见识了粉丝的力量，这是粉丝第一次由被动转为主动，由"追星"转变为"造星"。随着媒介技术的发展，粉丝群体的活动也从传统媒体和现实世界延伸到了互联网，于是就出现了所谓的网络粉丝群体。不同于传统媒介时代的"粉丝"，网络粉丝群体不再独行于追星的道路上，取而代之的是借助互联网形成有组织、有目标的群体，跨越现实与虚拟，狂热地表达自己对偶像的崇拜，与志同道合的粉友进行交流互动，且以干预偶像信息传播过程的方式施加影响。网络粉丝群体是一个根植于虚拟世界，又与现实世界密

---

[1] 胡瑛：《媒介重度使用者"粉丝"的受众特性解析》，《重庆邮电大学学报》2008年第5期。

切联系，有明确的崇拜对象，且有自己独特的互动模式和行为特征的群体。

（一）群体的狂欢

TFBOYS 粉丝群体不但数量庞大且有极高的忠诚度。从线上到线下，TFBOYS 死忠粉、亲妈粉们的行为总是引人注目，线上微博献花、打榜投票，线下举办盛大的应援活动，对偶像代言、周边产品表现出的强大购买力，不但证明了偶像的人气和影响力，也体现出了粉丝的热情和实力。

1. 微博互动

微博，即微博客（MicroBlog）的简称，是一个用户可以即时自主分享、传播和获取信息的社交平台，具有自主性、随意性、时效性和互动性。2010 年，随着新浪微博开设短短半年便取得 500 万用户的成绩之后，"微博"迅速席卷各大网站，一时间"织围脖"（即指在微博上发布信息）成为一种流行的社会风潮，名人、草根甚至政府机构都纷纷利用微博这块新生地来表达自我、交流信息，一个互联网全民微博时代正式来临。① 同时，微博的出现也改变了明星和粉丝之间的关系。作为全球领先的中文社交媒体，微博已经成为明星和粉丝互动的重要平台，粉丝的追捧也使微博成为评价明星影响力的重要平台。②

作为微博上成长起来的新一代明星，TFBOYS 组合从出道以来，就在微博上积累了数量庞大的粉丝群。目前 TFBOYS 组合的粉丝有 1003 万，王俊凯、王源和易烊千玺的个人微博粉丝也分别达到 2223 万、2108 万和 2036 万。无论他们在微博上发表什么，都会引来粉丝的热血支持。2014 年 5 月 10 日，队长王俊凯在微博中写道："还有一个月就要中考了，最近复习真累呀！"于是粉丝们自发组成名师指导团，在其微博评论里给他划重点，讲知识，转发评论量超过 50 万，粉丝帮忙整理的各科知识要点，被转战过来看评论的考生戏称为"中华题库"，"如何考前减压"的留言更被千余粉丝点赞顶起。

---

① 蔡琪：《微博时代的粉丝传播》，《东南传播》2010 年第 8 期。
② 新浪新闻：http://ent.sina.com.cn/y/yneidi/2015—06—22/doc-ifxefurt9577230.shtml.

2014年9月21日，TFBOYS队长王俊凯在微博上发布了一条博文，"今天我15岁了，有那么多的你们陪伴我，谢谢这几年来你们的一直陪伴，《给十五岁的自己》不仅是给自己的生日歌，也是送给所有支持我的你们"。这条微博一经发出，立刻受到粉丝们的热烈追捧，收到200多万次评论和50多万次点赞。2015年6月22日，全球最权威的纪录认证机构吉尼斯世界纪录TM正式宣布，中国人气少年偶像组合TFBOYS成员、队长王俊凯于2014年9月21日发布的一条博文，截至2015年6月19日中午12时，共产生42776438条转发，获吉尼斯世界纪录TM"转发最多的一条微博TM信息"（Most reposts of a WeiboTM post）的称号。[1]

传统粉丝群体对明星的认识和了解源于明星的电视、电影、音乐等作品，要想获得更多有关明星的信息，通常需要由第三方提供，比如借助电视节目、广播和报纸的娱乐板块。而微博的产生，则直接跳过了第三方环节，粉丝只需通过关注明星微博，就可以即时接收到明星发布的所有消息，在明星微博下进行"评论"，更是制造了一种与明星直接互动交流的错觉；通过"转发"明星微博，不仅可以表达对明星的认可，也达到了为明星宣传的目的，这种高互动性，使得明星与粉丝的关系由以往的"自上而下"的关系变成"对等"关系，目前甚至出现了"自下而上"明星事业的拓展需要依赖粉丝的情况。明星通过微博宣传自己的作品、分享日常生活中各种插科打诨、鸡毛蒜皮的小事，一步步地解构着传统媒介的权威与自己在作品中辛苦经营出来的光环，粉丝通过观看明星在微博上私生活的"表演"，看到了一个在传统媒介中被过滤掉的明星日常状态，这在一定程度上满足了粉丝的好奇心和窥私欲，同时正是这样一种返璞归真的行为，得到了粉丝的包容，粉丝因此发现偶像与自我的距离并不遥远，这种"近距离"的错觉给粉丝带了一种陪伴成长的参与感，也为粉丝提供了一种"我也可以像这样"的动力。

---

[1] 观察者：http://www.guancha.cn/Celebrity/2015_06_23_324328.shtml.

2. 应援活动①

除了线上献花打榜拼人气，粉丝表达对偶像的崇拜行为还有需要综合线上线下资源的应援活动。

"2015年11月8日是TFBOYS组合成员王源的15岁生日。为此，来自全球（包括北美、欧洲）的王源粉丝集体应援，各个站子或分工协作，或单独行动，粉丝行动的疯狂程度让人震惊。当天应援粉丝除了在优酷、芒果TV、爱奇艺、音悦台、腾讯视频、EASY杂志、重庆电视台新闻台包下时段不一的广告，播放定制的生日祝福页面或视频外，祝福的视频也登上了世界的十字路口——美国纽约时代广场1号大厦的LED屏。同一天，面积达6000平方米的上海外滩花旗大厦LED屏，也播放了对王源生日的祝福。而在另外14个一二线城市繁华市中心的LED屏上，还有总面积超过2万平方米的LED视频播出生日祝福。LED屏播放对偶像的祝福只是应援活动的一个分支。在重庆的摩天轮、台北的公交车、首尔江南区66家咖啡馆以及重庆多个地铁站的灯箱，都铺满了对王源的生日祝福。从11月4日起，由重庆江北国际机场始发的国航（含山航、深航）全部出港的航班，都使用了为王源生日定制的登机牌，总计达到10万张。无论线上还是线下，一个15岁偶像少年撬动的力量如此之大，不说后无来者，但已前无古人。"②

以上摘自《南方都市报》的一篇报道《从TFBOYS看社交媒体时代的偶像炼成法则》，文章对王源15岁生日应援活动进行了简明扼要的介绍，从报道的措辞中不难看出媒体的潜在立场，粉丝的行为很疯狂，但粉丝的力量也确实很强大。然而这并非《南方都市报》原创，上述应援活动信息是由王源粉丝后援会拟写的关于王源15岁生日应援活动组织策划书，早在生日会之前就在微博上有大量的宣传和推广，笔者也是因此得知

---

① 应援就是粉丝向喜欢的偶像表达支持，向大众宣传自己的偶像的一种手段。应援的形式多种多样，有线上应援和线下应援。现场应援又包括歌词应援和颜色应援。歌词应援，最常见的是在前奏、大段伴奏的间隙等歌曲间隔处喊出成员名字或重复句末词语，和台上的歌手形成互动。应援色一开始是来自不同团体粉丝之间的竞争，每个偶像（组合）都有属于自己的应援色，偶像在台上表演，粉丝则应该在台下有组织的制造相应应援色的海洋。比如王俊凯是蓝色，王源是绿色，易烊千玺是红色。

② 《从TFBOYS看社交媒体时代的偶像炼成法则》，《南方都市报》2015年12月20日。

该消息,并亲自参与其中进行田野调查。

图 1　王源 15 岁生日应援公告①

2015 年 11 月 8 日上午 11 点左右,观音桥大融城的 LED 屏幕上开始播放粉丝祝福王源生日快乐的视频。笔者在附近逗留了大概十分钟,期间看到五六个女生聚集在一起,拿着单反相机、手机对着 LED 屏幕拍照,然后激动地尖叫,催促身边的朋友"赶紧发微博,发微博"。同时笔者还注意到,几乎每个人手里都提着一个绿色的透明袋子,里面装的都是王源的周边产品,比如横幅、扇子、带有王源标志的发箍等,也都是绿色的。

此外,王源粉丝团还租了观音桥茂业大厦的 LED 屏(亚洲最大的 LED 屏),全天滚动播放粉丝对王源的生日祝福。在距离 LED 屏大概百米

---

① 图片来源:王源应援站。

图 2　王源生日应援——重庆观音桥大融城 LED 屏

图 3　"源粉"用手机拍 LED 屏　　图 4　王源生日应援——亚洲最大 LED 屏

的地方,有三个 25 岁左右的女性也朝着 LED 屏的方向驻足观看、拍照。听到她们说,"嗯,应该就是从这里过去。"笔者猜想她们也是专程过来看这个屏幕的粉丝。到达目的地附近,在 LED 屏对街的花坛边,坐着三个高中模样的女生，还有一个穿着时髦的大学女生（听听，化名）和一个看上去大概 35 岁、穿着职业装、气质成熟的女性（阿姨）。她们时而低头玩手机，时而朝 LED 屏幕的方向抬起头，举着手机，好像在等待什么。当屏幕中滚动到王源生日祝福的时候，她们不约而同激动地喊，来啦！来啦！咔嚓咔嚓一阵拍照声后又继续低头玩手机。笔者猜想她们也是王源的粉丝，于是走过去与她们聊天询问："你们也是来看王源的吗？"三个高中女生把目光转向了我，热情地说："对啊，对啊，你也是吗？"笔者瞬间有种得到了入场证的感觉，话匣子一下就被打开了。通过与高中女生的谈话笔者了解到，在场的所有粉丝之间此前并非相互认识，高中女生和阿姨、听听都是到了这里才认识的，关于王源生日会具体的举办地点（群众艺术馆）也是听听告诉她们的，网上并没有公开发布过相关信息。高中女生过去向听听确认生日会的地址，听听拿出手机，把地址的图片打开，高中女生接过手机来拍照。笔者也走过去问，我可以拍照吗？听听面露疑惑地问，是源粉吗？在笔者表明研究意图，同时说明也是替喜欢王源的好朋友来看的之后，听听才同意让我拍照。确定完地址，大家准备出发去生日会现场，生日会 12 点半开始入场，当时是上午 11 点 35 分，因为对这个地方不熟悉，所以大家决定打车去。

到达目的地附近，笔者注意到有很多女孩子（几乎都是 20 岁左右）列队站在停车场出口处，听听说，站在这里的人几乎都是没有入场券的。最外面站的是维护秩序的保安，她们时而与保安玩笑，讨好保安，希望其能透露一点关于王源的情况；时而与其斗智斗勇，冲出保安的防护，竞相往前探头看王源的动静。大概 12 点半的时候，也就是有票的粉丝开始检票入场的时候，人群突然开始沸腾，有人说，他们从停车场二楼打开的一扇窗子那里，看到王源走过去了，于是大家开始尖叫，异口同声地喊着"源哥！源哥！……"笔者被人群推动着往前走。然后隐隐约约地从停车场左边传来大合唱的声音，右边的人听到以后，也随即加入其中，合唱的声音越来越大，在没有任何组织的情况下，粉丝们接连唱了三首歌，第一首是张韶涵的《看得最远的地方》，第二首是《生日快乐》，第三首是《倔强》，唱完以后大家齐声祝福："王源，15 岁生日快乐。"这是歌曲应援。

经历了几波尖叫和沸腾，虽然粉丝们都没有见到王源本人，但是一次

图 5 粉丝在停车场列队等候

又一次的失望也没有减少粉丝的热情,在每一次的传言中,他们都会尽情地表达他们对偶像的爱意。笔者站在人群靠后的位置,周围站的全是带有绿色标志的源粉。在群众艺术馆的正门,放着四个绿色的花篮,黄绿相间的玫瑰,上面放着祝王源生日快乐的卡片。大门右侧,放着一幅王源代言康师傅红烧牛肉面的大海报。粉丝们轮流到海报面前拍照。女孩们有的用绿丝带扎成发辫,有的戴着绿色的、印有王源名字或昵称的发箍,有的则是拿着有王源卡通头像的气球……所以即使是在街对面的公园里,人群中,还是一眼就能辨别出谁是源粉,绿色就是他们的标志,这是颜色应援,也叫应援色。

无论是线上的微博互动,还是线下的应援活动,在偶像与粉丝的互动中,都有一个很重要的媒介参与——微博。粉丝在观看 LED 屏和等待偶像出场的时候,都会拿出手机将自己的所见所闻所感通过社交平台发布出去。在这个过程中,对音、图、视频的依赖以及对微博平台的使用,是粉丝利用自媒体传递自己声音的方式。物理世界的分散和远距离,使不在场的人无法感知现场的热闹,但是当场面通过在场每个人的努力,统一传送到一个相对集中的平台上,所有的信息都从一个渠道输出的时候,屏幕前的每个人都能一起分享集体狂欢的氛围,实现不在场的共享,虽然线下场面并非如此。

图 6　生日会现场绿色花篮

图 7　绿色帽子、手幅、发带　　　　图 8　颜色应援——绿色气球

（二）个体的孤单

正如粉丝群体利用网络制造着集体狂欢，但离开网络，拥有共同兴趣爱好的人由于时空的限制也难以相遇。同样，如果抛开共同的兴趣爱好，

即使网络存在,这群散落在世界各地的人也不会聚合。本节主要探讨粉丝群体现实生活中的日常行为。

1. 自娱自乐

当代社会一方面物质相对充裕,但另一方面生活节奏快,竞争激烈,压力大,身处其中的人们渴望寻找释放的出口和机会,便通过娱乐的方式来放松身心、释放压抑、释放生命的激情,寻找甚至制造快乐。[1]粉丝文化作为依附于大众文化而滋生出的一种文化形式,具有商业性、通俗性、娱乐性和大众传媒的依赖性等特征。对粉丝文化的消费,使我们能够更容易获得个体的自由与权利,满足个体的欲望和快感。

在LOFTER(乐乎)、贴吧、中文小说网上都会看到很多TFBOYS的同人文[2],之所以要创造同人文,部分原因是TFBOYS粉丝数量庞大,有对应的受众群体,创作者的作品会更多地得到关注和反馈,但大多数同人作者写文章都不是为了发表,主要是自娱自乐,通过同人文的方式来消费偶像,满足自我需求。在创造的过程中,创作者的情感得到宣泄,创造力得到表现,满足了他们对理想或幻想的追求,也实现了对自我情感和价值的认同。

> 同人文受众多为女性。TFBOYS的粉丝中,在校生和刚刚工作的女性居多。首先,对于在校生,十几岁年少懵懂,正是青春小说在校园泛滥的时候,剧情玛丽苏爆棚,灰姑娘幸福极了,情节跌宕起伏,对白爆笑逗趣,而且本身自己就是粉丝,为什么不看呢?其次,弥补组合对外降低的真实感。早期的TFBOYS三个小朋友还会很耐心地回复微博粉丝的留言,常常互动……但是随着小朋友人气增长,越来越火,公司开始减少合唱和自制剧的产出,特别是早期为组合爆红做出"卓越"贡献的王俊凯、王源两个孩子的合唱,转而让TFBOYS组合产出一些歌词没内涵的口水歌(口水歌没前途哦……不过歌曲

---

[1] 博日吉汗卓娜:《我迷故我在——日本动漫御宅族生活方式的人类学研究》,中国社会科学院,博士学位论文,2014年,第182页。

[2] 同人文:即"同人之名以为文"(The name of other's colleagues think that the text),把某部甚至某些原创作品里的人物放在新环境里,加入作者自己的想法从而展现作者对于原作不同的观念。

质量改进 ing），较多出席一些揽钱的广告宣传和其他客串节目……曝光在粉丝面前的小朋友都是经过精心包装过的，粉丝越来越少地看到他们的私下表现，缺失了于小朋友之间的亲密感，小朋友的真实感越来越低。所以，由于公众曝光度高，但真实感降低，一些"老"粉开始发挥主观能动性，用同人文来弥补缺失的"亲切感"，尤为甚的是校园向和现实向的文章备受欢迎。①

除了同人文或是弹幕视频等创造性参与以外，观看偶像作品、消费偶像代言产品或是周边产品也是粉丝消费偶像、自我娱乐的方式之一。目前 TFBOYS 代言和推广过的商品包括步步高家教机、蒙牛酸酸乳、芬达、舒肤佳、康师傅红烧牛肉面、雅客食品、OPPO 手机、高德导航、360 手机助手、士力架等，在粉丝的消费能力范围内，粉丝会为了偶像"脸上有光"而购买产品，由 TFBOYS 代言的考试装士力架产品于 4 月 20 日在电商平台一经发售，便迎来了持续的热销，开售仅第一个小时就卖出万余件，得到了粉丝的热情追捧。在 TFBOYS 粉丝群体中流传着这样一句话——"做姐姐的给弟弟存结婚的钱，天经地义"。在谈到为什么喜欢 TFBOYS 这个问题时，多数年龄比 TFBOYS 大的受访者都提到一个原因"可爱，像自己的亲弟弟一样"。例如，25 岁的米酱现在念博士一年级，从 2013 年开始关注 TFBOYS，作为独生子女的米酱，一直希望自己有个兄弟姐妹，每次看到 TFBOYS 发微博，她都感觉像是在看自己亲弟弟一样，看着他一天天的成长、蜕变。在 TFBOYS 的粉丝群体中，有很多粉丝是比 TFBOYS 三名成员年纪大一些的姐姐，她们已经有稳定的工作且经济独立，但还没有结婚生子，所以她们是最愿意花费时间精力来为 TFBOYS 发展提供精神、物质支持的人群。"独生子女时代，孩子都非常寂寞，而心理学上对这种现象有一种研究称为'移情现象'，你可以通过假装有个 TFBOYS 这样的弟弟甚至儿子来填补一些寂寞。"②

2. 隐匿的身份

TFBOYS 的爆红，是中国互联网尤其是社交网络普及的产物，这个依

---

① 知乎：https：//www.zhihu.com/question/31848383/answer/73132732
② 《TFBOYS，网红小鲜肉的成长之路》，http：//www.ithome.com/html/it/148567.htm。

赖网络人气成军的组合，自出道以后，就积累了很多老牌明星无法企及的粉丝数量，微博上令人咂舌的评论转发量，报纸、电视、网络也对TF-BOYS的狂热行为进行过大量的报道，比如TFBOYS粉丝拉横幅为偶像庆生，妨碍火车运行、盛大的应援活动或是规模庞大的粉丝互掐，这些行为使得TFBOYS粉丝被贴上了"疯狂""脑残"的标签。但与污名化的标签下粉丝在网络上及粉丝群体之间行为的张扬和疯狂不同的是，笔者在调查的过程中发现，大多数粉丝在现实生活中，在亲朋好友面前通常都会隐藏自己的粉丝身份，显得很低调；在虚拟空间中，部分粉丝会通过屏蔽亲朋好友或使用两个甚至多个社交平台账号的方式来处理自己粉丝身份与社会身份之间的关系。在对身边的人一些访谈中笔者也了解到，很多自称不是TFBOYS粉丝的人说他们其实早期也关注过TFBOYS的作品，觉得这三个小男孩还是挺不错的，但是当TFBOYS火了以后，就不敢再提了，因为害怕别人说自己是"脑残粉"。

2015年11月8日参加TFBOYS成员王源生日应援活动时，笔者认识了一个叫听听（化名）的大学女生，在山东上学，参加应援活动时她刚上大一。

我之前没有追过星，这是第一次，原来我是挺不屑追星的人呢。我这次到重庆的机票是早在高考结束后就买了。我告诉自己，不管那一天是有什么事，期中考还是要干吗，都不管了，都要来重庆。后来自己被山大录取了，所以这次是先从威海坐了一宿的火车到济南，再坐飞机到重庆。这是我第二次来重庆了，第一次是专门跑来看源哥的学校，我当时把南开中学外面小卖铺源哥的单人明信片都买了（哈哈大笑）。我来的不多，太远，偷跑一次要计划很久，我父母不知道我出来了，他们以为就是很正常的一个周末，我在学校，刚才他们还给我打电话了，当时我在生日会场外面，吓死宝宝了，我给挂了，我说我忙，周一晚上再给你们电话。我因为要翘课，而且刚开学也不熟，所以我一直隐瞒我的属性，瞒得很苦，说到这……（哈哈大笑）我们班都知道我有一个比我小的男朋友在很远的地方（哈哈大笑），其实我这次出来，我大学同学只有一个知道真实原因的，还有几个像是班委什么的，都知道的是我表姐结婚……我平时买的那些周边产品

都自己藏起来看，像这次出来我就可以挂书包上，戴身上了啊……我有两个微博号，一个发日常状态，一个发源哥……（哈哈大笑）

在田野调查中，笔者还观察到，生日应援会现场有很多粉丝戴口罩，有白色的，也有绿色的。相比网上的熟络和友好，现场的粉丝之间看上去还是有些拘谨，相互之间缺乏交流，群众艺术馆的正门放着王源代言的康师傅红烧牛肉面的海报，粉丝将横幅举在面前，在刚好遮住脸的位置拍照。生日应援会现场，有四位女粉丝作为幸运观众被邀请上台与偶像王源做近距离互动，主持人邀请她们摘下口罩与偶像合照，但她们全程都戴着口罩。关于活动现场戴口罩的原因，听听解释说，戴口罩的人一般是前线拍图的人，她们是最容易在网上和别人掐架、制造矛盾的人，俗称"前线姐姐爱加戏"。戴口罩是因为害怕在网上被人掘，被人挂。另外一个原因是在公开场合亮相的话，害怕会被自己的亲朋好友看到。

图9　粉丝戴绿色口罩，手幅遮面

当下的社会语境，让粉丝无法在日常生活中正当化自己内心的这种喜爱，因而只能以掩饰或回避的策略来化解这些痛苦。曾经网络的匿名性让人们可以自由表达，但现在社交媒体的属性，已经决定了这种匿名仅只是名字代称的改变而已，实质人们已经在网上建立了一个同样复杂真实的人际关系网络，群体的限制，关系的交错让人依然要遵守规则、接受限制。网络空间与现实生活越来越密不可分。现实世界中权力、阶层不同的人际关系会渗透到网络中,网络上的人际关系以及围绕网络化身所积累的声望和资源也会带回到真实世界中。在社交平台上,ID账号作为个体自我身份的标志,社会身份和容貌不可见;在现实生活中,容貌显现,ID账号就成了不可暴露的隐私。当粉丝来往于线上线下,将现实生活与网络空间交织在一起时,个体处在一个完全被看的环境中,只有依靠隐匿部分,制造线上线下身份的不对接来获得安全,于是口罩就成了现实生活中的马赛克,线上是社会身份的匿名,而线下则是自我身份的匿名。其实,匿名粉丝的行为并不罕见,在《文本盗猎者:电视粉丝与参与式文化》一书中,詹金斯分析到,因为迷文化属于亚文化,与主流文化存在差异,迷的某些行为不容易被人们理解接受,而他们既希望参与迷群活动,又希望与之相区别。于是就采用了相对"安全"的方式来实现特殊的身份认同,表现了一种复杂的迷群体意识。粉丝群体既希望寻求群体归属,又不希望暴露自己的粉丝身份,于是就形成了这种矛盾的对自我和社会关系的认知。

三 技术与娱乐:自媒体对粉丝文化的影响

(一) 粉丝对偶像的情感发生方式改变

传统媒介时代,粉丝对明星的喜爱是由"远距离的崇拜"到"近距离的喜爱";自媒体的出现使得粉丝对明星的情感发生路径转变为"近距离的认同"到"远距离的崇拜"。这里的"远"和"近"对应的不但是心理距离和物理距离的远近,也对应着个人认同的内外之别。传统媒介时代,粉丝借助音乐、电影、电视剧等通过对明星作品、角色的喜爱,再慢慢发展到了解明星这个人,对他本人的喜爱;而微博等其他自媒体的出现,改变了这一情感发生的路径,粉丝通过对明星个人的了解,从对明星性格、气质等的内在认同逐渐延伸到对明星容貌、服饰、作品、角色等的外在认同。通常我们习惯于将艺人、明星、偶像这些称呼混合在一起使用,从而忽视了它们之间的差别。艺人是成为偶像最基本的要求,但出色的艺人未必就能成为明星和偶像,因为偶像还要对粉丝具有确实无可比拟的人格魅力。"当演员在银幕外的生活方式和个性在重要性方面等同或超过他们的表演能力时,演员就变成了明星。"① 也就是说,观众只有在演员的身上,无论戏内戏外,看到自己所认可的价值观以一种具象的形式呈现出来,实现情感的共鸣,他才会承认和喜欢上这个演员,演员也才能实现从艺人到明星的转变。"偶像"可以视为明星身份的另一种表述,但两者略有不同。从词源学上说,"偶像"最初指的是"用木头或泥土等制成的人形",引申为"一种为人所崇拜、供奉的雕塑品,比喻人心目中具有某种神秘力量的象征物",直到现代才泛指"崇拜或仰慕的对象"。偶像可以视为"升级版"的明星。② 一个明星要成为偶像,首先他不仅要是粉丝喜爱和模仿的对象,还要有一定的象征意义,而且要当粉丝通过一些仪式化的行为来表达崇拜之情时,明星才完成到偶像的转化。所以互联网时代,造的是偶像而不是明星,偶像对粉丝的吸引力实则折射出的是粉丝的心理需求。

(二) 粉丝对偶像的情感表达方式改变

自媒体的产生,让粉丝不再被动地接收偶像的信息和作品,也不只是情感上的崇拜,而是通过解读、消费的方式参与到偶像的生产过程中,比如线上打榜、送花,视频创作;线下参加偶像的各种活动,出资为偶像庆生、宣传等。这些举动的实现,得益于虚拟网络的联结使得沟通成为可能,粉丝线上安排,线下执行,最后又将行动结果反馈到线上,对虚拟空间的跨越和再创造,使人摆脱缺场的局限,实现不在场的共享。

虚拟空间与现实空间在信息传递方式上的不一致,同时也影响着人们对传统时间的感知以及人们对自我的认同。曾经让粉丝觉得在地理空间和心理距离上都遥不可及的偶像,现在就出现在自己的手机里。无需舟车劳顿和长久的时间消耗,明星借助数码科技将自己的生活与喜怒哀乐即时地传送在微博上,分享给粉丝,粉丝也通过在偶像微博下方评论表达自己的看法或是在专门的微博粉丝群里与偶像聊天,将自己的心意及时地传送出

---

① 《明星研究 (下)》,《当代电影》2008 年第 2 期。
② 张隽隽、李丹琳:《偶像工厂与粉丝文化——试析日本杰尼斯事务所造型模式》,《北京电影学院学报》,2015 年第 1 期。

去。这种跨越了空间限制的即时交流，使得粉丝的情感不再需要自我承担，也不再需要漫长的等待，快速地表达和反馈让粉丝获得一种心理的满足感，而这种满足感也会让粉丝确认追星并不是一件虚拟和不切实际的事情，从而激励粉丝更多的情感投入和物质付出。如同我们在日常生活中也会因为空间的限制和好朋友难以见面，但在社交平台上的即时沟通还是能够使我们感知到对方的存在，心理距离的靠近在一定程度上弥补了空间距离上的限制。同样，在追星过程中也是如此，粉丝需要的是自我情感的确认，并不需要真正面对面的交谈。

（三）社会地位感的建构

经济社会的发展让个体越来越原子化。现实生活中，经济、政治、社会地位等的区隔让人们在这个空间里找不到发声的渠道，可以说话的人，于是网络成了这个越来越拥挤的地球的替补空间，在网络上找到了存在的价值，有成就感，也可以说是暂时的逃离。网络延续了时间，给人们提供了一个可以交流的空间。但网络本身并不必然产生社会交往，它完全可以仅用于机器设备间的数据传递而不是促进社会交往。是主体对社会交往的发展需求促生了网络，网络的诸多特性又反过来促进了社会交往的发展。没有主体交往活动的主动参与，网络不过是一堆按照信息传递的内在逻辑建立起来的无机物的有序组合。[1]于是追星等爱好就成为一种可以群聚的借口。为什么是追星而不是其他的爱好？因为偶像崇拜的娱乐性、低门槛性，使得社会大众的参与性高；自媒体本身的虚拟性、实时性、交互性等特性，打破了现实社会对空间、地位、等级、年龄等的限制，创造了一个可以自由交流的场域，当粉丝文化的大众性搭载具有社交属性的自媒体平台，粉丝在其中自由地表达喜好，自如地进行多种身份的切换、沟通。目前粉丝群体中大部分是"90后""00后"，这批人是互联网深度用户，又是中国萌文化、宅文化、腐文化最核心的人群，所以他们直接参与到网络生活中，选择自己的喜好，发表自己的言论，通过社交平台，借助集体的力量，参与到了与媒介生产工业争夺话语权的过程中，粉丝在追星的过程中实现了一种"自我支配"的控制欲和成就感。正如詹金斯所说，"电子

---

[1] 卢斌：《哲学视域下的网络交往》，中共中央党校，博士学位论文，2011年，第38页。

革命"已经取得了媒体权力上真实确凿的改变，扩大了各种亚文化和社群进入媒体制作和传播的能力。每天我们都能看到大众利用这种力量支持民主政治和文化多样性的新证据，粉丝只是这一过程中的较早一步，粉丝运用其资源和行为以保证传达和交换信息的多样性。所以，笔者认为是娱乐文化加技术支持共同制造了这场集体的狂欢。技术不足以让人聚合，追星提供了这个桥梁，技术是平台，情感是黏合剂。

四 "污名"与"匿名"：粉丝群体的身份认同

马林诺夫斯基曾在《文化论》一书中指出，"文化是包括一套工具及一套风俗——人体的或心灵的习惯，它们都是直接或间接的满足人类的需要"[1]。他提醒研究者在研究文化时应关注文化如何满足人类的各种需要、文化的不同用处包含着不同的思想，具有不同的文化价值。所以从人类学功能主义的角度来看，粉丝文化也是粉丝群体为了满足自身的需要而产生的文化。粉丝通过对偶像的崇拜来满足精神需要；通过购买周边产品或其他的消费行为来满足物质需要，进而获得快乐感和满足感；通过与粉丝群体的互动、合作满足社会心理需要，因为人是社会的人，对社会关系具有依赖性，个体需要借由社会群体来定位自我的存在。

粉丝对需要的满足过程实质也是认同的建构过程。安东尼·吉登斯（Anthony Giddens）在论及"认同"时，将其分为社会认同和自我认同两部分。社会认同是指别人赋予某个人的属性，基本上可被看作表明一个人是谁的标志。同时，社会认同也将该人与具有相同属性的其他人联系起来，如学生、母亲、律师、亚洲人等，许多人同时拥有多重社会身份，多样化的社会认同反映了人们生活的多重维度，但大多数人都是围绕着一种主要的认同来组织他们生活中的意义和经验。自我认同指的是自我发展的过程，通过这一过程我们形成了对自身以及我们对周围世界的关系的独特感觉。[2]如果说社会认同标志出个人是如何与他人"相同"的，那么自我

---

[1] ［英］马林诺夫斯基：《文化论》，费孝通译，华夏出版社2002年版，第15页。
[2] ［英］安东尼·吉登斯：《社会学》，赵旭东等译，北京大学出版社2003年版，第27—28页。

认同则把我们区分为不同个体。无论是自我认同还是社会认同，都要涉及社会分类和定位，自我认同受社会认同的影响，而社会认同作为社会分类的结果，受社会规范的影响。在《污名——受损身份管理札记》中，欧文·戈夫曼认为，社会首先将人进行分类，依据确定的"社会布景"（settings）我们产生了对这些类别特定的预见和想象，并逐渐将其转化为规范，然后以规范的期望来要求群体。当群体规范所要求的特征（虚拟的社会身份）与个体实际拥有的特征（真实的社会身份）不相符或有特殊差距时，"污名"就会产生。[①] 也即当认同遭到破坏时，行为主体就会有自我否定或被"污名"的危险。

虽然在粉丝看来，追星是一种个人选择，一种生活方式，是与看书画画、唱歌跳舞一样正常的兴趣爱好，但在"他者"看来就是疯狂、脑残的行为。为何群体内外会有如此大的认知差异，根据戈夫曼对于污名的洞见，污名是特征与成见的关系，招致污名的原因往往是由于被污者的某些特征与社会对它的期望不同。基于此，笔者猜想人们对粉丝群体的污名化，是否裹挟了两方面的社会期望，一方面是对它的主要参与者——青少年的社会期望；另一方面是对崇拜对象高层次的期待。所以当作为粉丝群体的核心力量"90后""00后"去崇拜娱乐明星的时候，人们就会给他贴上"脑残"的标签。

认同感是一种社会心理稳定感，我们身处这个世界，我们说话做事，其实都是在寻找自我存在的意义。粉丝在偶像的身上找到了渴望的自己，于是在追星的过程中寻找满足感、认同感和归属感。但网络的发展使得"自我认同"被置于全新的关系和认知之下。美国学者雪莉·特克将网络看作人们塑造自我的社会实验室，"你可以成为你想成为的任何人。你可以全然重新定义自己，并无须担心其他人为你安排的位置。他们无法看到你的样貌，也无法听到你的声音，因此他们做不出任何预设。他们所看见的，只有你的文字"[②]。在网络上，人们拥有多个自我，并任意切换。同时由于自媒体的社交属性，粉丝要面对来自不同领域（学校、家庭、粉

---

① [美]欧文·戈夫曼：《污名——受损身份管理札记》，宋立宏译，商务印书馆2014年版，第3页。

② Sherry Turkle, *Life on the Screen: Identity in the Age of the Interaet*, New York: Simon &Schuster, 1995, p.184.

丝群体）的人群。往来于线上线下，不同群体、不同世界带来的反馈导致自我认识的多样性，于是导致粉丝线上线下、不同群体面前行为模式的差异，从而又导致身份认同的割裂。现实生活中社会对追星的刻板印象，对粉丝群体的不理解，使得粉丝群体转向网络，越是张扬和疯狂越能获得更多的情感补偿和成就感；网络的匿名性给了粉丝群体一个能公开表达自己喜好的平台，但同时隐匿的身份也让言论的攻击变得如此平常和激烈，在这样的环境中，粉丝再次选择隐匿粉丝身份来自保。游离于现实与虚拟，当带有匿名特性的网络关系发展到现实生活中时，粉丝之间可能是熟悉的陌生人；当朝夕相处日常陪伴的人无法理解你的爱好和情感时，朋友、家人之间也可能是熟悉的陌生人。所以污名和匿名的背后实际是一场社会认同与自我认同的较量。

如何"生产""快手世界"
——从快手 APP 看网络媒介与网络主体的运作

杨 宸[*]

人类学家格尔茨曾在《地方知识》一文中强调"文化语境化"（cultural contextualization）[①] 对于各学科的关键意义，就文化人类学而言，这种意义便在其所一直保有的深切意识："我们所看到的一切，是被'从什么位置看'以及'用什么东西看'这两个因素所决定。"[②] 格尔茨的表述在如今的网络时代仍然适用，只不过，网络技术的兴起使得我们的"观看方式"变得更加具象，也使得我们的"观看位置"愈加难以捉摸。因此，网络时代的"文化语境化"需要的不仅是某种深切的意识，更期待着一种必要的范式转移，这意味着，在文化之外，我们必须引入新的维度来理解我们的"位置"与"方式"，这一维度便是"技术"。

但要注意的是，技术，尤其是网络技术并非仅是一种被动的工具，而是一种积极作用于其使用者的能动的结构者。换言之，它自成语境并且以这一语境塑造着我们的"位置"与"方式"。这种塑造作用在当前所谓的"自媒体"[③] 中表现得尤为突出，然而，人们常常关注单个的自媒体表达

---

[*] 杨宸，北京大学中文系硕士研究生。

[①] ［美］克利福德·格尔茨：《地方知识：比较视角下的事实与法律》，载《地方知识——阐释人类学论文集》，杨德睿译，商务印书馆 2016 年版，第 283—284 页。

[②] 同上书，导言，第 7 页。

[③] 按谢因·波曼和克里斯·威理斯的看法，自媒体指"普通市民经过数字科技与全球知识体系相连，提供并分享他们真实看法、自身新闻的途径"，其核心是基于普通市民对信息的自主提供与分享。参见邓新民《自媒体：新媒体发展的最新阶段及其特点》，《探索》2006 年第 2 期。

本身而忽略了自媒体所依托的技术平台，这种技术平台便是我们常说的"网络媒介"。网络媒介作为"基于互联网技术为信息传播平台，以计算机、电视机和手机为载体进行信息生产、负载和传播的数字化的介质或工具"①，如今已完全渗透进了我们的日常生活，并以各种方式将我们中的大多数人变为活跃于网络之中的网络行动主体。毫无疑问，网络媒介与网络主体正日益改变着我们的认知结构，塑造着我们身处的这个网络社会。具体到自媒体来说，其"位置"与"方式"恰恰是由作为网络媒介的技术平台与活跃于平台之上的网络主体所共同结构的，然而，我们却很少去探究网络媒介与网络主体的具体运作方式。显然，对于这个问题，置之不理或将其简单化都是不够的，要明确网络时代的技术语境，我们还需要更深刻的认识。

2016年网络媒介快手APP引发大量争议正好给了我们讨论这一话题的契机，因此，本文拟以快手APP为个案，通过追问其如何"生产"出所谓的"快手世界"，来对其背后网络媒介与网络主体的运作进行深入讨论，以期为我们更好地生活于网络时代提供助益。

一 作为媒介问题的"快手世界"

2016年6月8日晚，一篇名为《残酷底层物语：一个视频软件的中国农村》的文章刷爆微信朋友圈。该文以"用户人群是海量的乡村人口"的网络媒介快手APP为观察视角，通过分析快手APP中充斥着的许多自虐、反映农村儿童青少年精神状况的视频，暗示农村的危机与"底层"生活的"残酷"，以此唤起广大"城里人"对"被遗忘的乡村"的关注②。该文一出，即被广泛转发，几小时之内，其阅读量便突破十万③。然而一石激起千层浪，次日，诸多网站和微信公众号便刊文对《物语》

---

① 周宇豪：《作为社会资本的网络媒介研究》，武汉大学出版社2014年版，第17页。
② 霍启明：《残酷底层物语：一个视频软件的中国农村》，公众号原文已被删除，可见转载：2016年6月，东方头条（http://mini.eastday.com/a/160608233537082.html）。
③ 由于原文已被删除，无法确知最终的阅读量，此处所引用的最初的阅读量描述来自端传媒评论文章。见赵思甜《〈残酷底层物语〉：疯传的城乡阶级想象》，2016年6月，端传媒（http://theinitium.com/article/20160610—opinion-ZhaoSiTian-China/#）。

进行了"反击"。左派网站观察者网登出文章直斥《物语》"通过影像来认识农村",以偏概全,"既满足了读者的好奇心,更为他们加上了仿佛上帝视角的道德优越感"[①];公众号"乡愁影像计划"则分析了《物语》一文的各种"硬伤",并指出快手主体用户是"二三四线城市的人",因此《物语》是在"标签化甚至妖魔化农村"[②];《新京报书评周刊》公众号10日的头条文章也指出《物语》作者是将"中国的阴暗面"表达为"农村病症",而视频APP显然也不是了解农村的正确方式[③]……

  这些文章从立场、逻辑甚至是技术层面出发,对《物语》一文的反击非常有力,但它们的思路,实际上都是相同的——它们都越过了"快手"来讨论农村,然而《物语》一文的作者却是透过"快手"来看农村的。换言之,这些文章的关注点都在农村,这一视点要求它们将"透过'快手'看农村"当作一个错误的前提加以抛弃,这种抛弃不仅意味着在逻辑和技术层面上否定该前提,而且暗示着这一前提背后的思路没有任何值得讨论之处。但是,"透过'快手'看农村"恰恰是《物语》一文的根本性结构因素,这一点恐怕此文的作者自己都不明白:他在文章里大谈特谈底层、"被遗忘的乡村",然而这篇文章的题目才道出了他实际谈论的对象——"视频软件的中国农村"。在此层面上,他和他的批评者们立场完全一致,因为他的关注点本就在"现实的农村",所以他忽略了他看到的其实只是"视频软件里的农村",而这才是这篇文章最值得关注的地方:为什么一个视频APP里所呈现的东西会被等同于现实的"农村",即便实际上其用户主体并非完全的农村人?这当然可以从作者

---

  ① 施兰茶:《"底层"APP刷屏事件:城市中间阶层的世界尽头和内容创业者的残酷物语》,2016年6月,观察者网(http://www.guancha.cn/shilancha/2016_06_09_363386_s.shtml)。

  ② 阿谬:《谈谈×博士的刷屏文——"一个视频软件的中国农村"》,2016年6月,乡愁影像计划公众号(https://mp.weixin.qq.com/s?__biz=MzA3MTkzMzMzMA==&mid=2648956025&idx=1&sn=f5e5ef008f53e03d44383809c922c668&scene=1&srcid=0609mTKZ4FiNZvMQhOcDkNV9&pass_ticket=c01DzWSZYhRjuS8uTyWGQt2ASVZF1evYcQDLdQDx%2BOtVAXZD4BcFDw5NChr1%2BOWv#rd)。

  ③ 罗雅琳:《城里人,请收起你的"圣母病"》,2016年6月,新京报书评周刊公众号(https://mp.weixin.qq.com/s?__biz=MjM5NTUxOTc4Mw==&mid=2650451236&idx=1&sn=4e1c42637aae906b1fabc1ac879bf014&scene=1&srcid=0613jGWV2flBr06MwOEKd3Ot&pass_ticket=X%2FRnSz0JSY9JH081mMXoGTR41JeIYUWwIci5hr65VwBvS8bvHSiNNK3jjVfaKTpC#rd)。

个人身上找原因，如旅美学者赵思甜就指出这是"阶级优越感"下对农村的偏见在作祟①，但这种解释仍然绕开了在此事件中居于核心地位的快手 APP 这一网络媒介。

于是更明智的做法是回到《物语》作者"观看"农村的"方式"本身，亦即快手 APP 本身，不过这并不是要将责任仅仅归咎于该 APP 上呈现的许多"低俗"内容，正如麦克卢汉所言，"任何媒介的'内容'都使我们对媒介的性质熟视无睹"②，实际上，恰恰不是（或不仅是）快手 APP 上的"内容"，而是这一"技术化视觉（the technologiced visuality）"③ 本身给了它的观众强烈的"震惊效果"④，这种"震惊"并不来自对"细节"的放大，而来源于媒介自身的某种复杂运作。这种复杂运作的产物，便是那个"视频软件的中国农村"——我们可以称之为"快手世界"。

因此，我们有必要先检视一下快手 APP 的媒介性质。据快手官方网站介绍，快手是一款"基于移动端的短视频应用"⑤。但它在 2011 年创建时的定位却是制作 gif 动态图的工具应用，当时的名字也叫 "GIF 快手"，直到 2013 年，快手才开始转型为短视频社交应用并于 2014 年改为现名。快手的战略转型实际上有一个大背景，那就是移动短视频社交应用的兴起。所谓移动短视频社交应用是指"利用智能手机拍摄时长 5—15 秒的

---

① 赵思甜：《〈残酷底层物语〉：疯传的城乡阶级想象》，2016 年 6 月，端传媒（http：//theinitium.com/article/20160610—opinion－ZhaoSiTian－China/#）。

② ［加］马歇尔·麦克卢汉：《理解媒介：论人的延伸》（增订评注本），何道宽译，译林出版社 2011 年版，第 19 页。

③ 技术化视觉是指通过现代媒体，如摄影、电影等科技和机械运作而产生的视觉影像，其强调通过某种技术手段来进行"观看"，以区别于一般的肉眼观看，其论述源于本雅明，美国学者周蕾对这一概念有精彩的运用。参见 ［美］周蕾《视觉性、现代性与原初的激情》，张艳虹译，载罗岗、顾铮主编《视觉文化读本》，广西师范大学出版社 2003 年版，第 259—260 页。

④ 本雅明认为"电影以其技术构成为手段，从那种表面包装里获得了一种心理震惊效果"，这种"震惊效果"是"技术化视觉"的重要特点。参见 ［德］本雅明《机械复制时代的艺术作品》，张旭东译，载 ［德］阿伦特编《启迪：本雅明文选》，生活·读书·新知三联书店 2008 年版，第 260 页。

⑤ 参见快手 APP 官方网站（http：//www.kuaishou.com/）。

视频，可以快速编辑或美化并用于社交分享的手机应用"①。这类应用最初兴起于美国，由 2011 年视频应用 Viddy 发布的移动短视频社交产品引发风潮。而中国企业开始跟进是在 2013 年，当年新浪和腾讯分别发布了"秒拍"和"微视"两款同类型产品，掀起了中国的短视频潮流②，快手转型正是受这股潮流影响。所以，理解快手的媒介性质，便不能离开"移动短视频社交应用"这一大的网络媒介框架，同时也要注意到快手在同类型潮流中的独特性。不过，需要指出的是，由于移动短视频社交应用采用的是网络媒介中常见的 UGC（用户产生内容）模式，即"在编辑的规范和指导下，把内容的产生过程交付到用户手上，让用户获得主语权"③，这一模式必然召唤出众多的网络行动主体，然而这些主体又不能完全被消化在媒介之内，换言之，被网络媒介召唤出的网络主体自诞生起便具有潜在的强大能动性，因而能够参与、影响甚至主导媒介自身的运作。而正是这种复杂的互动关系实现了网络媒介自身的发展与繁荣，同时也实现了——正如麦克卢汉所言——人本身的延伸④，无论这种延伸的结果是积极的还是消极的。

所以从这一意义上说，《物语》的问题既不是现实的农村问题，也不是作者的人品问题，而是彻底的媒介问题。这一问题使得我们必须追问作为网络媒介的快手 APP 究竟如何"生产"出了所谓的"快手世界"，并通过其"生产"过程将这一"世界"与现实的"农村"相勾连从而作用于我们自身的认知，而在这一过程中，网络主体又起到了怎样的作用以及网络主体的"角色"选择将如何影响到媒介运作的结果。对这一系列问题的回答不仅关系到理解"快手"事件的媒介中心性质，更关涉我们对

---

① 王晓红、包圆圆、吕强：《移动短视频的发展现状及趋势观察》，《中国编辑》2015 年第 3 期。也有说法认为短视频长度为 30 秒以内，参见王梓轩、王海、徐丹《"移动短视频社交应用"的兴起及趋势》，《中国记者》2014 年第 2 期。

② 移动短视频在美国的兴起及进入中国市场的过程，参见王梓轩、王海、徐丹《"移动短视频社交应用"的兴起及趋势》，《中国记者》2014 年第 2 期。

③ 孙淑兰、黄翼彪：《用户产生内容（UGC）模式探究》，《图书馆学研究》2012 年第 13 期。

④ 此处借鉴麦克卢汉"媒介是人的延伸"这一说法，参见［加］马歇尔·麦克卢汉《理解媒介：论人的延伸》（增订评注本），何道宽译，译林出版社 2011 年版，第 18 页。

网络时代媒介运作方式的把握。接下来，我们就以作为媒介问题的"快手世界"为个案，对以上问题进行解答。

二 网络媒介的运作：网络"地方性"的"生产"

麦克卢汉的名言"媒介即讯息"闻名世界，它意在强调"任何媒介（即人的任何延伸）对个人和社会的任何影响，都是由于新的尺度的产生……都要在我们的事物中引进一种新的尺度"①，新尺度的引进显然有赖于技术的进展，而"技术的影响不是发生在意见和观念层面上，而是要坚定不移、不可抗拒地改变人的感官比率和感知模式"②。不过尼尔·波兹曼认为麦克卢汉的"讯息"太过模糊，因而将其修正为"媒介即隐喻"③。隐喻的意义在于"不管一种媒介原来的语境是怎样的，它都有能力越过这个语境并延伸到新的未知的语境中"，而且"由于它能够引导我们组织思想和总结生活经历，所以总是影响着我们的意识和不同的社会结构"④。可以看到，无论是"讯息"还是"隐喻"实际上都表达了这样一个意思：任何媒介总会越过自身而作用于我们和整个社会的感知结构，从而像麦克卢汉说的那样"创造出一个全新的环境"⑤。而在这个过程中，起到关键性作用的则是技术。因此，具体到我们讨论的问题，我们便必须意识到所谓的"快手世界"其实是我们的认知被网络媒介重新建构的结果，而造就这种结果的便是作为"移动短视频社交应用"的快手APP——这一"技术化视觉"方式本身。

之所以称之为"技术化视觉"，在于快手APP实际上是一种"观看"的方式，这种观看的方式建立在手机和网络这两大技术产物之上，正因为它结合了两大技术媒介，所以它的"观看"过程也被划分为两个部分，

---

① 此处借鉴麦克卢汉"媒介是人的延伸"这一说法，参见［加］马歇尔·麦克卢汉《理解媒介：论人的延伸》（增订评注本），何道宽译，译林出版社2011年版，第18页。
② 同上书，第30页。
③ ［美］尼尔·波兹曼：《娱乐至死·童年的消逝》，章艳、吴燕莛译，广西师范大学出版社2009年版，第11页。
④ 同上书，第18页。
⑤ 同上书，第11页。

即依赖于手机的"视频摄录"和依赖于网络的"视频分享",二者分别对应于快手APP的"移动短视频"性质和"社交"性质。

"移动短视频"意味着可以通过智能手机随时随地进行拍摄,而且可"即时传播"①,几乎没有技术门槛。这种媒介性质带来两个结果:一方面,技术门槛的降低,使得每个人都能够拍摄自己的视频并上传网络,因此,每个人都有可能成为网络的行动主体,这使得潜在的网络主体数量大幅增加,另一方面,拍摄的全时性与网络主体的扩大使得此前被排斥在视觉形象之外的大量"日常生活"得以经由技术观视而视觉化(visualizing)②,换言之,以前在整个视觉的世界中不存在的庸常的日常生活现在完全被纳入了整个视觉呈现体系当中,这既打破了电影、电视和高技术含量视频的视觉霸权,又使得日常生活的种种瞬间,如吃东西、逛街、养孩子等通过技术的聚焦而陌生化,从而能被"真正地观看"。而我们讨论的"快手世界"正是由这些扩大了的网络主体带入视觉呈现体系中的日常生活片段所组成的。不过,要注意的是,技术陌生化所带来的"震惊效果"既可能通过对日常生活的高亮展示而唤起一种美感,也可能刺激网络主体对日常生活进行夸大式的"渲染"(如刻意的表演)而引起某种不适感。快手APP在某种程度上便将"震惊"导向了后者,然而这种不适感并不必然将"快手世界"与"农村"勾连起来。这一点的实现,则在于快手APP的社交性质。

与"移动短视频"一样,网络媒介的"社交"性质同样意味着一种"观看"。只不过,前者是对日常生活的"观看",后者是对日常生活的编排的"观看",或者说是对由日常生活片段组成的"社区"的观看。然而,这种"社区观看"跟"日常生活观看"一样是所有移动短视频社交应用的共有功能,因此,我们就需要通过对比来考察快手APP的独特性。

---

① 华洁:《移动社交媒体微视频的即时传播研究》,天津师范大学硕士学位论文,2015年,第23页。

② 米尔佐夫认为视觉文化最惊人的特征之一是"它越来越趋于把那些本身并非视觉性的东西予以视觉化。与这一知识运动相伴而来的是不断发展的技术能力……"换言之,所谓视觉化是指通过技术性手段而将并不作为视觉观看对象的东西引入视觉呈现体系之中。参见〔美〕尼古拉斯·米尔佐夫《视觉文化导论》,倪伟译,江苏人民出版社2006年版,第5页。

就社交性质而言，我们可以将移动短视频社交应用分为两类：一类是依附于社交媒体功能的应用，如秒拍、微视等；另一类是"本身具有社交功能"的应用，如快手等①。前一类应用一开始只是网络社交平台的附属功能（如秒拍本来是微博的附属功能），而后才作为独立 APP 出现并加上了社交功能，但其社交功能并无法与后一类的应用抗衡。而在后一类中，快手和美拍是市场表现最为突出的两个应用②。

快手的界面和美拍的界面都采用了"流"的形式。正如凯文·凯利所言，在今天，"最基本的单位是'流'（flows）和'信息流'（streams）"③，但对于"流"，我们却不能完全一概而论，至少必须把"流"分为两类：一类是有时间的"流"，即 timeline，这种"流"会给"信息流"中的每一条信息都标注上时间，典型的如微博；另一类则是如快手、美拍所呈现的这种"流"界面，它是无时间的"流"，是纯粹的"流"（flow），它不再给信息标注时间，这种方式一方面使信息"完全活在当下，没有过去和未来"④，将"实时性"⑤凸显了出来，另一方面，它意味着从"流"中剔除了时间，只残留下了"空间"本身，这一"空间"存在于"流"之中，因此是一种"流动空间"。然而问题也在这里，当《物语》作者或者其他类似的人谈论"农村"时，其对"农村"的想象刨除掉文化上的偏见，剩下的乃是一种封闭的、静止的、凝滞的地方性空间，但为什么会把它和作为流动空间的"快手世界"联系起来呢？这就需要从快手与美拍界面的不同之处找答案。

快手与美拍的社交界面呈现出三个不同之处：首先，美拍将其内容划分"搞笑""美妆"等不同的细分类别，而快手则不对其内容进行分类；其次，美拍界面干净、清爽，而快手的界面则充斥着许多明显不合于视频整体背景

---

① 华洁：《移动社交媒体微视频的即时传播研究》，天津师范大学硕士学位论文，2015 年，第 24 页。

② 关于快手和美拍市场表现的数据分析，网上数据报告众多，此处仅以 2015 年 3 月为例。见《2015 年 3 月图片视频和 GIF 类 APP 用户监测报告》，2015 年 5 月，比达网（http://www.bigdata-research.cn/content/201505/141.html）。

③ [美] 凯文·凯利：《必然》，周峰、董理、金阳译，电子工业出版社 2016 年版，第 65 页。

④ 同上书，第 66 页。

⑤ 同上。

和氛围的字幕条；最后，美拍的界面中既有老百姓自己拍摄的视频，又有专业视频节目制作者和明星拍摄的视频，而快手则是清一色的平民百姓自己拍摄的草根视频。这三个不同之处实际上道出了快手 APP 媒介性质的独特点：不分类和字幕条指涉了一种混杂、混乱的状态，这种状态既传递出了某种无序民间、野蛮生长的表达，同时也强化了卡斯特所说的"无时间之时间"——在卡斯特看来，无时间之时间属于流动空间，"流动的空间借由混乱事件的相继次序使事件同时并存，从而消解了时间，因此将社会设定为永恒的瞬间"①，如果说无时间之"流"只是凸显了实时性的话，那么混乱事件的"无时间之时间"则将永恒性与同时性标示了出来；而与混杂的状态相反，清一色的草根自制视频则意味着一种同质性，它通过视觉化的"空间"直接呈示出来。要强调的是，这种空间不是我们之前所说的"流动空间"，而是流动空间"下层"的"空间"，即由流动空间里的视频所组成的"视频空间"。在快手里，反复出现的是乡村、田野、小城镇的街道、装修简陋的房屋内景……这些"空间"虽然可能处在完全不同的地点，或许是西部农村，或许是东部城市，但它们都唤起了一种"非现代""欠发达"的想象，因而从本质上说，它们都是相同的，它们在 APP "社区"里的共同呈现，组成了快手同质化的"视频空间"。而美拍由于有各种明星、媒体的入驻，所以既有"快手世界"中的那类空间，也有各种发布会现场、红毯走秀、表演后台、豪华宾馆内景等，它们显然无法与"快手世界"中的那类空间联成一个整体，因而美拍的"视频空间"是分裂的。这种空间的分裂实际上标示着两类人群的分裂，即可以任意穿越空间的人和被牢牢束缚于空间中的人的分裂——齐格蒙·鲍曼曾指出全球化的后果之一是使得"沉积在流动性这一新兴等级体系顶部和底部这两极上的两个世界有着天壤之别"②，对于前一个世界而言，"空间已丧失了其束缚性"③ 而变得很容易穿越，而生活在后一个世界的人群则被束缚于一地，生活在沉重的空间之中④。这样看来，快手的"视频空间"便不

---

① [美]曼纽尔·卡斯特：《网络社会的崛起》，夏铸九等译，社会科学文献出版社 2001 年版，第 566—567 页。
② [英]齐格蒙特·鲍曼：《全球化——人类的后果》，郭国良、徐建华译，商务印书馆 2001 年版，第 85 页。
③ 同上。
④ 同上书，第 86 页。

是单纯的同质化,而是被牢牢束缚于"同一空间"的在地性同质化。

通过上面的分析,我们可以看到,快手 APP 这一网络媒介的运作方式在于,通过扩大了的网络主体将日常生活片段引入其视觉呈现体系之中,再以永恒的同时性与同质的共空间将这些片段联结起来。对这一方式的理解,我们有必要引入本尼迪特克·安德森关于想象的共同体的叙述,安德森认为民族是一个"想象的政治共同体"[①],而对于想象民族的方式,安德森则特别强调了通过文字媒介来想象的"一个穿越时间的稳定的、坚实的同时性"[②]和"被束缚的朝圣之旅"中共同的领土基础[③]。换言之,在安德森看来,同时性和共空间成为想象民族共同体的重要途径。类似于安德森的想象民族的方式,快手 APP 的媒介运作实际上也提供了一种关于"共同体"的想象,这一想象的产物便是"快手世界",而由于它是建立在视觉化的同质"空间"表达之上的,因此我们可以说,"快手世界"同时也具有被媒介"生产"出来的网络"地方性"——阿帕杜莱曾担忧电子媒介会使地方性的生产变得越来越艰难[④],他的错误在于将地方性等同于现实世界的地方性,而不曾考虑到地方性会通过视觉化的方式而被"挪移"到赛博空间之中。然而有趣的是,正是从他的理解——地方性是"关系化的、语境化的",它"由社群直接相处的感受、互动科技、语境相关性之间的一系列联结所构成"[⑤]——出发,我们才能够认定地方性不止属于现实世界。

而正是这一被网络媒介"生产"出来的"非现代""欠发达"的"地方性",将快手 APP 中的"快手世界"与现实中的农村世界勾连了起来——"快手世界"成为对现实中所有落后、欠发达地区的想象的摹本,而这一摹本又反过来加剧了对长期被想象为落后欠发达的农村的污名化。

---

① [美]本尼迪克特·安德森:《想象的共同体——民族主义的起源与散布》,吴叡人译,上海人民出版社 2011 年版,第 6 页。

② 同上书,第 60 页。

③ 关于"被束缚的朝圣之旅"的论述,同上书,第 56、131 页。

④ [美]阿尔君·阿帕杜莱:《消散的现代性:全球化的文化维度》,刘冉译,上海三联书店 2012 年版,第 252 页。

⑤ 同上书,第 237 页。

三 网络主体的"角色":蒙面人、乌合之众与盗猎者

上面我们讨论了快手 APP 的媒介运作方式及其对网络"地方性"的"生产",实际上,在这一"生产"过程中,网络的行动主体起到了重要的作用,这种作用通过网络主体对其"角色"的选择体现出来。

如前所述,移动短视频社交应用的 UGC 模式和低技术门槛使得网络媒介能从更广大的人群中召唤出网络行动主体,这些网络主体通过"技术化视觉"将日常生活片段引入快手的视觉呈现体系来参与对"快手世界"的"生产"。然而,"技术化视觉"带给他们的"震惊"——这种"震惊"既源于他们对自己日常生活的"观看",也源于他们对"社区"的"观看"——也刺激着他们以更夸张的方式呈现日常生活,这种夸张的方式就是表演。快手 APP 上充斥着许多或明显或隐晦的表演,明显的表演具有鲜明的戏剧形式,如许多搞笑段子就通过用户和其亲戚朋友的夸张表演呈现出来;隐晦的表演则是将日常生活本身化为一种表演形式,比如快手 APP 上著名的用户"(吃货)洋"靠上传自己吃各种食物的视频吸引了大量粉丝,"饮食"本来是日常生活的一个重要组成部分,但经由(吃货)洋对五花八门的食物和光怪陆离的吃法的视觉化呈现,作为日常生活形态的"饮食"变成一种表演性质的奇观展示,大口啃猪头、用电钻吃玉米、五管辣根泡面条……这一系列日常生活奇观化背后是"技术化视觉"的刺激、"超出自我"的心理需求[①]以及资本逻辑运作等多种因素的共同作用。正是在这种作用下,网络的行动主体实际上成为一种"蒙面人"。学者王向明曾将网络中的行动主体形容为"虚拟的蒙面人"[②],其原因在于网络的交互功能建立在取代了社会身份认证的虚拟地址之上,使得"互动过程中所需要身份、地位、年龄、性别等因素都悄然隐没"[③],这种虚拟性和匿名性赋予了网络主体做一个"蒙面人"的自由,王向民以此表达了对不受监管的网络主体的忧虑。然而,王向民所说

---

① 陈静茜:《表演的狂欢:网络社会的个体自我呈现与交往行为》,北京交通大学出版社 2014 年版,第 136 页。
② 王向民:《网络暴政:蒙面人的自由行动》,《探索与争鸣》2010 年第 6 期。
③ 王向民:《网络社会的信息传播与决策机制》,《社会科学》2012 年第 12 期。

的匿名性很大程度是建立在网络主体不可见这一基础之上，他忽略的是在网络媒介中，即便主体是可见的，他同样可能是一个"蒙面人"。这里的"蒙面人"不是说网络主体隐藏起了自己的生活，而是说他在表演自己的生活。就像快手 APP 中许多和"（吃货）洋"一样的行动主体，在技术化观视之下，他们刻意地"表演"着自己的日常生活，此时我们虽然能看到他们的脸，但他们仍然是"蒙面"的，我们虽然能窥见他们的生活，但他们的生活仍然是匿名的。因此，由这样一些主体参与所"生产"出的"快手世界"，只能是一种包含着日常生活质素的"想象"的摹本。

不过，快手 APP 所唤起的网络主体还不仅仅是一帮各自独立的"蒙面人"——当这些"蒙面人"聚集在同一个"社区"之中，并经由网络媒体互相"观看"时，会发生一种跟风模仿的行为。比如（吃货）洋的吃东西视频便在快手及其他相关短视频平台上引发了模仿的现象，尤其是"电钻吃玉米"这一奇观展示更是被多人效仿。然而，任何模仿都会逐渐走向极端，纯粹的吃东西已经无法再满足模仿者的需求，于是它开始向着低俗的，甚至是自虐的方向发展。比如《物语》一文批判的名为"吃货凤姐"的用户吃灯泡、吃仙人掌等行为便是这种低俗自虐发展的代表，它带给观者强烈的不适感甚至还间接使其成为微博热门事件，并且引起了警方的介入[①]。这类现象的普遍出现意味着被网络媒介召唤出的蒙面人已经成为法国社会心理学家勒庞所说的"乌合之众"："群体永远漫游在无意识的领地，会随时听命于一切暗示，表现出对理性的影响无动于衷的生物所特有的激情……"[②] 蒙面人在一个"共同体世界"（快手世界）中集结为一个群体，并直接通过视觉接受互相的暗示，同时也在潜在利益的驱动下做出各种匪夷所思的非理性行为。非理性的"乌合之众"推动着网络媒介对"非现代""欠发达"的"地方性"的"生产"，同时也作为这一网络"地方性"的表征继续滋养着新的"乌合之众"。

---

① 网民因怀疑快手用户名为"吃货凤姐"的大妈被控制而吃各种东西，发起微博讨论，话题累计阅读量达 1.7 亿，邯郸警方也因此介入。详情见微博话题#吃货凤姐#页面：http://weibo.com/p/1008085597f09857cb4a2de12d0cae503384d2? k =％E5％90％83％E8％B4％A7％E5％87％A4％E5％A7％90&from = 526&_ from_ = huati_ topic#1465989640367。

② ［法］古斯塔夫·勒庞：《乌合之众：大众心理研究》，冯克利译，中央编译出版社 2005年版，第 24 页。

显然，作为"蒙面人"和"乌合之众"的网络行动主体直接参与了快手APP这一网络媒介的运作之中，但是，如果网络行动主体仅仅沉溺于这两种"角色"当中，那么网络媒介的运作就将成为一种恶性循环，"人的延伸"也将永远指向消极的一面，这正是"快手世界"的问题所在。因此，要突破这一点，网络的行动主体便需要积极"突围"，方法便是将其"角色"转化为网络的"盗猎者（Poachers）"。"盗猎"这一概念来源于法国哲学家德·塞托对大众通过消费进行抵抗的艺术的分析，他将这种艺术称为"策略"（tactics）①，"盗猎"便是"策略"在阅读领域的表现，它使读者完全掌握阅读的主导权，"他们在他人的土地上穿梭，在他们并未书写的田野里过着偷猎式的游牧生活，以掠夺埃及财富取乐"②，正如詹金斯所言，盗猎式阅读意味着"读者先将文本打成碎片，然后再根据自己的蓝图将其重新组合，从已有的材料中抢救出能用来理解个人生活经验的只言片语"③。这种"偷取"主导性文化产品的片段而将其编织为个人经验和情感表达的"盗猎"方式在网络主体的行动中并不少见，对一些知名网络小说进行同人文创作④、将各大电影片段剪辑成新的视频以表达自己的情感与态度、将各种文化现象及其语汇融入表情包的制作……这些行为通过对网络主导性文化的"偷袭""骚扰"，创造了一种积极的能动的文化形式，这些文化形式通过各种途径渗透甚至溢出赛博空间，从而形成了对消费、资本以及霸权的全方位抵抗。当然，这种抵抗同样伴随着复杂的互动过程，不久前发生的"帝吧出征"事件便是盗猎者文化（表现为表情包形式）与民族主义的一次复杂的互动。这样看来，"快手世界"所需要的恰恰是这种"盗猎者"的"扰乱"。目前，快手APP中还未出现这样的盗猎者，但可以相信，在网络媒介与网络媒体的复杂互动中，"盗猎者"的角色必将被引入短视频的领域，并"生产"出新

---

① ［法］米歇尔·德·塞托：《日常生活实践：1. 实践的艺术》，方琳琳、黄春柳译，南京大学出版社2015年版，第39页。

② 同上书，第267页。

③ ［美］亨利·詹金斯：《"干点正事吧！"——粉丝、盗猎者、游牧民》，杨玲译，载陶东风主编《粉丝文化读本》，北京大学出版社2009年版，第42页。

④ 同人文指作品粉丝用原型人物编写的新故事。参见陆静怡《粉丝文化中的同人文现象研究》，河北大学硕士学位论文，2013年，第1—2页。

的"快手世界"。

需要强调的是，网络的行动主体对其"角色"的选择并不互相排斥，一个网络主体可能既是"蒙面人"也是"盗猎者"，他在"盗猎"的同时也有可能成为"乌合之众"的一员。这种"角色"的混杂性会使网络主体与网络媒介的互动关系变得更为复杂，值得我们继续深入探究。

四 结 语

要理解网络时代的文化语境，我们便需要引入技术的维度，而这一维度的引入则要求我们对由技术所引发的网络媒介与网络主体的互动关系有更为具体且深刻的认识。《残酷底层物语》一文所带出的就是这样一个媒介问题，它的背后既涉及网络媒介的复杂运作，也牵涉网络的行动主体对媒介运作的影响：作为网络媒介的快手APP，以其独特的"移动短视频社交应用"的媒介性质进行运作，通过扩大了的网络主体将日常生活片段引入其视觉呈现体系之中，再以永恒的同时性与同质的共空间将这些片段联结起来，从而"生产"出了一个"非现代""欠发达"的"地方性"共同体世界，即"快手世界"。"快手世界"作为对现实中落后欠发达地区的想象的摹本，在和农村勾连起来的同时也加剧了对农村的污名化。而被快手APP召唤出的网络行动主体则以"蒙面人""乌合之众"的身份参与运作，一边将"快手世界"框定为包含着日常生活质素的"想象"的摹本，一边也推动着快手APP对"非现代""欠发达"的"地方性"的"生产"。要突破目前"快手世界"的现状，网络主体必须成为"盗猎者"，而这将引起网络媒介与网络主体更为复杂的运作与互动。

这便是"生产""快手世界"的方式，其背后是网络媒介与网络主体的复杂运作，这种运作将会贯穿整个网络时代，并且也会不断建构着置身网络时代的我们所处的位置与行为的方式，而这正是我们要对其进行探究的原因。毕竟，格尔茨的教导仍在耳畔，我们必得以网络时代的技术范式去理解或更好地理解媒介与主体所建构下的"我们"的存在。

自媒体时代的社会文化转向

——基于微信"朋友圈"热点话题浅析

张 洁[*]

一 微信自媒体与微信民族志

在当今社会，人们置于身体、时空、物质和事件被抽离的碎片化的四位空间里，手机作为后现代社会的一种移动技术和媒介工具，逐渐与人类身体器官发生黏着。作为人们居家出行、随身携带的电子产品，手机已经逐渐"黏着"在个人手掌上，呈现出技术的"内嵌化"(embodiment)[①]的特点，强调技术内嵌在人的身体器官中从而建构一种社会关系，从而进行社会再生产[②]。手机作为一种高科技技术已经黏着在人们的"手掌"中，平行于人的眼球视网膜中，与人类的思想和知识开始发生内嵌和互动，人们随机成为"掌上一族"。例如，地铁的人群，互不相识，但是在漫长的旅途过程中，都在拿着手机浏览新闻、倾听音乐、微信聊天、观看视频，这种现象呈现了手机为大众群体带来的不约而同的集体共振，在文化上形成一种"集体意识"。随着自媒体时代的到来，每个人在注册成为微信用户开始，就成为自己的"代言人"和"新闻发言人"，人们及时发布图片、文字、视频，记录自己的心情、发表见解、传递思想，与其他好友互动交流，

---

[*] 张洁，中国人民大学 2015 级社会与人口学院人类学专业博士生，研究方向为社会人类学、西南少数民族研究、汉学人类学、法律与宗教人类学。

[①] [德] 雅各布·伊弗斯:《人类学视野下的手工业技术定位》，胡冬雯、张洁译，《民族学刊》2012 年第 2 期，第 5 页。

[②] 同上。

建构了自己所关注的"话题",并展开集体讨论。在此过程中,微信信息通过图文并茂的形式生成了一个媒介传播渠道,这样的微信信息的发布,从人类学的视角来看,每一次所发布的信息传达了作者"写文化"的时间、地点、心情和所思所想、所观所感、所见所闻,形成一篇篇的"微田野日记",同时还有主位的立场和客位的评价,构成一篇篇"微信民族志"。作为一个检索浏览学术文章习惯于"遨游"在偌大一个互通互联的文字媒介的受众而言,对微信自媒体所裹挟着的生活世界有一些不同思考。"微信民族志"是人类学家(微信用户)借助移动数据客户端(手机、计算机、iPad等多媒体界面)通过微信互联网软件所发布、转发、分享的文字、图像、影像、视频等汇聚形成的"知识生产"成果,它是作者通过对外在客观世界的实践感知后,以微信作为媒介所撰写的"民族志"。文字、图像、音频、视频等数码资料在知识爆炸和互联网裹挟的今天已经具有一种"超自然的力量感知",又带有一种魔力的"集体意识"(Collective representation),即"社会成员平均具有的信仰和感情的总和,构成了他们自身明确的生活体系,我们可以称之为集体意识或共同意识"[1]。在微信互联网的自媒体时代,信息具有交互性、流动性,卡斯特尔(Manuel Castells)认为,流动空间通过流动的组织形式构成内部结构,并发挥着特定功能,网络空间通过流动组织起来,在流动空间中时间共享,共同体现于社会文化实践中[2]。

此外,以微信为媒介的交流形成的是一种理想的交流方式,他的互动性、共享性、平等性、即时性等特点在人际交往的模式上呈现出一种哈贝马斯(Jurgen Habermas)所认为的"纯粹的主体间性",人们之间是对称的非面对面的、平等的信息沟通,是一种"对称性的关系"。哈贝马斯(1993)认为:"纯粹的主体间性是由我和你(我们和你们),我和他(我们和他们)的对称性关系决定的。对话的角色无限可互换,要求在这些角色操演时,任何一方不能拥有特权,只有在宣称、论辩中完成的对称

---

[1] [法]涂尔干:《社会分工论》,渠东译,生活·读书·新知三联书店2000年版,第42页。

[2] [美]曼纽尔·卡斯特:《网络社会的崛起》,夏铸九、王志宏译,社会科学文献出版社2001年版,第505页。

时，纯粹的主体间性才会存在。"①

一条信息在微信朋友圈的"转发"过程中，微信发布平台所代表的发布方（公众账号）、推送该文章的发布者和朋友圈的"好友"转发方构成一个"三方交互的平台"和"媒体新闻流"。微信发布之后，以"话题"带动了一种全新的撰写模式和阅读方式，在人类学的视角，形成了一个"世界之中的中国与互联互通的人类学"②，微信这种形式带来了不同的生活，也变革了人类学民族志的写文化的模式。正如赵旭东认为：

> 互联网的技术而使得人类学自己重新找到可以表达自我的一个新平台，微信民族志写作给人以差异文化的表达的新媒体呈现，人们更多地通过某一个朋友圈中的人类学从业者的微信公众号的图文并茂且短小精悍的民族志文本在潜移默化的接受者人类学观念和方法的熏陶，人类学面对着一种全新的"写文化"模式的改变。③

由此可见，微信作为平台所衍生的自媒体不仅制造话题，同时也引发出人类学民族志的文化转型的新模式。本文就2016年8—10月这三个月以来微信所频繁发布的"话题"为例，进一步分析自媒体时代的人类学的研究视角和社会文化转向特征。

二 微信话题与社会文化转向

（一）明星婚礼：艺术审美和世俗生活的圆融共生

2016年的7月31日，台湾艺人林心如和霍建华在巴厘岛举办婚礼，十年挚友变成挚爱，最终修成正果。这一微信话题在2016年8月迅速传播在各大媒体上，微信朋友圈"刷屏"激增，朋友圈"好友"都纷

---

① Jurgen Habermas, Social Analysis and Communication Competence, in Charles C. Lemert, ed., *Social Theory*, Boulder: Westview, 1993, p. 416.
② 赵旭东：《世界之中的中国与互联互通的人类学》，《中国社会科学报》2015年12月30日第八版。
③ 同上。

纷转载关注。明星花 800 万在巴厘岛举办婚礼的关注度为何如此之高？话题事件的背后折射出后现代商业社会消费文化的转型，人们趋之若鹜的关注点折射出当今社会的社会文化趋势。明星婚礼所带来的商业价值本身具有商业性质和传播效应，再加上明星作为社会的精英阶层带来的视觉主义和审美诉求，都为大众消费行为起到了前沿和导向作用。在微信自媒体时代的现代网络社会，审美文化已经逐渐向世俗化转变，以明星婚礼为例，精英生活和大众生活融合在一起，生活仪式和表演仪式融合在一起，即雷德菲尔德所说的"大小传统"的边界不清，明星生活和大众生活出现融合的景象。明星将自己的人生仪式融入大众的视野中，演绎了自己的世俗生活。明星婚礼带来社会文化的表现形式有以下三种。

第一，即生活进入艺术。在明星诠释的一部部作品中，本来就是高尚和理想的艺术生活，明星作为人们在屏幕上所看到的被"艺术"渲染和包装过的人，自身的生活世界是透明的、面向大众的。明星的婚礼作为一场特纳"过渡仪式"展示在大众的视野中，被所有人见证，明星走向了世俗大众生活，明星在婚礼中的各种仪式也赋予了社会文化意义，明星的生活世界被"生活化""大众化""共情化""同理化"，明星作为一种文化的"代言人"和"符号"标志，同时也将艺术融入大众的世俗世界中来。

第二，"消费社会"文化的光环效应。随着网络自媒体时代的来临，人为的"制造"出来的事物被迅速传播，明星的婚礼也不例外。除了他们自身的光环效应，他们的消费思想、价值观念也一步步的"自上而下"的投射到普通民众的心目中。人们在微信上关于明星婚礼花费的评论，包括巴厘岛的旅游文化、住宿酒店、宴席、伴手礼甚至新娘的礼服、婚纱等消费都成为人们关注的焦点。明星婚礼在话题讨论过程中带来巨大的商业价值、包括新郎霍建华代言的 BOSS 西装以及新娘的婚嫁系列饰品等。明星不仅是大众上层文化的代表，同时也引领了大众的消费品位，这就是"后革命时期的消费文化"。英国社会学家费瑟斯通在其《消费文化与后现代主义》一书中强调，后革命时期既关注审美消费的生活，又关注如何将生活融入艺术与知识反文化的审美愉悦整体中的双重性，这与一般意义上的大众消费、对新品位与新感觉的追求、对标新立异的生活方式的建构联系起来①。明星的社会阶层引领社会不同阶级的品位和惯习。"品位"这一概念最早由法国社会学家皮埃尔·布迪厄（Pierre Bourdieu）提出，不同的社会阶级中的人对品位理解不同，品味是文化和教育的产物。明星代表一个社会阶层，他们的婚礼仪式却引来无数的民众、公民争先效仿、从众、追捧，甚至在很多网站已经公开售卖明星同款婚纱礼服，带来市场经济效应，基于此，大众社会的消费心理在明星的光环效应下迅速渗透到人们的现实生活中去。布迪厄认为消费社会的消费行为与品位、眼力、个人认知、文化资本相关："消费是交往过程的一个阶段，是译码、解码活动，这些活动实际以必须掌握解码的能力为前提，在某种意义上，看的能力是一种知识的功能，或者是一种概念的功能、一种词语的功能、可以有效命名可见之物，也可以是一种感知的范式。"② 布迪厄将消费视作一种认知和解码的活动这一理念有效地解释了明星婚礼甚至明星的衣食住行等生活惯习被争相追逐、模仿的原因。不仅如此，明星婚礼、好莱坞明星红地毯、年度人物时尚颁奖礼等，都是通过这种传播效应引领时尚、刺激消费、进入现实社会民众的视野和生活中的。因此，品位不是与生俱来的，而是在消费社会的诱导刺激下逐渐潜移默化形成的。明星在大众传播媒介的作用下给大众的视觉所带来的时尚理念正是这种潜移默化的过程。由此，也带动了审美的情趣区隔不再局限于上流精英，而是逐渐顺势流淌进入中产阶级、白领、媒体人、知识分子、无产阶级等普通民众的大众生活中。

第三，视觉审美从精英到大众。中国古典的审美文化有三重组成：主导文化、精英文化和大众文化。毋庸置疑，明星总是与理想、艺术的、纯粹的审美感知和艺术品位相联系的，因此，明星的效应带到世俗大众当中是有一定的传播载体和传播基础的。在当前自媒体网络发达的今天，每个人的眼球都在被各式各样的图片、文字、声音吸附在不同的移动平台上（包括手机、笔记本电脑、iPad），这样的传播造成一种前所未有的视觉冲击力和强大的凝聚力。明星作为经常活跃在电视剧、影视剧和广告中的精

---

① ［英］迈克·费瑟斯通：《消费文化与后现代主义》，刘精明译，译林出版社 2000 年版，第 95—100 页。

② Pierre Bourdieu, *Distinction: A Social Critique of the Judgment of Taste*, Cambridge: Harvard University, 1984, p. 2.

英上层阶层，他们的衣食住行甚至言行举止都会成为吸引大众眼球的标杆和指路灯，因为他们本身自带"光环效应"和"美的艺术品"，才能带动当今的媒体传播和引领时尚消费。在普通百姓心里，婚礼是日常生活中的一场"人生礼仪"，而明星的婚礼在弥散着商业环境和消费价值导向的今天，已经在都市的高楼、百货商场、购物中心铺天盖地的成就了商品消费社会的一系列特征。在赋予了商品的交换价值和审美价值的二重性的特质以后，明星的审美特点就是商品和形象的合体。明星本身的形象价值高于使用价值，所带来了巨大的商业利益，这是微信朋友圈话题特点的核心所在。

因此，在当今自媒体时代，"明星婚礼"这一话题的背后凸显的是一场文化上的转变，不仅是带来后革命时代的消费文化，也将审美和品位本身商业化，同时原本乌托邦式的理想主义崇高的审美艺术文化品位也充斥了浓重的世俗工具理性的商业价值。明星的婚礼本身富含了更多的当今社会学意义，是后现代今天消费文化的主要特质和表象，在这个过程中，明星本身商业化、包装化以及卷入世俗大众的生活世界中，当今自媒体的受众在品味着明星的时尚风向标的同时，也被带动到自己的日常消费生活。二者融为一体。大众对精英的效仿、对明星的崇拜、对前沿时尚的追逐，反而是一种具有后现代社会的抵制精英的策略和手段，从而使得明星的文化从精英走向世俗大众生活中。

（二）国民主旋律文化：女排精神

微信"自媒体"传播媒介通过好友发布的文字、图片、影像而成为彼此关注的媒介平台，它的特点是实时性、互动性、图文并茂，在时空阻隔的情境中实现即时沟通。这个时代，用英国社会学家鲍曼（Zymunt Bauman）的描述，微信朋友圈的话题流动呈现"流动的现代性"①。当今自媒体社会呈现的信息和物质呈现出非固化的、流动性的、漂移不定、变动不居等特点，使得人们必须借助互联网虚拟空间在人与时空相对分隔的情境中实现交互沟通，这样使得数据和数字的流动充满意义。比如，费孝通

---

① ［英］鲍曼：《流动的现代性》，欧阳景根译，生活·读书·新知三联书店2002年版，第2—5页。

在《乡土中国》中曾经指出文字的发生情境：文字是基于"时空的阻隔"才有了用武之地，中国传统的乡村社会因为"天天见面"使得文字不可"产生于乡村"，才会有"下乡"之说，中国的乡村社会是熟人社会，熟人社会就是"听音辨声"或者"面面相觑"，基本上少有文字的用武之地①。而现代社会是一个传播迅速的商业社会、消费社会，不仅不再是"熟人社会"，更是一个发生时空阻隔、陌生人交互以及充斥着浓重的商业气息的后现代视觉消费社会。现代社会与商业消费息息相关，传统乡土社会商业文化的缺席是今昔文化的重要区别。

北京时间 2016 年 8 月 21 日，在里约奥运会期间，中国女排在 8 月 21 日上午与塞尔维亚的大战中，以 3∶1 的成绩战胜对方，取得本届里约奥运会的冠军。这次冠军也是号称中国"铁榔头"的郎平在成为教练之后所带领的一支精锐的中国女排之师，在与冠军失之交臂的 12 年之后第三次夺冠。"中国女排赢了"，新闻媒体包括搜狐、新浪、网易、头条以及微信朋友圈都以文字、新闻、图片甚至直播视频的方式发送了"中国女排夺冠"的互动消息，这可以体现出一种真正的爱国主义情怀和中国体育精神，全国人民举国欢庆，从明星、政坛到媒体、观众、球迷都为之欢呼雀跃，心情溢于言表，这种突发性、即时性、情境性的大众情绪感染反映在微信朋友圈瞬间爆发的文图消息的刷屏状态中。这种共时性、同在性形成了一种卡斯特尔所说的"认知的力量"②，形成一种公民集体的集合社会运动，在这个流动空间内，信息的传播扩散在民族世界国家内展开，受到国家文化的认同，形成基于地域文化认同的"社会运动"。如果说明星的婚礼带着一种从理想文化向世俗文化的转型特质，那么中国女排的体育赛事振奋全国则是一种"英雄主义"和"民族主义"的呼唤，中国文化的思想内核有一种崇高的精神内核占据主导思想。在这一场体育赛事中，中国女排的坚持到底、坚强不屈的精神就象征了中国人民不屈不挠、精诚所至的精神，带领这样一支胜利之师走向胜利的女排教练郎平则成为体育界的女排精神的化身和偶像。曾经的文化经历过英雄主义文化的消

---

① 费孝通：《乡土中国　生育制度》，北京大学出版社 1998 年版，第 14 页。
② ［美］纽曼尔·卡斯特尔：《认同的力量》（第 2 版），曹荣湘译，社会科学文献出版社 2006 年版，第 65—69 页。

解，20世纪80年代英雄主义文化逐渐退出大众舞台和视野，人们不再关注英雄，不再追逐崇高，取而代之的在很多影视剧、大众媒体的舞台上和文学作品和艺术作品中都是趋向于追逐平凡和"小人物"，文化转向是从崇拜英雄主义到崇拜平凡世俗生活，从"写英雄"到"写平凡"。这一次时隔12年后，郎平带领中国女排在里约奥运会夺得金牌的体育界赛事在为祖国争光的同时也将人们的视野重新从追逐平庸到追逐崇高和英雄主义，再次成为一种主导文化，展现在大众的视野和生活中。在微信自媒体时代的今天，人们依赖偶像胜过偶像本身的作用和功能，正所谓"功能是为了满足需要的""存在就有合理性"。因为人们对偶像的符号化诉求使得偶像的存在成为可能，不仅有理想向世俗理性转型的文化，而也同时有大众文化充斥着对英雄主义和时代崇高主义的呼喊，这种精神符号理念植入在某一个"精神领袖"或者名人身上，具有符号象征意义。这样一种精神，在文化人类学看来就是体现一个国民性格和民族精神的"主旋律"，这种具有某一相同的性格特质的文化是"大写的人格"，就是一种国民精神。正如本尼迪克特在《文化模式》中概括的："每一种文化都有自己的基本结构，人们用文化的整体原则去描述各种文化，这种整体观念贯穿到一切方面，不同类型的文化孕育着生活一切方面的要素。每一种文化都有一个支配作用的行为规范，价值取向，大家当作一种模式，用来判断是非，形成一种民风。"①

  中国女排夺冠表象虽是一场体育竞技，但实则是每一个中国人对于自我的认知和国家自我意识、民族主义情怀的象征，郎平教练就是体现中国国民性和中国人的精神甚至是一个时代的体育人、中国人人格和国家民强体健的象征。自媒体的微信朋友圈推崇的这样一种"崇高精神"有其合理性：一方面是因为在现实生活中有很多世俗生活是常态化和平庸化的，人们将理想主义寄托在一种体育竞技中，也表示了人们对于美好的生活的向往；另一方面，时隔12年，重新夺冠，对中国体育甚至中国国足也起到积极鼓励的作用，颠覆以往，憧憬未来。人们以往崇尚的英雄主义文化情结是效仿英雄、激励自己将自己也形塑成为英雄，而后现代社会的今

---

① [美] R. 本尼迪克特：《文化模式》，王炜等译，生活·读书·新知三联书店1998年版，第5页。

天，人们是随着社会文化变迁逐渐发现认同"英雄"的自身也存在一些不能够达到的可能性，所以冀望于偶像，使之成为自己的精神领袖，指引自己的人生方向。进而去用一种"欣赏"和"愉悦自我"的方式去赞美这样一种值得全民骄傲的荣耀。因此，在后现代的网络消费社会里，民族英雄崇拜的特质除了是中国国民精神的象征，具有国民凝聚力作用，另一方面是对平庸的厌烦，对他者的积极的生活事件的欣赏和肯定。这样一种体现"主旋律"的热议话题也是在自媒体传播的被广泛热议的原因所在。

（三）消遣文化转向：充满喜剧效应的"表情包"

与郎平为代表的女排精神给人们带来的精神符码不同的是，今年的里约奥运会的竞技新闻话题上，有一种另类、幽默诙谐的"网红"迅速走红，引起大众关注和转发，那就是里约奥运会19岁的游泳健儿傅园慧以幽默、夸张、清新的方式说出"洪荒之力"一词。傅园慧和"洪荒之力"迅速走红网络成为今年微信朋友圈和各个媒介评议的热点。

追本溯源，"洪荒之力"一词原指地球形成后早期的状态，一切都在混沌之中，地震频发会造成大气环流，地壳稳定的地球的自然力量。之后在2015年的影视剧《花千骨》中走红，指的是一个女子集齐十方神器便可以成为宇宙的妖神，拥有洪荒之力号令群雄。而在2016年的里约奥运会中，这个词被游泳小将傅园慧在采访时使用，旨在说明自己已经尽力而为，尽自己最大的力气比赛，挑战自我。傅园慧以一种清新、诙谐幽默而又"实事求是"的语词和生动幽默的表情迅速得到所有观众的喜欢，代表了一种诙谐幽默、休闲文化的转向。在今天的时代，与失败、沮丧、压力的悲情主义相比，社会文化出现了一种潮流，这股潮流形似清泉如同涓涓细流流淌进每个人的心坎里，那就是尽己所能、尽力而为、缓解压力和释放自我的一种生活态度。

在世俗消费主义和现代网络社会自媒体盛行的今天，人们已经不再仅仅局限于依靠悲剧来博取同情、赚取眼泪，而是更多地需要一种休闲和消遣的文化。现代社会的巨大压力充斥在人们的现实生活中，"低头族"在微信平台喜欢看一些遵循"快乐原则"的新闻和娱乐节目，放松自我，减轻压力，这就是当代消遣文化的转向。傅园慧的"洪荒之力"以她充满诙谐幽默的表情迅速走红网络，因为她的无忧无虑、快人快语以及直言不讳的自我放松像一股清泉流淌进很多人心里，能让人减轻压力、拥抱快乐、拒绝痛苦。在当今社会，大众文化充斥着喜剧效应，排斥了悲情主义，人们更多追求时尚、幽默、自嘲、风趣形成一种亚文化体系，而这种幽默、积极和自嘲的消遣文化也激励了人们正视自我、克服困难、努力奋进的生活态度。今天的社会观念发生转型，在物质充沛的消费社会，人们不再担心物质上的缺失，更关心心灵的快乐与养分。因此，更多的自媒体时代的文化表征从以前的励志、悲情、激励、奋进变成了今天的娱乐、消遣文化、享乐主义。这种享乐主义形成的基础还因为人们较之以前的社会有更多的闲暇，人们利用闲暇去关注新闻、关注明星、发送微信。消遣文化为什么重要，为什么占据今天的自媒体网络社会，充斥着人们的生活中？法国社会学杜马兹迪埃指出，闲暇有三种功能：放松、消遣和发展①，"消遣的文字意义是散心。投入一项游戏活动，找到暂时忘记烦恼的方法。休闲和消遣意味着找到快乐、惬意。自己方便是一种享乐主义道德。在现代休闲的一切消遣形式中，人们重新发现这种伦理。目前休闲实践的发展导致了这种享乐道德的再现"②。

人们在微信上沟通、撰写心情，发布文字、抒发情感、发表评论和见解，有一种属于微信的语言沟通体系就是用一些图片来代表表情：那就是"表情包"，傅园慧的幽默的表情迅速成为网络追捧的热点，微信和媒体公司将傅园慧的语言和表情通过动画、图像和文字图文并茂的制作成唯一种微信沟通语言，以一张张动态表情的形式流传于人们在互动聊天中，反映了一种娱乐和消遣的文化。这说明了在当今自媒体的网络社会，人们需要放松休闲、闲暇的时空去彰显自我、悦纳自我、认知自我、审视自我和他者的关系，这也是现代文化转型的伦理道德基础。这种娱乐消遣文化不仅是一种必然，也同时成为自媒体时代最主要的文化转型特征。

三　结　语

现在自媒体网络社会，作为"低头族"的人们可以在微信自媒体平

---

① ［法］罗歇·苏：《休闲》，姜依群译，商务印书馆1996年版，第28—29页。
② 同上。

台观看动态消息和社会新闻,自媒体时代凸显来的热议话题背后的文化转向有三个方面:第一是从理想主义到世俗理性;第二是从完全的精神崇拜到告别平庸、所定目标奋进的心理诉求;第三就是从悲情主义向具有幽默、讽刺和喜剧、自嘲的喜剧主义和享乐主义转向的文化特质。当今社会的文化,已经发生一种转型,无论是从明星婚礼所带出来的商业效应、还是女排精神所呈现出的文化塑造出来的民族精神,也就是国民性,还是依赖网络、新媒体"炒作"出来的"网红"所带来的幽默效应、拒绝痛苦、迎接和塑造积极的喜悦氛围来稀释社会负能量。归根结底,自媒体时代是被后现代的消费社会所裹挟着、带动着"圆融共生"、协调发生的时代。人们在微信自媒体这个平台各抒己见,在不同的情境下展示文化表征和心情符码,也在虚拟空间中建构人际关系,表达思想感情。

在文化转型的今天,微信自媒体通过微信话题,呈现了不同的文化转向——精英生活世俗化、英雄主义的民族"主旋律"精神文化以及减压休闲文化。文化的传播在审美诉求上、崇拜对象上都发生了转型,审美从纯粹艺术到商业消费价值,崇拜对象从精神偶像到消费偶像甚至是符号偶像,很多原有的文化传播平台没有的新生网络术语,比如"网红""刷屏"等词语应运而生。在自媒体的时代,人们制造话题、被话题制造、关注他者而又悦纳他者、在各种充满想象力的幽默诙谐和自嘲、自讽的翻开花样的形式中,以各种不同的形式图文并茂地反映着当下文化的发展态势和社会人们的功能理性诉求。面对这样一种时尚和消费共存、世俗和理想共生、自嘲与享乐同在的文化情境,人类学家提出了应有的态度:

> 今天我们也许更应该真正参加到或者去接纳一些你欣赏的文化,要在这过程中形成一种品位和格调,如此才能有所谓真正的反思、批评和权力。今天对于一种东西,我们不能把它看成是非理性的,否则你会成为一个单向度的人。结语就是:要欣赏而不是批判、愉快而不是忧郁、积极而不是消极、和平而不是战争、消费而不是积累[①]。

---

① 赵旭东:《在一起:一种文化转型人类学的新视野》,《社会学》2013年第8期。

微信的"书写"与"勾连"
——对一个普米族村民微信群的考察[*]

孙信茹[**]

一 引子

2015年末，我加入了一个名为"大羊青年"的微信群。这个群的成员都是云南省怒江州兰坪县河西乡大羊村的普米族年轻村民，唯有我一位来自昆明的研究人员。在此之前，我已经在这个村进进出出五年多，展开访谈和其他形式的田野考察，结识了很多村民，也包括这个微信群中的很多人。加入这个微信群是我"在场"的一个自然步骤。

虽并未亲临田野观察点，可是，这个加入却又令我有了再次"入场"的感受。微信群和这个村落是两个既密切关联又大不相同的空间，甚至，它们近乎两个相互交织但各自独特的"生活世界"。在微信群内的观察和与人们的交流中，我常常会将他们与我在村子里交往时看到的样子联系起来，而这时，我时常感觉他们不是同一个人。现实中的他们大多羞涩、不善言辞，而微信中的他们直抒胸臆、热忱大方，乐于谈论自己的感受，热衷展现自己的生活。谈论的话题和对新鲜事物的看法，与任何一个生活在都市中的人或其他群体并无太大差异。

这样的"反差"令我遐想：是微信在"改变"他们，还是他们运用微信在释放自我？是微信给他们开拓了表达的空间，还是他们将微信自然随意地运用于他们的生活空间？简言之，对于这些远离中心区域和主流文化辐射范围的少数民族青年人而言，微信意味着什么？

---

[*] 本文原刊于《新闻与传播研究》2016年第10期。
[**] 孙信茹，云南大学新闻学院教授，博士，博士生导师。

近年来，网络和新媒体的崛起促成了人们新的社会活动空间。随着数码技术的日常用具日益普及和使用便利，它们所构成的社交媒体网络不仅是人们获取一般性信息的重要渠道，也成为形塑个人思维观念、形成新的文化表达、影响个体社会行为的重要力量。同时，社交媒体的运用让人们分享和发布个人信息成为一种常态，并因此成为当代社会一种个人叙事和表达的重要载体。当然，运用新媒体表达和争取文化参与的机会，则有赖于使用者在日常生活场景下对于新技术的使用。最近几年，借助于国家行政力量的推动和经济市场的发展，手机等新媒体日渐显著地进入了少数民族的乡村社会，少数民族群体逐渐普遍地采纳并使用手机。相较都市人群对新媒体熟稔的运用和多样的认知，少数民族群体在使用和运用新媒体展开自我表达方面均无法与前者相比。但是，我们也不难看到，手机媒体和微信的使用大大增加了少数民族群体书写、表达，进而参与文化实践的机会和可能性。本文通过一个普米人微信群的个案，在具体和特定的场景下，考察这种书写、表达，进而实现文化参与的可能，以及这些人从网络空间到现实如何发生转换，并从中解读微信对大羊普米族村民们的意义。

这个云南怒江州普米族的村寨，长久以来都处于中心区域和主流文化的辐射影响范围之外，因此至今还保留着较为传统的生活方式和独特的文化事项，而象征着现代性的新技术和媒介，从来在研究者的视野中都被看作外在于村落社会的存在。为挣脱这个视角的桎梏，在本文报告的个案考察中，研究者试图进入到这群年轻人的生活脉络和文化情境中，了解他们在微信中呈现的"话语是什么，它们之间是怎样互为界定的，它们是如何编织在一起，以及最关键的，它们是如何依据相互之间的影响而区分开来的"[1]。这些个体在新媒体中的叙述有些或许是在特定时刻未经内省的自发表达，有些也不乏在明确意识基础上的主体建构和声张，但综合起来看，他们的书写和文化表达，呈现出少数民族个体一种全新的生活历史，展现出个体、群体内部及其与外部群体和社会复杂的关系互动。

---

[1] ［英］罗杰·西尔弗斯通：《电视与日常生活》，陶庆梅译，江苏人民出版社 2004 年版，第 2 页。

二 一个村落和它的微信群

（一）走进大羊村和"大羊青年"

"大羊青年"微信群的参与者都生活在云南省怒江州兰坪县河西乡大羊普米族村。这是一个典型的普米族村寨，该行政村由三个自然村组成，至今已有700多年的历史。作为我国云南七个"人口较少民族"[①]之一的普米族，相传源出我国古代西部的羌戎族群。目前人口近3万，其中16270人居住在云南省怒江州兰坪县。相传普米人的祖先从丽江石鼓地区游牧至此，定居以后生活方式转型成为半牧半耕的农业生活模式。清朝时期，当地曾有驻军和治所；民国初年，大羊由当时的顺化里管辖；1949年后，大羊隶属于兴仁乡；20世纪50年代末，周边的羊山和堂山被归并为一体，大羊村的名称正式确立。截至2011年5月，大羊村委会共有农户169户，人口约680人。大羊村的民族以普米族为主，有少量的汉族和白族等其他民族杂居。当地村民主要由和、鹿、杨三大姓氏构成。

同云南省很多其他少数民族村寨一样，大羊村的经济以农耕、养殖为主，生产力偏低。而作为人口较少民族，村民自我发展能力更是显得贫弱。目前，村民收入30%来自养殖业，25%来自种植业，年人均收入仅为1000元左右。尽管社会发展较为滞后，但当地却保留了较为完整的普米族文化。无论在本民族语言的广泛使用，还是重要年节中对吾昔节（普米族最隆重的年节）、祭祖、祭山神等传统节日和祭祀活动的保留，抑或是贯穿日常生活始终的神灵崇拜、自然崇拜、祖先崇拜等宗教信仰的存在，可以说，大羊村是普米传统文化较为完整的村寨。

在对该村寨进行观察研究过程中，笔者结识的那些普通村民，有的远走他乡打工，偶尔有人大学毕业留在了昆明工作，有的则在当地自己创业，当然，更多的人依然留在村里。其中，一个叫和东阳的村民始终与我

[①] "人口较少民族"是指在少数民族当中人口比较少的民族。我国55个少数民族中有22个民族的人口在10万人以下，被确定为"人口较少民族"。云南省人口在10万以下的人口较少民族一共7个，分别为独龙族、德昂族、基诺族、怒族、阿昌族、普米族、布朗族。

保持着密切的联系，一切关于大羊最新的消息和变动都是来自于他。正如之前所说，在与他交往的这几年中，我看到了他身上惊人的变化，如今，他已经从当年那个内向腼腆的普米青年变成了一个普米文化的"代言人"和"宣传大使"。作为大羊村的文化精英，和东阳民族自觉意识的觉醒推动了他对自我认知和定位的转变。同时，他能运用新的传播手段和人际关系网络，将个体和民族拥有的文化资源进行有效的转换，进而实现新的文化选择并获得更多的社会资本。在他身上，我看到的，不仅仅是生命个体的转变，更折射出了宏观的国家、社会层面与微观的乡村社会生活及个人命运的互动。① 这个微信群的诞生，就是和东阳一手促成的。笔者的研究也就在这样的背景下得以展开。

这个名叫"大羊青年"的微信群，目前一共有36人②，年龄都在45岁以下，其中，女性只有2人。群里有11人注册但是从未发过任何信息，其余26人均有不同数量的信息内容。作为创办者的和东阳是群里较早开始使用微信平台和发布信息的人，2014年5月14日，他发出了第一条信息。其他绝大部分人的使用时间都集中在2015年年初以后。36人中，有1人从云南农业大学毕业后留在昆明一家科研单位工作，1人在兰坪县河西乡乡政府工作，1人在兰坪县石登乡司法所工作，2人在兰坪县冶金集团金鼎锌业公司工作，1人在大羊村里从事牛羊养殖工作，另外30人都有着零散打工的经历。有的人常年在外不归，也有的人偶尔外出打工。无论他们身处何方，在大羊土生土长的他们，对村落和普米族有着强烈的认同感。所以，当和东阳提出要创办这样一个微信群，把各处的大羊年轻人召集在一起互通有无时，这个提议很快就得到了大家的响应。

对于为何要创办这个微信群，和东阳在一条微信里表达了自己的想法："交流沟通，团结互助、共同奋斗，建大羊梦。"③ 虽然说加入这个微信群的每个人具体想法和目的不同，但是从大家在群里讨论的一些话题和

---

① 孙信茹、杨星星：《文化传播与行为选择——一个普米族青年的文化实践故事》，《现代传播》2015年第1期。该文中对和东阳如何运用文化资本获得新的生存和发展空间作了详尽论述。
② 截至2016年6月，群里人数一共有40人，男女比例未发生太大变化，人员也相对稳定。
③ 摘自和东阳2016年1月11日的微信内容。

转发的一些内容来看，大家对这样的目的显然是持有较多认同的。① 例如，大部分人都乐于在此发表对村内公共事务的看法。有人表示：在这个群里每人一个点子一句真话，就可以把大伙的智慧都集中起来。还有人常常转发和普米族历史文化有关的信息。不难看出，大羊的村落空间和普米族共同的民族与文化渊源是这个群体的参与者得以发言和凝聚认同感的基础。

通常，微信朋友圈体现出范围相对既定、成员相对明确的交往特性。这一特性在"大羊青年"这个群中同样显著：这是一个基于新媒体形成的网络交往社区，但这个社区的搭建又有着强烈的地缘、族缘和血缘等现实关系。圈子里的参与者彼此非常熟悉，甚至有不少还是亲戚或是要好的朋友。可以设想，在没有手机或微信这些新的媒介之前，他们的相互交往和互动要么依托于直接面对面的交流，要么必须借助如电话等传统的人际传播手段。而网络和新媒体则促成他们形成了一个全新的社会交往空间，这个空间由实体的人和社会关系构成，但又不断扩展和衍生出新的交往方式和交流空间。在这里活动的人无论从年龄、性别，还是从个人经历来看都较年轻，也大多有外出工作的经历，并且以男性居多。这些基本的条件，在一个经济相对欠发达、和现代都市生活方式有着极大差异的传统普米族村寨中显得格外引人注目。也正是这些原因，使得他们得以成为村寨里较早使用手机等新媒体并运用娴熟的群体。

（二）微信中的自我叙说

在记录和体会这群人的故事和微信叙事的过程中，我常会被这种由网络连接起来的虚拟和现实、个体和群体、"在地"和"脱域"的复杂性所吸引。其中，微信群的创办人和东阳、民间歌舞表演者"山之吟"、渴望成功与向往自由的"Mike"可谓是这群人中个性突出却又有着代表性的三个人。

普米"文化代言人"

在笔者的考察阶段，和东阳忙得不可开交，他不仅要参加锌业公司组

---

① 如 2016 年 3 月初大家在群里共同讨论一件事：大羊村的名字该用哪一个字？有人说，"大阳"可以体现出优越的地理条件，而且有了太阳的光照也才有了当地盛产的一种名叫红蔓茎的特产。而有的说，"大羊"既然用了，就应该一直沿用下去。很多人在这个讨论中都发了言。

织的民兵军事训练①，还要完成兰坪县普米文化协会日常性工作事务的处理，同时又要在怒江州民族文化工作团到大羊村慰问演出时作为陪同人员出席②。而前不久，他才跟随着第一部普米族电影《戎肯》剧组到北京参加完北京电影节走红毯和闭幕式③。然而，不论如何忙碌，和东阳保持着几乎每天都更新自己微信朋友圈的习惯。

作为"大羊青年"微信群的创建者，他早在2014年5月就开始使用微信了。虽然是"大羊青年"的核心人物，但他在发布微信的总量和原创内容上并不是最多的。和微信群中其他村民不一样的是，他所发布的内容都经过精心的筛选。无论从信息表达的完整性，还是从发布内容的关联性等方面来看，都和他目前从事的工作以及个人兴趣紧密相连。如果只是看他对微信熟稔的运用，大概不会有人想到在六年前，他还是一个连用计算机打字都不太会的农村青年。初中毕业的和东阳自2002年开始出外打工，先后到过北京、上海、广州、深圳等地，在钢铁厂、纸箱厂做活，做过电子厂管理员，也跑过业务。从2008年开始，他意识到普米文化所具有的文化产业价值，于是尝试通过发展文化来带动村寨的经济发展。当然，这条路是无比艰难的，他的很多设想和计划常常都无疾而终。好在现在终于在兰坪县城成立了普米文化研究协会，也有了当地一家企业提供的固定资金来源。因为他兼任大羊村共青团支部书记的职务，因此，他在工作时也往往较多地借用和宣传普米文化。有了这个平台，他得以继续挖掘自己热爱的普米文化。这样的角色定位和使命感在他的微信发布内容中表露无遗。他的微信中最常出现的内容除了自己在普米文化研究会和共青团的日常性工作信息之外，原创内容最为突出的就是对普米文化的介绍，甚至他自己还运用手机拍摄，全程跟进普米族年节的活动以及其他习俗。他在2015年2月发出的"春节系列"微信可谓他的第一次尝试：

普米族过春节系列之一：朝拜山神：恳望山神赐给人们吉祥，没

---

① 内容源自2016年6月29日和东阳微信"参加了八天的民兵军事训练，收获颇多，不仅增强了国防意识，还增强了体质"。

② 内容源自2016年6月25日和东阳微信。

③ 内容源自2016年4月23日和东阳微信"第六届北京国际电影节闭幕式红毯仪式，电影《戎肯》今晚6点钟在电影频道（CCTV-6）直播，各位不见不散"。

有灾难病痛,出行大吉。赐给圈里的牲畜六畜兴旺,地里的庄稼风调雨顺。

米族过春节系列之二:送邪神,在这个除旧迎新之际,把上一年的病痛、灾难、恶魔等送出去,家里剩下的是满满的吉祥。

如这些微信显示的,他在微信叙述中俨然是一个普米文化的宣传大使和代言人。此外,在他的转发信息中,内容最多的两类是国家政治、社会发展等信息和普米文化相关的内容。显然,这两类内容的选择也是和他对自己的期望与角色想象是一致的。

正如他的微信个性签名"我选择的道路充满机遇,也有心酸和绝望"一样,他在微信内容中呈现的恰恰是他从一个地道普米村民转变为一个普米文化专职研究者的人生经历和感悟。我在微信里对他访谈时,他说起创办"大羊青年"时的一个想法:希望能将这里作为一个发布大羊村公共信息的平台。追溯他的新媒体使用经历,在几年前他就曾经通过手机飞信的方式建立了一个叫作"大羊时讯"的内容发布平台,定期向村民发送信息。有了微信,这里自然就成了"大羊时讯"新的平台。

大山里的"行吟诗人"

在同一个时间段,微信名为"山之吟"的村民一直在大羊村周边的山地放牧羊群。谁会想到这个孤单的牧羊人也曾到过国外,见过大世面呢?携带着普米族文化基因,"山之吟"仿佛天生能歌善舞。因为自己的舞蹈和艺术天分,几年前他成为土风计划[1]中的一员。在这个计划中,他学到了一些乐理知识,更时常有机会到各地表演[2]。他参加土风计划持续了四五年的时间,尽管现在还想参加,但他觉得:"长大了,负担多,人

---

[1] "土风计划"是一个以民间音乐,尤其是少数民族音乐文化遗产"活化传承"工作为使命的非营利机构。

[2] 摘自"山之吟"2013年3月10日的微信:参加中法建交50周年系列活动,农历初五,家—兰坪—昆明—南京—北京(七妹行李被托到包头)—土耳其(伊斯坦布尔)—法国(里昂)—阿祥中大奖—我的鞋逛早市—罗阿纳(正式演出)—圣埃蒂安(演出)16号回国,途经北京—成都—丽江。终于回国了,一路上谢谢领导、同学、老师的帮助,祝你们身体健康(6张照片,都是国外风景)。

总要承担很多责任的，所以不得不在家。现在一个人在山上，挺好的，不想清净都不行。"他告诉我，现在住在山上一年半了。"村里太挤，养殖不好做，正好我在山上有地。"说起参加土风计划的往事，他说因为自己水平有限，节奏、乐理一类的，学不进去，学会一点点也好久没有练，所以差不多也忘记了。现在回家主要是养一些羊，还种一些经济林木。问他为何不出去打工，他回答说，也曾经出去打过工，但是觉得在家出力做的每一丁点事儿都是自己的。自由，没人管制。虽然难，但自己相信，努力做，慢慢会好的。

和其他人相比，"山之吟"的微信总量并不算多，原创内容主要集中在自己参加演出团外出表演的经历（这类有10条，占了20%）和在大山里养牛羊时（这类有25条原创，占了50%的比例）的感受。尽管没有念过太多的书，也仅有初中毕业的学历，但他的文字简单质朴，仿佛就是大山里的一个"行吟诗人"。以下这些他的微信文字，很好地体现了他"行吟诗人"的风格：

> 天气太冷，小鸡一窝窝地选择集体自杀，只给我留下一两只孤儿，母狗去拜访邻居家的大公鸡，被人枪毙。留下未睁眼的三个狗崽。羊群因为吃不饱跟我蹬鼻子上脸，头疼。唯一值得欣慰的是那只帅帅的大公羊，还是那么精神高涨，在其他羊铃铛的伴奏下开个人演唱会，还时有其他小公羊的和声，还是那么好听。

一段时间的外出经历使得他对普米文化的理解和一般村民不同。然而，他与和东阳不同，他似乎从未想过要借助于普米的歌舞和民间文化去影响更多的人。相反，他回到村里，藏起了或许在很多人看来并不太"实用"的表演才能和艺术天赋，踏踏实实做了一个"牧羊人"。但是，之前的人生经历毕竟使他已有了深深的烙印，因此，在大山深处放养牲畜的日子里，微信成了他最忠实的朋友。在里面，他把自己想象成一个浪漫的牧羊人，草场就是他的舞台。自己放养的牲畜也仿佛具有和人一样的生命与情感。从他的微信叙述中，可以看到一个最终接受了现实却又似乎心有不甘的"自我"。

"向往自由"的 Mike

在刚刚进入"大羊青年"微信群时,第一个和我聊天就是 Mike。这是一个有着强烈交流愿望,并且渴望自由和崇尚自我奋斗的年轻人,这恰如他的个性签名一样:"不要在可以吃苦的年纪里选择了安逸"。2009 年他考取云南民族大学法律专业,2013 年回到家乡石登司法所工作。他的老家在阳山(大羊村三、四组村民小组),妈妈是汉族,爸爸是普米族。他说:"人很多时候还是需要有点梦想,不然生活没有了憧憬,感觉没意思。""现在最担心一件事情,就是自己在这安逸的环境里待太久后被同化,所以我每年都会出去,找差距,更为了警醒自己。不然时间长了就会得过且过,也就只能待在兰坪一辈子了,想想也不甘心啊。"他接着说:"不好意思,初次就和你说这么多,是不是有点唐突啊?"我告诉他我是教师,他说:"你们这样的生活我还是蛮喜欢的。""我还是崇尚自由的,不喜欢被束缚。"这样的心态也反映在他的微信内容里,充满昂扬斗志的情绪和表达比比皆是,这类原创信息有 138 条,占了 45% 的比例。例如,这样的表述是最为典型的:

> 多数人之所以会很快适应现有的处境,而且会感觉不错,且会安逸下去,是因为没有人在他身边加以提醒,很庆幸自己身边有几个人总是不离不弃在提醒自己不要做温室的小鸟而是要像雄鹰一样敢于拥抱蓝天,谢谢你们。

除了正常的工作,他还开了一家美容店,因此,自己代理的化妆品等相关信息在原创内容中也占了相当比例,一共有 129 条,占了 42% 的比例。因此,以下类似表述也成为他微信叙事的重要内容:

> 向着专卖店的目标努力奋进,奋进,再奋进。

事实上,Mike 可能是"大羊青年"微信群里最常看到的一种个人叙事和表达。在这个微信群中,绝大多数人都或多或少在微信中表露了渴望成功和向往与过去截然不同生活的想法。不仅记录和观察他们在微信中的活动,笔者也通过微信和他们进行过深入的交谈。从这些交流中可以感受到,他们都普遍有一种想摆脱当下生活的强烈渴望。在他们的表达中,"奋斗""梦想""自由""加油""信念""事业"等词语的表达多次出现。怀抱着对现代性的想象和对精彩生活的憧憬,他们常常把自己塑造成一个不甘于平庸或简单生活的"自我"。人员流动和消费物品流通加剧所带来的现代性想象对这类群体的"理想自我"的形塑无疑产生了重要的影响。正如有学者在研究四川凉山诺苏年轻人的生活经验时发现,他们有着两种渴望:"一是越来越多的个人自由,包括容易取得毒品等新奇玩意儿的自由;另一则是在中国遍地开花的现代性过程中,占有一席之地的无尽渴望。"[1] 在大羊,这些年轻人无一例外都有过在外打工或参与社会流动的经历,他们或者在外读书毕业后回乡,或者在较好的公司企业工作过,也或者自己曾经有过创业的经历。他们和外界接触较多,见识相较一般的村民也更广,传统生活方式和家族对他们的制约日渐衰退,他们渴望自由和选择更多样生活的念头不断萌生。

通过进入微信群的观察,不难发现,上述三个人的故事并非仅和他们个体相关,他们讲述自己的遭遇和心事,也在呈现普米共同体的喜怒哀乐与困境。可以说,普米青年个体在这个微信群里既是自在真实生活和生命的叙事,又是网联和虚拟的存在;他们既在讲述关于自己个体的生活常态,又有时刻连接族群和文化认同的表达;他们在群中既是对当地生活情境的"在场",同时又充满了"脱域"和现代性。

三 自我书写:微信中的表达

正如当年西尔弗斯通在分析电视进入人们的生活而获得日常性[2]一样,迅速普及起来的微信在今天已成为个人微观叙事和表达的重要方式,从这个意义上说,微信和当年的电视一样"彻底融入日常生活中"[3]。通

---

[1] 刘邵华:《我的凉山兄弟——毒品、艾滋与流动青年》,中央编译出版社2015年版,第27页。

[2] [英]罗杰·西尔弗斯通:《电视与日常生活》,陶庆梅译,江苏人民出版社2004年版,第3页。

[3] 同上书,第5页。

过对"大羊青年"中 15 个最常叙事和表达的个人微信内容作全部整理①，我发现，他们的日常生活呈现构成了 15 个不同的"自我"和文化表达。当然，和他人完全区别开来的"自我"事实上并不存在，因为这个自我"包括我们所想的所有人和我们思想中的整个社会"②。追索"大羊青年"中每个参与者的日常生活呈现和自我表达，可以看到，在这个借助微信搭建起来的全新的流动空间中，人们既在一个与自身生活情境高度融合的空间中理解和表现自我，同时，他们又渴望在一定程度上摆脱现实时空的限制，努力想象一种理想的"自我"和"别样"的文化情境。而颇有意味的是，共同的族缘、地缘甚至血缘等与生俱来的社会关系似乎又得以在微信空间中呈现出一种新的可能性，即一种基于族群共同体的超越物理性地域的空间想象和文化表达。由此可见，这群大羊年轻人在微信中展现出的实则是一种基于特定的社会情境和文化逻辑之下新的"文化书写"方式。

（一）书写的"文化空间"

分析这种文化书写，要求我们再回到微信这个特有空间。首先这是一个全新的流动空间。微信的空间一般意味着快速的时空切换和更多流动性的信息分享和交流，同时，也往往形成使用者的"脱域"，即交往及其思想和情感表达超越身体所在的物理地点。尽管这些描述还是新媒体带来的普遍性变化和一般性表述，但是，这些变化对于一个固守乡土，很少参与世界性流动，甚至长期被新技术排斥在外的少数民族群体来说，其意义是非凡的。

再进一步来看，"大羊青年"的书写者总是在社会性活动和社会关系网络中从事实践和话语表达的。微信作为一种重要的社交性媒体，其平民化和普及化使得每个普通人都可以进行内容和信息的生产，继而形成一个

---

① 为了能够看到每个人的所有微信内容，我主动向他们提出加为好友，最后 22 人都给了同意的回复。在和他们单独交谈和观察的过程中，我最后选择了发布微信较多的 15 个人，其中，除了和东阳、和东两人用的是自己的真名之外，其余 13 人均用了化名。我将这 15 个人从 2014 年到 2016 年 1 月发布的所有微信内容作了逐一的记录和统计。截止到 2016 年 1 月，使用微信发布内容最长的时间有 21 个月，最短的有 7 个月的时间。原创内容达到 90% 以上的有 4 人，达到 80% 以上的有 3 人，达到 70% 的有 4 人，超过 50% 的 2 人，只有 2 人的原创内容比例低于 50%。

② 谢立中：《西方社会学名著提要》，江西人民出版社 2007 年版，第 93 页。

独特和全新的交流空间。在这个空间中，每个人都获得了前所未有的自我陈述和表达的机会。和这些普米青年所面对的日常生活相比，参与者通过微信"书写"的方式来展开其文化实践活动，由此形成一个和以往大为不同的"文化空间"。这个"文化空间"以一种"奇特"的文字、图片或视频的记录方式闯入普米青年的生活世界里，他们或许未曾意料到与他人的交流在今天居然也会有赖于这种"书写"方式来完成。事实上，"书写不仅是教育工程中必不可少的组成部分……还是亲朋好友交流中不可缺少的部分。更为重要的是，笔记还是自我沟通的方式"[①]。从这个意义上讲，无论参与者是有意为之还是无自觉意识的行为，微信事实上为每个社会个体提供了一种新的书写方式。

当然，微信的书写和一般文本的书写不同，它大多在高度情境化的"空间"中书写。因而实实在在的"场景"常常会成为微信书写中的重要背景而出现。换言之，微信作为一种高度情境化的空间，需要使用者将身体、物质与具体的时空进行结合，从而完成其在微信中的叙述和自我呈现，由此，人也总是在这样的社会性活动中建构对自我身份的认知和想象。进一步说，实践个体的自我表达总是不可避免地要和自己的生活背景和个人经历、所属群体的规范、群体之间相互关系等影响因素相关。微信中的文化书写因此就有着"脱域"和高度情境化同在的空间性特征。

（二）"现实自我"与"熟人社会"的迁移

在"大羊青年"这个微信群中，每个人相互间都有着较为密切的现实关系。这种关系成为限制和资源，使得他们的微信表达和互动都存在"真实"的基调。从人员的构成来看，所有参与者都是土生土长的大羊普米族村民，他们有着相同的生活经历和感受，而且其中不少人也是现实交往中的亲戚或者好朋友。无论是用真名或是化名出现在微信中，大家都是彼此熟悉和了解的朋友。因此，每个人在微信的呈现和表达里都有着强烈的现实基础。可以说，现实中的自我和人际关系网络几乎被移植到了这个微信空间中。从大部分人发布的微信内容中，可以看到，他们活动的地点

---

① ［丹麦］克劳斯·布鲁恩·延森：《媒介融合：网络传播、大众传播和人际传播的三重维度》，刘君译，复旦大学出版社2012年版，第71页。

大多是相似的：兰坪县城、大羊村、丽江、大理……这些都是他们现实生活中最常出现的空间；他们生活中遇到的场景大致是相同的：节日家人的团聚、朋友聚会的时光、冬日雪景、美丽的大羊场①……这些都是他们眼中看到的相似生活片段；他们谈论的话题和结交的朋友也大多是交织在一起的。大羊村这个乡村"熟人社会"似乎一定程度上也"迁移"到了微信群这个虚拟空间中的社群。

在和他们具体的访谈中，不少人也流露出这样的情绪：不论到过哪里，也或者是常年在外工作，总觉得还是自己家乡最好。如"快乐地活在当下"所发微信：

> 这，就是我的故里，我的家乡。我们会回来的，这里的山山水水能听懂普米语，我们不会忘记历史，因为我们是普米人。

从上条微信叙述中也可以看到，这个微信群恰好可以提供给人们交流家乡事、家乡人的极好方式。从大多数人所发的微信内容中不难看出，这群普米青年在微信中对现实自我的移植以及对日常生活世界的再现，成为他们在微信这个空间中活动的基础。也由此，对现实的叙述和还原构成了这个微信群最基本的文化表达。这种文化表达，人们首先更关注个人在"当下"的体验和行动，注重的是"每天发生了什么，亦即那些惯常、重复和习以为常的经验、信仰和实践；这乃是一个世俗而平凡的世界，跟任何大事件和任何大人物都不沾边"②。和每个人关乎的，乃是深深植根于他们日常生活世界，维系他们"每天生活之脉络的惯例行为"③。从这个意义上讲，微信的自我建构和文化表达首先是一种基于日常生活世界而展开的呈现。由此，我们可以将微信视作今天人们一种新的日常生活。当然，和强调行动个体独特的感受、体验不同的是，微信群这个特定的"共同体"空间又给了每个活动个体一种相似的体验感，"这强调的是一

---

① 当地一个著名的旅游景点。
② ［英］迈克·费瑟斯通：《消解文化——全球化、后现代主义与认同》，杨渝东译，北京大学出版社2009年版，第77页。
③ 同上书，第76页。

种共同的愉悦感，在嬉笑游戏的社会交往中与别人同在一起"①。微信中的文化书写因此还有着以虚拟空间中群体内的互动展演现实生活中的熟人社会这一特性。

（三）自我区隔与民族意识中的"理想自我"

然而，微信中不仅仅呈现大羊青年对自我的理解和表达，他们还通过微信不断完成"理想自我"的书写。在微信的使用过程中，人们往往轻而易举就可以实现对生活场景和活动的片段性或过滤性筛选。例如照片通过各种修图工具得以新的呈现，微信"隐私"功能中可以通过朋友圈权限的设置达成对呈现内容的选择和控制。事实上，微信可以帮助人们暂时脱离当下的现实生活时空，塑造个体想象中的"理想化空间"。对个体而言，要达成对理想化空间的形塑，一个最为便利和普遍的做法就是通过对某个具体场景、事件、人物或者心灵状态的描绘与叙述来形成和建构对理想自我的认知与意识。每个人都以自己独特的方式知觉世界，同时，对自己身处的客观现实做出不同的回应。这种对世界的知觉和对现实的回应，其结果常常会形成一个"想象"中的理想自我。相较现实生活中个体真实的特征和生活的具体场景，理想自我总是能够凸显出个体想要具备的一些理想化特征。比起现实中的面对面交往，在微信这个流动空间中反而容易放大话语实践者的某些理想化特质，这些人也常常会规避现实中不愿提及或展示给他人看到的那一面，从而塑造成一个全新的"理想自我"。在"大羊青年"这个微信群中，因为交往的每个人都有着现实关系的影响，尽管存在较为"真实"的一面，但是，我们看到更多的情况是人们总会在真实情景下对自我进行的适当"加工"和"想象"，从而形成一种在一定程度上脱离现实情境的"理想化"空间。

具体来说，这种维系、建构或增强身份意识和"理想自我"主要通过以下三种方式来实现：第一，呈现与自我身份意识相关的描述。不少人在微信里较多转发和民族身份及民族文化相关的信息，在聊天过程中表达对普米文化的认同，不少人常提到"普米文化崛起""是最好的发展时

---

① ［英］迈克·费瑟斯通：《消解文化——全球化、后现代主义与认同》，杨渝东译，北京大学出版社 2009 年版，第 77 页。

机"等表述,表达出这个群体中人们对身为普米人极高的认同度。在"大羊青年"刚刚创建时,"宇宙之最—腾云"即发出微信:

> 亲爱的家人们:大家早上好,你们为村里的青年人搞了一个圈做得非常好,因为这样可以拉近我们村心与心之间的距离。同时也成了我们村弟兄姊妹互相学习交流的互动平台,很棒!

事实上,在日常生活中,并没有多少人会常把普米族、普米文化挂在嘴边。

第二,对具体语境中的具体事情的描述。不少人虽将生活的具体事件和场景做较多呈现,但是多有美化或渲染的成分。如和东有一次在县城新开的西餐厅就餐时,有感而发:

> 西餐,伴随着钢琴声,还有点不习惯这样的节奏。

第三,涉及人物或者自我心灵状态的描绘与叙述时,很多人流露出摆脱无聊和当下世俗现实生活的表述最为常见。如在微信群中,"男儿当自强""财神""he Yongqing"最为突出。因为有过当兵的经历,在待人处事、理解生活和问题等方面,"男儿当自强"总是会将当兵那段岁月看作是最值得纪念的日子,同时也将自己想象为与他人有着不一样的坚韧和特质。"财神"则通过自拍来展现自己与他人的不同。在他的自拍照和简单附上的文字中,可以看到他将自己想象为一个肩负着重任、能力非凡的男人。"he Yongqing" 25 岁[①],经常在外打工,也没有太稳定的工作。微信显然是他最容易发泄情感的地方,看他的微信,你仿佛觉得他就是一个孤独、敏感和常常失眠的人。在我对大羊村年轻人的接触中,这样的人似乎是不常见的,或者说即便有这样的性格他们也绝不会在你面前表露出来的。过于直白地表露自己的情感和内心想法,这对于现实中的大羊青年来说是很难想象的。但恰恰借助微信这种方法,他的所有情绪都得以宣泄

---

① "he Yongqing"以发布1566条信息总量居于所有人之首,在2015年3月使用微信的第一个月时间里,他就发了236条微信。在11个月的使用时间里,一共发了1566条信息。平均每个月都有142条,堪称微信的"重度使用者"。

出来。

如果说，仅从"大羊青年"的自我书写与表达呈现的内容和文本中，我们或许会追问：大凡微信使用者似乎都离不开对现实自我的展示和理想自我的想象。然而，聚焦此特定人群的价值或许正在于：还原微信使用者具体的社会情境和文化逻辑，才能更好地理解大羊年轻人对现实自我的书写是如何呈现出日常、琐碎的生活流程。同时，我们也能够更好地把握人们在对理想进行自我"刻画"时，如何将"民族共同体""别样生活""摆脱当下"等意味凝聚成他们强烈的诉求及共同意识。一方面，这些个体凭借着对新兴媒介的快速掌握，有意将自己与他人或日常生活相区别开来，尤其在一个经济欠发达、社会相对传统的社区，"见过世面"的年轻人愈加不满足于自己的现实状况，这种有意识的自我区隔显得更为迫切。同时，现实的生存压力以及近年来逐渐兴起的民族意识使得他们又自觉或不自觉地从本民族文化中寻求认同感和形成归属感。可见，微信的文化书写所表达的不是孤立个体的自我，而是基于族群及其文化意义网络中的自我；不仅仅是现实中实在的自我，而且背后还彰显出人们努力想要摆脱世俗和习惯性日常生活世界的束缚，从而对自我进行新的身份理解和认知的文化诉求。

四 双重勾连：日常生活情境中的微信

西尔弗斯通在分析电视进入家庭并与之产生连接关系的过程时，认为电视既是一个物件，又是一种媒介。"作为一个物件，电视既是国内和国际传播网络中的一个因素，也是家庭欣赏趣味的一个象征。作为一种媒介，电视通过节目的内容和结构，在更为宽泛的公共与私人领域中，把家庭中的成员带入到一个分享意义的公共领域中。"[①] 从这个意义上说，电视成为具有"双重勾连"（double articulation）[②] 的媒介。这种"双重勾连"使得电视当被放置不同的家庭和不同的地方时因而具有不同的意义；

[①] [英]罗杰·西尔弗斯通：《电视与日常生活》，陶庆梅译，江苏人民出版社2004年版，第122页。

[②] 潘忠党：《"玩转我的iPhone，搞掂我的世界！"——探讨新传媒技术应用中的"中介化"和"驯化"》，《苏州大学学报》（哲学社会科学版）2014年第4期。西尔弗斯通在《电视与日常生活》中，将此概念称之为"双重连接"，在此参考的是潘忠党文章概念。

人们观看和使用它的方式也部分地因之而各不相同,所以每一个使用者所看所听和所分享的,既是共同的也是不同的东西。① 这一理论解读并不限指电视;在新媒体和新技术的背景下,新媒体无疑也同样具有这种"双重勾连"的作用。正是通过"双重勾连","新传媒技术获得或实现其社会和文化的意义"②。具体来看"大羊青年"微信群,通过分析使用者在其中的自我表述和网络互动及交往,我们可以窥见在时代急剧转型和新的信息、空间流动加剧的当下,乡村社会个体和村落、族群群体,村落整体与国家,受到限制的个体活动空间和突破时空限制的网络空间等在不同层面、复杂关系之间的交织和转换。从这个意义上说,微信的使用及其人们在其中的互动,使得微信可能成为一个得以勾连不同时间、空间和多向度的新型空间。

正如西尔弗斯通强调的,这种"双重勾连"需要电视的消费者能动地参与。③ 人们作为"行动主体,通过挪用(选择、购买、拥有、使用)商品而构成自我的表达"④,同时,"这也是一个社会参与的过程,因为,通过挪用商品,我们将自我选择和个性化的表达与公共(社会上多人共享的、在开放的社会空间流通的)意义体系相连接"⑤。在"大羊青年"的微信空间中,使用者一方面利用这种新媒体展开自己的生活世界叙事和文化实践活动,另一方面,他们也在这里接受和生产出新的信息和社会意义。

(一) 真实空间与虚拟空间的勾连

从微信勾连个体活动的物理空间与网络虚拟空间层面来看。在"大羊青年"的微信群里,这几种类型的聊天和互动最为常见:一是互发红包。我第一次作为调查者进入这个微信群中就被要求发红包,事实上,人

---

① [英] 罗杰·西尔弗斯通:《电视与日常生活》,陶庆梅译,江苏人民出版社 2004 年版,第 144 页。
② 潘忠党:《"玩转我的 iPhone,搞掂我的世界!"——探讨新传媒技术应用中的"中介化"和"驯化"》,《苏州大学学报》(哲学社会科学版) 2014 年第 4 期。
③ [英] 罗杰·西尔弗斯通:《电视与日常生活》,陶庆梅译,江苏人民出版社 2004 年版,第 122 页。
④ 潘忠党:《"玩转我的 iPhone,搞掂我的世界!"——探讨新传媒技术应用中的"中介化"和"驯化"》,《苏州大学学报》(哲学社会科学版) 2014 年第 4 期。
⑤ 同上。

们在其中时不时鼓动他人发红包已经成了他们最为热烈和惯常的互动方式。二是节日问候。值得关注的是，一些迥异于普米族传统社会的新节俗形式在群里大量出现，比如情人节、母亲节、父亲节、圣诞节等，都是人们互送祝福语的时间，这在过去传统村落里几乎不会出现。三是转发搞笑视频和自己在生活场景中录的小视频。几乎每隔一段时间，总会有人发送若干段这些类型的视频。比如"普米特产"最近都在家乡种植一些土特产，因此常常将自己种植的土特产录制上传发布。

此外，自拍也会常常出现在这个微信群里。比如"财神"在群里并不是最年轻的，他年纪在三十六七岁，然而他大概是所有人中最爱自拍的，他也热衷在群里发送。而他自己朋友圈里发布的107条原创内容中，自拍就有39条，占了原创内容36%的比例。

正如我们在分析新媒体技术赋予人们自如的时空转换一样，微信在这里连接了大羊村个体生活的两种不同时空，也展现出人们在不同介质形成的空间中迥异的自我理解和文化表达。

（二）乡村个体与族群的勾连

从微信勾连乡村个体与村落、族群层面看，则展现出三种不同的社会文化意义表达，即强调个人和族群之间的关系，参与村落公共空间和公共事务的讨论，想象族群的共同体。

作为"大羊青年"创建者的和东阳身上透露出极为明确的个人和族群之间的转换和连接。他早年外出打工的经历，使得他渴望摆脱"村寨落后"的经济面貌和发展状况。在寻找很多发展方式未果的情况下，他意识到了在本民族文化中寻找资源的可能性。事实上，早在20世纪90年代中期，云南省就提出要发展成民族文化大省的目标。之后"建设民族文化大省"更被列为全省经济社会发展的目标之一。在这个目标的指引下，各类民俗文化旅游村、表演团体、民族文化产品等不断出现，不少地方也因此获得较高的回报。和东阳对于民族文化的认识与发掘，显然和这股热潮密不可分。家族的背景加上和东阳的不同阅历，使得他能够在大羊村村民中具有一定的号召力。与很多乡村社会精英不同的是，和东阳从一开始就表现出对现代传播媒介更多的认同和积极的运用。不难理解，当微信成为一个便利和有效的沟通工具时，他首先就想到了通过创建微信群来展开自己的社会活动。

目前，和东阳一共参加了 30 多个微信群，这些群大多和当地不同群体、普米族及普米文化相关。在这些群里，他尤其关注和文化交流、普米族同胞联络有关的类型及信息。他自己创建的群一共 5 个，分别是"大羊青年""普米文化创作群""河西中学 41 班同学会""怒江州农民宣讲团""中华普米人"。从土生土长的村寨，到初中年代的同学，再到作为普米文化"代言人"而形成的关系网络，这 5 个群仿佛如同他的社会关系网络展示一般。和东阳说，微信群里要随时面对各地普米族人、领导、工作同事等不同的人和关系，所以自己现在每天都要在微信上花很多时间。在这些群里，他最为看重的有两个："大羊青年"和"中华普米人"。"大羊青年"因为和自己的兄弟姐妹、家人直接相关，自己必须要随时关注，但是目前参与人数局限在大羊村村民的范围内，影响力有限。他将已经有 500 人的"中华普米人"称为"含金量最高"的群。他这样解释：

> 其他群里，目前普米高层领导都没有加进去，可中华普米人里都有。我对这个群的维护就很重要，有乱发信息呢我就踢出了，剩下的就都可以了。

群里的成员不仅限于云南，四川、青海等都有人参与进来。这个群的内容主要发布和文化交流有关的内容。和东阳谈起一次经历："我前几天去丽江一个普米村，群里说去他们村，看了才知道也是普米大村，以前都不知道有这样一个村"。无疑，在和东阳对微信群的理解中，可以看到"传媒提供了创造和想象的空间，拓展了生活的空间，同时也提供了流通于社会空间中的建构空间再现和意义的象征资源"[1]。

在参与村落公共空间和公共事务的讨论中，微信也发挥出了全新的作用和功能。作为交往和互动极为密切与频繁的微信空间，人们相似的身份决定他们有很多共同话题，而他们也通过在微信群里发布公共信息并展开热烈讨论，从而形成一个有着强烈归属感的群体。例如，他们会在群里讨

---

[1] 潘忠党：《"玩转我的 iPhone，搞掂我的世界！"——探讨新传媒技术应用中的"中介化"和"驯化"》，《苏州大学学报》（哲学社会科学版）2014 年第 4 期。

论如何改变村落面貌；有人会为今天的年轻村民只知外出打工，而不愿留在村里寻求发展之路而感慨；还有人直接倡议让大家参与村子脱贫方法的讨论。例如在一次群里的讨论中，大家对脱贫展开讨论：

"山之吟"说："大伙都应该把自家计划说出来，不能闷声想独自发财，团结起来才干得成大事，是不是这个道理？"
2016年2月17日，"归凡"在微信群里发言：
"我们大羊村脱贫攻坚工作，需要大家全部参与，谁也不例外。要动员大家结合各家各户具体情况，把我要发展什么，怎样发展搞清楚。请大家围绕这个话题充分发表意见建议。"
2016年3月3日，"普米特产"就村里树木砍伐的问题发起群内讨论：

"对于大羊村来说，目前最严峻的问题是砍伐木材太多，严重破坏了生态。有人说，再这么砍伐下去，我们这里水土流失，连饮水都成问题，这样的话我们和非洲国家有什么区别呢？"

"强哥"也曾就村子名称的问题征求大家意见：

大羊还是大阳？有人说，大阳比较好一点，体现我们地理条件比较优越，本来日出早日落晚，才会有我们的特殊种植红蔓菁。

对这个问题，群里的人回应非常热烈，甚至有人追溯大羊村当年的原意是大古梅和阳山两个村落的简称。这里似乎成了人们可以公共议事和表达观点的新的空间。

更富有意味的是，今天，我们比较容易关注到社会流动的不断加剧和生活边界的被打破，人们的文化认同感和归属感在不断被削弱。例如，在对地方共同体或民族文化的研究中，这种文化的逐渐势微甚至消逝，常令人抱有更多的忧思。然而，值得分析的是，微信以极具全球化和同质化的数字网络为基础设施，却又使特定族群的人通过他们文化书写的使用而搭建出一个新的沟通和认同的平台，并经此促进群体中的民族认同意识和增强个体的文化接纳感。

观察"大羊青年"在这个微信平台中,可以看到参与者的这种"地方共同体"想象非常的突出。从原创内容来看,不仅是以"文化代言人"自居的和东阳,绝大部分发布内容的人,都会自然而然地对普米文化和相关信息关注较多。和东阳出于强烈的自我意识和个人追求,自觉地将普米年节活动的仪式过程、场景进行直播。而其他人的微信内容中,这样的信息也比比皆是:第一部普米族电影的上映、吾昔节①、普米"情人节"②、当地美景、普米族传统的仪式"给羊子"③……或者是自己原创,或者是转发他人的微信,这些内容都是他们重点关注的信息。人们在这个微信圈里,对几个公众号的关注都是相似的,如"白狼后裔普米族""秘境兰坪""普米惹贡祖"几个微信公众号。这几个公众号或是由普米族人自己创办,也或者是当地有关部门开通,它们的内容几乎都与普米族、普米文化、当地文化活动相关。人们将它们作为自己重要的消息来源,不断在微信圈中传播甚至讨论。不仅如此,在微信群里聊天时,大家也常常会转发和普米族有关的一些链接内容。不少内容有时还会引起大家的热议。

2016年4月北京国际电影节上,普米族第一部属于自己的影片首映,不少人在微信群里都表达出明确和相似的观点,很多人认为这部电影的信息值得转发,因为这是一部用普米族语言拍摄的一部反映普米族文化的电影。在这背后,我们看到的是,这些内容的呈现和"流动",将人们维系在"同一个地方、同一种过去感之上的仪式、象征和庆典"④。而"这种归属感、共同体验的积淀,以及与一个地方相关联的文化形式,是一个地方文化的核心概念"⑤。

最近,"汪洋副总理与茸芭莘那的家乡有个约定"一文在微信公众号"茸芭莘那"上推送。⑥ 文章内容讲的是汪洋副总理到怒江一个县了解当

---

① 普米族的传统节日。
② 同上。
③ 普米族的传统仪式。
④ [英]迈克·费瑟斯通:《消解文化——全球化、后现代主义与认同》,杨渝东译,北京:北京大学出版社,2009年,第127页。
⑤ 同上。
⑥ 茸芭莘那的个人微信公众号2016年6月23日内容。茸芭莘那是兰坪县河西乡一位著名的普米族歌手。

地群众的生产生活和扶贫工作的情况。文章开头这样写道:

> 对于生活在茸芭莘那家乡的怒江大峡谷里的各族同胞来说,是一个让人欢欣鼓舞的日子。

该文的阅读量达到 7010 次,在"大羊青年"群里也有多次转发。相较"茸芭莘那"这个新开设的公众号,和东阳觉得另外两个普米族公众号"普米惹贡祖"和"白狼后裔普米族"办得更好。"普米惹贡祖"将自己定位为"弘扬普米民族文化,发展普米民族艺术,凝聚各地普米同胞",该公众号有近 5000 人关注。"白狼后裔普米族"定位为:"搭建普米族青年交流平台,弘扬普米族文化,关注普米族聚居区公益,传递普米族声音"。据说这是一个南开大学的学生(丽江宁蒗的普米族)做的,写的文章较好也颇有影响。目前"大羊青年"里很多人转发的和普米族有关的信息和内容基本都来自于这两个微信公众号。和东阳曾打算开设"中华普米人"的公众号,但是因为公号开通申请中不能使用"中华"或"中国"等字眼,只能显示"云南普米人"。和东阳说,想用"中华",是因为四川、青海、缅甸,可能尼泊尔都有普米人。用这个名字范围和影响力都比较大,并且还可以团结世界各地的普米族同胞。看得出,和东阳对微信的理解和认知也展现出极明确的族群和共同体想象,微信对于他来说,并非简单的信息发布和个人叙事那么简单,微信在一定程度上还可以形成构建"国族"想象的可能性。

这里观察到的,应和了有些学者提出的"身份想象重新地方化"[①] 这一观点。虽然,现代人不断地通过迁徙、旅行来获得对全球化和全新社会生活想象,与之同时,不同族群却能够借助新的传播方式和媒介手段来保有对本民族的"顽强"坚持和认同。在传统时代,人们要形成地方共同体和文化的认可与想象要"依赖仪式的操演、身体的实践和纪念的庆典"[②],而今,人们却也可以通过现代媒介这种方式得以实现。微信空间

---

① 雷蔚真、王天娇:《新媒体与散居者的身份建构》,《当代传播》2009 年第 6 期。
② [英]迈克·费瑟斯通:《消解文化——全球化、后现代主义与认同》,杨渝东译,北京大学出版社 2009 年版,第 129 页。

在这里彰显出了人们强烈的认同与体验,从而形成一种基于共同的族缘、文化信仰和价值信念的社会文化表达。

(三) 村落内部与外部的勾连

从微信勾连村落内部和外部来看,即便身处遥远的边塞和少数民族地区,微信的使用使得村落也和外部世界有了更多的交集。人们在微信群里分享外出打工的经验、各地旅游内容的见闻和感受;在外打工或工作的人与村落内部人的联络沟通等成为人们使用微信的重要方式。例如,"炸排骨先生"作为村里为数不多的大学生,在云南农业大学毕业后留在昆明工作。虽然他已经离开家乡好几年,但说起这个微信群,他仍然还很了解。他说,群里不少外出打工的年轻人都到兰坪县城或是丽江。只有很少的人在昆明。但普米族团结,昆明也有协会,婚礼或什么事情都相互帮忙聚在一起。

我刚刚加入群时,"宇宙之最—腾云"开始和我交谈。当我刚刚加入这个群时,他发现我并不是大羊村村民,于是不停地追问我的身份。我自报了身份后,他反复又追问我的职业和地址,之后便无回响。到了当晚9点多,他来信息了:

> 孙女士:不好意思,今天我在车上手机没电,现在才回答今天的问题,请原谅……我根系于大羊,是个土生土长的大羊普米汉子,现居于兰花之坪通往外界的东大门窗口——民族村。业余从事长期研究和投资互联网金融业和二十一世纪大数据云计算的股票,现在还准备研究一下国际虚拟货币云尊币和比特币。我个人的爱好是参加一些爱心慈善活动,唱歌跳舞,喜欢到非洲和欧美国家旅游;我的信仰是信佛。你从事研究我们普米文化,挖掘和传承发扬我们的民族文化,你辛苦了。我们从心里恭敬你,大羊人民永远会记住你。有空的话以后互相联系。在人生的十字路上、工作上、学习上互相探讨互相学习,你是否愿意?

看得出,他愿意通过微信这种方式和不同的人交流沟通。事实上,在接下来的观察中,正如前面所言,他是群聊最为积极的参与者。

在"宇宙之最—腾云"等使用者身上，微信的双重特质得以彰显，即微信一方面赋予了使用者自我掌控表达和交往的能力，但另一方面，微信的使用尤其是微信群的出现，使得微信作为一种社会群体和公共空间互动与交往的社交平台成为可能。

五　结语

本文以民族志的写作，分析了大羊普米人的微信书写、自我表达和"大羊青年"微信群的交往互动，在其中我们看到了大羊年轻人的个体和群体叙事，同时也是我们所归属的社会群体的故事。尽管在前面的分析中，我们重点呈现了"文化代言人""行吟诗人""Mike"三个独立个体的书写和一段"生活史"，但事实上，在大羊村的普米族群体中，还有着无数个与他们一样怀揣梦想、渴望摆脱现实生活困境，也或者常带焦虑却找不到明确出路的人们。他们在微信中自觉或是不自觉地书写与表达，却更为深刻地映射出微信对日常生活情境中不同层面的"双重勾连"之作用，即借助微信，个体生活空间与网络虚拟空间得以自由转换，乡村个体意识与族群信念得以交织融合，村落内部和村落外部实现更为紧密和多元的互动。

本文所分析的是一群特定的微信使用者的个体和群体表达，是在新媒体技术普及的当下，人们借助微信这一网络平台展开的一种完全自我参与式的文化书写和实践过程。它是一个示例，借助它，我们可以在更普适层面上去试图理解，微信如何成为具有双重特质的媒介而与人们的日常生活相勾连，它对个体自我掌控和如何完成社会互动、形成新的交往等方面所提供的极大可能性。由此，尽管我们探讨的是大羊村的个案，但其所具有的意义和价值却是超越村庄范围的。

在此，我们还有必要对微信中的"书写"和"勾连"作进一步讨论。在微信中的"书写"可被视作个人相对自由和个性的表达，它借助微信这一媒介物质载体形成个体新的表达和生活空间。日常化、参与式的"书写"，意味着今天的少数民族群体也在积极将新媒介技术整合进他们的生活，成为群体生活的惯常。这是媒介广泛渗入乡村社会的重要表现。同时，"勾连"这一理论概念提醒我们，新媒体进入特定社会后，它经由行动主体的主动行为和积极实践会产生新的社会文化和意义，而微信作为网络媒体具有的特质使其成为集合不同时空和多向度的新空间。不同文化背景和社会结构中的人对微信的使用，时空的转换、调度及意义的生成都会存在差异，由此可能形成更为丰富的意义体系。

从这个角度来讲，微信"书写"和"勾连"的个案研究，为我们审视媒介和社会如何展开互动，以及不同社会情境如何促成媒介使用者生产新的意义等问题提供新的思考，这也就赋予了该研究更为开放的讨论空间和可能性。如果说，从更为宏观的层面看，这样的研究在探讨"人们如何运用中介的手段和机制展开他们的生活"[①]，那么，该个案的分析和研究路径在于从微观叙事中窥见那些"平凡、琐碎、自我、边缘的日常生活现象，从中看到人们如何在创造性地运用新传媒技术，尤其是个性化的、移动的、可无限删改且集体创作文本的、可以跨越时空等各种界限地组合成'群'的技术，重构他们与社会、公众、公共空间、民族、国家等宏观类别之间的关系，并同时重构这些宏观类别本身"[②]。这样的研究路径，不失为一种探讨新媒体使用及其社会文化意义生产的视角和思路。

[①] 潘忠党：《"玩转我的 iPhone，搞掂我的世界！"——探讨新传媒技术应用中的"中介化"和"驯化"》，《苏州大学学报》（哲学社会科学版），2014 年第 4 期。

[②] 同上。